語り合う〈良知〉たち

——王龍溪の良知心学と講学活動——

小路口 聡 編

研文出版

語り合う〈良知〉たち——王龍溪の良知心学と講学活動——

目次

王龍渓の周辺

日本における王龍渓

附録

語り合う〈良知〉たち

——王龍溪の良知心学と講学活動——

序　論——良知心学と講学活動

はじめに

王陽明の提唱した良知心学は、「良知」の普遍性、平等性、完全無欠性を説いて、当時、身分や知識の有無を問わず、多くの人々に受け入れられた。その思想は、さかのぼれば、孟子の性善説に由来する。「慮らずして知る」ものとしての「良知」（『孟子』尽心上）の内在具有を、無条件に承認肯定する思想が王陽明の良知心学である。性善説の原理主義と言われるゆえんである。とはいえ、決して後天的な「学び」を否定するものではなかった。「師心自用」[1]と批判されることもあったが、彼らもまた、良知の完全無欠性を信じるあまり、ともすれば自己の良知の判断を、安易に絶対化してしまう誘惑については、十分に自覚的ではあった。それ故、常に「自是」（自分が是しいと思い込むこと）を警戒し、決して「自了漢」（自己完結・自己閉鎖的な独善主義者）に陥ってしまうことがないように自省自戒することを忘れなかった。自己の良知の判断が、単なる「意見」に陥ってしまうことのないように、常に互いに検証し合い、切磋琢磨することを怠らなかった。この良知の相互検証、相互錬磨の場が「講会」であった。講学の場としての「講会」における同志たちとの「交修（交ごも修める）」は、良知の完全無欠性の上にあぐらをかいて、自己の良知の判断を安易に絶対化してしまわないためにも、良知心学には不可欠な「学び」のかたちであった。講学の場である講会において、学を同じくし、心を同じくする「益友」としての参会者たちは、各自が王陽明の「致良知」の教えに従い、自己の「良知」の判断にしたがいつつも、「自是」「独善」に陥ることなく、「一是の地（各自の是非の判断が一致する点）」に帰着することを目指して、共に熟議を重ねた。講学（講会）とは、まさに志を同じくする者たちが共に「一是の地」に帰着することを目指して繰り広げる各自の良知と良知との対話の場[2]であり、更に言うならば、互いの良知が「一是の地」を目指してぶつかりあう、緊張感に満ちた真剣勝負の場であった。講学とは、何よりも互いの良知に対する絶対的信頼と敬意の念とに支えられて、はじめて成立する事件である。良知心学の現場は、何よりも先ず、この講学の場としての講会にある。そうした意味で、「交修の益」とは、講学活動の性格を端的に物語った言葉であると言えよう。良知心学は、こうした参会者の良知同士が互いにぶつかり合う真剣勝負の場としての講学活動を通して、はじめて独我論的独善主義に陥ることなく、公共に開かれた、真の「実学」として身を結ぶのである。良知心学と講学活動、両者は、原理的に一体不可分なものである。

序章では、主として『龍溪會語』に見える王畿自身の発言に即しながら、良知心学と講学活動との一体不可分性を明らかにしながら、良知心学の現場としての講会の場における講学活動の内実とその意義について、考察を加えていきたい。

一　王畿と講学

「予、素性、遊を好む。轍迹は幾《ほとん》んど天下を半《なか》ばす」――すなわち、自分は「根っからの旅好き」であることを理由に、「その足跡はほとんど天下の半分を踏破した」（「火災自訟長語示児輩」『龍溪會語』巻四）とまで豪語する王畿であった。彼の一生は、「講学」の出遊《たび》に捧げられた。その晩年、そんな王畿の高齢を気づかう友人たちは、講学の出遊《たび》に出ることはもう止めにして、四方から訪れてくる同志たちを、おとなしく家で迎え入れ、教化すればよいのでは……、と忠告する。これに対して、王畿は、講学の出遊《たび》に向かう、自らの已むに已まれ心情を吐露して、友人たちに、次のように語っている。

諸君が、私を大切に思う気持ちは、この上もなく有り難いことです。不肖《わたくし》とて、やはりどうして我が身を大切に思わないことがありましょうか。しかしながら、それでも、やはり自ずと已むに已まれぬ心情が湧き起こってくるのです。もしただ単に「先師の」教えを実行することだけを自分の務めとするのであれば、「自分の「初心」を」裏切ることになってしまいます。常に家に居て親しい友人たちとくつろぎ、妻子や雇い人たちと馴れ合い、惰性的な心で惰性的に仕事をこなしながら、ぼんやりした生活をずるずる送っているだけなら、きっと自分の「性命」がひそかに抑え込まれても、それに気付かずに終わってしまうでしょう。「しかしながら」家を離れて旅に出た途端に、気力も気持ちも同じでないことにたちまち気づきます。士人たちと交わる時には、此の学（良知心学）以外は究めることはしませんし、学友たちとのやりとりでも、この学以外は口にしません。朝から晩まで集まっては、専らこの一事（性命の究明）に取り組むだけです。「そういう時は」雑念や妄念が湧き起こってくることが無いばかりか、俗世間のしがらみも入り込む余地はありません。気力は自然と専一になり、気持ちも自然と落ち着きます。『教えと学びは互いに手を携えて進歩する』（『礼記』学記篇）ものです。自己の「性命」をとことん究明しようとするならば、同志と互いに切磋琢磨し合い、互いに観察し合わないわけにはいきません。同志の中に、このことがきっかけで発奮興起して、いっしょに「性命」を了悟したいと思う者が現れたとすれば、それは人々が自分の力で有益な道を選び取ったのであって、私が人々に授けるべき決まったやり方を持っていたというわけではありません。男子たるもの天地四方《せかい》「を相手にすること」を自身の志とすべきであって、じっと家庭に引きこもって一生を終えるべきではありません。『吾、斯の人の徒に非ずして、誰と與《とも》にせん』（『論語』微子篇）というのが、もとより孔門の家法《しきたり》です。われわれは、世に出るか否かに関わらず、友を得て、裨益し合うことが、もとより自分に課された仕事です。人が信じるかどうかとか、この学が明らかになるかならないかといったことなどは、世の巡り合わせにかかっており、個人の力で無理強いすることなどできないものです。門を閉ざして、独善にひたって、「内なる」神龍を養成するなどという現実世界とは無関係な空虚な名声など、善を万人と共有したいという純粋な心とは似ても似つかないものです。私は、それができないわけではありません、するに忍びないから「やらないだけ」です。

諸君愛我、可謂至矣。不肖亦豈不自愛。但其中亦**自有不得已之情**。若僅僅專以行教為事、又成辜負矣。時常處家與親朋相燕昵、與妻孥佃僕相比狎、以習心對習事、因循隱約、固有密制其命而不自覺者。纔離家出遊、精神意思、便覺不同。與士夫交承、非此學不究。**與朋儕酬答、非此學不談。晨夕聚處、專幹辦此一事。**非惟閒思妄念無從而生、雖世情俗態、亦無從而入。精神自然專一、意思自然沖和。教學相長。**欲究極自己性命、不得不與同志相切劘相觀法。同志中因此有所興起、欲與共了性命、則是衆中自能取益、非吾有法可以授之也**。男子以天地四方為志、非堆堆在家可了此生。吾非斯人之徒而誰與、原是孔門家法。**吾人不論出處潛見、取友求益、原是己分内事**。若夫人之信否、與此學之明與不明、則存乎所遇、非人所能強也。至於閉關獨善、養成神龍、虛譽與世界若不相渉、似非**同善之初心**。予非不能、蓋不忍也。（『龍溪會語』巻六「天山問答」13条）

引用が長くなってしまったが、生涯を講学に捧げて、諸国を遍歴した王畿の強い信念、切実な心情が切切と綴られている貴重な資料である。王畿にとって、「学ぶ」こと、更に言えば、「生きる」ことは、自己の「性命」、すなわち、人が何のためにこの世に生まれて来たのか、その人間存在の意味、その存在理由をとことん探求する営為にほかならなかった。その生涯を講学の旅に突き動かしていた原動力、已むに已まれぬ心情の根幹を成すものとは、まずは先師王陽明の良知心学を正しく人々に知らせ、世に広め、後世に伝えることであったが、さらに彼自身の課題としては、この自己の「性命」をとことん究明したいという一途な念いであった。

そうした念いを果たすためには、日頃、慣れ親しんできた日常（世情俗態）からいったん離れて、志を同じくする友を求め、ともに仲間と切磋琢磨しあうことで、それまでの学び＝生き方を、常に検証吟味し合うことが不可欠である、と王畿は言う。先ずなによりも、惰性的、微温《ぬるまゆ》的な日常からの脱出という意味において、王畿にとって、「出遊《たび》」は不可欠なものであった。

だが、ただ単に環境を変えさえすればそれでよいというわけではなかった。王畿にとって、旅の目的は、あくまで「友を取り、益を求める」こと、すなわち、心を同じくし、学を同じくする同志を求め、彼らと「自己の性命をとことん究明する」ために切磋琢磨しあうことであった。もとより「山水の楽しみにあるのではない」とは、王畿の口癖であった。

そして、それを支えてくれるのが、「此の学」、すなわち、良知心学であった。良知心学と講学活動の一体不可分性について、王畿は、次のように語っている。

われわれは、家庭の中では、惰性化した心で惰性的に仕事をこなしているので、いつまでたっても、その束縛や堕落から脱げ出せずにいます。この「惰性的な」自己を捨て去り、常に友を四方に求め、環境を取り換えてみることによってこそ、はじめて力を得ることができるのです。例えば不当《わたし》にしても、長年、出遊《たび》をしてきましたが、どうして家庭の中にあって、「為すべき」家事が少しも無いなどということがありましょうか。どうして全く妻子のことが気にならないということがありましょうか。また、「一方で」どうして仲間たちを招き寄せて教授することを自分の仕事としていさえすればよいということを望んだりしましょうか。というのも、この「良知の」学と朋友との関係は、魚と水との関係のようなものだからです。互いに「狭い世界の中で」ツバを吐きかけ合ったり舐め合ったりしたところで、江湖の水が「渇きを」忘れさせてくれることには、とうていかないません。終日、朋友たちと互いに点検し合い、互いに切磋琢磨し合って、けっして一時たりとも気を緩めないでいるのと、我が家でくつろいで悠悠《のんびり》しているのとでは、その意味は、もちろん格段に異なります。朋友たちも、これがもとで、やはり感化されて、開悟することもあります。やはり、それは朋友諸君の中に、自分で自分にプラスになるものを選び取る能力があるのであって、私の力で彼らを裨益してやっているわけではありません。

吾人居家、以習心對習事、未免牽纏墮落。須將此身撤得出來、時常求友於四方、換易境界、方有得力處。只如不肖長年出遊、豈是家中無些子勾當。豈是更無妻孥在念。亦豈是招惹朋類、專欲以教人為事。**蓋此學之於朋友**、**如魚之於水**、相濡相吻、不若相忘於江湖。終日與朋友相觀相磨、一時不敢放逸、與居家悠悠、意味自大不同。朋友因此、亦有所感發開悟。**亦是朋友自能取益**、**非我使之能益**。（『龍溪會語』巻二「三山麗澤録」34条）

「聚徒講学」の利点は、何よりも相互に刺激し合うことで、発憤興起し、学びに機《はずみ》がつくということであろう。互いの「生機」の触発・感応が、そこに生まれるのである。また、志を同じくする朋友たちとの講学において、これまでの各自の学び＝生き方を相互に点検しあうという行為は、「一時たりとも気を緩めてはいけない（一時不敢放逸）」とあるように、その場に強い緊張感を生みだす。それは「独修」（『龍溪會語』巻二「三山麗澤録」）のもとでは、容易には起きにくい事態である。限られた世界の慣れ親しんだ人間関係の中では、なおさらである。より広い世界での、意見を異にする、多くの他者との交わりの中でこそ、可能な事態である。こうした「性命を究極する」という目的を抱いた人と人とを結びつけ、後半で述べるように、参会者同士が、自己の良知を信じて、「一是の地」を目指して、自由に熟議を行う「講会」という場を創出したこと自体、まさに王陽明の良知心学が切り開いた、新しい世界であり、その大きな功績であったと言っても過言ではあるまい。

さらに注目すべきは、ここで王畿が、学と朋友との関係を、魚と水との関係に譬えている点である（この比喩は、もと『荘子』天運篇に材を取ったものである）。魚が生きていくためには水が不可欠であるというのは生命と生存の事実を語ったものであるが、さらには、人間存在の意味（「性命」）に目覚め、よりよく生きたいと切望する者の実存的な渇きを真に癒やしてくれるのは、けっして身内同士の、互いの傷を舐め合うような馴れ合い的、微温《ぬるまゆ》的な関係性ではなく、「江湖の水」、すなわち、「天地四方《せかい》」を舞台とする他者たちとの緊張感に満ちた真剣勝負の場としての講学を措いて、他にはないということでもある。価値観を異にする他者との、緊張感に満ちた状況での、忌憚の無い意見の応酬の中でこそ、参会者＝学友たちの存在論的な渇きは、ほんとうに深いところで癒やされるという認識であり、叡智である。そこに、「独学独修」では得られない、「交修の益」はあると言うのである。

また、王畿は、最後に「朋友諸君には自分で自分にプラスになるものを選び取る能力があるのであって、私の力で彼らを裨益してやっているわけではありません」と語っている。同趣旨の言葉は、先の「天山問答」の中でも語られていたが、これは決して単なる王畿の謙遜の辞ではあるまい。講学・講会に参加した参加者たちは、そこでの講学に参加し、受け身的に、師から与えられたものを粛々と受け取り、それを墨守していくことが求められているわけでは決してなかった。そこから主体的に自分にとって益《プラス》になるものを自ら選び取り、それを今後の学び＝生き方の糧にしていくのである。王畿の、この言葉が物語っているのは、講会の全ての参加者たち一人一人の「良知」の可能性に対する絶対的な信頼の念であり、敬意であり、そして、賛嘆の念である。彼らは、講学に参加することで、それまでの自己の学び＝生き方を検証し、自らの間違いに自ら気付き、それを反省し、より正しい学び＝生き方を自ら選び取る自律的実践主体である。彼らにはその能力がある。それを可能にするものこそが、すなわち良知である。そうした自他の良知への絶対的信頼と敬意の上にこそ、「講学」は成立するのである。

二 「交修」の意義

以上、王畿の良知心学と講学活動の原理的一体不可分性について見てきたが、つづいて、「独修」とは異なる「交修」の意義について、注目すべき点を、以下、三点指摘しておきたい。それは、同時に、王守仁・王畿が「口耳の講学[3]」と呼んだ「登壇説法」的講学の限界と、それと対峙する真の講学としての「身心の講学」の可能性を示すものである。

一点目は、「交修」の場としての講学とは、それに参加する人々は、あまねく「良知」を備えた存在であるという了解のもとに、自他の良知に対する絶対的信頼と敬意とを基礎にして、あくまで対等な立場で、各自の学び＝生を吟味検証し合うという理念にもとづいて行われる活動であったという点。

二点目は、「交修」の場としての講学とは、我々の心の奥底に潜み隠れている、無意識の欲望を顕在化させ、それに打ち克つための端緒を開き出すいとなみであったという点。

三点目は、講学の本質は、良知を等しく具有する自律的実践主体としての参加者が、各自、自己の良知にしたがい、自他の良知の判断を検証吟味する熟議を通して、各自の良知が下す是非の判断が一致する地点としての「一是の地」を求めることにあるという点である。

1．説法の場ではなく、熟議の場としての講学

まず一点目について、王畿自身、講学に臨む思いを、次のように語っている。

壇上に登って、教えを説く[4]ことなど、とうてい私の任ではありません。［だが］大勢で集まって、率直に語り合い、これまで学んできたことを一緒に吟味し合い、新しい功夫を求めて、それを道の有るところにもとづいて正すということであれば、もとより不肖《わたくし》の本意です。それをどうして放棄したりしましょうか。

……**登壇設法**、則予豈敢當。若曰**群處質言**、相與訂**舊學**而覔新功、以就正於有道、則固不肖之本心也。其敢以辭。

（『龍溪會語』巻一「道山亭會語」）

ここで王畿は、まず壇上に登って説法することが自分の任務ではないと明言する。万人に良知が賦与されている以上、「良知」を所有する実践主体という点では、万人は平等である。すなわち、講学の場において、全ての講会参加者は、対等の存在として、各自が自身の良知にもとづいて行ってきた学びを、相互に検証吟味しあう能力を有しているのである。ここでも述べられているように、各自がこれまでの自らの学びの成果を述べ合い、それを互いに検証吟味し合い、次になすべき新しい工夫（課題）を摸索するのが講学であるが[5]、その際、その是非・当否を決定するのは、やはりほかでもない各人の良知である[6]。「登壇説法」を拒否する王畿もまた、ここでは、講会参加者と同じく、良知を持った存在として、良知が支配する講会の場においては、一参加者に過ぎない。

2. 無意識の欲望に向き合う場としての講学――「静坐」と「講学」

二点目について、王畿と王慎中（字は道思、号は遵巌。一五〇九―一五五九）との間に交わされた、「静坐」をめぐる問答を見ていきたい。

王遵巌が質問して言った。「唐順之（字は應徳、号は荊川。一五〇七―一五六〇）が、『われわれは、一日中、心が乱れ、嗜欲にまみれて、心の精妙神速なるはたらきは、その本来のすがたに戻れずにいます。一、二年、家の門を閉ざして静坐し、欲にとらわれることのない心の本体を養成してこそ、はじめて聖学と言える』と言っていますが、この考えはいかがなものでしょうか。」

王龍溪が言った。「われわれは、これまで一度も静坐を否定したことなどありません。［けれども］もし静坐だけに寄りかかって、それを最後の手段と見なしてしまったならば、［肝心なことを］先延ばしにしてしまうことになるでしょう。聖人の学は、世の中を治めることを教えの本質とするものであって、もとよりこの世の中から遊離してしまうことはありません。昔の人たちは、人を教える際に、蔵（常に心に留めおく）、脩（常に復習する）、游（遊行の時も忘れない）、息（休息の時も忘れない）、とは言いました（『礼記』学記）が、門を閉ざし［て引き籠もり］、静坐せよということは、一度も説いたことなどありません。もし、日常の［他者と］応接する場において、いつも精神《こころ》を引き締め、和暢《のびのび》としてあまねく拡充しながら、欲に動かされることがないならば、それはそのままで静坐と同じことです。ましてや、欲の根っこは潜み隠れているものなので、［欲を引き出す］対象と向き合わないかぎり、容易に［その潜み隠れている欲を］暴き出すことはできません。たとえば、金そのものは銅や鉛と混じり合っているので、烈火にさらさない限り、容易には溶かして取り出すことができないのと同じことです。もし、いま目の前で起きている［事物との］感応の現場を、究極の功夫の場とせずに、必ず門を閉ざして［引き籠もり］、静坐さえしていれば、ケリがつくと考えているのであれば、いま目の前の功夫をしくじってしまうだけではなく、もはや欲にとらわれない本体を養成しようとしても、［王陽明先生の所謂］『静を喜び、動を厭う』［という弊害］を免れないでしょう。世間とは全く没交渉になってしまっている以上、どうしてまた世の中を治めることなどできましょうか。［俗世間を離れて］孤独に修行する方外の人（世捨て人）なら、それでもよいかもしれませんが、もし尭・舜・周公・孔子の学脈を引き継いでいこうとするのであれば、そんなふうに利己的であってはいけません。」

遵巖問曰、「荊川謂、吾人終日擾擾、嗜欲相混、精神不得歸根。須閉關靜坐一二年、養成無欲之體、方為聖學。此意如何。」龍溪曰、「吾人未嘗廢靜坐。若必藉此爲了手法、未免等待。聖人之學、主於經世、原與世界不相離。古人教人、只言藏脩游息、未嘗説閉關靜坐。若日用應感、時時收攝精神、和暢充周、不動於欲、便與靜坐一般。況欲根潛藏、非對境則不易發。如金體被銅鉛混雜、非遇烈火則不易銷。若以見在感應非究竟法、必待閉関靜坐、始爲了手、不惟差却見在功夫。既已養成無欲之體、未免喜靜厭動。與世間已無交渉、如何復經得世。獨脩獨行、如方外人則可。若欲承接堯舜姫孔學脉、不得如此討便宜也。」（「三山麗澤録」『龍溪會語』巻二）

「聖学」における「静坐」の工夫の必要性を主張する唐荊川の説を引き、無欲なる本体（主体性）を養成する工夫としての静坐の重要性について質問する王遵巖に対して、王畿は、静坐それ自体は否定しないものの、「経世（済民）」を宗《むね》とする聖学においては、あくまで日常の他者との応接の場において、欲望に動かされることなく、常に収攝《ひきしまり》、常に和暢《のびのび》とした、融通無礙に活動する、生きた心（主体性）を養成することこそが、「聖学」の要諦であるとする。その上で、王畿は、「ましてや人間の欲望の根っこは、心の奥深く潜み隠れているものであれば、その欲望を引き出す対象と向き合わないかぎり、容易に暴き出すことはできない」と言う。門を閉ざして、人倫社会に背を向け、外界の対象（「對境」）に向き合うことなく、独り静かに坐っているだけでは、この自己の心の奥底に深く潜み蔵《かく》れ、良知の発動を妨げている無意識の欲望(7)に決して気付くことはできない、と王畿は言う。

「独修独行」に対するものとしての「交修」、すなわち、他者との交わりを通して「己を修める」ことを目指す「聚徒講学」の必要性もまさにここにある。すなわち、自分自身でも気付くことのない、心の奥底に潜み蔵れている欲望は、ふだん「独修」しているだけでは顕在化することなく、意識の奥底深く眠ったままである。人間の内面の欲望を引き出す外的要因（「對境」）から隔絶された環境の中で、独り静かに座って自己と向き合う「静坐」では、無意識の欲望は表に現れることはない。ふだん人はそれに気付かないまま生きていることも多い。このように、自身の内なる無意識の欲望に、ほんとうに向き合うためには、人は必ず対他関係の場に身を置き、積極的に自己を他者の前にさらけ出すことが必要である。その上で、自身の内なる無意識の欲望と真摯に向き合うことができ、更に、他者の前でも、それを包み隠さずさらけ出し、自らの良知とともに、他者の良知による観察《チェック》と検証吟味を経ることによって、はじめて真の意味での、「無欲の心体」、すなわち、欲望にとらわれない主体性を養成することができる、というのである。かかる意味で、あくまで「交修」の場において、真の「無欲の心体」を練り上げ、鍛え上げる現場こそが、ほかでもない「講学／講会」の場であり、そこに「交修」の意義があるのである。

3.「一是の地」を模索する熟議の場としての講学

三点目として、講学の目的は、端的に「性命を究極する」ことであったが、その手続きとして取られたのが、「一是の地」を帰着点として探求する熟議という方法であった。

次に挙げるものは、『龍溪會語』巻一の「斗山留別諸同志漫語」冒頭の一節である。この会語の序文に相当し、講会開催の由来と、その討議の内容について述べたものである。これを読むと、王畿の講学に臨む強い念い、王畿の関わった講会の実態と、その意義など、多くのことを理解することができる。これまでの考察を再確認するとともに、講学における熟議の目指すところを明らかにするために、以下、長文になるが、引用したい。

私は、久しく仲間から離れて独りでいるのもひどく残念なので、四方［の学友］に助けを求めようと思い、先日来、遠方に足を延ばして、釣台を経て、斉雲山に登り、紫陽山に足を運び、斗山の精舎に宿を取って、新安の同志諸君と、数日間の講会を催すことができました。そのねらいは、もとより山水の間［に遊ぶこと］にあったわけではありません。諸君は、私のことを［聖賢とは］似ても似つかない者と見なすこともなく、一緒になって疑問点を分析し、かつて学んだ内容をとことん吟味し、互いに観察《チェック》し合い、切磋琢磨し合いました。［同志諸君の学問に対する］思いは本物であり、意志は篤実で、発憤興起する勢いはもはや止めようにも止めることができません。孟子の「尚志」の説、曾子の「格物」の説、子思の「戒懼慎独」の説と照らし合わせて考え、再び［程氏の］「顔氏好学」の説によって検証してみましたところ、大綱のあらましのところも、微細なところまで解きほぐしていけば、合致したりしなかったりすることはあったにしても、熱心に休むことなく［討論を］続けてきたおかげで、それらの諸説［の理解］は詳細になったと言えましょう。［ただ］学問の端緒を求めて努力する方法や、人間存在の意味と使命（何のために、この世に生まれてきて、何を為すべきか）という根本問題となると、皆が寄り集まっている場であれば、もちろん十分に論究する余裕はありませんでした。［しかしながら］近頃、長雨のために、宿舎を街外れに移したところ、同志諸君も、寝台を持って集まってきて、更に、二昼夜寝起きをともにして、親しく語り合いました。根本を探り、細部まで検討し、広範囲に引証して、綿密に検証することで、その［先日来の］議論は、いっそう詳細さを増してきました。同志諸君は、そこでまた各自の努力の粗密や弊害の深浅について、順々に率直に語ることによって、「**一是の地に帰着する**」ことを求めました。私のような未熟者に、どうしてそれを知ることができたでしょう。

不肖慨惟離索之久、思求助於四方。乃者千里遠渉、歴釣臺、登齊雲、陟紫陽、止於斗山之精廬、得與新安同志諸君為數日之會。其意固不在於山水之間也。諸君不以余為不肖、相與辨析疑義、究訂舊聞、相觀相磨。情真而意懇、渢渢乎有不容已之機。叅諸孟氏尚志之説、曾子格物之説、子思戒懼慎獨之説、復證顔氏好學之説、宏綱大旨、節解絲紛、若合若離、亹亹繹繹、其説可謂詳矣。至於求端用力之方、生身立命之原、則群居廣坐之中、固有所未暇及也。比因久雨、移館城隅。諸君復移榻相就、連床晤語者、更兩日夜。探本要末、廣引密證、其説又加詳焉。諸君各以用力之疎密、受病之淺深、次第質言、以求歸於一是之地。余不肖、何足知之。（『龍溪會語』巻一「斗山留別諸同志漫語」）

やはり、ここでもまた、王畿を講学の旅に向かわせたものが、「離索」――、すなわち、仲間から離れて、ばらばらになって独学独修することに対する物足りない想いであり、自らを裨益してくれる益友を四方に求めて已まない強い念いであったことが語られている。

王畿が、講会における自らの役割を決して講壇説法者として自任していなかったことについて、すでに見たとおりであるが、ここでも、あくまで参会者たちと、同志の朋友として、対等な立場で、「一緒になって疑問点を分析し、かつて学んだ内容をとことん吟味し、互いに観察し合い、切磋琢磨し合った」ことを述べ、その真摯な熟議を通して、講会に参加した者たちの心が一つになり、発憤興起する勢いはやまなかったことを伝えている。

この記録によれば、その時の講学は、日中の部（他の記録によれば、朝八時から夕方の六時まで）と、夜の部に分かれており、日中においては、主に参加者たちの発題にもとづく議論が行われたようだ。そのテーマは、孟子「尚志」の説、曾子の「格物」の説、子思の「戒懼慎独」の説、顔氏の「好学」の説が挙げられているように、四書の説に拠りつつ、より実践を意識した議論が交わされたことが推測される。ただ、日中の講学では、その参加者も多数であったことから、「端を求め、力を用いる方」といった各人の具体的な実践方法や、「身を生じ、命を立つの原（源）」といった人間存在の根本にかかわる、切実な問題について議論するだけの余裕もなかったが、それは、宿舎に場を変えて、寝台を並べての二昼夜にわたる議論を通して、親しく語り合うことができたとある。

ここで注目すべきは、そこでの議論の方法である。末尾に所謂「同志諸君は、そこでまた各自の努力の粗密や弊害の深浅について、順々に率直に語ることによって、一是の地に帰着することを求めました」とある。日中の議論にくらべ、ここでは、各人の日頃の努力の成果や欠点などが取り上げられ、深く掘り下げた議論が行われたことが推測できる。

ここで、その議論の在り方を理解するために、引用中の最後のところにある「一是の地に帰着することを求む

（求帰於一是之地）」という言葉に注目したい。

三　「一是の地に帰することを期す」――講学の原型――

そもそも「一是の地に帰することを期す」とは、王陽明が「心学」の祖と仰いだ、南宋の陸九淵（名は子静、号は象山。一一三九―一一九二、江西金溪の人。）の書簡中に見える語でもあった。中でも、注目すべきは、「無極太極」論争を交わした朱熹との書簡、および、朱陸のはざまで揺れ動いた曹立之に宛てた書簡の中に、それを見ることができる。

われわれは、みな決まった師はいないので、多くの言説が入り乱れた中で、互いにやり取りし、よく考えながら、相互に検証しあって道理を求めていきます。道理はもう明白だと自分では思っているかもしれないが、どうしてそれが個人的な意見や［私欲に］蔽われた説でないと分かるでしょうか。もし［他人の意見に］付和雷同してつきしたがい、一人が唱えれば百人が和すというだけなら、それが間違いであることに気付くことはないでしょう。これはとても憂慮すべきところです。どうかお願いです、互いに疑念を抱きながら、意見が合わないところが有れば、同志の間で、まさにそれぞれ胸中の思いを洗いざらえ出し切って、相互に切磋琢磨し合うことに努め、**一是の地に帰することを期す（誰もが是しいとみなす一致点に帰着することを目指す）べきです**。

吾人皆無常師、周旋於群言淆亂之中、俯仰參求。雖自謂其理已明、安知非私見蔽説、若雷同相従、一唱百和、莫知其

非、此所甚可懼也。何幸而有相疑不合、在同志之間、正宜各盡所懷、力相切磋、**期歸于一是之地**。……（『陸九淵集』巻二「与朱元晦　二」二六頁）＊「無常師」は、『論語』子張篇に、「夫子焉不學、而亦何常師之有。」や、韓愈「師説」に、『論語』の語を踏まえ、「聖人無常師」とあるのを踏まえる。

……たいてい人は自分で見たり学んだりしたものについて、自分が正しいと決めつけてしまうものだが、自分とは［意見を］異にする者と議論するときは、各自が自説を述べて、一緒にとことん講究し、一是の地に帰することを期すべきであって、馴れ合いや力尽くで一致させるべきではありません。しかし、まだ他人の説を吟味しないうちに、自説の正しさに固執してしまうと、勢い必ず自説の勝利を求めるという結果に終わり、その「至当」を求めることなど二度とできません。……他でもありません、ただ各自が自分が疑問に思う点を差し出し、人の主張をとことん吟味してやることです。自分こそ正しいという考えを優先させるべきではありません。

……大抵人之所見所學、**固必自以爲是**、與異己者辯、固當各伸其説、**相與講究求其至**、**期歸乎一是之地**、固不可苟合強同。然至其未能盡他人之説、而果於自是、則勢必歸於欲己説之勝、無復能求其至當矣。……無他、**惟各獻其所疑**、**以盡人之説**、**非以自是之意必之於其先也**。（「与曹立之第二書」『陸九淵集』巻三　四〇頁）

ここで陸九淵は、「一是の地」に帰着し、「至当」を求める手続きとして、「自是」や「勝心」を捨て去り、とことん議論を尽くすことの必要性を説いている。自他の説をとことん吟味検証し合う熟議を経て到達する、所謂「一是の地」とは、後に王陽明が否定する朱熹の所謂「定理」とは異なるものである。朱子学のように、「定理」の存在を天与の原理原則、すなわち自明の事実として認め、外にある「定理」の把握を目指すのではなく、あくまで講学の場において、対立する各自の意見を互いに尊重しあいながら、決して自説の正しさに固執することなく、相手の主張にも真摯に耳を傾け、自他の主張を付き合わせ、誠心誠意、とことん議論し尽くした末に、常に状況に応じて柔軟な対応が求められる、最終的な合意点・一致点を見出していくことを目指すことを言うのであろう。そして、そうした熟議を支えているのは、何よりも自他の「本心」「良知」に対する絶対的信頼と敬意の念にほかならない。「一是の地」とは、まさにそうした、参加者＝学ぶ者たちの「良知」同士の熟議を経た結果、もたらされる合意点・一致点というものであろう。それは、言葉による議論を通して、相手を出し抜き、追いつめ、議論に「勝つ」ことを目指す「勝心」に根ざした議論《ディベート》とは異なる。陸九淵にとって、そもそも熟議を経ない「定理」は、しょせん「意見（思い込み）」に他ならず、「物欲」と並んで、「本心」の自由無礙なる自己実現を抑圧・湮滅する最大の阻害要因にほかならなかった。

　こうした陸九淵の「一是の地に帰す」ことを目指す熟議の精神を受け継いだであろう、王畿の講学とは、まさに共に「一是の地」を探求していくための、良知と良知とが語り合う対話である。自己の良知のみならず、目の前に存在する議論すべき他者の良知への絶対的な信頼と敬意の上に、はじめて講学は成立し、同時に、講学と一体不可分なる良知（心学）も、独我論的独善主義に陥ることのない、公共性を獲得するのである。

小括

　志を同じくする朋友たちが、「性命を究極する（人間存在の意味をとことん探求する）」ために、自他の良知を信じて、「一是の地」に到達することを求めて熟議を行う講会／講学こそが、まさに良知心学の現場であった。その意味で、両者は一体不可分の関係にある。講会参加者たちの各自の良知にもとづいて行われる熟議を通して、良知は、公共性を獲得し、「一是の地」として具体化する。その限りにおいて、良知心学は、独我論にも、独善主義にも陥ることはないであろう。良知心学にとって、講学活動が不可欠なる所以は、まさにここにある。また、講会における講学の場において、参加者たちは皆な、それぞれ「良知」を具有する存在として、対等にして平等な自律的実践主体として認められる。

このように、王畿にとって「講会／講学」は、（一）「登壇説法」という固定的な師弟関係の上にではなく、あくまで「友」という対等な関係性の中で、互いに良知を具有する存在として、相互の信頼と尊敬の念で結ばれた、平等性の原理にもとづいて行われ、（二）「定理」という外にある、既存・既定の道理に窮め至るというかたちではなく、各人が自己の良知に導かれるままに、互いの「学び」を検証吟味しあう熟議を通して、「一是の地」（一致点・合意点）に帰着することを目指すという「学び」のかたち（「身心の講学」）であった。王守仁と王畿とによって切り開かれた良知心学の持つ革新性と、その可能性も、そこにある。

（研究代表者）

注

（1）例えば、天地万物の理を度外視し、読書を廃して、ひたすら「吾が心の良知を致す」ことのみに努める良知心学を「師心自用」として、「心に本づく」釈氏の立場と見なす羅欽順（号は整庵。一四六五～一五四七。陽明より七歳年長。『困知記』を著し、陽明の良知心学を批判）の批判（「答歐陽少司成崇一」の言説――「世之學者、既不得聖賢以為之師。始之開發聰明、終之磨礲入細、所賴者經書而已。舍是則貿貿焉莫知所之、若師心自用、有能免於千里之謬者鮮矣。」『困知記』所載。）を参照。また、王畿（一四九八～一五八三。号は龍溪。陽明の高弟。）が呉悟齋に与えた書簡に引かれる、当時の良知批判の説の中にも、「或者謂、心之良知、非假事物之理為之証、師心自用、疑於落空。」（『龍溪會語』巻二「答呉悟齋掌科書」）と見える。なお、「師心」の語は、『莊子』人間世篇に見える。「自分の学問を第三者の眼から検討してもらい、チェックしてもらうということを自ら断ち切って、自分だけ閉鎖的に、自分の学問を完成させたつもりでいる人、そういう人たちに対する、これは非常に手厳しい批判」（入矢義高「師心ということ」『空花集』思文閣、一九九二、一一八頁）の語である。

（2）本書の題名を『語り合う〈良知〉たち』とした所以である。早坂俊廣氏の命名による。

（3）「講学」に「口耳」と「身心」の別があることを述べた発言は、王陽明に発する。『伝習録』巻中「答羅整菴少宰書」に、「然世之講學者有二、有講之以身心者、有講之以口耳者。講之以口耳、揣摸測度、求之影響者也。講之以身心、行著習察、實有諸己者也。知此、則知孔門之學矣」（七五頁）とある。王畿はそれを受けて、「夫學之不講、孔子以為憂。然後之講學、有以口耳者、有以身心者。先哲（陽明を指す）蓋嘗言之矣。」（「道山亭会語」『龍溪會語』巻二）と述べている。また、「南遊會紀」にも、「嘗聞之、講學有二、有講以身心者、有講以口耳者。」（『王畿集』巻七、一五七頁）とあり、「思学説」にも、「學之不講、孔子以爲憂。學也者、覺也。人之覺性、所謂明德也。講學者、非講之以口耳、講之以身心、完復此明德而已矣。聞義而徙、不善而改、正講學之實事。」（同巻十七、四八九頁）とある。

（4）原文は、「設法」とあるが、次の記述に基づき「説法」の意と理解した。「……夫千里求益、固余本心、而登壇説法、實非所敢當。若曰將以表諸友之信心、則是諸友之事、非余之咎也。……」（『龍溪會語』巻一「水西會約題詞」）

（5）旧学の検証と新功の摸索が講学の中身であることについては、繰り返し述べられている。以下を参照。「究訂舊學、共證新功」（水西会約題詞）、「相與訂舊學而覓新功」（道山亭會語）、「新功未加、舊習仍在」（白雲山房荅問紀畧）、「商訂舊學、併扣新功。」（同心冊後語・巻六）等。

（6）原文の「就正於有道」とは、『論語』学而篇の、「君子食無求飽、居無求安、敏於事而慎於言、就有道而正焉」を踏まえる。朱注では、「然猶不敢自是、而必就有道之人、以正其是非、則可謂好学矣。」と言う。つまり、「自らを是とする」傲慢さを退けるために、「有道の人」に就いて、その是非を正すということである。ただし王畿の講学においては、朱熹のように「有道の人」ではなく、「道の有るところ」と解釈した。すなわち、「良知」である。その是非の判断は、あくまで講会に参加した人々たちの「良知」に委ねられるのである。すべては各人の「良知」の創出にゆだねられるのが「講学」である。王陽明に、「這の良知は還た是れ你の明師なり」（『伝習録』下）という発言があるのを参照。「有道者」といい、「明師」といい、外に求められるものではなく、まさに自身の内側に存在するのである。

『伝習録』下巻。「良知は原と是れ完完全全なり。是《ぜ》なる的は他《そ》れ（＝良知）是とするに還し、非なる的は他《そ》れ非とするに還す。是非は只だ他《そ》れに依著せば、更に不是なる處有る無し。這の良知は還た是れ你の明師なり。（良知原是完完全全。是的還他是、非的還他非。是非只依著他、更無有不是處。這良知還是你的明師）」とあるのを参照。

（7）「欲望」以外にも、われわれの意識下の深いところで、日々の生の営みを支配し、「良知」の判断を昏ませ阻害している要因がいくつかある。王畿は、維揚（揚州）で巡撫の任に当たっていた唐荊川が、軍隊を派遣し、海防の任務を遂行していた際の、実際の仕事に即しながら、良知の判断を阻害する要因を具体的に指摘している。そこでは、阻害要因として、「意見（思い込み・先入観）」「典要（定石）」「擬議安排（打算）」「氣魄（気迫）」「格套（ステレオタイプ）」「能所（主客の分別）」などが挙げられている。『龍溪會語』巻五「南遊會紀」。全集本は巻一「維揚晤語」。

【参考文献】

・呉震「陽明心学与講学活動」（『明代知識界講学活動系年（一五二二―一六〇二）』学林出版社、二〇〇三）
・呂妙芬「陽明學者的講會與友論」（《漢學研究》、第17巻第一期、一九九九。後に『陽明学士人社群――歴史、思想与実践――』中央研究院近代史研究所、二〇〇三、に所収。）
・福田殖「羅念庵の「冬遊記」について――王門における講学活動の一場面――」（『陽明学』第16号、一九九四）
・中純夫「王畿の講学活動」『富山大学人文学部紀要』26号、一九九七
・佐野公治「明代嘉靖年間の講学活動――陽明学派の講学――」（『陽明学』第16号、二〇〇四）
・銭明「明代中晩期に吉安地区で展開された王学講会活動――浙中王門と江右王門との比較から出発して――」『哲学資源としての中国思想』研文出版、二〇一三）

・鶴成久章「中国近世の書院と宋明理学――「講学」という学問のかたち――」（小南一郎編『学問のかたち――もう一つの中国思想史――』汲古書院、二〇一四）

思想史における王龍溪と講学

心学道統論
——「顔子没して聖学亡ぶ」を中心に——

呉　震
（鶴成久章訳）

はじめに

「道統」とは、儒家の聖人の道の系譜であるというのが、従来の解釈であるが、今風に言えば、儒家の道統とは、儒学の精神あるいは儒学の価値といった伝統のことを指している。歴史上、唐代の韓愈（七六八—八二五）が道統の説を提出して以来、道統は儒家文化の精神と価値とを象徴するものとなった。彼は「原道」という文章において、「斯《こ》れ吾が所謂道なり、向《さき》に所謂老と仏との道に非ざるなり」とはっきり宣言した。ここにおいて、儒家の道統の再建とは、仏老の道を排斥することを通じて、儒学に思想文化の舞台で再び主役の地位を占めさせるべきことを意味した。一方、道統は、堯舜から孔孟に至るまで代々伝えられた伝承の系譜をへて、「軻の死するや、其の伝を得ざる」[1]に至って道統に中断が生じた。そのため、韓愈の道統論の原型は二つの基本的な特質を備えていたと言える。すなわち、一つは、道統の再建のためには、「排他性」を必要としたこと、もう一つは、道統は歴史の発展過程において、「非連続性」を有していたということである。

宋初の元豊八年（一〇八五）に程顥（一〇三二―一〇八五）が死去した後、その弟の程頤（一〇三三―一一〇七）と程門の弟子らが一種の新しい道統観を宣揚し始めた。韓愈の道統の系譜の見解を継承すると同時に、韓愈をその列に加えることはせず、孟子の後に再び道統を受け継ぐことができたのは程顥以外にあり得ないとみなした。(2)南宋の淳熙六年（一一七九）の上奏文と淳熙十六年（一一八九）の「中庸章句序」の中で、朱子（一一三〇―一二〇〇）は、周（周敦頤）、程（程顥、程頤）を孟子の後継者の位置にすえ、それ以来、宋代道学史の儒家道統論はこれを標準とすることが確立された。程朱道学の新たな道統論（理学道統論とも称する）もまた、二つの基本的な特質を有する。一つには、「道」とは儒家の聖人の道であり、仏老の道とは異なる「独立性」と「排他性」を備えていたことであり、もう一つは、「道」は聖人の学そのものの中に存在しており、聖学の伝統は断続的でありながら、道統は「非連続」の中の「連続性」といった特徴を持っていたことである。

十六世紀、明代の王陽明（一四七二―一五二九）とその弟子の王畿（龍溪、一四九八―一五八三）は心学道統論を打ち出して、理学道統論への挑戦を始めたのである。彼らは聖人の道と聖人の学の問題を心学の視野の中に入れて見直そうとし、その上で、儒家の道統論の「独立性」と「連続性」について基本的に認めると同時に、さらに、道統が、儒学文化の精神として人の心と日常生活の中に内在するという「普遍性」、「開放性」、及び「実践性」等の重要な特徴を持っていることを強調した。

さて、本稿は、心学道統論の思想内容とその再建過程についての考察を通して、韓愈による道統論の原型と異なるだけではなく、程朱の理学道統論ともかなり違う性質をもった心学道統論の思想的特質やその理論的意義について明らかにしていきたい。

一　心学における謎の問題――「顔子没して聖学亡ぶ」

明の正徳六年（一五一一）、王陽明は「別湛甘泉序・壬申」の冒頭において、「顔子没して聖人の学亡ぶ」という世間の人々をあっと驚かせるような一つの観点を提示した。(3)これは心学的道統観と言っても差し支えあるまい。言及しておかなければならないのは、陽明がこの論点を断じたのは「龍場悟道」からわずか三年を隔てただけであり、それ故、間違いなくその悟道と重要な関連があったはずだと考えられることである。それならば、なぜこれが「謎の問題」だというのか。それは、陽明がその論旨の続きでさらに「曾子一貫の旨を唯《いい》して之れを孟軻に伝えて終わり、又た二千餘年にして周、程続く」と言っているからである。疑いなく、これは誰もが聞き慣れてきた朱子理学による儒家の道統についての典型的な論述であり、すなわち理学的道統論だったのである。そして、心学的道統観と理学的道統観との間には、相容れ難い解釈上の障碍が生じており、観念上の緊張関係をもたらしてきたわけである。というのは、もしも「顔子没して聖学亡ぶ」という判断が正しかったとするならば、では曾子から孟子までの道統の伝授はいったいどうして可能になったのか。さらに言うなら、周程が再び受け継いだ道統というのは孟子からのものであって、それは顔子以来失われてしまった道統ではないなどということがどうしてあり得ようか。そしてまた、陽明の良知の学がまさか孟子の学からではなく顔子の学に由来するものだと言おうとするわけでもあるまい。だから、「顔子没して聖学亡ぶ」というのは陽明心学史上の重大な謎になったのであると言わざるを得ない。(4)もしも王畿から見たならば、それは単に心学における「謎の問題」であるのみならず、ひいては儒学史上の「千古の大公案」だったとも言えよう（後述）。

そして、数年後の陽明の南京講学時代（一五一四年前後）に、[5]彼の弟子の陸澄は陽明のこの説に対して「疑い無きこと能わず」という質疑を発したのである。これに対して、陽明は「聖道の全きを見る者は惟だ顔子のみ」と[6]答えているが、この間の詳細な事情については後述することにする。他方では、王畿は「師の『顔子没して聖学亡ぶ』と云うは、此れは是れ険語なり」と率直に認めながら、[7]もしちゃんと理解しないと、陽明の良知学と孟子とはいかなる思想的関連もないようだとか、甚だしきに至っては、孟子を道統の系譜の外に排除してもいいのだとかいった重大な誤解を招いてしまう可能性があると考えたのである。もちろん、王畿はこの「険語」に対して独自の心学的解釈を打ち出しており、陽明のこの新たな道統論の成り立つ所以を理論的に解明しようとしてきた。結論から言えば、上述の心学史上の「謎」を解く鍵は王畿による心学の解釈の中にあったのである。

後の検討のために、まずは「別湛甘泉序」の原文の要旨を摘録しておこう。

顔子没而聖人之学亡。曾子唯一貫之旨、伝之孟軻終、又二千餘年而周程続。自是而後、言益詳、道益晦、析理益精、学益支離無本、而事於外者、益繁以難。……而世之学者、章絵句琢以誇俗、詭心色取、相飾以偽、謂聖人之道労苦無功、非復人之所可為、而徒取辯於言詞之間。古之人有終身不能究者、今吾皆能言其略、自以為若是亦足矣、而聖人之学遂廃。則今之所大患者、豈非記誦詞章之習。而弊之所従来、無亦言之太詳、析之太精者之過歟。夫楊墨老釈、学仁義、求性命、不得其道而偏焉、固非若今之学者以仁義為不可学、性命之為無益也。居今之時而有学仁義、求性命、外記誦辞章而不為者、雖其陥於楊墨老釈之偏、吾独且以為賢、彼其心猶求以自得也。夫求以自得、而後可与之言学聖人之道。某幼不問学、陥溺於邪僻者二十年、而始究心於

老釈。頼天之霊、因有所覚、始乃沿周程之説求之、而若有得焉。顧一二同志之外、莫予翼也、岌岌乎僕而後興。……(8)

この一段の議論に含まれる内容は非常に豊富である。ここからわかるのは、陽明が晩年に「致良知」を明らかにした後、嘉靖四年（一五二五）に友人に向かって漏らした「天の霊に頼《よ》り、偶たま復た見ること有り。誠に千古の一快なり」(9)という喜びの心情は、実は早くも十数年前にすでに余すところなく示されていたということである。一五一一年の「別湛甘泉序」に述べる「天の霊に頼り、因りて覚る所有り」と一五二五年の「書魏師孟巻」に言う「天の霊に頼り、偶たま復た見ること有り」は決して二つの事を意味するものではなく、どちらも「吾が良知の二字は、龍場より已後、便ち已に此の意を出でず」(10)という生命の徹悟を指しているはずだからである。さもなければ、恐らくかえって人々は理解に苦しむことになろう。「別湛甘泉序」の思想背景がこのように明らかになったところで、「顔子没して聖学亡ぶ」は、必ずや陽明が良知を悟った後にはじめて生み出した道統の新論であると断定できよう。

　これによって、我々は、陽明がかの文章の冒頭で「顔子没して聖人の学亡ぶ」と述べ始めようとしたその独自の苦心について理解できるであろう。疑いなく、ここの「聖人の学」はたびたび出現する「聖人の道」と基本的に同義であり、文章全体を貫く核心的な概念である。陽明が思うに、「聖人の学」というものは、あの「理を析《わか》つこと益々精《くわ》しく、学益々支離す」、「章を絵《いろど》り句を琢《みが》く」、「記誦詞章」等をもっぱらにする、いわば知識の学とはまったく正反対の根本的な学であって、孔孟といった儒家が仁義性命を根本とした「自得」の学なのであった。これによって「顔子没～」という一句を改めて考えてみれば、顔子の学はもとより根本的な意味での聖人の学にほかならない。だが、問題は、曾子が孟子に伝えた「一貫の旨を唯《いい》す」が、まさか聖人の学ではないなどというような断定が果たしてあり得るのかということである。

「一貫の旨」とは、その典拠は、『論語』里仁篇に「子曰く、『参よ、吾が道は一以て之れを貫く』。曾子曰く、『唯』。」とあるものである。従来は、ここの「道」とは聖人の道を指していて、孔子はそれを曾子に伝え、曾子ののちにそれを受け継ぐことができたのが孟子であったとされていた。これはもはや儒学史の一般常識となっている。だが、韓愈の道統論では、孔孟の間の伝承に曾子と顔子の名がまったく見えない。淳熙十六年（一一八九）に書かれた朱子の「中庸章句序」に至ってはじめて儒家の道統が理論化されたのであって[11]、彼は最初に、「蓋し上古に聖神、天を継ぎ極を立ててより、道統の伝より来ること有り」という早期中国における文化史上の道統観を述べ、続いて孔子の後に「惟だ顔氏、曾氏の伝のみ其の宗を得て」、さらには子思、孟子に伝わったところで中断され、宋初の二程に至ってはじめて「夫の千載不伝の緒を続いだ」のだと指摘している。顔、曾を道統の系譜の中に並べたのは、朱子の固有の観点であることがわかる。しかし、曾子が子思に伝えて『中庸』（当然『大学』も含む）という著作が残されたものの、顔子が道統史上に残した具体的な思想遺産に関しては、「中庸章句序」において朱子は何ら明言してはいないのである。こういったことが、顔子が伝えたのは結局いかなる学であったのかという儒学史上の疑問、もしくは一つの大なる「公案」を残すこととなったのではなかろうか。

実際のところ、陽明の言う「顔子没して聖人の学亡ぶ。曾子一貫の旨を唯して之れを孟軻に伝えて終わり、又た二千餘年にして周、程続く」という二句をあわせてみれば、やはり顔子の学に関するその具体的な内容は明らかにされておらず、それに比べて、曾子から孟子に至る間については、はっきりとした「一貫の旨」という伝道の内容が存在する。これは陽明が顔子の学に結局のところいかなる見解をもっていたかという問題にまで関係するもので、この問題に対する理解こそが、陽明がどうして「顔子没して聖学亡ぶ」と判断したかを解く鍵になる。

二　「見道」――陽明の顔子解釈

我々はまずは陸澄の質疑から説き始めよう。陸の記録は次の通りである、

問、「『顔子没而聖学亡』、此語不能無疑。」先生曰、「見聖道之全者惟顔子。観喟然一嘆、可見其謂『夫子循循然善誘人、博我以文、約我以礼』、是見破後如此説。博文約礼、如何是善誘人。学者須思之。道之全体、聖人亦難以語人、須是学者自修自悟。顔子『雖欲従之、末由也已』、即『文王望道未見』意。望道未見、乃是真見。顔子没、而聖学之正派遂不尽伝矣。」(12)

この中のキーワードは疑いなく「聖道の全」あるいは「道の全体」である。陽明は、「道の全体は、聖人も亦た以て人に語り難し」であるけれども、顔子は「聖道の全」を見ることができたのだと指摘している。どうしてそれがわかるのであろうか。陽明は『論語』子罕篇の「顔淵喟然として嘆じて曰く」の章を例にして説明を加えている。この章は全部で三句で構成されている。

顔淵喟然嘆曰、「仰之弥高、鑽之弥堅。瞻之在前、忽焉在後。夫子循循然善誘人、博我以文、約我以礼。欲罷不能、既竭吾才、如有所立卓爾、雖欲従之、末由也已。」

首句を除けば、それ以外の二句は同じく「年譜」に引く陽明と陸澄との対話の中に見られる。陽明は特に「博

文約礼」の重要性を強調して、「学ぶ者は須く之れを思うべし」、すなわち孔子が顔子を戒め導いた（「善誘人」）真意の所在を省察することを要求している。陽明の判断によれば、「博文約礼」は必ず「聖道」と関わりがあるはずであった。実のところ、程朱の見解に基づけば、「博我以文」と「約我以礼」はそれぞれ「格物致知」と「克己復礼」の二種の工夫に属しており、また顔子が伝えた孔子の学の「最も切当の処」でもあった。[13] しかし、陽明から見ると、「博文約礼」は決して単純な工夫の順序の問題ではなく、それどころか「道の全体」にまで関係する根本的な問題であった。しかも「道体」は見聞の知に属するものではなく、伝授に頼って得ることはできず、道体は心体そのものですらあったから、ただ「心悟」を通じてのみ体認できるのであった。顔子が言った「之れに従わんと欲すと雖も、由る末《な》きのみ」については、これは顔子が「其の力を用うる所無し」であったことを意味していると一般に考えられている。[14] しかしながら、陽明は、顔子のこの語は「文王、道を望んで未だ見ず」の意と同じであると考え、さらに一歩進んで一つの重要な判断、すなわち「道を望んで未だ見ざるは、乃ち是れ真見なり」を提起したのである。[15] それ故、陽明の結論は、顔子のいわゆる「之れに従わんと欲すと雖も、由る末《な》きのみ」とは、ほかでもなく「顔子は道体を見得て後、方《はじ》めて此の如く説けり」ということなのであった。[16]

それならば、「道を望みて未だ見ず」とはどういう意味であろうか。典拠は『孟子』離婁下篇の、「文王は民を視ること傷むが如く、道を望むこと未だ之れを見ざるが而《ごと》し」である。一般に、これは民を愛すること深く、道を求めることが切なるといった文王の心情を描写しているものだと考えられている。例えば朱子によると、この句は「之れを望むこと猶お未だ見ざるが若し」と説いて、文王の「自ら満足せず」という心を形容しているのだという。[17] 但し、陽明によると「未見」とは道を見ようとしても見られないことだと解さねばならないだけではなくて、さらなる一転語を下すべきであって、「未見」だからこそ「真見」だと言えるのである。これを顔子の

「末由也已」という一句の解釈に当てはめてみれば、本来、その力を用いることがないという意味の「末由」の二字が「未見」と同じように解釈されているため、「末由也已」は顔子の能力に欠陥があるか才力が不十分であるかを表明しているのでは決してなく、反対に、顔子はすでに「道体」の全を見ることができたことをまぎれもなく表明していることになる。言い換えれば、「末由也已」はこのように理解しなければならず、この解釈の転換をへて、「末由也已」は積極的な意味へと変わり、消極的な「力を著し得ず」（程頤の語）の意味ではなくなり、ここから顔子こそが「聖道の全きを見し者」であり、「道を望みて未だ見ざるは、乃ち是れ真見なり」と同じであることが反証できるのである。重要なことは、顔子が「道の全体」を理解したのは、その「自修自悟」の結果であって、孔子から言葉のやり取りによって得たものではないことである。なぜならば、道体は「以て人に語り難し」であるからである。

「道体」は、どうして「以て人に語り難し」なのであろうか。ここには陽明心学の中の「無」の問題に関する思考が関わっている。この問題が関わる思想内容はかなり煩雑であって、本論の議論の主旨から逸脱しているため、いまここで議論を展開すべきではあるまい。しかし、単刀直入に言えば、道体を語ることができないのは、陽明が説く良知の心体の「無知無不知」、「無覚無不覚」と同じ様に、良知の心体が現れる過程は必ずや「用に即して体を見る」過程であり、かつその過程はまた自修自悟の過程であって、言葉を拠り所にしたり知識の助けを借りたりして実現できるものではないからである。たとえ良知が人の心に内在する道徳的判断力を具有していたとしても、良知は現象世界にとどまる存在にすぎないのでは決してなく、天理と同じ超越的な存在なのである。ここから言えば、道体、心体あるいは良知天理は、すべて同質同層の存在であって、具体的な経験を超えた普遍的な特質を備え、いかなる有限の言葉や知識の制限をも受けることはなく、その意味において、「義理は定在無く、窮尽無し」と言うのであり、[18] さらには、通常の言葉の中の善悪の概念では心体を規定することができないから、「無善無悪は心の体」と説いたのである。つまり、心の体に「定在」が無いということは、必然的に道の体は言葉では説明できないということになる。

陽明はかつて比喩の方法を用いて、「聖は堯舜の如し。然れども堯舜の上、善尽くること無し。悪は桀紂の如し。然れども桀紂の下、悪尽くること無し。桀紂をして未だ死せざらしめば、悪は寧《いず》くんぞ此に止まらんや。善をして尽くる時有らしむれば、文王何を以て『道を望んで未だ之れを見ざる』や」と指摘した。[19] ここの文王の「望道未見」に対する解釈の前提は上引の一句、すなわち「義理は定在無く、窮尽無し」である。何が「定在無く、窮尽無し」なのであろうか。陽明は「聖は堯舜の如し」、「悪は桀紂の如し」を例にしているが、その意図は、堯舜の善あるいは桀紂の悪は無窮無尽で見ることのできる「定在」がなく、たとえ文王が「民を視ること傷むが如し」であったにしても、道の所在はかえって限定しようがない（堯舜の善道が尽きることがないのと同様である）ことを表明することにあった。これは陽明が、文王の「道を望みて未だ見ず」を用いて「義理は定在無し」という道理を論証しているのであって、顔子の問題とは無関係のようである。しかしながら、もしもこの段の記録を上に引いた陸澄の録した対話と合わせて見てみるならば、陽明が「顔子没して聖人の学亡ぶ」と説く理由はすでに明らかである。すなわち、顔子はすでに「聖道の全を見」たけれども、あたかも「未見」のようである、しかし、「未見」であるからこそ「真見」なのであり、それはとりもなおさず顔子が聖人の道あるいは聖人の学に対して深く的確な体悟を得たものの、それを言葉で説明する術がなかったにすぎないことを意味しているのである。陽明は一五二五年に、もっぱら顔子を顕彰するために書いた「博約説」という文章の中でさらに明確に指摘している。

昔者顔子之始学于夫子也、蓋亦未知道之無方体形像也、而以為有方体形像也。未知道之無窮尽止極也、而以為有窮尽止極也。是猶後儒之見事事物物皆有定理者也、是以求之仰鈷瞻忽之間、而莫得其所謂。及聞夫子博約之訓、既竭吾才以求之、然後知天下之事雖千変万化、而皆不出于此心之一理。然後知殊途而同帰、百慮而一致、然後知斯道之本無方体形像、而不可以方体形像求之也。本無窮尽止極、而不可以窮尽止極求之也。是故「雖欲従之、末由也已」。蓋顔子至是而始有真実之見矣。(20)

「事事物物皆な定理有り」と言うのは、朱子の有名な語であり、「理」は客観的で外在的であり、また一定不変なるものであることをはっきりと示している。そして、陽明の言う「義理に定在無し」、「道に方体形像無し」とは、朱子の理学に対するある種の批判であるが、これもまた贅言する必要はあるまい。重要なのは、「真実の見」という一句と顔子が「聖道の全きを見た」というのとは、指すものがきっと同じ意味であるはずだという点である。だから、陽明について言えば、彼の結論は当然、「顔子没して聖学の正派は遂に尽くは伝わらず」ということになる。

「聖学の正派」と言うからには、「正派」の外に、さらにその他の各種流派が存在することを意味している。儒学史上に、「儒は分れて八と為る」という説があるのは、改めて述べるまでもない。しかしながら、陽明が注意を向けているのは単純な学派の別ではなく、「正」と「不正」との別である。もしも正邪は両立しないという世俗の基準に基づくのなら、顔子が伝えたのが「正派」である以上は、曾子が伝えたのは「正派」ではあり得ないことになる。但し、問題は明らかに決してそう簡単ではない。陽明は「象山文集序」において、「宋の周程二子に至りて、始めて復た孔顔の宗を追尋す」と強調する一方で、同時に周程の後の陸象山こそが「真に以て孟子の伝に接すること有る」者であると説いており、「抜本塞源論」という著名な文章の中では、陽明はなおも「孔孟既に没して、聖学晦《くら》くして邪説横《ほしいまま》なり」という伝統的な道統観を堅持している。(21) 陽明から見れば、「孔顔の宗」と「孔孟の伝」は言葉は違えども意味は同じであり、両者には根本的な差異はまったくなく、顔子が「聖学の正派」であるのみならず、孟子もまた道統の正伝なのである。見たところ、問題は顔子と孟子とにあるのではなく、顔子と曾子との思想的差異にある。さらに言ってしまえば、顔子と孟子は当然どちらも聖人の学あるいは聖人の道の伝承者であり、顔子は「見道の者」であり、孟子は良知の学の開拓者でもあったということになる。陽明にとっては自身が自覚的に聖学の脈から引き受けた対象とは顔子でもあれば孟子でもあったはずである。「聖人の学は、心学なり」(22)という命題を前提にして、顔孟両人が等しく儒学の心学の伝統に属することは疑いない。

　ここにおいて、深く考えなければならない二つの問題がある。一つは、曾子が伝えた「一貫の旨」が結局何のことかということであり、もう一つは、良知の学は聖人の学として、その根源が孟子にまで遡ることができる以上、顔子の存在と直接関連づけて、そこから良知の学を「孔顔の宗」にまで遡及できるのかどうかということである。実際、曾子が伝えた「一貫の旨」の問題については、陽明は朱子とは完全に異なった解釈を提示している。

> 国英問、「曾子三省雖切、恐是未聞一貫時工夫。」先生曰、「一貫是夫子見曾子未得用功之要、故告之。学者果能忠恕上用功、豈不是一貫。一如樹之根本、貫如樹之枝葉、未種根何枝葉之可得。体用一源、体未立、用安従生。謂『曾子于其用処、蓋已随事精察而力行之、但未知其体之一』（筆者按、語見朱子『論語』里仁篇集注）、此恐未尽。」(23)

「三省」とは曾子の語、すなわち「吾れ日に三たび吾が身を省みる」（『論語』学而篇）であり、「一貫」は曾子の言った「夫子の道は、忠恕のみ」のことである。しかるに、陽明から見れば、孔子は曾子が「未だ功を用いるの要を得ず」と感づいたので、わざわざ「一貫」の旨を告げたまでであって、曾子がすでに「一貫」を成し遂げたことを意味しているのでは決してない。もしも学ぶ者が本当に忠恕について徹底的に功夫を用いることができたら、自ずと「一貫」が実現できるはずである。曾子は「忠恕の上に功を用いる」ことはできたけれども、彼は忠恕の「体」を見抜くことは決してできておらず、「一貫」の要をまだ得ていなかったので、結局、孔子の「一貫の旨」とはまだわずかながら隔たりがあった。だから、曾子が伝えた「一貫の旨」はまだ必ずしも完備してはおらず、その中にはきっとある種の断層があったはずだと推断できる。ここに至って、我々はついに陽明が何故に「顔子没して聖人の学亡ぶ」と「顔子没して聖学の正派は遂に尽くに伝わらず」を強調したのか、その真意について理解できるのである。なぜならば陽明から見れば、ただ顔子だけが「聖道の全きを見し者」であり、曾子は「一貫の旨」にすらまだ到達できておらず、それ故、両者を比較すれば、その学問の高低はたちどころに判明するからである。

一般的に言えば、陽明の良知学はその直接の淵源は孟子にあり、だから道統史上、陽明学はもともと孟子に帰属させるべきであるとされており、この点は疑う余地のないことである。しかし、もしも「聖道の全きを見し者」である顔子が良知の学をすでに体悟していたとすれば、状況に重大な変化が生じてくるはずである。なぜそうなるのであろうか。我々はまず次の一段の対話を見てみよう。

黄誠甫問「汝与回也孰愈」章、先生曰、「子貢多学而識、在聞見上用功、顔子在心地上用功、故聖人問以啓之。而子貢所対又只在知見上、故聖人嘆惜之、非許之也。」[24]

「汝と回と孰《いず》れか愈《まさ》れる」の章は、『論語』公冶長篇に見える。顔子は「一を聞きて十を知る」ことができたが、子貢は「一を聞きて二を知る」ことしかできなかったのを語った著名な典故である。子貢の「多く学びて識る」は、『論語』衛霊公篇に、「子曰く、『賜や、女は予を以て多く学びて之れを識る者と為すか』と。対えて曰く、『然り。非なるか』と。曰く、『非なり。予は一以て之れを貫く』と」とある。陽明は上述の二つの記録に基づいて、「汝と回と孰れか愈れる」の章に対し、通常の解釈とは違った興味深い理解を示している。すなわち彼は「心地上」と「聞見上」という特別な用語をもって顔子と子貢との思想的性格を分析し、顔子は心地上において功夫を行って、子貢は聞見上において功夫を行ったと認定しているのである。ここに言う「心地」とは、陽明学に独特の概念、すなわち良知の心体のことであるのは疑いない。問題は、「汝と回と孰れか愈れる」の章の筋道に沿ってよく見てみるならば、どうして孔子はすでに顔子が「心地上に在りて功を用う」と分かっていたにも関わらず、ことさらに「問いて以て之れを啓いた」と断定できたのかということである。他方、また子貢の学問が「多く学びて識る」に傾いているとどうして確定できたのであろうか。

明らかに、この二つの問題に対して、我々は史実の材料に基づいて解答を導き出すことは困難である。なぜならば陽明の解釈は史実の真相を復原すると言うよりは、むしろ思想的判断を行ったと言う方が相応しいからである。だが、いかなる種類の思想判断であろうと、必ずや判断者の観念あるいは立場が支えとなっている。陽明について言えば、彼の思想的立場に基づけば、孔門の中にはおおよそ二種類の根本的な分派が存在した。その一つは顔子一派であり、「聖道の全き」を見ることができた上にさらに「心地に（在りて）功を用いる」こともできた。もう一つは子貢の一派であり、「道の全体」を見ることができなかっただけではなく、工夫の上でもただ「多く学びて識る」を求めるだけで、「聞見」あるいは「知見」といった型にはまり込んでしまった。顔子の一派について、陽明はそれが「聖学の正派」であることをはっきりと認めており、子貢の一派については、陽明の意識の中では、「道問学」の伝統を強調する朱子理学の影がかすかに窺えたのである。陽明からすれば、孔子が子貢に対して深く惜しんだということは、「多く学びて識る」を追求するのは決して孔門の正宗ではないことを意味しており、そして、朱子理学を代表とする章句訓詁の学はまさしく「聞見上に在って」功夫を用いる一派に属しているのであった。ここから、陽明が「顔子没して聖学亡ぶ」を提示したのは、その根本的な意図の一つが、自己の良知心学と程朱理学との間にはっきりと一線を画し、あわせて心学の源を孔顔の正派にまで遡らせようとすることにあったということがわかる。

それならば、具体的に言うと、顔子が「心地上に（在りて）功を用いた」というのはつまり何を指していたのであろうか。たとえ我々が『論語』全書にあまねく目を通したところで、「心地」という一語を見つけることは明らかに不可能である。だから、我々は陽明に従って『論語』の思考の筋道を繰り返し研究して、この問題を考察する以外にないのである。ここにおいて、実は顔子の「怒りを遷さず、過ちを貳《ふたた》びせず」という工夫が、「心地上に功を用い」た実例であることに容易に気付くのである。陽明は、「顔子の『怒りを遷さず、過ちを貳びせず』とは、亦た是れ未発の中有りて、始めて能くす」と言っているが(25)、陽明によれば、「未発の中」とは良知そのものであって(26)、それ故、顔子が「不遷不貳」ということができたのは、まさしく彼がすでに良知の心体上に功夫を用いることができたことを物語っているのであり、そうでなければ、断じてそんなことができるはずはない。どうしてそれがわかるのであろうか。例えば、陽明は『周易』繫辞下伝の顔子に関わる記録を利用して、顔子がすでに良知に対して根本的な理解を獲得していたことを努めて証明している。すなわち、

孔子無不知而作、顔子有不善未嘗不知。此是聖学真血脈路。(27)

孔子の語は『論語』述而篇に、「蓋し知らずして之れを作る者有るも、我れは是れ無きなり。多く聞き、其の善き者を択びて之れに従い、多く見て之れを識《しる》すは、知るの次なり」とある。これに対して、陽明は、「『蓋し知らずして之れを作る者有るも、我れは是れ無きなり』とは、是れ猶お孟子の『是非の心は、人皆な之れ有り』の義のごときなり。此の言、正に徳性の良知の、聞見に由るに非ざるを明らかにする所以のみ。『多く聞き、其の善なる者を択びて之れに従い、多く見て之れを識す』と曰うが若きは、則ち是れ専ら諸を見聞の末に求むるにして、已に第二義に落つ」と解釈している。(28) 孔子の「知らざる無し」の「知」とはまさしく良知を指しているのであって、絶対に「多く見て識す」の知ではあり得ないことがわかる。そして、顔子の語についていうならば、それは、『周易』繫辞下伝に、「顔氏の子は、其れ殆《ほと》んど庶幾《ちか》からんか。不善有れば未だ嘗て知らずんばあらず、之れを知れば未だ嘗て復た行わざるなり」と見られる通りである。陽明の解釈によれば、その中の二つの「知」はまさに良知を指して言っている。そういったことから、陽明は、「真の血脈路」という一つの非常に重要な断定を下したのである。

ここに至って、陽明からすれば、顔子は「良知」という語をまだ使用していなかったが、良知の宗旨に対してはすでに根本的な理解を持ちあわせており、だから、徳行の実践において、真に「未嘗不知」、「未嘗復行」を成し遂げることができたことが明らかになるのである。陽明が、顔子の学こそが「聖学の正派」であると説いた理由は、ここにきて、やっとその深遠な意味が余すところなく明らかにされたことになる。(29)

三　王畿による心学道統論の再構築

以上のような陽明による顔子解釈は、陽明後学にとってはまさに一つの基調となった。しかし、問題は決してこれで決着したわけではない。王門の弟子の中で、王畿の顔子解釈は明らかに「出藍の誉れ」のような風格がある。彼はただ単に心学の筋道において顔子の道統史上の地位を確定させただけではなく、彼は顔子に対して「心に戚戚焉たるもの有り」といった一種の共感すら持っており、また彼自身が主張する「先天の学」、「頓悟の学」というものに、すべて顔子に根源を求めることができるとまで考え抜いたのである。王畿はひそかに自らを顔子に比する気持ちがあったとみなさざるを得まい。

周知のように、嘉靖六年（一五二七）の「天泉証道」の際に、「四句教」の問題をめぐって、陽明と彼の二人の高弟である王畿と銭徳洪との間に重要な思想的対話があった。王畿は自己の理解に基づいて、本体上から直接「悟入」することを主張し、そこから著名な「四無説」を打ち出した。これに対して、陽明は「頓悟の学」という一語を用いて王畿の説に期待を寄せる一方で、それとは別にまた王畿に対して、「本体功夫、一悟して尽く透る」というのは、これは顔子や程明道でも「敢えて承当せざる」方法であるから、今後は、決して「軽易に人に望んで」はならぬと戒めた。(30)ここで陽明がわざわざ「頓悟」と「顔子」とに言及していることは注目に値する。というのは、ここからは、陽明は、王畿の説が頓悟の学に属することをはっきりと認めており、それどころか顔子の学も当然頓悟の学に帰属（あるいは接近）しているとすらみなしているのがわかるからである。もちろん、王畿の方の記録を、額面通りに受け取ることはできない。その中にはすでに王畿らしい考えが含まれており、しかも、陽明の王畿に対する戒めは、王畿の思想が「狂蕩」の一路に流れこんでいく可能性への懸念を陽明が表明したことを意味しているのである。ただし、どのように言おうと、陽明は決して「悟」の問題を回避しておらず、先に言及したように、陽明は顔子が「自修自悟」を通して道体を「真見」することができたと認定しており、これはまた陽明が「自悟」を非常に重視していたことを十分に説明している。しかも彼が晩年にさらに提出した「心悟」(31)という重要な観点も、併せて王畿に継承されたのである。

しかしながら、王畿から見れば、彼の「頓悟の学」は実は顔子の学と共通の淵源を有していた。例えば、彼は顔子の「未嘗不知」、「未嘗復行」に対して賞賛を極めており、これが「古今の学術の毫釐の辨」の肝心要であるとまで言い切っているばかりか、さらには彼自身が主張した「一念自ら反れば、即ち本心を得」という頓悟の学でもあったと彼は考えていた。彼は言う、

孔門之学、顔子「有不善未嘗不知、知之未嘗復行」、此徳性之知、謂之「屢空」、空其意識、不遠之復也。子貢「多学而億中」、以学為識、以聞為知、意識累之也。此古今学術毫釐之辨也、知此則知先師致良知之旨、惟在復其心体之本然、一洗後儒支離之習、雖愚昧得之、可以立躋聖地、千聖之秘蔵也。所幸良知在人、千古一日、譬之古鑑翳於塵沙、明本未嘗亡、一念自反、即得本心、存乎其人也。(32)

王畿が孔門の各種教義の意味や位置づけを判断した中で、子貢の「多く学びて識る」はまったく正流には属さず、ただ顔子の「知」だけが正しい流派であった。それは、この「知」がまさしく「徳性の知」であり、とりもなおさず先師陽明の「良知の旨」であったからである。しかも、顔子の「復」とは「其の意識を空しくして、遠からずして復す」であり、とりもなおさず先師陽明の「惟だ其の心の体の本然を復するに在るのみ」の「復」な

のであった。そして、さらに重要なことは、良知は人の心に在っては、まるで「千古一日」の如く、永遠に光り輝いて消滅することはあり得ないものであるため、致良知の工夫はいわゆる「学識」、「聞知」といった類の「支離の習い」に依存する必要はなく、ただ「一念自ら反れば、即ち本心を得る」のであった。たとえ「愚昧」の人であっても、この一点を成し遂げさえすれば、「立ちどころに聖地に躋《のぼ》る」ことができるのである。ここに我々は、王畿がすでに顔子の学を陽明学のレベルに引き上げて評価を加えているのを感じ取ることができよう。

それならば、何を「一念自反」と言うのであろうか。いわゆる「一念」とは、王畿の思想の中の核心概念の一つであり、「最初一念」、「一念初機」あるいは「一念正念」とも称される。その意味は「先天の心体」のことであるが、実は心の体そのものにほかならない。王畿が、学は「先天の心体上に功を用い」なければならないと努めて主張しているのも、「一念自反」を成し遂げることを求めているのである。さらに別な言い方を用いて、「纔《わず》かに動けば即ち覚る、纔かに覚れば即ち化す」とも言っている。王畿は言う、

顔子不失此最初一念、不遠而復、纔動即覚、纔覚即化、故曰「顔子其庶幾乎」、学之的也。

顔子心如止水、纔動即覚、纔覚即化、不待遠而後復、純乎道誼、一毫功利之私無所攖於其中、所謂知之上也。

……顔子心如止水、纔動即覚、纔覚即化、不待遠而後復、純乎道誼、一毫功利之私無所攖於其中、所謂知之上也。

顔子有「不善未嘗不知、知之未嘗復行」、皆指功夫而言也。人知「未嘗復行」為難、不知「未嘗不知」為尤難。顔子心如明鏡止水、纖塵微波、纔動即覚、纔覚即化、不待遠而後復、所謂庶幾也。(33)

以上の三条には「纔かに動けば即ち覚る、纔かに覚れば即ち化す」という言い方が繰り返し出てきており、そ

れによって顔子が「未だ嘗て知らずんばあらず」、「未だ嘗て復た行わず」であることの正確な意味を解釈しようとしている。さらには顔子が「心は止水の如し」、「最初の一念を失わず」であったことを断固として肯定し、あわせて「学の的なり」によって顔子の学の正宗の地位を定めることまでしているが、そこからは王畿自身の観点や立場が見て取れる。これは陽明の顔子解釈の中にはまだ見られなかったものである。重要なことは、「纔かに動けば即ち覚る、纔かに覚れば即ち化す」の前提は、「已に本体を見た」ということである。だから、王畿は率直に、「顔子は已に本体を見る。故に直に示すに功を用いるの目を以てす。仲弓は本体に於いて尚お未だ徹せざる有り。故に先ず示すに敬恕の功を以てす」と言っているのである。(34) 彼は顔子の「末由也已」に対しても新たな解釈を行って、「顔子此に至りて、始めて真実の見有り。是れ即ち道を望みて未だ見ざるの意、未だ達せざること一間には非ざるなり。喟然として一たび嘆ず、千聖の絶学、顔子没して学遂に亡ぶ」と言い、(35) 程朱が「未だ達せざること一間」によって顔子の「末由也已」を解釈した伝統的な観点をひっくり返してしまった。彼の言う顔子の「真実の見」とは、つまりは「見道」を指しており、これは当然ながら陽明の「道を望みて未だ見ざるは、乃ち是れ真見なり」という解釈の立場を継承したものである。しかし、王畿が顔子の学を「千聖の絶学」のレベルにまで引き上げ、同時に顔子はすでに「本体」を見抜いたと称し、これを陽明の良知の学と同一の「学脈」の中に置いて肯定しているのは、明らかに王畿による顔子に対する新たな解釈である。

「纔かに動けば即ち覚る、纔かに覚れば即ち化す」は、心体の上で着実に行ってはじめて可能であり、しかも心の本体はもともと一種の「先天」的存在であるから、後天の「意識」によって変えられることはない。それ故、この意味において、顔子の学はまた「先天の学」と称することができる。王畿は指摘する、

正心、先天之学也。誠意、後天之学也。……顔子不遠復、才動即覚、才覚即化、便是先天之学。吾人甘心不学則已、学則当以顔子為宗。顔子「不遠而復」、且道顔子是何学。乃孔門易簡直截根源、先天之学、非可以知解想像而求者也。(36)

いわゆる「先天の学」とは、「先天より根を立つる」心学の根本的な工夫を意味しており、かつ「意に動きて始めて不善有る」後に功夫に取りかかる「後天の学」とは異なる。しかも、「先天の学」は、王畿の儒家心学に対する本質的な描出であるだけでなく、自己の思想に対する位置づけでもあり、彼はこの点から顔子の学を称賛しており、王畿の念頭に在っては、顔子の学がほとんど聖学に近いことは疑いないことを十分に表している。いわゆる「学は則ち当に顔子を以て宗と為すべし」も、また非常に意味深長である。理に基づいて言えば、儒家が理想とする人格は孔孟を模範とするのが当然で、しかも、顔子は年わずか三十二歳で逝去しており、儒家の経典の歴史にあっては後人の学習に供するためのいかなる典籍もまったく残してはおらず、曾子から子思までとは異なる。もしも宋儒以来の普通の言い方に基づくならば、彼らの一派においては少なくとも『大学』と『中庸』(その上、『孝経』は従来から曾子一派と関係があるとされている)が残されており、それ故、もしも学問をするのに誰を宗とすべきかと言うならば、孔、曾、思、孟の中のどの一人でも当然第一に選ぶことができる。この学問は「当に顔子を以て宗と為すべし」というのは、恐らくは王畿の前にはまだ敢えてそのような主張をする者はいなかった。それならば、王畿がそう主張した理由はどこにあるのであろうか。実は先に引用した文章の後ろの方で、王畿は続けて、まさに後人は「顔子は是れ何をか学ぶ」について理解しなかったがために一連の思想的危機を引き起こし、陽明の良知の学が世に現れるに至ってついに局面を挽回したのだと指摘している。彼は言う、

> 自此義不明、後世所伝、惟以聞見臆識為学、揣摩依仿、影響補湊、種種嗜欲、反与仮借包蔵、不肯帰根反源、以収掃蕩廓清之績、是殆壅閼霊明而重増障蔽也。沿流以至於今、其濫觴又甚矣、豈不可哀也哉。先師一生苦心、将良知両字信手拈出、直是承接堯舜孔顔命脈、而其言則出於孟氏、非其所杜撰也。世儒不此之察、顧一倡群和、哄然指以為禅、将易簡宗旨反堕於支離繁難而不自覚、豈不重可哀也哉。[37]

王畿の判断の基準は実は非常に簡明で、彼から見れば、孔子より後にはただ二つの進むべき道筋しかなく、一つは簡易直截の学であり、もう一つは聞見知識の学であった、前者は顔子を代表とし、「堯舜孔顔の命脈」と称され、後者は子貢、子張等を代表とし、[38]広範に流布しながら変化して支離煩雑の学となったということがわかる。陽明が良知の二字をひねり出したのは、後世の支離の学の誤った方向性を転換して、直に「堯舜孔顔の命脈に承接」させようとしたのであり、おまけに、この良知の二字は孟子の口から出ており陽明の「杜撰」ではないのである。

ここで、我々はついに王畿の「顔子没して聖学亡ぶ」に対する解釈がはっきりとわかる。つまり、その解釈とは「孔顔の命脈」に対する彼独自の理解を拠り所としてはじめて成り立つものであるということである。なるほど、「孔顔の命脈」というこの言い方を打ち出したことで、孟子の道統史上の地位を少々苦しい立場に追いやることにはなったが、[39]しかし、王畿は孟子の良知説が陽明に対して啓発の功があったと認めている。またその一方で、陽明の良知学は、実は孟子を飛び超えて直接孔子に到達することができるのだとさらに強調しているのである。王畿は言う、

> (良知)其説雖出於孟軻氏、而端緒実原於孔子。其曰、「吾有知乎哉。無知也。」(『論語』子罕篇)「蓋有不知而

作、我無是也。」（『論語』述而篇）言良知無知而無不知也、而知識聞見不与焉。師以一人超悟之見、呶呶其間、欲以挽回千百年之染習、蓋亦難矣。(40)

ここに王畿は「無知」と「不知」という孔子の二つの発言を引用した上で、それらを陽明の良知における「無知無不知」を意味するものと解釈している。(41)子貢一派の「知識聞見」の学との隔たりは甚だしいのである。これによって、良知の二字は孟子から出ているけれども、その淵源は直接孔子にまで遡ることができることになる。さらには、孔孟の間には顔子の存在があり、例えば孔子の賞賛を受けた顔子の「未だ嘗て知らずんばあらず」という説は完全にこの良知の伝統に属することになる。

そこで、我々はやはり「顔子没して聖学亡ぶ」がどうして成立したのかという問題に立ち戻る必要がある。王畿が、陽明の「顔子没して聖学亡ぶ」という命題は「険語」であると率直に認めたため、それ以来、必然的に曾子と孟子の地位をいかにして都合良く配置するかという問題に行き当たった。王畿はこの点に関して「此れ須く心悟すべし」と指摘している。彼は言う、

師云、「顔子没而聖人之学亡。」此是険語。畢竟曾子、孟子所伝是何学。此須心悟、非言詮所能究也。略挙其似。曾子、孟子尚有門可入、有途可循、有縄約可守、顔子則是由乎不啓之局、達乎無轍之境、固乎無藤之緘。曾子、孟子猶為有一之可守、顔子則已忘矣。「喟然一嘆」、蓋悟後語、無高堅可著、無前後可據、欲罷而不能、欲従而無由。非天下之至神、何足以語此。(42)

ここの「略ぼ其の似たるを挙げん」とは、婉曲な言い方であるけれど、実際にはかえって王畿の思想的立場を

明らかにしている。これは、曾、孟と顔子は等しく聖人の学に属するが、工夫とその境地といった角度から見れば、曾、孟の一派にはなお微かに作為の痕跡があり、顔子がすでに「無轍の境に達し」て、無我、忘我の「至神」の境地に到達しているのとは異なることを述べている。彼はさらに言う、

「顔子没而聖学亡」、此是千古大公案。曾子、孟子伝得其宗、固皆聖人之学、而独帰重於顔子者、何也。……顔子竭才於善誘之教、洞見道体活潑之機、而難以開口、姑以一言発之、謂之如有則非実也、謂之卓爾則非虚也。仰鑽瞻忽、猶有従之之心、既悟之後、無虚無実、無階級可循、無途轍可守、惟在默識、故曰「雖欲従之、末由也已」、此真見也。曾子、孟子雖得其宗、猶為可循可守之学、与顔子所悟、微渉有跡、聖人精蘊惟顔子能発之。観夫「喪予」之慟、其所致意者深矣。謂之曰「聖学亡」、未為過也。吾人従千百年後、妄意千百年以前公案、何異説夢。但恐吾人不能実用其力、以求覚悟、又増夢説矣。(43)

ここでの解釈は一層はっきり明確になっている。顔、曾、孟が等しく聖学であると認める一方で、それとは別に、顔子は「道体を洞見し」、「既に悟るの後」には、すでに「虚も無く実も無く、階級の循うべき無く、途轍の守るべき無し」という至高の境地に到達していたという認識をより明らかにしている。それ故、「聖人の精蘊は惟だ顔子のみ能く之れを発した」のであり、その結論は、顔子の後「聖学亡ぶとは、未だ過ちと為さざるなり」と言わねばならない。明らかに、王畿の判断に基づけば、顔子の学がすでに「聖人の精蘊」を得ていたことは、もはや疑問の余地のないものとなった。もしも今を以て古を疑い、妄りに「千百年以前の公案」を当て推量するなら、まさに「夢説」のようになってしまうことは疑いない。ここに至って、少なくとも王畿からすれば、「顔子没して聖学亡ぶ」という儒学史上の「千古の大公案」はすでに徹底的にけりをつけたと宣告してもよかろう。

しかしながら、我々が上述の王畿の顔子に対する解釈を通して見てきたものは、歴史上真に存在した顔子であるかと問われると、そうではなくて、むしろ王畿の創造的な解釈を通して再構築された顔子像であると言うべきであろう。その中には明らかに王畿の思想の影があって、彼は自身の心学という言葉とその概念とをもって顔子の身上に当てはめようとしたのである。その目的は、彼の顔子に対する、ひいては総体的な儒学の理解までをも明示することにあったというのこそが唯一の正解であろう。もちろん、哲学の上から言えば、この種の創造的な解釈は理論を再構築する際にあっては往々にして避けがたいものである。しかしながら、もしも史学の角度から見るなら、この一連の解釈は明らかに唯一の解釈ではなく、議論の余地が存在することになる。

四　結　語――心学道統論の特質とその意義

「顔子没して聖学亡ぶ」という道統観については、少なくともふたつの角度から理解できると考えられる。まず一つには、我々は、陽明と王畿はいかにしてその心学思想の次元からその説の筋道に合う解釈を提起しているかを理解しなければならない。また、もう一つの角度とは、そのような解釈を通した上で、陽明と王畿が力を尽くしてその命題を論証した理論的な意図は結局どこにあったのかという問題をはっきりさせるために、さらに一歩進んでこの一命題を「道統」再建の脈絡の中に位置づけて、その命題が含意する思想史的な意味を見て取ることである。ここでは王畿の道統の論述を主要な検証の対象として、心学道統論のある種の特質とその思想的な意味をあらましうかがうことにする。

陽明と同様、王畿は口頭では、「道統」の言葉自体をまったく使用していない。電子版の検索方法を用いてこの結果に至った時には、少々意外に思わざるを得なかった(44)。しかしながら、それは王畿が道統の観念を欠いていたことを示すものでは決してなく、それどころか、彼の道統の意識は極めて強いものである。例えば、彼はかつて非常に断固たる口調で次のように強調している。

一念霊明、直超堯舜、上継千百年道脈之伝、始不負大丈夫出世一番也(45)。

儒家の「道脈の伝」は、「一念霊明」という四字によってまとめることができると王畿は言い切っている。この「一念」というのはまさしくこれまでに言及してきた王畿の言う「最初一念」や「一念自反」の中の「一念」と同義であり、思うに本心を指している。「霊明」とは、陽明の「虚霊明覚」等の概念に由来し、もっぱら良知を指している。はっきりと言ってしまえば、「一念霊明」とは実は良知という本心の代名詞にほかならない。王畿によれば、「一念霊明」は単に堯舜と関係づけられるだけではなく、また儒家の「道脈」の中から伝承されてきたものでもあった。

指摘しておかねばならないことは、道統の伝はもしかすると個人の精神的特質いかんによってはじめて可能になるのかもしれないということである。例えば、王畿からみれば、その師陽明はいわゆる「超然玄悟」なる特質を備えていたのである(46)。しかし、さらに見ておく必要があるのは、王畿が陽明を顕彰したのは決して単なる狭隘な護教心理によるものではなく、道統の存在という客観的な原則と「一念霊明」に対する絶対的な信念とに立脚したからこそそうしたのだということである(47)。根本から言えば、道学の伝統は開放的であって、個人の私的な伝統ではない。だから、王畿は一人前の儒学士大夫が「出世一番」ごとにみな道統を受け継ぐ任務を引き受けることを自覚せねばならないと強調したのである。もしもそうでなければ、儒学はたちまち普遍的な意味を失ってしまうはずであり、道学の伝統もまた単線の秘伝に変わって総体的な意味を失ってしまうはずである。またまさにその故に、王畿は、陽明が改めて見出した良知の心伝は道学史上の「千古の聖神の斬関立脚せし真の話頭」であるだけではなく、同時にまた現実の中の「吾人の生身に受命せる真の霊竅」でもあり、さらには我々一人一人が即刻当下に「聖に入り神に入る真の血脈路」でもあると何度も強調したのである。(48)

つまり、陽明、王畿の心学の道統論は単に儒学史的な意味での一種の再建（たとえ我々から見れば、厳密な意味において史学の再建であるか否かはなお疑問の余地はあるにしても、彼らはかえって自分の道統再建は史実に符合するものであり、いかなる虚構の要素も絶対にあり得ないと深く信じていた）というだけではなく、さらには現実の生活、個体の生命と密接不可分の理論の再建であって、なつその理論の再建にある種の思想的な企てをきっと内に含んでいたはずである。王畿について言えば、彼は明らかに孔顔から陽明に至るまでの道統の再建を通して、人々に、儒学の価値や精神と個人の生命や生活との間には密接不可分の関係があることを知らせようとした。換言すれば、「千古の神聖」と我々の「生身の受命」は同一の「真の血脈路」に属して存在する連続体であり、彼此の間は互いに通じ合っており、かつこのいわゆる「血脈」もまさしく「道統」が現実生活の中で具現化されたものであって、「道統」は「吾人の生身の受命」の中においてこそ展開することが可能なのである。

ここに至って、王畿が再建した「心学道統理論」の枠組みとその思想的意義はすでに明らかになったと言える。その理論的な枠組みについて言えば、道統は心体である良知の上に基礎が定められており、ただ心体である良知に依拠することによってのみ伝承が可能となる。その思想的意義について言えば、良知は人の心に内在する普遍的な存在であるから、まるで「千古一日」のような、永久不変の超越的なものである。そのため道統も必然的にあらゆる人の心の中に存在しており、かつこの種の存在は必然的に一種の精神的な存在であって「物象化」された存在ではない。かくて、道統の実質的な意味は儒学の精神と価値とを指すことができるにすぎず、道統の伝授もまた必然的に心と心で伝え合う過程であって物と物を互いに受け渡す関係なのではない。まさに王畿の弟子周汝登（一五四七―一六二九）が、道学の相伝は「真に物有りて相授受すべきの謂いに非ざるなり」と言う通りである(49)。この主張は道統は「物象化」できるものではないことを強調するものであり、この点は重視すべきであろう。後世の儒家の道統に対する批判の中には、道統はある人々またはある学派によって占有されており、一種の私有物、私的な伝授であるにすぎないとみなす考え方があった。心学の立場から見れば、この種の批判は必ずしも当を得ていない。

もちろん、周汝登の見解は明らかに陽明、王畿を踏襲している。だから彼はさらに道統の相伝は実は人の良知が自ら知ることにかかっていることを強調し、「古より聖人に一法の人に与うる有る無く、亦た一法の人よりして見を得る者無し。自ら見て知る者も、自ら聞きて知る者も、自ら知るのみ」と指摘している(50)。それゆえ、『孟子』の末章に言う堯舜から孔子に至る二種の伝道の方法、すなわち「見て之れを知る」ことと「聞きて之れを知る」ことに対して(51)、相応の理解を前提にしてこそ、よりよい把握が可能になるのである。周汝登が強調しているのが、「見知」であるか「聞知」であるかにかかわらず、実際はいずれも「自知」によってこそはじめて判断できるものだということである。この「自知」という説は、特に注目すべきであって、なぜなら、実はそれは陽明の「良知自知」の説に直接由来しているはずであり(52)、ひいては顔子にまで遡ることができるからである。ところが、この点についてはこれまで学者に注目されたことがほとんどなかったため、『荀子』子道篇にある記録を一節紹介しておきたい。それはすなわち「子曰く、『回よ、知者は若何。仁者は若何』と。顔淵対えて曰く、『知者は自ら知り、仁者は自ら愛す』と。子曰く、『明君子と謂うべし』と」というものである。周汝登が「自知」

概念を述べた時に、明確に顔子のこの説を意識していたか否かを証明するに足る史料は特に見当たらないけれども、論理の上からは二人の「自知」観念が相通じるものであることを認めねばならない。一言で言えば、「自知」とは、心学の文脈の中では、良知が一種の根源的な意識として必然的に自己が自己なるものをいつも意識していることを言っており、陽明の別の術語で言えば、「自覚」あるいは「自証」にほかならず、これは陽明心学の良知観念の最も基本的な特質をなしている。(53) 周汝登の上述の見解に照らすならば、道統の伝授は「良知自知」を本にしてはじめて可能となるのである。だから「自知」とは紛れもなく、心学道統論の特色をよく明らかにすることができる根本的な概念の一つであったはずである。

ここに至って、心学道統論の基本的な特質はすでに十分に明らかであり、我々は以下のようにまとめて差し支えないであろう。

1．道統観は必ず「道体」の観念によらねばならないものである。顔子が孔子儒学の真なる伝道者だと言えるのは、彼が道体を見抜くことができていたからにほかならず、その他の原因によるものではないからである。

2．道統観は必ず「心体」の観念によらねばならないものである。心体は良知にほかならないから、顔子の「未嘗不知」の「知」は良知であると理解しなければならず、そうすることによってはじめて顔子は儒家の道統の真なる伝道者の一人となる資格があると認定できるのである。

3．「道体」あるいは「心体」は、それが普遍的超越的な存在である上に、また人の心の中に内在する存在でもある。そのため理論上は、道統は特定の時間や特定の場所に制限されることはあり得ず、永遠に伝承していくことが可能である。したがって、道統に「連続性」を持たせるということになるが、それと同時に、この連続性は「個人化」された私的な伝統にとどまることを決して意味しない。[54]

上述の考察に基づいて、我々は心学道統論に対して三点の総括的な評価が得られるであろう。

第一に、聖人の道は人の心の中に存在するから、道統の存在とその意義は一人一人の内心に向けて開け放たれている。これは一つの開放的な伝統であるが故に、「普遍性」と「開放性」とを備えている。「道統」については、必ずしも外に向かって「見知」あるいは「聞知」を求めて得るのではなく、ひたすら内に向かって「自から知るのみ（自知而已）」を尋ね求めなければならないのである。

第二に、心学道統論は、人々が良知の心体に立脚して、儒家文化の伝統的な精神的価値を体悟しかつ把握しなければならないことを強調する。そのため、道統の実質もまた儒学の価値観にほかならず、それは歴史文化の産物であると同時に、我々一人一人の「生身の受命」の過程の中に存在しており、安身立命という実践をしていく過程において展開されることになる。それ故に道統には「実践的」な性格がはっきりと備わっている。

そして、まさにそこから、第三として、道統の存在については、儒家経典を身につけた少数の知識層の権威者であってはじめて引き継ぐ資格があるようなものでは決してなく、「君統」あるいは「政統」を持った政治権力者が独占できるものではなおさらない。それ故、道統に知識の領域あるいは政治の領域から独立した「独立性」を持たせたのである。

最後に確信をもって以下のように指摘することができる。宋代以来の儒家の新たな道統論というものは、古代の聖王が代々相伝した原始「道統」とはその意味合いに微妙かつ重大な違いがもはや生じており、また、早期中国の「官師合一」（すなわち「政教合一」）という象徴的な意味はもはや備えていない。これは朱子が儒家の新たな道統観の基調を定めて以来すでにはっきりした一つの重要な特質、すなわち「治統」は必ずや「道統」の下に置かねばならず、その逆は不可能であるということにほかならない。(55) これはまさしく儒家士人（特に宋明時代がそうである）が政治の場において声を上げて主張した「道を以て勢に抗する（以道抗勢）」というすぐれた伝統である。この一点においては、陽明や王畿は、単に朱子と完全に一致しているだけではなく、さらに前に向かって一歩先に進んでいる。なぜならば、心学の道統論は、いかなる権威意識をも排除してあらゆる人々に向けて開放されるべきことをはっきりと強調しており、また、君統あるいは治統の問題とに終始一定の距離を保っていて、道の価値は帝王の政治（王権）から保証を手に入れる必要があるなどとは決して考えておらず、さらには、「道」とは、「儒学の価値」の根源であって、人間の「行道」実践の最終的な目標は「天下に道有り（天下有道）」を実現することにほかならず、儒学文化史としての「道統」とはまさにこうした「行道」実践の活動を離れた単なる観念上のものでは決してないと堅く信じているからである。

注

（1）銭中聯、馬茂元点校『韓愈全集・文集』巻一「原道」（上海古籍出版社、一九九七年、一二一頁）

（2）程頤、「明道先生墓表」、『二程集』（北京、中華書局、一九八一年、六四〇頁）。程頤は「明道先生行状」の中でもまた、「孟子没而聖学不伝、以興起斯文為己任。」（同上書、六三八頁）と言い、程門の弟子劉立之もまた、「自孟軻没、聖学失伝。……先生（筆者按、程顥）傑然自立于千載之後、芟辟榛穢、開示本原、聖人之庭戸暁然可入、学士大夫始

知所」（同上書、三二九頁）と言っている。さらに、程門弟子の朱光庭は、「嗚呼。道之不明不行也久矣。自子思筆之于書、其後孟軻倡之。軻死而不得其伝……自孟軻以来、千有余歳、先王大道得先生而後伝」（同上書、三三二頁）と指摘しており、北宋末の胡安国（一〇七四―一一三八）はある奏疏の中で、「然孔孟之道不伝久矣、自頤兄弟始発明之、而後其道可学而至也」（同上書、三四八頁）と、二程を顕彰している。これらの思想動向は十一世紀以降、宋代道学の内部においてある種の新たな道統論が出現し、一千余年間中断していた道統が二程に至って再び繫がったと考えるようになったことをはっきりと示している。

（3）『王陽明全集』巻七（上海古籍出版社、一九九二年、二三〇頁）。『全集』は「壬申」（一五一二）と題するが、『陽明年譜』によれば、「辛未」（一五一一）とすべきであり、この年の十月に、陽明が甘泉の送別に際して書いたものである。

（4）管見によれば、陽明の「顔子没而聖学亡」という命題に対して専門的に詳細な検討を行った論文はわずか二篇しかない。呂妙芬『顔子之伝――一箇為陽明学争取正統的声音』（『漢学研究』第一五巻第一期、一九九七年六月、後に同氏の著書、『陽明学士人社群――歴史、思想与実践』（台北、中央研究院近代史研究所、二〇〇三年に収録）と、柴田篤『「顔子没而聖学亡」の意味するもの――宋明思想史における顔回』（『日本中国学会報』第五一集、一九九九年）である。

（5）『伝習録』上・四四条「澄在鴻臚寺」の条を参照。『陽明年譜』によれば、正徳九年（一五一四）四月、陽明は南京鴻臚寺卿に陞っている。

（6）『伝習録』上・七七条。条目の数字は陳栄捷『王陽明伝習録詳注集評』（上海、華東師範大学出版社、二〇〇九年）による。

（7）呉震編校整理『王畿集』巻一「撫州擬峴台会語」（南京、鳳凰出版社、二〇〇七年、一六頁）。他にも陽明の高弟鄒守益（一四九一―一五六二）は、陽明の時代より後には陽明の「顔子没而聖学亡」の観点に対して「学者往往疑之」（『東廓鄒先生文集』巻四「正学書院記」、『四庫全書存目叢書』集部第六六冊、二九頁）ことを漏らしている。

（8）『王陽明全集』巻七（二三〇―二三一頁）。

(9)『王陽明全集』巻八「書魏師孟巻・乙酉」（二八〇頁）。
(10)銭徳洪撰「刻文録叙説」（『王陽明全集』巻四十一、一五七五頁）。
(11)紹興三十二年（一一六二）の朱子の「壬午応詔封事」にすでに「自古聖人口授心伝」という説があり、淳熙六年（一一七九）に朱子は牒文の中でも既にはっきりと「心伝道統」という一語を使っている（『晦庵先生朱文公文集』巻九十九「又牒」、『朱子全書』第二五冊、上海、上海古籍出版社、合肥、安徽教育出版社、二〇〇〇年、四五八二頁）。
(12)『伝習録』上・七七条。
(13)『論語集注』子罕篇（『四書章句集注』、北京、中華書局、一九八三年、一一一頁）参照。
(14)『論語集注』子罕篇（『四書章句集注』、一一二頁）。
(15)乙亥（一五一五）に陽明は「見斎説」の中でも明確に指摘している、「神無方而道天体、仁者見之謂之仁、知者見之謂之知。是有方体者也、見之而未尽者也。顔子『則如有所立、卓爾』。夫謂之『如』、則非有也。謂之『有』、則非無也。是故『雖欲従之、末由也已』。故夫顔氏之子為庶幾也。文王望道而未之見、斯真見也已。」（『王陽明全集』巻七、二六二頁）
(16)陳栄捷整理『伝習録拾遺』第二六条。さらに『伝習録拾遺』第三四条にも見える。
(17)『孟子集注』離婁下篇（『四書章句集注』、二九四頁）。
(18)『伝習録』上・二二条。
(19)『伝習録』上・二二条。
(20)『王陽明全集』巻七「博約説・乙酉」（二六七頁）。
(21)『王陽明全集』巻七「象山文集序」（二四五頁）、『伝習録』中・一四三条を、それぞれ参照。
(22)『王陽明全集』巻七「象山文集序」（二四五頁）。
(23)『伝習録』上・一一二条。
(24)『伝習録』上・一一三条。
(25)『伝習録』上・一一四条。

(26)『伝習録』中・一五五条。
(27)『伝習録』下・二五九条。
(28)『伝習録』中・一四〇条。
(29) 己卯（一五一九）の王陽明と陳九川との対話において、顔子の「未嘗不知」の問題に言及しているのを別途参照されたい。『伝習録』下・二〇一条。
(30)『伝習録』下・三一五条と、『王畿集』巻一「天泉証道紀」（二頁）を、それぞれ参照。
(31)『王陽明全集』巻七「大学古本序・戊寅」（二四三頁）
(32)『王畿集』巻八「意識解」（一九二頁）。
(33)『王畿集』巻五「南雍諸友鶏鳴憑虚閣会語」（一一二頁）、巻二「水西同志会籍」（三六頁）、巻五「与陽和張子問答」（一二四頁）。
(34)『王畿集』巻五「与陽和張子問答」（一二四頁）。
(35)『王畿集』巻三「書累語簡端録」（七四頁）。
(36)『王畿集』巻十六「陸五台贈言」（四四五頁）、巻九「答茅治卿」（二三〇頁）。
(37)『王畿集』巻九「答茅治卿」（二三〇頁）。
(38) 例えば、「顔子没而聖学亡、後世所伝、乃子貢一派学術」（『王畿集』巻十「答呉悟斎」、二四八―二四九頁）とある。
(39) 実は、宋代道学史の上では、「孔顔」を併称することは既に出現していて、一般に周敦頤から二程に至るまでの間に「孔顔楽処」の伝授の歴史があったと考えられており、朱子ですら周敦頤の「道学淵源得于天、上継孔顔、下啓程子」と指摘している（『晦庵先生朱文公文集』巻八十六「奉安濂渓先生祠文」、『朱子全書』第二四冊、四〇三八頁）。しかしながら、朱子は「孔顔楽処」の問題についてはかなり慎重であり、孔顔の楽しみを求めること自体が学問の根本的な工夫だと考えていたわけでは決してない。
(40)『王畿集』巻十三「陽明先生年譜序」（三四〇頁）。
(41)『伝習録』下・二八一条。孔子の「無知」と陽明の「無知」とについては何の意味的関連もないことは、贅言するまでもない。拙著『陽明後学研究』第一章「無善無悪」（上海人民出版社、二〇〇三年）参照。
(42)『王畿集』巻一「撫州擬峴台会語」（一六頁）。
(43)『王畿集』巻十六「別言贈梅純甫」（四五二頁）。
(44)『王陽明全集』及び『王畿集』の電子文献の検索をしたところ、「道統」という語は未見である。わずかに陽明の「山東郷試録」中に一度だけ出てきているが、陽明自身が述べたのではなくの他人の言葉を伝えたにすぎない。
(45)『王畿集』巻三「答南明汪子問」（六八頁）。
(46)『王畿集』巻十七「蔵密軒説」（四九六頁）。
(47) 例えば、王畿がかつて明確にこう指摘している、「某非私一陽明先生、千聖之学脈、的然在是、不可得而異也」（『王畿集』巻九「与潘水簾」、二二〇頁）ここから推論すれば、陽明もまた道統を「私人化」できなかった。荒木見悟氏が明確に指摘しているように、王畿には道統の問題においてひとつの重要な考えがあった、すなわち「道統を超えた境地に帰るべきを説いた」ということである（荒木見悟著、呉震訳「道統論的衰退与新儒林伝的展開」、呉震、吾妻重二主編『思想与文献——日本学者宋明儒学研究』、上海、華東師範大学出版社、二〇一〇年、一三頁）。
(48)『王畿集』巻十「答洪覚山」（二六二頁）。
(49) 周汝登『東越証学録』巻四「越中会語」（台北、文海出版社、一九七〇年、二八九頁）。明初の薛瑄（一三八九—一四六四）に、「道学相伝、非有物以相授也」（『読書続録』巻五）といった類似の表現がある。
(50)『東越証学録』巻四（二八八頁）。
(51)『孟子』尽心下篇の末章に記すところに基づけば、堯、舜の間の伝道の方法は「見而知之」であり、湯、文王、孔子は前聖との間にそれぞれ「五百余歳」の間隔があり、それ故に彼らの伝道の方法は「聞而知之」であった。孟子の道統観については、楊海文「『孟子』末章与儒家道統論」（『国学学刊』二〇一二年第二期所収）を参照。
(52)『伝習録』下・三二〇条。
(53)「良知自知」の問題については、拙論「略議耿寧対王陽明『良知自知』説的詮釈」（『現代哲学』二〇一五年、第一期、第一一八、一二五頁所収）を参照。

(54)　道統の伝が「心伝」であるというのは、実は朱子が最も早期に提起したひとつの観点であり、早くも一一六二年と一一七九年には、朱子は「口授心伝」と「心伝道統」の概念をそれぞれ提出している。それは明らかに程頤の「『中庸』乃孔門伝授心法」（『河南程氏外書』巻十一、『二程集』、四一一頁）の説に淵源を有する。当然ながら朱子のいわゆる「心伝」はもっぱら「十六字心伝」を指しており、陽明の良知心体の概念とは異なる。朱子は堯舜以来の道統の伝承は、聖人が「尽此心之体而已」、「非得口伝耳授密相付属也」（『晦庵先生朱文公文集』巻七十三「李公常語上」、『朱子全書』第二四冊、三五二五頁）ということを能くしたことに依拠しているのを強調しているにすぎない。「心伝」は決して「密伝」と同じではなく、この一点において、陽明と王畿の心学的立場と朱子とはむしろ基本的に一致することがわかる。

(55)　余英時氏は元代の楊維楨（一二九六―一三七〇）の『三史正統辨』に記す「道統者、治統之所在也。……君子可以観治統之所在矣」という一語を引用し、さらに次のように断言する、すなわち、「（楊のこの道統観は）理学の政治思想史上の一つの画期をなす指標であるということができる。……明清以来の儒者が『道統』と『治統』との関係を論じたのは、いかなる政治的立場を取ったかにかかわらず、おおよそすべてこの語の論断の範囲を出ることはあり得ない。（朱熹が再建した道統の微言大義は）『道学』の精神的権威を極力高く引き上げ、君主の権力を無理矢理に服従させようとした。」と。（『朱熹的歴史世界』上篇「緒説」、北京、三聯書店、二〇〇四年、一七頁、二三頁）この説は重視するに値する。

講学と講会
——明代中晩期の中国陽明学派を主軸として——

銭　明
（早坂俊廣訳）

伝統中国における儒学の伝播と展開について、学術界では、一般的に、民間の大衆・知識分子・政治エリートという三つのレベルに分けて捉えられ、近世に於ける伝統儒学の重要な発展形態である朱子学・陽明学等が伝播していく過程では、これらの階層分類がとりわけ突出した存在意義を示した。文化伝播学の角度から見て、陽明学は、中国伝統儒学が東アジア諸国に輸入されたなかで比較的成功した事例の一つに数えることができる。東アジア陽明学を比較する立場に立つならば、陽明学の東アジアへの伝播に関し、次のような見取り図を描けるかも知れない。つまり、日本陽明学が進んだ発展経路は、中下層の武士の儒士化と儒士の武士化という、双方向から互いに影響し合う過程であり、韓国陽明学の歴史的境遇は社会政治の磁場から離れて純粋な知的磁場へと合流していく過程であった[1]。それに対し、中国陽明学が明代中晩期において突出して見せた方向性は、「エリート」から「草根《しょみん》」への転身と展開であった[2]。中国陽明学のこの転身に関する多くの事例は、主に、政治の中心から遠く離れた江右地域とその周辺地域で発生したのであって、陽明学の生誕地である浙中地域と政治の中心に比較的近い南中地域で発生したのでは決してなかった(3)。また、中国陽明学の庶民化という転身過程には、同時に政治エリート化の傾向も存在していた。ただ、中国思想史の主体という点で言えば、陽明学の庶民化は、その知的エリート化よりも強固であり、さらには、政治エリート化への方向性と比べれば、その庶民化の傾向は「伝統社会を」転覆させるほどの意義さえ有していたかも知れない(4)。本稿は、中国陽明学の講会運動を例に取って、明代中晩期における陽明学庶民化の過程、形態、特徴、およびその意義について探求を試みようとするものである。

一

周知の通り、明の太祖・朱元璋の政治理念は、農で国を立て孝で天下を治めようとするものであり、このことは明初に頒布された「聖諭六言」(即ち、「父母に孝順なれ、長上を尊敬せよ、郷里に和睦せよ、子孫を教訓せよ、おのおの生理に安んぜよ、非為をなすことなかれ」)のなかに簡明適確に表現されていた。これは後世への影響が極めて大きく、特に明代も中晩期になり、陽明学が次第に平民化へと向かうにつれて、「聖諭六言」は陽明学の講学教化にとって重要な内容の一つになっていた。例えば、泰州学派の王艮と、その弟子や再伝の弟子である王棟、顔鈞、羅汝芳といった人々、あるいは浙中王門の周汝登、北方王門の尤時熙たちはみな、「聖諭六言」のもつ、道徳において善を勧め、社会において秩序をもたらす現実政治的な含意に対して、非常に関心を寄せた(5)。嘉靖年間の世宗皇帝［嘉靖帝］は、自ら打ち立てた実父「睿宗帝」の系譜を確保し広く認可させるために、特別に「推恩［親・祖先に対し爵位を授ける］の令」を発布した。その後、大学士の夏言がさらに世宗に上疏して、官民の祖先祭祀の方面にも「推恩」を加えるべきであると提言した。かくして世宗は詔令を発して、天下の臣民が始祖を祭祀することができるようにした。これにより、嘉靖・万暦年間を通じて、民間で大きな宗祠を建て、始祖を祭祀する行為が普遍的な現象となっていった。「聯宗建廟」〔訳注：「聯宗」について、『大漢和辞典』は「血族關係のない同姓のものが聯合して一族となること」と説明する。ただし、銭杭『血縁与地縁之間—中国歴史上的聯宗与聯宗組織』、中国社会科学院出版社、二〇〇一年、によれば、「異姓聯宗」や、複数の宗族同士で大連合するケースもあったようである〕というやり方で始祖を祭祀する現象までもが出現するに至って、明代中後期に於ける民間宗祠の普遍化傾向と宗族組織の民衆化の進展は大いに加速することとなった(6)。このような背景のもと、児童教育の教材として『孝経』がますます重視されるようになり、ひいては経典のトップ、科挙の必修科目とまで見なされるようになった(7)。これと呼応するように、陽明学派においても、陽明の良知学から発展して、良知学で『孝経』を注解する『孝経』学へと至る思想展開の明らかな軌跡が出現した。それは、理論的に孝と良知を貫通させ、孝悌でもって良知を実証し、孝悌を良知の本来態と見なした羅汝芳のようなケースだけではなく、良知学を直接運用して『孝経』に注解を施した虞淳熙のようなケース（虞氏の『孝経邇言』は、良知学で『孝経』に注釈した典型例に他ならない）もあった(8)。これと同時に、当時、各郷村で運営されていた社学や私塾もまた、日を追って、家塾等の宗族的な私学組織を媒体として教化と祖先祭祀とを一つにまとめて行うようになり、当時の講学活動を徐々に宗族化、郷村化させていったのである。これは、科挙試験を重点とする府学や県学とは異なり、族学や社学が、同族を教化し同郷を善に導くことに重きを置いたからである。こうして、中国江南の各地、特に江右地域では、当時、族産を設け家祠を建てて家礼を実施し族譜を編纂するほかに、族学を興すこと（社学あるいは郷学が、その主要な実現方法であった）もまた、その宗族文化の重要な構成要素となったのであった(9)。

明代の講学の具体的な姿としては、学術的色彩の比較的強い「講学明道」(10)という一般的な意味のほかに、庶民的・宗族的な特徴が顕著な「郷会」も同時にあった。陽明学派の講学活動を例に取れば、当時の講学の規模・範囲は、概ね三つに分けることができる。第一に省をまたいだもの、第二に県域をまたいだもの、第三に郷里をまたいだものである。杭州府の天真書院を基盤とした講学活動は基本的に第一のもの(11)、吉安府の白鷺洲書院を基盤とした講会活動は基本的に第二のもの、吉安地域の復初・復興・復古・復真等の書院を基盤に展開された講会活動は基本的に第三のものである(12)。省をまたいだ王門の講学が、エリート的であり、最も学術的色彩の濃い交流活動であったとするならば、郷里をまたいだ王学の講会は、最も庶民的であり、最も地に足の着いた「草根《しょみん》」文化運動であると言えよう。

王陽明の高弟・鄒守益（一四九一―一五六二、字は謙之、号は東廓、安福の人）の著した「郷會祝言」の記載によれば、

禾邑の南郷は、山水に抱かれた地で、風気は完備しており、名族が代々続いて、淳良な伝統が途絶えることがなかった。嘉靖戊申［二七年、一五四八］仲春十日、柱史である南屛李君は、郷にいる呉・龍・尹・張・賀・段・洪・周十四姓の彦士を大集結させ、葛泉において盟約を交わして、徳を実践し過失を規《ただ》し、利を興し害を除き、先哲を模範にし、時世を談義することとした。会誓・会規・会條を設けて、礼義に磨きをかけて、ともに古えの道を昇らんと誓った。月ごとに一回の会をもち、姓ごとに一月を担当したので、秋には計八回の開催となった。老いも若きも発憤し、強きも弱きもその所を得、税賦の期限は守られるようになり、盗賊は息を潜め、法廷には訴訟事が持ち込まれなくなった（禾邑之南郷、山環水抱、風氣完固、世族相望、淳龐未斲。

乃嘉靖戊申仲春十日、柱史南屏李君、大合同郷呉・龍・尹・張・賀・段・洪・周十四姓之彦、胥約於葛泉、以迪徳規過、興利除害、取法前哲、斟酌時義。有會誓、有會規、有會條、期以濯摩禮義、同升於古道。毎月一會、毎姓直一月、至於秋、凡八舉矣。少長咸奮、強弱得所、税賦以時、而盗賊屏息、公庭無訟牘焉。[13]）

いわゆる「十四姓の彦士を大集結させ」たとは、各宗族の代表を一堂に集めたことを意味する。「会誓」「会規」「会條」および「月ごとに一回の会をもち、姓ごとに一月を担当した」とは、どれも、郷会の制度が策定されたことを示している。郷会が社会統治の面で得た成果は、概ね「老いも若きも発憤し、強きも弱きもその所を得、税賦の期限は守られるようになり、盗賊は息を潜め、法廷には訴訟事が持ち込まれなくなった」という箇所に表れている。このことからも、当時の郷会の社会管理機能がすでにその講学教化機能を超えており、その学術的・エリート的性質が徐々に社会的・宗族的性質に位を譲り始めていたことが分かる。

これは、銭穆が提起した講学と郷約との関係という問題でもある。銭穆氏は、明代の講学と郷約とには極めて密接な関係があると考えた。とりわけ陽明学者はみな「郷約の精神を書院講学のなかに注ぎ込み、それを講会のための新たな基礎とした。これは両宋の儒者たちには見られなかったことであり、良知を発揚した王門の学者による一大事業と言わざるを得ない[14]」とした。これもまた、陽明心学が明代社会、特に郷村社会にもたらした「地震」と「暴風」であったと言えよう。

周知のように、数千年に及ぶ儒家文明のなかで、王権は、理論上は専制であったけれども、しばしば「統《す》ぶれども治めず」であった。中国近世社会は、高度な自治性を有しており、社会の底層にあって、人々の行為は、一般的には郷規民約によって調整と管理が行われた。郷規民約と宗族組織には不可分の因縁関係があり、郷規民約に依拠した郷村自治の理論と実践は、健全で十全な宗族組織と切っても切れないものであった。そのため、近世の「宗族は単なる血縁共同体ではなく、不断にその政治行政機能を増大させ、基層社会のなかで、国家の賦税を完納し、社会の規律を維持し、教化を執り行うといった機能をもった政治的地縁共同体となっていったのである」[15]。これにより、宗族組織・郷村自治・民衆の覚醒教化が中国近世の基層政治文化における不可分の三位一体関係となったのであり[16]、陽明学がこの三位一体の政治文化の過程で触媒や粘着剤の作用を発揮したことは否定できない。

二

陽明学はその創設当初から、創始者である王守仁（一四七二―一五二九、字は伯安、号は陽明、諡は文成）が講学を第一位に置き、講学を自己の第一の任務と見なしていた。清初の顧炎武の『日知録』では、［原注において］以下のように記されている。

王文成公と胡端敏公世寧（字は永清、号は静菴、仁和の人、弘治六年の進士、官は兵部尚書に至る）とは、郷試で同年合格の間柄であった。ある日、［王文成公が］端敏公に向かって「君は傑出した人物だが、講学が足りない」と言った。端敏公はそれに答えて「僕は、とてもじゃないが君にはかなわない。ただ、君が講学ばかりしていることが残念でならない」と言った。（文成與胡端敏世寧郷試同年。一日謂端敏公曰、公人傑也、第少講學。端敏答曰、某何敢望公、但恨公多講學耳。）[17]

後に『明史』は、次のように総括した。

　成化・弘治年間以前は、学術は淳良で士習は正しいものの、講学が盛んではない時代であった。正徳・嘉靖のころ、王守仁は軍旅の途上で［講学の］集会を開き、徐階は宰相を務めながら講学を行った。その風勢によって、朝野が突き動かされた。そこで、現職の官僚も、引退後の老人も、講会を相次いで行い、書院を立て、距離をものともせず対論した（成弘以上、學術醇而士習正、其時講學未盛也。正嘉之際、王守仁聚徒於軍旅之中、徐階講學於端揆之日、流風所被、傾動朝野。於是搢紳之士、遺佚之老、聯講會、立書院、相望於遠近）(18)

ここでの「請会」を「会講」（後述）と改めたならば、更に適切となるだろう。「講会を相次いで行い、書院を立て」というように並べているのは、王陽明の時期の講学活動が書院を基盤とし、そのうえ会講を形式としていたことを説明している。講学とは会講に他ならず、両者に区別はない。王陽明が講学活動のために立てた規約は、会講もしくは講会活動のために立てた規約でもあった。彼は「龍江舟次書」のなかで、以下のように述べたことがあった。

　別れた後、諸君は五日に一度、会をもち、［『易経』兌卦に「麗澤、兌。君子以朋友講習」とあるような］麗澤の功を続けていこうとされています。この考えはとてもよく、拙者のことを忘れない厚いお気持ちに他なりません。ただ、会をもつ際には、規定をだいたい決めておく必要もあります。質疑論弁以外に、無駄話をしたり、他人の長短を論評したり、話題を脱線させたりしてはいけません。ひたすら心を収めて静かに坐し、邪心を鎮めて誠心を存する、これが本源を正し澄ますことであり、学問実践の要諦です。これに従いじっくりと涵養していけば、それぞれの分限にかなった進歩を果たすことができるでしょう。会の際には、玄米のご飯と野菜の汁のみとし、酒食のために贅沢な料理を並べてはなりません。このようなことも、心を煩わせ志を損なうきっかけになるのですから、些細なことだと考えていい加減に行ってはなりません。（別後諸君、欲五日一會、尋麗澤之益、此意甚好。此便是不忘鄙人之盛心。但會時亦須略定規程。論辨疑難之外、不得輒説閑話、議評他人長短得失、兼及諸無益事。只收心靜坐、閑邪存誠、此是端本澄源、爲學第一義。若持循涵養得熟、各隨分、自當有進矣。會時但粗飯菜羹、不得盛具肴品爲酒食之費。此亦累心損志之一端、不可以爲瑣屑而忽之也。）[19]

龍江は南京にあり、「龍江舟次書」は正徳十一年（一五一六）に書かれたものであるが、当時の王陽明が会講活動のために立てた規約はかなり厳格なものであったことが、ここから分かる。この種の会講の規約は、実質的には、書院教育における学規であった。

ところが、数年も経たないうちに、王陽明の教育理念に変化が生じた。特に江西施政の後期において、民衆を教化し覚醒させ郷里を善化させる目的を実現するために、彼は南・贛地区等の郷村で、啓蒙的性質を多く具えた教育組織─社学─を開設し、民間教育と社会教育に重要な基盤を提供した。彼は、父老子弟たちが農閑期に『孝経』『小学』『大学』『論語』『孟子』などの儒家経典を読むようにさせ、農業・養蚕を教え勧める手助けにした。これはまさに庶民教育理念の重要な実験であった。『陽明年譜』の記載によれば、正徳十三年「四月、軍隊を撤収し、社学を設立した。……南・贛地区に属する各県の父老・子弟にむけて告諭を発布し、互いに戒め勉め合い、社学を建立し、師を招いて子弟に教育し、詩を歌い礼を習うようにさせた（四月、班師、立社學。……即行告諭、發南贛所屬各縣父老子弟、互相戒勉、興立社學。延師教子、歌詩習禮）[20]」。このような郷村レベルにおける教育振興の方法が、さらに、後の陽明学派講会運動の勃興・展開のために方法を確定し、人気を集め、雰囲気を醸成して、基礎を措定した。

実際のところ、陽明学者の講学は、書院や精舎、あるいは寺廟・道観を主な基盤にしていたけれども、これら教育的・宗教的性質の「学術機構」に限定されることは決して無く、その参与者がエリート階層ばかりということでもなかった。陽明学者が上述の場所で進めた講学活動は、常に開放的であり、普通の人々、特に在地の庶民階層と直接対面しており、社会教化を講学の重要な目的としていたこともかなり明確であった。今日の流行語を借用するならば、陽明学派の講学活動はかなり「地気に接した」ものだったのである。ただし、このような開放的に教学を行い、大衆を教化することを目的とする講学活動は、学術的性質が比較的強い「会講」活動に組み入れたほうがより適切であろう。これは、本文が強調する多くの特徴を具えた「講会」運動とは区別のあるものだからである。

例えば、周汝登が『陽明先生祠志』のなかでしばしば言及する「会講」は、「講学」と等しく、そこで言われる「会規」もまた「学規」と同じものであった。

祠については、伝習堂から後ろを常に施錠して閉じておき、何か用事がある時だけ開けること。神明の棲まわれる場所であるのだから、礼は厳粛でなければならない。防備が厳重でなければ、その責任は祠の管理係にある。その伝習堂とともに大門も施錠しておくべきであるが、会講があれば開けること。毎月、最初の三日間を会期とし、ここで講学することを望む士大夫は、みなここに集まることを許す。ただし、飲酒をしたり戯劇を上演させたりすることは、厳禁とする。堂の左右の屋外で並んで講学を聴く者は、一時的にそこに居てもよいが、長く場所取りをすることはできない。当地の儒生であれば、ごまかしはきかない。しばしば官府において、書房を設けて我が物顔で占有し、一生譲らないような輩を見かけるが、そういう事態を放置してはならない。管理責任者があらかじめ厳禁にしておくべきであって、入ってくるのを待ってから追い払うのは、労力の無駄である。会講には、茶果飯食の費用が必要であるが、一切の会規は、田地を設けて収穫が見込めるようになってから、再び議論し発布すればよい。（祠自傳習堂後、常時鎖閉、有事始開。神明所棲、禮宜祇肅。防範不嚴、責在看祠。其傳習堂及大門亦宜關鎖、但遇會講則開、毎月以初三日爲期、凡士大夫欲講學於此、一聽聚集、惟辦酒或至演戲、則用嚴絶。堂左右屋外方聽講之士、於此寓止、不得久占。若本地生儒、則一毫難假。往往見有公所、一作書房、視爲己物、終身不讓、漸可長耶。當事者宜嚴禁於先、待其入而逐之、則費力矣。會講當有茶果飯食之費、及一切會規、俟置有田產、再議條布。(21)）

祠の重んじるものは祭と会である。祭典に関してはすでに下地があるのだから、ただ器具を新たに揃えることだけに留意すればよい。会の次第に関しては、まだ詳細が決まっていないが、それは基盤がないからに過ぎない。……会のたびに食事を用意するが、十二席を単位とし、魚肉の入った料理と野菜料理をそれぞれ二品ずつ、スープを一品用意して、四人で一席に座ること……末長く規定とするがよい。（祠所重在祭與會。祭典已有其緒、惟器具之加飾、所當留意焉。至於會事、尚未詳及、因未有其資故耳。……一謂毎會設飯、以十二席爲率、二腥二素、一腐湯、四人一席……永爲定規。(22)）

「講学」「会講」「講会」の三者の異同関係に関して、著名な書院史研究家の鄧洪波教授は、わざわざ区別する必要は無いと考えている。しかし、筆者の見方では、確かに、宋代から明代中期にかけて三者は互いに含み合う関係であり、呼称のうえでしばしば混用されていたので、特に区別する必要は無かったけれども、明代中葉以降は、理論上からも実践上からも、三者に対して一定の区別をつけることが、ある程度必要となってきた。理論上から言えば、講学の重点は「(教)学」に、会講の重点は「講」に、講会の重点は「会」にあった。「学」の主な形式は師から学生への伝授であり、さらに、科挙の合格がその主要目的であった。「講」の主な形式は論弁討議であり、さらに、徳性の修錬がその主要目的であった。「会」の主な形式は民衆の参加であり、さらに、民衆の覚醒教化がその主要目的であった。実践上から言えば、講会制度は、明代中期以後に、以下の新動向を出現させた。即ち、①活動の規模がますます大きくなった、②活動の人数がますます多くなった、③活動の内容がますます生活に即したものになっていった、④活動の方法がますます宗族に即したものになっていった、⑤活動の参加者がますます下層に広がっていった、という点である。総体的に言えば、さらに自由で、さらに活き活きとした、さらに気ままで、さらに生活化した傾向が出現したのであり、組織的で規約を重んじる講学・会講制度との間に、どんどん明確化していく区別が生じていった。そのなかで最も明確な区別は、講会の大衆性・簡易さと講学・会講のエリート性・困難さである。周汝登の『陽明先生祠志』巻上「傳習堂對」には「只だ是れ尋常の孩提、長ずる處に及んで拈出す、亦た容易に萬死一生中に悟り來るに非ず」という対聯を載せているが、これは、良知の本体を悟得することの困難さを述べていると同時に、実際は、講学・会講活動のエリート性を吐露したものであった。何故ならば、心の本体は簡易なものであるけれども、それは、困難きわまりない錬磨を経て始めて悟得できるものだからである。このような長期にわたる修錬過程は、一般民衆からすれば、明らかに、遠く望むことはできても決して近づくことのできないものであった。

三

実際のところ、大衆性を帯びた講会活動は、王陽明本人の教学理念とも一脈通じるものであった。陽明の講学は、無産階級の大衆でも聖賢になることができると人々に確信させることによって天下を惹きつけ鼓舞した。いわゆる「陽明の弟子は全国にあまねく及び、みな官爵についていて気勢が強かった（姚江弟子遍海内、率爵位有氣勢）」という話は決して王門の実際の状況ではなく、実質的には、陽明の在野の、民間の弟子は、朝廷に仕えた弟子をはるかに超えていた。このことは、全く、羅汝芳（一五一五―一五八八、字は惟德、号は近渓、南城の人）が「永新尹天湖墓誌銘」で述べた通りである。(23)

正徳・嘉靖年間、浙東の王陽明先生は、徐々に良知の教えを掲げ、海内はみなこれを宗師としたが、とりわけ吉安で多かったようである。そのころは、現職の官僚にその賛同者が多かったのみならず、在野で雌伏している者たちもまた、斯道を補佐することを自任したものであった。（正嘉間、浙東陽明王先生稍稍以良知為訓、海内咸宗之、然惟余省吉安居多。其時不獨縉紳多士、即草野潛伏之夫、亦往往以羽翼斯道自期。）(24)

これは、陽明学の講会運動が一般的に、あらゆる社会の成員に向けられたものであったからである。そこには身分や地域の制限が無く、士紳官僚、農工商業の徒、山林の隠逸、ひいては、通りすがりの人や田園耕作者、児童婦女などの人々も等しく参加でき、開放的な講会環境のもと、上下入り交じって、誰にも発言権が与えられた。例えば、明代万暦年間の「虞山會簿引」は明確に規定している。「虞山会講は、来る者を拒まない。全ての人民は、年齢が高い者も義理の分かった年少者も、郷約・公正・糧里・市井・農夫の区別なく、僧侶・道士・流浪人の区別もなく、当地の者かどうかも関係なく、ただ聴講を希望するだけで、第一日目もしくは当日に会簿に登録することを許可する。（虞山會講、來者不拒、凡我百姓、年齒高者與年少而知理義者、無分鄉約公正糧裡市井農夫、無分僧道遊人、無分本境地方、但願聽講、許先一日或本日報名會簿）」「創見を胸に抱いている者には、自ら堂に上がって講説することを許可する。（果胸中有見者、許自己上堂講説）[25]」。

陽明の以後、彼の門人後学は各地で頻繁に講学活動を行い、江西吉安などの地域では、声望気勢の盛んな講会運動へとさらに展開していった。例えば、顔鈞（一五〇四―一五九六、字は子和、号は山農）の講学伝道活動は、先ず、家郷（永新県）で家族を基礎にして「萃和会」を創立した。これは郷会であり、三四ヶ月活動した。その後さらに豫章（今の南昌）において、同仁祠の会講活動と金渓の会講活動とを組織した。記録に拠れば、嘉靖十九年（一五四〇）秋、顔鈞は泰州での学業を終えて帰郷し、豫章の同仁祠で講会を行い、「志を同じくする人士を連合し……見知らぬ者とも提携して（聯治乎同志之士……提挈乎未聞之人）」、一千五百余名もの人がこの講会に引きつけられて参加した。これは、規模の大きさから言って、江西における王学の講会のなかでも稀有の例である。後に何心隠（一五一七―一五七九、本名は梁汝元、字は柱乾、号は夫山、吉安の人）も、おそらく顔鈞の萃和会に刺激を受けて、永豊の郷里に帰って、風俗教化と集団経済とを一つに集めた家族共同体「聚合堂」を設立した。「伝道対象が広範に渉ったことと伝道方式を簡便化したことにより、顔鈞の講学活動は、王学の伝播した儒家の基本的価値理念を社会の様々な階層に浸透させ、その結果、儒学の民間化と世俗化の進展を加速させたのであった。[26]」

徐々に、江西の吉安等の地区だけでなく、中国南方の大部分の地域でも、様々なレベルと規模での講学運動が興起した。趙紹祖の「赤山會約跋」に拠ると、姚江の学が水西の地で盛んになってから、わが涇県の各郷においてもそれを慕って活動が隆盛となり、各所で書屋を建て、友人を招き入れ族党を教導する場としないものはいない有様となった。……ある時、水西で講学が行われた。諸先輩が会講を行われたついでに、地主が彼らを招聘して、相互に交流し、族人を集めて講学の会合を設けた。だから、集合した際には徳や業について問いただして、性命に関する議論を真摯に行い、散会した後には、言葉を伝えて教えを述べ、まじめに風俗改善に努めたのである。（自姚江之學盛於水西、而吾涇各郷慕而興起、莫不各建書屋、以爲延納友朋、啓迪族黨之所。……一時講學水西、諸前輩會講之暇、地主延之、更互往來、聚族開講。故合則考德而問業、孜孜以性命爲事。散則傳語而述教、擧擧以善俗爲心。）(27)

当時、講学の場を設置する状況は、おおむね以下のようであった。学術エリートは会を設立して講学し、庶民階層は熱心にそれに参加し、宗族を連合して共に学び、縁に随って会を結び、場所を選ばず至る所で会を立ち上げた。「家会」「族会」「郷会」「邑会」「郡会」「聯郡大会」「江浙大会」「留都の会」「京師の会」など、会の行われない土地はない程の有様であった。「旬会」「月会」「季会」「年会」など、会の行われない歳はない程であった。会は日常の茶飯事のようなもので、農夫野老もみな会のこのような繁盛ぶりを知っていた。さらには直接的に「陽明会」と称するものもあり、これら講会の陽明学的な特質を際立たせていた。(28)これと同時に、各地の講会を積極的に組織した知的エリートは、会衆の熱気がどんどん高まっていく状況に呼応して、さらに、随時挙行されていた、民衆運動にも似た会を書院の規範と制度のなかに導き取り込んで、その秩序ある発展、良好な成長を推進しようと試みた。(29)

大まかに言えば、陽明学の「講会」運動は、仏教の講経説法の集会に淵源をもち、宋儒の、書院を基盤とし論弁を形式とする教学モデルから来たものであった。だから、呂祖謙が主宰した、朱陸の論戦を重要な内容とした「鵝湖の会」のような集会は、その「先駆」と見なすことができる。朱熹が胡広仲に送った書簡のなかで言及した「講会」[30]、および銭徳洪が「嶺南寄正憲男跋」のなかで言及した「講会」[31]もまた、この種の講学集会を指すものである。だが、この種の「講会」は、「会講」と名づけるほうがより適切であるように私は思う。なぜならば、その実態が、「会講」の指し示す、書院を基盤とした、友人同士が集まって講学する学術集会とマッチするからである。後にはさらに、「会講」を基礎として書院が創設される事例もあり、例えば康熙初年に黄宗羲（一六一〇―一六九五、字は太沖、号は南雷・梨洲、餘姚の人）は「策論の会」「證人の会」「講経会」という基礎のうえに、寧波で甬上證人書院を開設し、海寧では数年の長きにわたった海昌講学活動を挙行した、等々である。書院を基盤とするか会講を前提とするかに関わりなく、その実質は、知的エリートによる学問振興活動であり、その人数は少ないもので十数人、多いもので数十人であり、陽明学の「講会」運動とは大きな隔たりがあった。

比較して言えば、却って李氏朝鮮時代の講会活動の方が、書院を基盤とし論弁を形式とする教学モデルにより近く、基本的には前述の「会講」と同等のものであった。だから、朝鮮時代の講会活動は、「士友聚講」し、「講」を重んじて「会」を重んじないだけでなく、その規則もまた「講規（学規）」あるいは「講法」と呼ばれており、中国陽明学の講会運動が制定した「会規」とは異なっていた。それゆえ、朝鮮時代の講会活動では、一般に、「講長」と呼んで「会長」「族長」とは呼ばず、「月講」と称して「月会」とは称さず、「講儀」と称して「会約」とは称さず、「講員」（あるいは諸生）と呼んで「会員」とは呼ばなかった。そのいわゆる「通読会」は、「講学会」ではあるものの、陽明学式の「講会」運動ではなかった[32]。このため、「講生」「講員」「諸生」（彼らはみな「文字を使ってきちんとした記述を行うことができる者」、即ち読書人である）が朝鮮時代の講会制度の対象であり、数多くの一般人が良知心学の講会運動の対象であった。前者の主体は知的エリートであり、後者の主体は無産階級の大衆であった。前者で最も多かったのは教化「活動」であったが、後者は社会「運動」と見なすことができる。このこともまた、朝鮮時代の講会活動に規約が非常に多かった一方で、明代の陽明学の講会運動は随意的・随時的性質が特に強かったことの重要な原因である。例えば、朝鮮時代の講会活動では、およそ「理由があって会に参加しない場合は、その月に読む篇のなかで疑問のある部分を書き記し、院長・講長に提出する（有故未赴會、則於當月所讀篇中、録其疑義、上於院長講長）」こととし、これを懲罰措置とした。また、「講会ごとに参加者の氏名を列記し、一つを院内に留め置き、一つを院長・講長に提出することとする（毎講輒列書會中人姓名、一置院中、一送院長講長）」[33]。それに比べて、陽明学の講会運動では、名も無き参加者が極めて多く、聴きたいと思った人が聴きに来た。どれも来る者は拒まず、姓名を記録することもせず、来なかった者が懲戒を受けることもないというように、随意的性質が極めて強かった。このほか、学術的な戒律が比較的厳格だった講学の「学規」に比べて、郷約を主たる媒体とした「会約」は、形式から言っても内容から言っても、やはりのびのびしていて自由度が多かった。さらに「会約」の及ぶ内容はおおむね日常生活や郷村風俗のレベルでの徳行教化に関するもの、たとえば、遵諭［聖諭に順う］・営葬［葬儀を適切に行う］・睦族［一族で仲良くする］・節倹［節約に努める］・正分［分限を守る］・廣仁［仁心を養い他者に施す］・積徳［善徳を積む］・慎言［口を慎む］・忍気［怒りを堪える］・崇寛［寛容を貴ぶ］・勧業［労働に励む］・止訟［訴訟を取りやめる］・禁賭［賭博を禁止する］・挙行［忠孝節義を実践する］・黜邪［迷信を捨てる］などであった[34]。

四

以上の分析から容易に分かることであるが、陳来氏が「明嘉靖時期王學知識人的會講活動」のなかで述べた以下のことは(35)、精緻な点が無いわけではないけれども、さらに細かく分析していくことがよいように思われる。即ち、陳来氏が「講会あるいは会講の含意は、教育活動をはるかに超えていた。概して言えば、書院において定期的に開催される講会がいつも四書教育に関わっていたことを除けば、一般的に、知識分子同士で頻繁に開催していた。知識分子の思想交流という形式での会講は、教育の範疇に含めるべきではない。教化としての意義を有していた基層郷村における「会」は、その多くが「講」学を特色とはしておらず、徳の実践を互いに勧め合うことを内容としていた」と述べ、さらに、「会講」は集会講学の活動を指すとして動名詞的に用い、「講会」は集会講学の組織を指すとして名詞的に用いるとした点である。

筆者の見解に拠れば、「会講」は「講学」が拡大したものに過ぎない。「会講」と「講会」とは、一方は「講」に、もう一方は「会」にポイントがある。また、一方が「講を以て学と為す」のに対し、もう一方は「会を以て学と為す」ものである。学校には官・私の区別があり、官学の目的は主に科挙受験にあり、私学の目的は主に崇徳教化にある。それゆえ、私学を手段とする民間講学は、その性質からして「講会」と最も接近し、実践面においても、確かに常に「講会」活動と区別しがたいものであった。講学は明代に入ると、私学的な性格の社学が、数量と規模において官学をはるかに超えることとなった。府学、県学、郷学および社学のうち、最も庶民性を有していたのが社学であったので、社学と「講会」とは結合して、その受け入れ対象は階層的にさらに低くなっていった。ただこのようになってこそ、儒家の「教え有りて類無し」［教学の力によって人間の違いは乗り越えられる。『論語』衛霊公篇の言葉］の理想に、はじめて実現可能性［原文「可操作性」］が出てくるのである。

このように「会講」は、「講会」とある種の区別を有するものであった。例えば、黄宗羲の海昌会講活動は、康熙十五年（一六七六）に開始され、海寧県治から数百メートル離れたところにある北寺、即ち安国寺で、毎年数ヶ月行われた。この活動は、現地の門人十数人や、許三礼・張曾祚・陳詵といった既に出仕しているか郷試・会試に合格した者たちを招集し、「五経を会講」し「力行心悟」することを主旨としたが、[36] 康熙十九年（一六八〇）になって、徐々に下火になっていった。[37] 黄宗羲の海昌会講は、浙東学術を浙西へと大規模に伝播していくうえで重要な作用を果たしたけれども、それを「海昌講会」と称することは、[38] 不適切だと言わざるを得ない。上述の「会講」と「講会」の定義に従えば、黄宗羲が海寧で行った講学活動は、せいぜい「会講」と称することができるばかりで、「講会」と称することはできないからである。それは、明代中葉以後の陽明の伝人《あとつぎ》たちが江西等の地域で挙行した講会運動とは大きな隔たりがあり、同一視することができないのである。

比較文化論という観点から言えば、「会講」の学術性は「講会」よりも強く、それは昨今の市民講座に類似している。「講会」のほうは、今日の大衆文化節《デー》に近く、それは一般には族会と群会という形式で現れる。そういうわけで、「会」の盛況は、さらに会衆の人数で具体的に示すことができる。一般的に言って、どのような場所でも行える会は、会衆が数十人、数百人、ひいては千人を超える人数になるなど様々で、これは、一六世紀の小農経済社会にあってはかなり大きな数字である。さらに大きなものになると、会衆が数千人から一万人に迫る記録も、諸文献にしばしば見られる。[39] 開催時間は、短いもので数日、長いものだと一週間から半月で、一ヶ月以上に及ぶものまであった。各村の数支族が合流し、祭祀のために会を立て、祭と会は一つのものであった。一箇所が完了したら別の地へと移って、留まること無く周回した。陽明学に勢いをつけることができるうえに、同族の結集を強めることもでき、「民を教化し良い風俗をつくること（化民成俗）」(40)は、最終的に郷村統治の政治的目的になった。

総じて、「会」の娯楽性は「講」や「学」よりも強く、「講」の学術性は「会」よりも強いのが常であった。(41)「講」の対象は比較的狭かったが、「会」の対象はかなり広い傾向にあって、長幼男女を分けず、文化レベルの高低を問うことすらせずに、来る者は拒まず、会で友人を集めた。(42)そのうえ、「会」はどんな場所でも結ばれ、どんな場所でも開かれた。書院研究の専門家である鄧洪波の言い方を借りるならば、「随地挙会」「随地結会」に他ならない。だから、「会」の文化的意義は、少なくとも二つの方面から注目に値する。一つは一会」の簡便性であり、人々は楽しんでそれを見に行き、気楽に参加した。これにより、「会」の流行はある種の必然となり、一種の学術的なファッションとなった。二つ目は「会」の随意性であり、人々は思うがままにそれを行い、場所を選ばず、家廟、宗祠、仏寺、道観を借りて会を立ててもよく、舟を連ね車を並べて、転々と周遊することさえできた。(43)これもまた、どうして「会講」に関係するほとんど全ての術語が、「講規」「講堂」「講員」「講儀」「講限」「講戒」「講冊」「講具」「講格定式」というように、どれも「講」と関係しているのか、そして陽明学派の「講会」のほうは、「会長」「会主」「会規」「会儀」「会約」「会講」というように、どうして「会」と切り離すことができないのかということの理由である。

それゆえ、書院の「講」の特徴がそのエリート性にあるのに対し、随時挙行される「会」の特徴はその群衆性にあった、と言える。書院の「講」会が常に、功利的な科挙受験や立身出世の「官学」という外殻に（時に主体的に、時に受動的に）包まれていたけれども、群衆式で随時挙行の「会」という社会運動のなかにあって、書院の講学もしくは会講のもつエリート性は、自覚的あるいは無自覚的に、庶民的な講会運動との間に、互いに含み合い補完し合う連動関係をも出現させた。このような時局の大きな変化のなかで、個別の地区では、書院の「講」のエリート性が随時挙行の「会」の庶民性に覆い尽くされてしまう典型的な事例が多く現れた。

まさしく書院講学や会講のもつエリート性、あるいは潜在的なエリート化傾向のために、それらは極めて容易に官学化しやすいものであり、極めて容易に体制に取り込まれ、甚だしくは体制に利用されてしまうものであった。そのうえ、書院講学や会講のエリート的性質は、学派伝承の安定性、メンバーの固定性、プログラムの完結性、講学の持続可能性といった学術的な特徴をより強固なものにしていくこととなった。換言すれば、書院の学術研究の機能は、真に持久的な平民化の道を歩むことを不可能にさせたのである。このため、書院の発展史において、朝廷・官界のコントロールを越えてしまい書院が禁毀されるという事件が起き、書院の発展に一定の抑圧が与えられるということはあったけれども、全体のプロセスから言えば、どのような種類の書院であろうとも、一般的には統治者の支持もしくは黙許を得ていたものであった。だが、民間の講会運動に対する統治者の拒絶・厳禁の態度には、非常に堅固なものがあった。講会は、群衆による集会へと発展していく可能性があったため、政治化される危険性、思想の自由化を導き出す巨大なリスクを有していた。

史料を整理すれば難なく見出せるように、明代中晩期には、宗族組織が完備し宗法制度が良好ないくつかの郷村社会において、陽明学の「会」が王陽明の門人後学によって推進されたのだが、本来は講学を目的にしていたそれらは、徐々にその趣きを変えていった。意図されたものなのかどうかは定かでないものの、宗族は「会」の主要な紐帯に、祠堂は「会」の重要な基盤に、族人は「会」の主要対象になっていき、さらには、祭祖・崇祀等の宗族活動と結合する過程で講会運動へと展開していくこともしばしばであった。(44)「講」の紐帯は主に師友であり、基盤は主に書院であり、対象は主に同志であり、尚且つそれは、学んで道を明らかにするといった学術活動と結びつけられていくなかで講学活動へと展開されていった。ここから分かるように、この種の趣きを変えた陽明学の「会」は、本来の意味での講学・会講と区別する必要のある特徴と方向性を、既に形成していたのであった。

このことは、以下の問題についてもある程度の回答を与えることになろう。つまり、講学を主眼とする書院は主に都市に建てられ、仏寺道観といった既存の地盤を利用・選択して書院を創建する場合でも、都市と郊外の結合部が場所に選ばれることが多く、そのようにして、生員・郷紳を含んだ知的エリートたちが集会講学する便を図ったわけであるが、それは、なぜだったのか、という問題である。清光緒年間に江西永豊知県の張瓊は文興書院を賞賛して、「書院は人才を育成する場所である。省・郡・州・邑それぞれに、それにある。ただ、おおむね、それを司るのは官であり、それが建てられるのは城市である。一郷一都にきらびやかにそれを創設し、省・郡・州・邑と同じ風気を保つのは、至難にして希少であろう（書院、造就人才之地也。省郡州邑皆有之。然大都主之在官、建之在城、若一郷一都之創設炳焉、與省郡州邑同風、蓋亦難且少矣）[45]」と記したが、これこそが、上記の問題に対する一つの答案である。陽明学の講会には、郷村社会を舞台にしたものが少なからずあり、その目的は、文字を識らない淳朴な農民、家庭の婦女や僕人さえも、講会運動の積極的な参加者にさせようとするものであった[46]。

女性の講会活動参加を例とするならば、陽明学派講学の早期の段階で、女性がそこに参加した記録が残っている。『紹縣白洋朱氏族譜』「舍別墅爲僧院記」の記載に拠れば、

（紹興の）安昌鎮の東辺に在って、水閣の外をぐるりとめぐって南へ、さらに東に折れて［河水が流れ］、望み見れば［草木が］深々と美しく茂っている場所がある。それを法源寺といった。代々伝わって果齋朱公

（朱和）の別荘となり、「翠園精舎」と名づけられた。果齋公は早世し、その妻の陸宜人は節を守り孤児を育てた。詩文に長じていて、子侄たちに、手が書をめくるのをやめる時がないほどにその訓練を課し、彩りある文章が書けるようにしつけた。そうして、翠園精舎を取り払って家舎を建て、姚江の王文成公を招いてそこで講学してもらった。子侄の守業（朱簦、一四九一―一五七一、号は存齋）、守忠（朱節、一四七六―一五二三、号は白浦）、守貴（朱簠、一四九一―一五七六、号は拙齋）、守諧（朱箎、一四九三―一五四六、号は思齋）たちは、そこで学業を修めた。文成公がかつての課題を閲覧し、どなたが改作してくださったのかと尋ねたところ、子どもらは宜人だと答えた。文成公は、「女性でここまでの才能というのは、私も見たことが無い」と言い、すぐさま舟を命じ、衣冠を整えて会いに行った。宜人は、「先夫と伯父から付託されたことです。ですから、孤児たちが軽んじられて学問が進まないようなことは、私の罪でございます。先生、どうか教え導いてくださいませ」と語った。文成公は粛然と尊敬の念を覚えた。この時から道を講じ芸を論じて、互いに切磋琢磨した。その後、師弟は続々と飛躍を遂げていった。（在安昌東偏、由水閣外迤邐而南、又折於東、望之蔚然而深秀者、曰法源寺。相傳爲果齋朱公別墅、名曰翠園精舍。果齋公蚤世、厥配陸宜人守節撫孤、長於詩文、自課其子若侄、手不停披、及斐然成章。乃辟翠園精舍爲家墅、延姚江王文成公講學其中、命子若侄守業、守忠、守貴、守諧往守業焉。文成閲舊課、詢爲誰氏改作、諸子以宜人對。文成曰、巾幗才若此、吾見亦罕矣。即命舟具衣冠見之。宜人曰、先夫及伯父所付託者、以是藐諸孤、學不加進、是妾之辜也、願先生訓迪之。文成肅然起敬。由是講道論藝、交相切劘。迨其後師弟飛騰、後先接踵。）(47)

このほか、清・嘉慶『山陰縣誌』の記載によれば、「法源庵は県北の塗山に在る。明の弘治年間に、白洋朱和の妻が節を守って子を育て、家屋を設けて王文成守仁を師として招き、その子侄の簠・簦・篪・節らはみな名を成した……（法源庵在縣北塗山、明弘治間、白洋朱和妻矢節撫子、設宅延王文成守仁爲之師、其子侄簠、簦、篪、節等倶成名……）[48]」とある。この陸宜人こそが、王陽明が山陰県白洋地区で講学した際に賞賛を捧げた傑出した女性である[49]。陽明学派の後期の講学活動において、陸宜人のような熱心な女性参加者は、地方志や族譜のなかに多く見出すことができる。

五

一般的に言って、儒家の提唱する倫理学説が通俗化・庶民化できるか否かは、伝道者の講学の内容と形式が時間空間の変遷に随って変転し得るものなのかどうかに係っている。ある種の意味から言えば、教化の「教」を、「教え有りて類無し」の「教え」から「神道［を以て］教えを設く」の「教え」へと転換させ、講学証道を集会伝道へと転化させ[50]、また、講会運動を半宗教的性質の崇祀活動へと変えていくことがあって[51]、始めて儒学の通俗化・庶民化は可能性の段階から現実的な段階へと変わっていくのである。このため、陽明学の講会運動に対して、我々は、その教化内容を考察する以外に、その崇祀の内容と形式について考慮する必要がある。伝統的な書院にはもともと「講学」「蔵書」「祭祀」の三大機能が具わっており、伝統的な書院制度のなかには、本来、聖賢崇祀と文昌帝君崇祀といった内容も含まれていた。そこには、祭祀の対象、祭祀の位置・時間等も関わっており、そのことは、書院で教育を受ける知識エリートもまた、宗教に似通った信仰行為を行うということを意味する[52]。とりわけ明代以後になると、師表と呼ぶべき先賢が必ずいて、そこで始めて書院が立てられ、盛行していくこととなった。そして、この種の気風は朝鮮や日本にも影響を与えた。朝鮮の大儒である宋時烈とその弟子が交わした以下の会話は、当時の朝鮮の書院の性格を非常によく表している。

さらに書院の本来の意義について質問した。（宋）先生がおっしゃった、「古において郷校と文廟には違いがあり、書院と祠宇には違いがあった。思うに、郷校と書院は、士子の集まる場所である。文廟と祠宇は、それに対し、先賢を祀る空間である。だから、古の人々は、まず書院を立てて、その後、師表とすべきその土地の先賢がいれば、祠を立ててお祀りした。今は、必ず先に人がいて、その後始めて書院を立てて、「誰々書院」と名づけている」と。私は「そうでしたら、多くの士の師表となるべき道徳があって、始めて書院を立てることができるのでしょうか」と質問した。（宋）先生は、そうだとお答えになった。（又問書院本意、先生曰、古者郷校與文廟有異、書院與祠宇有異。蓋郷校、書院、士子所會之地。文廟、祠宇、乃先賢俎豆之處也。是故古之人有書院、而後以其地先賢之可爲師表者、立祠以俎豆之。今則必有其人、然後始立書院、名曰某人書院矣。余曰、然則必其道德可為多士師表、始可立書院乎。先生曰、然。）(53)

そして、伝統的な書院における文昌帝信仰や聖賢崇祀と書院講学との結合は、基本的に、封建国家の祭典で強調された「崇德報功」の祭祀精神に符合するものであった。(54)だから、胡適は次のように強調した。

一つの時代の精神は、その時代の祠祀によってのみ、代表することができる。ある時代に尊崇された者が祠祀に列せられることにより、その時代の民意の趨勢をうかがい見ることができるのだ。古代の書院は常に神祠を設けて祭祀を行い、宗教的色彩を帯びていた。千年にも及ぶ民意の寄託するところなればこそ、それぞれの時代の精神を代表することができるのだ。……このことから、一つの時代の精神は、まさしくその時代の書院で崇祀されている者によって代表され得ることが分かる。(55)

書院はこのようなものであり、民間の講会もまたこのようなものであった。陽明学の講会運動は、この種の崇祀の伝統を極限にまで発展させたものであるが、それは、歴代の聖賢を崇祀することが多かった書院に対し、宗族を紐帯とする民間の講会は、そこに同宗同族の祖宗賢達を加えたものに他ならなかった、と言えるだろう。

このように見てくると、明代中晩期に知識界に沸き起こり、郷村社会に蔓延した講会の風潮は、仏教の講経会や伝法会に似たやり方を手段とし、陽明学の講学活動を推進力とし、郷村の宗族社会を基盤とし、儒家の忠孝礼儀を内容とした、宗教活動に近似した儒家教化運動であった、と言える。当時、吉安等の地域で行われていた講会活動は、さらに農村の宗族大会のようなものであり、そこに含まれていた思想文化の内実は、講学それ自体をはるかに超え出てしまっていた。

では、当時の陽明学の講会運動は、一体どのような特徴を具えていただろうか。それに対し、私は、以下のいくつかの方面から総括することができると考えている。すなわち、(一)思想の多元化、(二)手段の多様化、(三)対象の族群《グループ》化、(四)場所の流動化、(五)時間の随意化、(六)会合の大規模化、(七)構成の階層化(つまり、参加メンバーが異なる階層のグループから構成されるようになった)、(八)教育内容の生活化、(九)活動形態の娯楽化、(十)儀式過程の宗教化、である。この十個の方面は、さらに「思想の多元化」を主軸としている。民国期の学者である章炳麟は「宋儒は礼教を重んじたが、明儒は礼教を軽んじた。これは、王文成の欠点である」(56)と言った。陽明学の講会運動の上述の特徴は、すべて思想の多元化から来ているが、思想の多元化は、陽明学のリーダーたちが伝統的な礼教に束縛されることのない精神を追求した点に係っていた。

周知のように、陽明学が出現する以前、朱子学の教化対象は、数多の庶民階層を内に含んでいたけれども、有効的で焦点の合った手段と基盤を欠いており、主体を確立する意識を庶民階層に自覚させる理論は、朱子学の弱点［原文「短板」］であった。このような方面に関しては、「平実」な陽明学が、「理論」的な朱子学と比べて、優勢にあった。あるいは、陽明学には、庶民階層を、社会に対する憤怒の状態から社会の理想を追求する状態へと向かわせる有効な手段が具わっていた、と言ってもよいだろう。まさしく、陽明学が朱子学に比べて急進的な「新思惟」に属していたために、それは、怒れる庶民層から受け入れられ易かったのである。庶民は、怒りという特徴を除けば、理想と方向性が最も不明確な階層である。彼らは極めて容易に、新思想に刺激され誘惑されてしまう。陽明以後の在野の弟子たちは、一方で「新思惟」という武器を掲げ、一方では郷村社会へと手を伸ばした。彼らは伝統という基盤を借用すると同時に、さらに「新思惟」を利用して伝統社会を解体［原文「解構」］した。この意味から言えば、陽明学の平民化と庶民階層の思想意識の崛起とは、中国の伝統社会構造に対する最初の転覆であった。平民化した陽明学という新思維に牽引されて、庶民階層は、伝統的な儒家の権威主義から離れ始めただけでなく、科挙という手段に頼って「政治的権利」を奪い取ろうとする段階から、次第に、族群《グループ》の力で「社会的権利」を手に入れようとする段階へと転化していった。ここにおいて、彼らは、身の回りで起こるあらゆる出来事へと関心を示し始めた。そこには、もともと読書人によって独占されていた郷村の文化教育と道徳建設も含まれていた。これは、明代中晩期に陽明学者が知らず知らずのうちに実現に向けて推し進めた、不完全かつ不徹底な社会変革であった。このような変革は開始したとたんに歴史の発展の激流のなかに埋没させられてしまったけれども、その、近世中国社会に対する解体作用と思想的激震性は、我々がさらに進んで解読し探求するに値する価値を有するものである。

注

（1）李氏朝鮮にあって、十六世紀から十七世紀にかけての書院教育が書斎で読書をすることを中心としていたとするならば、十八世紀から十九世紀にかけての書院教育は、講会の性質を帯びた知識教育を核心としていた。これもまた、なぜ韓国の学者が一般的に朝鮮時代の講会教育を「定期的に講長が主宰し、特定の書冊を講読の中心にして、一定の儀式と規格に基づいて進められる集団的な講学活動」（〔韓〕樸鐘培「朝鮮時代書院講會的発展及特徴」、『書院文化的伝承与開拓』、長沙・湖南大学嶽麓書院、二〇一一年）と定義するのかの重要な原因である。この種の現象と展開は、明代中晩期における中国陽明学の講会運動と異なる点がある（詳しくは後述する）。

（2）いわゆる「草根化」は、「庶民化」「平民化」「大衆化」あるいは「民間化」と呼んでもよい。「平民化」と「庶民化」という言い方は、それぞれ中国・日本の学界で慣れ親しまれたものである。二十世紀初め、中国の知識分子は日本の影響を受け、「庶民化」という概念を使うのが一般的になった。「草根化」は、近年になって中国大陸で流行したネット用語である。〔訳注：これ以降、翻訳では「庶民化」を使用する〕

（3）ここでいう「南中」に、皖南〔安徽省南部〕地域における王門の講会は含んでいない。規模と頻度から言って、明代中晩期の王門の講会活動にとって、安徽寧国府は江西吉安府に次ぐ第二の巨大地域と言えよう。高楊「晩明寧國府陽明学講会研究（一五二〇―一六二七）」（厦門大学修士論文、二〇〇九年）を参照。

（4）いわゆる「講会」とは、通俗的には講学形式の集会のことを指す。ただ、明代の講学式集会には多様な形式があり、例えば書院の中での日常的な講学、友人同士の不定期の交遊、相まみえて問答する集会もあれば、地方の大衆を教化する、郷村での大会・廟会に類似した社会講学や、地方の官僚や士人によって組織された定期的な講学活動等もあった。呂妙芬『陽明學士人社群―歴史、思想與實踐』（臺北・中央研究院近代史研究所、二〇〇三年）七三頁を参照。本稿が検討する「講会」運動とは、主に、比較的規模が大きく、人数が多くて、メンバーが複雑な郷約式〔村落自治組織主体〕・族群式〔宗族主体〕の定期集会のことである。

（5）呉震「浅論陽明心学与勧善運動」（『陝西師範大学学報』二〇一一年第一期）を参照。

（6）胡吉勳『〝大礼議〟与明廷人事変局』（北京・社会科学文献出版社、二〇〇七年）二二―二三頁を参照。

（7）明代中葉以降における『孝経』の状況については、張崑將『徳川日本儒學思想的特質―神道、徂徠學與陽明學』（臺北・臺灣大學出版中心、二〇〇七年）一七三―二〇六頁を参照。

（8）劉増光「従良知学到《孝経》学―陽明心学発展的一個側面」（『中国哲学史』二〇一二年第一期）を参照。さらに劉増光の分析に拠れば、王陽明は講学中、しばしば「見父知孝、見兄知弟」とも語り、この言葉を、学生に学問の道筋を了解させ、心の本体を体認させ、良知の働きについて検証させるための指導上の権法とした。セオドア・ド・バリーはこの点に留意し、「王陽明は、しばしば孝の徳で良知の原則を描写していた」と述べている（WM.Theodore De Bary,*Learning for One's Self:Essays on the Individual in Neo-Confucian Thought*,NY,Columbia University Press,1991,p.131）。

（9）呂妙芬によれば、近世の郷村社会・宗族組織の強化と残酷な科挙の競争的環境とは密接な関係があった。当時、多くの士人の家では、宗族全体の資源を借りて、あるいは聯姻などの策略を通じて、宗族の長期的な競争力を保持しようという試みが為された。そして、科挙の競争が日に日に激烈化していったこともあって、どんどん多くなる科挙落第者たちの目は、同族の教化と同郷の善化といった郷村自治事業へと向けられることとなった。これらの人々の所属する宗族は、職分のうえでどんどんと多元的な機能を帯びるようになり、社会身分もどんどんと曖昧になっていった。このようなことも、民間の講会活動の隆盛に巨大な活動空間を提供したのである。呂妙芬『孝治天下―『孝經』與近世中國的政治與文化』（臺北・中央研究院聯經出版公司、二〇一一年）二一―二六頁を参照。

（10）王畿は「會所以講學明道、非徒崇黨與、立門戸而已也。」と述べている（呉震編校『王畿集』、南京・鳳凰出版社、二〇〇七年、五三頁）。

（11）天真書院は後に勳賢祠と改名されるが、日本所蔵の孤本『勳賢祠志』（喩均撰、陳善校、不分巻、明万暦年間刻本）には、当時の王門の講学状況が記載されている。

(12) 中国国家図書館に清康熙刻本の『安成復真書院志』が所蔵されているが、そのなかには、当時の民間講会活動の盛況が記録されている。
(13) 董平編校『鄒守益集』、南京・鳳凰出版社、二〇〇七年、一〇二頁。
(14) 銭穆「王門之講會」、『銭賓四先生全集』第二一冊所収、臺北・聯經出版事業股份有限公司、一九九八年、三六一頁。
(15) 呂妙芬『孝治天下―『孝經』與近世中國的政治與文化』、臺北・中央研究院聯經出版公司、二〇一一年、二七頁。
(16) 現代の中国社会を顧みるに、このような伝統構造はとっくに瓦解し、基層社会はすでに自治空間を失ってしまったために、伝統道徳が生存する余地が無くなり、社会全体が途方に暮れる結果となっている。そのため、ある意味から言えば、宗族組織を再建し、民間の講会を復活させることもまた、現代中国が新しい社会道徳システムを建立する際に試みるべき探求と努力である。
(17) (清)顧炎武著、黄汝成集釋『日知録集釋』巻十八「朱子晩年定論」、長沙・嶽麓書社、一九九四年、六六六頁。
(18) (清)張廷玉等撰『明史』巻二三一、北京・中華書局、一九七六年、一七三五頁。
(19) 銭明編校『王陽明全集』新編本、第五冊、杭州・浙江古籍出版社、二〇一〇年、一八三一頁。
(20) 呉光・銭明・董平・姚延福編校『王陽明全集』新編本、第四冊、杭州・浙江古籍出版社、一二五九頁。
(21) (明)周汝登『陽明先生祠志』、中国国家図書館蔵明万暦年間刻本、巻上「紀六」。
(22) (明)周汝登『陽明先生祠志』巻上「紀九」。
(23) (清)沈初等撰『浙江採集遺書総録』癸集上、上海・上海古籍出版社、二〇一〇年、六五五頁。同様の話は『明史』「儒林伝・王艮伝」にも見え、「王氏(陽明)弟子遍天下、率都爵位有氣勢。艮以布衣抗其間、聲名反出諸弟子上」と述べられている。ここでの「爵位」には二種類の解釈があり、一つは地位を指すとするもので、もう一つは「爵は雀に通ず」(「爵位」=「雀躍、活躍」の意味)とするものである。「王艮伝」の意味からすれば、前者を指すと考えるべきであろう。
(24) 方祖猷等編校『羅汝芳集』、南京・鳳凰出版社、二〇〇七年、六三七頁。
(25) (明)耿橘「虞山書院會約」、孫慎行等編『虞山書院志』巻四、明万暦年間刊本、所收。

(26) 馬曉英「敦倫化俗、運世造命―明末異端学者顔鈞的儒学化俗実践及其講学活動」(『孔子研究』二〇〇七年第一期、六三―六四頁)を参照。
(27) (明) 蕭雍『赤山會約』(王雲五等編「叢書集成初編」第七三三冊、上海・商務印書館據涇川叢書本排印、一九三六年、所収) 二一〇頁。
(28) (明) 郭孔延編『資徳大夫兵部尚書郭公青螺年譜』、民国間朱絲欄抄本、「北京図書館蔵珍本年譜叢刊」第五二冊、北京・北京図書館出版社、一九九九年、五〇二頁。按ずるに、郭孔延は郭子章の次子であり、この年譜は、郭孔延が万暦四十六年に亡父郭子章のために撰述したものである。
(29) 鄧洪波「随地挙会、帰之書院―明代講会之発展趨勢」(『湖南大学学報』二〇一〇年第二期)を参照。
(30) 朱子は「渠在此留幾兩月、講會稍詳、此間動静可問而知」と述べている(郭齊・尹波点校『朱熹集』、成都・四川教育出版社、一九九六年、一九五九頁)。
(31) 錢徳洪は「方今四方講會日殷、相與出求同志、研究師旨、以成師門未盡之志、庶乎可以慰靈於地下爾。」と述べている。(錢明編校『徐愛・錢徳洪・董澐集』、南京・鳳凰出版社、二〇〇七年、二〇二頁)
(32) 朝鮮の儒者・鄭求(一五四三―一六二〇)が撰述した「講法」と「通読会儀」(『寒岡續集』巻四「雑著」)は、朝鮮時代の書院学規の類いに関係する現存資料のなかで、最も早く「講会」を使用した典籍だと言えるが、そのなかには「講規」「学規」「講法」「講長」「月講」「講儀」「講員」といった呼称が見える。
(33) (韓) 金元行『美湖集』巻十四「石室書院講規」、韓国歴代文集叢刊第二四七冊、四八二頁。
(34) (明) 蕭雍『赤山會約』(王雲五等編「叢書集成初編」第七三三冊、上海・商務印書館據涇川叢書本排印、一九三六年、所収) 一―一五頁。
(35) 陳来『中國近世思想史研究』、北京・商務印書館、二〇〇三年、三三八―三三九頁。
(36) (清) 万承勳『冰雪集』巻一「哭黄梨洲先生五首」、「清代詩文集彙集」第二一二冊、上海古籍出版社、二〇一一年、六八四頁。
(37) 清の査慎行の詩に「四海靈光劫燒餘、名山一席老仍虛。及門漸散天南北、舊事閑隨夢巻舒。」とある(周劭評点

『敬業堂詩集』巻二「慎旃集中・秋懐詩（二）」、上海古籍出版社、一九八六年、四七頁）。

(38) 李聖華「黄宗羲与海昌講会―清初梨洲之学在浙西播伝的典型分析」（『浙江学刊』二〇一五年第三期）を参照。

(39) 鄧洪波「随地挙会、帰之書院―明代講会之発展趨勢」（『湖南大学学報』二〇一〇年第二期）を参照。

(40) 呉光・銭明・董平・姚延福編校『王陽明全集』、上海・上海古籍出版社、一九九二年、二〇二頁。

(41) 比較してみるに、朝鮮時代の講会活動は、人数の記録が無いうえに、受け入れ対象の記録も無い。知識的な性質の強い学術活動であったので、朝鮮の講会には、学問を楽しむ精神が欠けており、詩を歌う形式を借用することも少なかった。陽明心学の講会運動は、娯楽性が強く、詩を歌うシステムがあったのみならず、形式面でも自由闊達な気風が顕著で、「心の欲する所に随う」ものであった。

(42) 朝鮮時代の講規にも「長幼貴賎に関係なく誰でも入室してよい（不論長幼貴賤都可以入齋）」というような規定よあったけれども、敷居が高く、システムが煩瑣であったため、それが現実のものとなるのには困難があった。それに比べ、陽明学の講会の敷居はずっと低いものであった。

(43) 鄧洪波「随地挙会、帰之書院―明代講会之発展趨勢」（『湖南大学学報』二〇一〇年第二期）を参照。

(44) 代表的なものとして、江西楽安県流坑村の董氏一族がある。邵鴻の調査研究によれば、流坑村は明代後期まで、牆垣に囲まれ人口も多い大型村落であっただけでなく、宗族組織もまたかなり緻密に整えられていた。董氏一族の内部は八つの大きな宗支、即ち文晃・鏡山・胤昂・胤清・胤隆・胤旋・胤明・雙桂の諸房に分かれており、その下にはさらに多くの小房があって、それらによって、大宗祠を頂点として数十に及ぶ大小の祠堂を包摂した祭祀・管理システムを形成していた。それらと族産、譜牒、私法及び学校等は、高度に統合された一つのシステムを構成し、あらゆる宗族の構成員、ひいては宗族組織自身を規制しており、共同体自治と共同体コントロールの要件となっていたばかりでなく、村落全体のなかで極めて濃厚な講会の気風を形成していた。嘉靖から万暦年間にかけてのころ、南京刑部郎中を任期途中で辞職したため郷里に戻った董燧は、かつて四川大足県令を務めた董極や雲南巡按禦史等の職を当時務めていた董裕らとともに、流坑の宗族と共同体に対して、初めての大がかりな整理を行った。彼らは、宗祠を復興し、族規を制定し、宗譜を増補し、族正と「捐産附祀」の制度を創設して、村落全体を規制し再建することにより、流坑の宗族組織に大いなる強化と発展とをもたらそうとした。この過程のなかで、董燧は、「人心を正し、教化を一にす」るために、村内の圓通閣に「父老子弟を邀し、毎月二會」した。これが圓通会である。この会の内容は、明太祖の聖訓や「忠義親長、尊嚴遜讓」といった倫理綱常を宣講する以外に、董燧自ら登壇して講学を行い、併せて参加者同士で交流しながら経書を読んだり、修身の実践を行ったりした。江右王門の著名人士として、董燧本人は極めて熱心に講学参会し、「無一年不遠出會友、亦無一日不講學」と賞賛されるまでに至った。彼は、「與覺野諸公合一邑爲郁林之會、與疏山繼峰諸公合一郡爲疏山之會、與廬山見羅諸公合各郡爲青原之會、而又浮兩浙、泛五湖、訪天真、尋白鹿、大會同志」という。それゆえ、圓通会は、実質的に董燧らが王学人士のとりわけ愛した講会を、流坑付において実践したものであり、彼らが王学を道案内として、積極的に郷村建設活動に従事した重要な要素であった。邵鴻「明清江西農村社区中的会――以楽安県流坑村為例」（『中国社会経済史研究』一九九七年第一期）を参照。

(45) 高立仁主編『廬陵古碑録』、南昌・江西人民出版社、二〇〇七年、三五九頁。

(46) 呂妙芬「女子与小人可談道―楊甲仁性命之学的日用場景」（銭明主編『陽明學派研究』所収、杭州・杭州出版社、二〇一〇年、三九七―四三〇頁）を参照。

(47) 『紹縣白洋朱氏族譜』、民國十五年丙寅孟夏敬刊玉泉堂珍蔵。婁仲安「王陽明和他的山陰白洋弟子」（余姚市陽明街道編『陽明史脈』二〇一四年第二期総第十九期所収、四頁）より転載。

(48) 同上注、六頁。

(49) 陸宜人については、『紹興縣白洋朱氏族譜』に収められている「陸宜人太君傳」が参考になる。

(50) 朱熹や李滉は、読書には順序というものがあり、それに従って進めていくべきだと考えたため、「熟読」「精読」を主眼とした。それに対し王陽明は、読書はその自然に順って活き活きと行われるものであると考えたので、学を楽しむことを主張した。だから、比較して言えば、陽明学は「講会」の「会」の特性により合致し、朱子学・退渓学は「講学」「会講」の「講」「学」の特性により適合的である。

(51) 呂妙芬は「講会は、その性質上、単なる学術活動ではなく、さらに宗教活動につきものの魂と精神の方向性をも兼ね備えていた」と言う（『陽明士人社群―歴史、思想与実践』、北京・新星出版社、二〇〇六年、七九頁）。

(52) 宋以後に各地で興起した官営あるいは民営の書院は、祭祀する対象が次の五種類の人に他ならなかった。すなわち、(一) 儒家の先聖先賢、(二) 諸学派の創始者およびその代表的人物、(三) 書院の創建・復興・教学等の建設に貢献した人物、たとえば山長、地方官員等、(四) 書院所在地の有名人、たとえば、明清時期の州学・府学・県学といった官営書院で必ず見ることができた先賢祠・名宦祠等が、これに属する、(五) 学問や科挙に関係する神様、たとえば文昌帝等である。簡亦精「台灣書院の祭祀活動について―祭祀の対象を中心にして」(『中国哲学論集』第三五号、福岡・九州大学文学部二〇〇七年十二月、二三―二四頁) を参照。しかし、宗族を基盤とする講会運動については、祭祀の対象は、(一)(二) の類を除けば、その他はおおむね本族の先祖あるいは同族の著名人であった。

(53) (韓) 宋時烈『宋子大全』附録・巻十四「語録」、李喜朝録、「韓国歴代文集叢刊」第一一二冊、四八二頁。

(54) 李豐楙・朱榮貴主編『儀式、廟會與社區―道教、民間信仰與民間文化』(「中國文哲論集」八、臺北・中央研究院文哲所、二〇〇六年) 五頁を参照。

(55) 胡適「書院制史略」、卞孝萱・徐雁平編『書院与文化伝承』所収、北京・中華書局、二〇〇九年、三頁。

(56) 章炳麟「王文成公全書提辭」、『太炎文録続編』巻二上、『章太炎全集』第五冊、上海・上海人民出版社、一九八五年。

王龍溪の良知心学

王龍溪の「虚寂感通」思想をめぐって

申　緒　璐
（伊香賀　隆訳）

王陽明（王守仁、字伯安、号陽明、一四七二～一五二八）が提唱した「良知」を体認し宣揚することが、その弟子たちの主な任務であったが、王龍溪（王畿、字汝中、号龍溪、一四九八～一五八三）はその際、「虚寂」「無」「感通」等の言葉を頻繁に使用した。徐階（字子升、号少湖・存斎、一五〇三～一五八三）が撰した「龍溪先生伝」によれば、龍溪は陽明に学んだことで「虚霊寂感、通一無二の旨」(1)を悟るに至ったとされる。岡田武彦氏は、龍溪の思想は「良知の無（虚とも寂とも云う）を以て本体工夫とし」、「龍溪によれば、虚でなければ「生ずる」ことは出来ず、無でなければ「通ずる」ことが出来ぬ」(2)と考えていた。龍溪が繰り返し強調する良知の虚無状態については、呉震氏も、「陽明は、良知は実は無是無非であると道破することはなかった」「無是無非によって無善無悪を実証すること。これこそ、龍溪が理論上で展開したことである。」(3)と指摘する。龍溪は、陽明亡き後の五十年にわたる講学活動において、師陽明が「久しく発せんと欲すれども、人の信じ及ばざるを恐る」とした「伝心密蔵」(4)というべき概念・命題によって良知を宣揚したわけであるが、「虚寂感通」に関する議論がまさにそれに当る。

従来の研究ではいずれも、「虚」「無」などの概念が龍溪思想の中で重要な位置を占めることを指摘している。[5]しかし何故に、良知の本来態（本体）を虚・無、つまり「無善無悪」「無是無非」といった側面から理解する必要があったのだろうか。虚・無などの概念は、結局のところ、龍溪思想において如何なる意義を有しているのだろうか。「虚無」である本来態（本体）と「感通」というはたらき（発用）とは如何なる関係にあるのだろうか。「寂は内に非ず。感は外に非ず」「寂は静に非ず、感は動に非ず」といった一見矛盾しているかのような命題を如何に理解したらよいのだろうか。こうした点を主な問題として、以下に論じていきたい。

一　虚空と良知

（1）良知は本来、虚である

龍溪は、「良知とは、古の聖賢の至高の学であり、道徳性命思想の要である。致良知の学の根本は虚寂にあるが、人倫事物との感応から離れることはない。（良知者、千聖之絶学、道徳性命之霊枢也。致知之学、原本虚寂、而未嘗離于倫物之感応）[6]」と述べるように、良知の学の宗旨（根本義）は「虚寂」にあると考えていた。当時の学ぶ者が仏老の弊害を憂慮し、虚寂＝仏老とみなしていたのに対し、龍溪は、陽明の良知の学の根本は「虚寂」にあると明確に指摘したのである。とはいえ、仏教のように「虚寂に沈迷することで、荒唐無稽な状態に陥っている。（究心虚寂、始失於誕）[7]」、つまり完全に虚寂に拘泥して、外界との接触を断ってしまうようなものではなかった。また龍溪は「別曾見台漫語摘略」において、曾見台（曾同亨、字于野、号見台、一五三三〜一六〇七）について、「〔曾見台は、〕陽明先師の良知の宗旨は虚明寂感であり、これが古の聖賢の思想の究極根源であると堅く信じ、これ以外に真の学を獲得する道はないと考えていた。（深信陽明先師良知之旨、虚明寂感、為千聖直截根源、以為舍此更無従入之路）[8]」と称賛しているが、龍渓において「虚明寂感」とは、陽明が説いた良知の学の根本宗旨であり、また儒家道統の根本であった。

宋明理学において張載（字子厚、号横渠、一〇二〇～一〇七七）は、「太虚は無形にして、気の本体なり」（『正蒙』太和）と説いて「太虚」を世界の本体（本来態。本来の状態。本来のすがた・ありさま。以下、「本体」の訳は基本的に「本来態」とするが例外もある）とし、「虚」を理学の重要概念の一つとした。陽明は、「良知の虚は、便ち是れ天の太虚なり。良知の無は、便ち是れ太虚の無形なり」（『伝習録』下巻）「虚霊不昧、衆理具わりて万事出づ。心外に理無し、心外に事無し」（『伝習録』上巻）と説き、虚・無によって良知を形容したが、良知の虚・無とはつまり、天道の本来態（本体）の属性でもあった。龍渓は師説を継承して、「日月は、易の外在の表象である。太虚は、易の本来態である。清らかに感通して際限がないものを神という。流通しあまねく行きわたって表象があるものを気という。凝聚して定まった形状があるものを質という。（日月者、易之象也。太虚者、易之体也。清通而無際者、神也。流布而有象者、気也。凝聚而有形者、質也）」と説き、「太虚」を「易の本来態（易之体）」、すなわち天道の本来態であるとみなした。また、子路が生死鬼神を問うた問題（『論語』先進）について、「生の道理を知れば死を知ることができる。心の一点の霊明は、天道の本来態である太虚と一体である。（知生即知死、一点霊明与太虚同体）[9]」と説いた。孔子の「未だ生を知らず、焉んぞ死を知らん」（『論語』先進）の一句について、「霊明」なる良知とは天の本来態である「太虚」にほかならず、この虚寂という観点から見れば、生と死とに区別はないとした。さらには、「故に君子の学は、易を体認することを要とし、〔良知の〕神妙なるはたらきを展開させることから始めなくてはならない。良知とは、静虚霊明なるものであり、神妙なるはたらきが発動するところである。（故君子之学、以体易為要、以窮神為機。良知者、虚之霊、神之竅也。[10]」と述べる。学の実践工夫は、虚なる易の本体態と霊なるはたらきとを同時に考慮しなければならない。「虚寂」なる本来態があってはじめて「霊明」なるはたらきが発動する、つまりこれが良知であると説いた。虚・無によって良知を形容すること、これが龍溪思想の基本である。

虚とはまさに天道の本来態であり、良知の本来態である。ここから、「虚」こそがまさに性の本来態であり、心の本来態であると言い換えることも容易である。龍溪は、「虚寂は原と性の体なり[11]」と述べ、さらに、曾見台の「良知の虚寂の義」に関する質問に対して、以下のように答えている。

虚寂とは心の本来態である。良知には是非正誤を判断する能力があるが、元来それは予め設定された是非正誤によるものではない(=無是無非)。無とは虚寂のことである。明達(事物の道理をはっきりと見通すこと)できるのは虚の存在があるからである。虚であればこそ明達というはたらきが生まれる。〔事物に〕感通(感応して通じること)できるのは寂の存在があるからである。寂であればこそ感通というはたらきが生まれる。

虚寂者心之本体、良知知是知非、原只無是無非。無即虚寂之謂也。即明而虚存焉、虚而明也。即感而寂存焉、寂而感也。[12]

陽明は良知を心の本来態としたが、龍溪はさらに一歩進めて「虚寂」を心の本来態であるとした。虚寂は無にほかならず、良知本来の状態もまた無是無非(予め設定された是非はないということ)である。龍溪は、虚寂である本来の状態が無是無非・無善無悪(予め設定された是非・善悪がないということ)であってはじめて、知是知非(是を知り非を知る)・知善知悪(善を知り悪を知る)という良知のはたらきが生まれると考えた。

龍溪は、心は本来虚であるとくり返し強調する。「与潘水簾」の中で龍溪は、「人の心は本来虚明であり、〔感通というはたらきが〕まだ発動する前の中正状態である。（人心本虚、本有未発之中）[13]」「人の心は本来虚寂であり、ここにこそ聖人へと至る真の道がある。虚寂の宗旨は、伏羲・黄帝・周公・孔子と脈々と伝えられてきた学問の真髄である（人心本来虚寂、原是入聖真路頭。虚寂之旨、羲黄姫孔相伝之学脈）[14]」と指摘する。また比喩を用いて、「心から神妙なるはたらきが生じるが、〔それは心には〕まさに虚寂なる本性が具わっているからである。例えば、鶏卵の中には必ず空虚なる場所があり、〔その空虚なる場所が〕雛を生育する要（生化之機）となる。虚寂がなければ生育は不可能である。（心為神之所居、正以有那虚竅子。譬如鶏卵中、必有一点虚処、乃其生化之機、不虚則不能生矣）[15]」と説明している。さらには、「良知は渾然虚明であり、前もって知識を得なくても洞察できないことなどない。（良知渾然虚明、無知而無不知）」とする説に対し全面的に賛同し、「明鏡（曇りのない澄んだ鏡）が物を映し出すのと同じである。鏡は本来虚明であり、事物の美醜を映し出すが、〔鏡が〕それらの干渉を受けることはない。事物を映し終えれば映像が残留することはない。つまり、単なる映像にすぎないのである。（譬之明鏡鑒物、鏡体本虚、物之妍媸、鑒而不納、過而不留、乃其所照之影）[16]」と説いている。一方では、虚寂とは心の本来態の根本属性であり、伏羲・黄帝・周公・孔子と一貫して引き継がれてきた宗旨であるとし、一方では、虚寂は心がはたらくための前提であり、虚であってこそ「生育の要（生化之機）」となりうるのであって、「虚寂がなければ生育することは不可能である」とし、さらには、「鏡は本来虚明」であるからこそ事物の美醜を映し出すことができるとした。以上を総括すると、龍溪にとって「虚寂」とは、心の本来態の属性であるだけでなく、良知がはたらくための前提であったのである。

（2）主有れば則ち虚なり

張載は「太虚」を本来態とみなしたが、二程（程顥、字伯淳、明道先生と称される、一〇三二～一〇八五。程頤、字正叔、伊川先生と称される、一〇三三～一一〇七）がこれに同意することはなかった。例えば、「清虚一大の存在を世界万物の本源とみなすことは、恐らく適当ではなかろう。清と濁、虚と実とを併せて考えなくてはならない。このようにして始めて本源の神妙を論ずることができる。（立清虚一大為万物之源、恐未安。須兼清濁虚実、乃可言神[17]）」「また太虚を語るに及び、『太虚など存在しない』と言われた。そこで空間を指して、『全ては理である。どうして虚などということができようか。天下には理より真実の存在はない』と言われた。（又語及太虚曰、亦無太虚。遂指虚曰、皆是理、安得謂之虚。天下無実於理者[18]）」等とあるように、二程は、「太虚」を本来態とみなすことに賛同はしなかったが、ただ一方で、虚明の重要性を軽視することもなかった。たとえば『周易』乾卦の「元・亨・利・貞」の貞の字について、「貞とは、虚心で、独りよがりな臆測がないことをいう。（貞者、虚中無我之謂也[19]）」「人は心が虚明（謙虚）であれば外物（他人の意見）を受け入れることができる。心が充実（つまる）していれば如何なる他人の意見も受け入れることはできない。心が虚明であるとは、つまり、独りよがりな臆測がないということである。（夫人中虚則能受、実則不能入矣。虚中者、無我也[20]）」と解釈している。一方で、「虚静」が「槁木死灰の如き[21]」に流れてしまうことを憂慮し、以下のように「敬」によって虚静を統制することを主張する。「今日且つ只だ敬を道う[22]」「内在の理が主体となれば、外在の紛擾は入り込むことはできない。ただ敬でありさえすれば心は虚明となる。（主於内則外不入、敬便心虚故也[23]）」「敬であれば自然と虚静の状態となるが、しかし、虚静を敬の工夫とみなすことはできない。（敬則自虚静、不可把虚静喚做敬[24]）」。学ぶ者は「敬」の工夫に取り組んでさえいれば、自然と心の虚静を保持し、天理規範から外れることなく、外物と感通できるというのである。

また二程は、虚と実とについて興味深い譬えを述べている。

人の心は、世間の万事万物（外物）と感応しないことはないし、また、心の中で思慮しないようにすることも難しい。〔外物や思慮による〕こうした攪乱を免れようと思うなら、ただ心に主体を確立するしかない。どのようにして心に主体を確立するのか。敬を実践すればそれでよい。心に主体があることが「虚明」である。虚明とは、外物の干渉がない状態である。心に主体がないことが「充実」である。充実とは、外物に主導権を奪われることである。例えば、今ここに一つの瓶があり、瓶の中に水が満ちていれば、江海の中に置いても外の水は瓶の中に侵入することができない。虚明でないことがあろうか（これが虚明である）。もし瓶の中に水がなければ江海の水はどんどん流入して止まることがない。充実でないことがあろうか（これが充実である）。

人心不能不交感万物、亦難為使之不思慮。若欲免此（一本無此四字）唯是心（一作在人）有主。如何為主。敬而已矣。有主則虚、虚謂邪不能入。無主則実、実謂物來奪之。今夫瓶甕、有水実内、則雖江海之浸、無所能入、安得不虚。無水於内、則停注之水、不可勝注、安得不実。(25)

先に二程子の「心が虚明（謙虚）であれば外物（他人の意見）を受け入れることができる。心が充実していれば如何なる他人の意見も受け入れることはできない。（中虚則能受、実則不能入矣）」という言葉を取り上げたが、ここでさらに一歩進めて、「心に主体があることが虚明である（有主則虚）／外物の干渉がない（邪不能入）」「心に主体がないことが充実である（無主則実）／外物に主導権を奪われる（物來奪之）」と述べている。例えば、瓶に水を満たして江海に置いても、江海の水が瓶の中に侵入することはない、これはすなわち「心に主体があることが虚明である（有主則虚）」である。反対に、もし瓶を空の状態で江海に置けば、江海の水は自然と瓶の中に入ってくる、これを二程は、「心に主体がないことが充実である（無主則実）」と説明する。瓶の中に水がある状態を「虚明（虚）」、水がない状態を「充実（実）」と表現しているのは矛盾しているかのようであるが、二程は瓶の中に水があるという説明により、天理が心の中心となれば、「内に主あれば、則ち外より入らず」、つまり、外物の干渉を受けることがなく、心に主なるものが無ければ、天理を主宰とすることができず、「外物に主導権を奪われる（物來奪之）」、つまり、外物にかき乱されてしまう、ということを示したのである。ここでは、「虚明（虚）」とは一物も無い（空っぽ）という意味ではなく、天理が心の主体となり、外物にかき乱されることのない状態であることがわかる。これはまた、理学家が強調する心本来のすがたでもある。

二程の見解と同様、龍溪もまた「虚寂」は心の本来態であるとみなした。龍溪の虚・無に関して、彭国翔氏は馮友蘭・陳来以来の境位説を継承し、「有」「無」とは、存在論としての存在・非存在を指しているのではなく、心における二つの異なる状態を表していると指摘する。「有」とは、心が超越性に欠け、まだ事物に執着する所がある状態をいい、「無」とは、因果の拘束を超越し、心が事物にとらわれず、執着する所がない状態をいう。(26) 心に主体があれば、外物の影響を受けることはない。故に虚・無の超越状態と称する。虚・無とは、存在論において至善の本体が欠如しているという意味ではなく、境位論において天理かつ主宰である心の純粋状態を表している。小路口聡氏も同様に、「ここに所謂「有／無」は、決して、存在／非存在を表す概念ではない。(27)」とされている。王畿のいう「無」とは、道教や仏教が説く「空無」とは異なるものであり、既成の善悪の概念から解放され、具体的な現場に即して不断に善の概念・思想を生みだしていくことである。(28)

では何故、人々は、この虚・無の状態を保持することができないのだろうか。龍溪は、「人の心は本来虚明である。虚明でなくなるのは、欲望に煩わされるからである。（夫人心本虚、有不虚者、欲累之也(29)）」と述べており、理学家の基本的な考え方と同じである。また、さらにこの「欲望」を強調して、「欲望によって妨げられなければ、静時には虚明、動時には正真（良知が外物に感応して、正しく真っ直ぐに発動する）である。（無欲則静虚動直(30)）」「君子は欲望を少なくすることで虚明に至る。（君子寡欲、以致虚也）」「君子の学は性情を認識することにある。虚明に至ってはじめて根本を確立することができる。これは、喜怒哀楽の感情が発動する前の中正状態である。（君子之学在于理会性情、致虚所以立本也。是謂喜怒哀楽未発之中(31)）」と説いている。心が虚寂状態を保持できないことへの対処として、欲望を抑制して心の本来態を回復させることを強調しているのである。以上を整理すると、伊川の説く「敬であれば自然と虚静の状態となる。（敬則自虚静）」にせよ、龍溪の言う「欲望によって妨げられなければ、静時には虚明、動時には正真である。（無欲則静虚動直）」にせよ、ともに心が外物によって乱されず、天理に純粋であることを強調しており、こうした心の状態を「虚」と称しているわけである。

（3）空は道体である

周知の通り、陽明の「四句教」の首句は「無善無悪は心の体」である。これにもとづいて龍溪は、「良知は是を知り非を知るが、本来は是も無く非も無い（良知知是知非、原只無是無非）」とし、心の本来態（本体）が「無是無非」であると説いた。何ゆえに心の本来態である至善をさらに「無善無悪」といい、良知のはたきである「知是知非（是を知り非を知る）」をさらに「無是無非」という必要があったのだろうか。これは極めて矛盾した問題のようであるが、龍溪は本来態（本体）を虚無とし、「無是無非」「無善無悪」と「知是知非」「知善知悪」とは、良知の体・用という異なる二側面であると考えたにすぎない。龍溪は、「善とは、虚明湛然であり恒久不変の本来態である（善者虚明湛然之恒体也[32]）」というが、至善とは「虚明湛然」であり「無善無悪」なのである。龍溪は『易』繋辞伝にいう「思慮もなく妄為もない。虚寂の状態のままで外物に動かされることなければ、外物に感応して天下の千変万化に通じることができる。（無思也、無為也。寂然不動、感而遂通天下之故）」を「われわれ儒家が説く無の精髄（便是吾儒説無的精髄）」であるとし、「思慮もなく妄為もなければ、この心は常に虚寂の状態を保つことができ、常に虚寂の状態であることによって、常に〔天下の千変万化に〕感応することができる。（無思無為、故其心常寂、常寂故常感[33]）」「思慮がないとは、意識が発動しないということでは決してない。思慮がないことで〔天下の千変万化に〕通じ、虚寂であってこそ〔天下の千変万化に〕感応することができる。（無思者、非不思也。無思而無不通、寂而感也[34]）」と説く。良知の無是無非は、つまり、本来態である良知が外在の思為や意見の干渉を受けず、湛然虚明であってはじめて、是を知り非を知り、「外物に感応して天下の千変万化に通じることができる（感而遂通）」のである。寂然たる本来態のはたらきは外在の思惟に依拠するのではなく、寂然たる本来態そのものから発動してこそ、真に正しいはたらきであると言える。

「虚寂は心の本来態である。良知は、是非正誤を判断できるが、その是非正誤とは本来、予め設定されたものではない。無とは虚寂のことである。〔天下の千変万化に〕明達することで虚なる本来態が存養され、虚であることで〔天下の千変万化に〕明達できる。〔天下の千変万化に〕感通することで寂なる本来態が存養され、寂であることで〔天下の千変万化に〕感通できる。（虚寂者心之本体、良知知是知非、原只無是無非。無即虚寂之謂也。即明而虚存焉、虚而明也。即感而寂存焉、寂而感也[35]）」。良知の本体態の「無是無非」とは、心本来の虚寂状態にほかならない。「虚なる本来態（虚之体）」と「〔天下の千変万化に〕明達するはたらき（明之用）」、あるいは、「寂なる本来態（寂之体）」と「〔天下の千変万化に〕感通するはたらき（感之用）」は、互いに依存し合っていて分けることはできない。つまり、心の虚寂状態は、天下の千変万化に明達することでより確かなものとなり、天下の千変万化に明達するには虚寂なる本来態が前提となる。龍溪は「白鹿洞続講義」の中で、「心性は本来虚無であり、これが千古聖賢の学の精髄である。……虚でなければ、様々な変化に対応できない。無でなければ、寂然として外物に感通できない。虚・無に至ることができなければ、精微な所に入り徳業を成就することはできない。（夫心性虚無、千聖之学脈也。……不虚則無以周流而適変、不無則無以致寂而通感、不虚不無則無以入微而成徳業）(36)」と説いている。ここから、龍溪思想における「虚」「寂」「無」とは、本来態である心性を理解するための重要概念であり、まさに「千聖の学脈」であり、同時にまた、「〔千変万化に〕感通するはたらき」「徳業成就」の前提となるものであることがわかる。

良知の本来態を形容する際に龍溪は、「虚」「寂」のほかに「空」「無」という語も頻繁に使用する。龍溪は、「虚であってはじめて万変に通達できるのであり、既定の準則に依拠するものではない。寂であってはじめて事物に感通できるのであり、複雑な思慮を必要とするものではない。これがすなわち顔淵の「屢空」、孔子の「空空」の宗旨である。世間の学ぶ者は外在の準則（典要）や後天の思慮（思為）に拘泥して、虚寂なる本来態を明らかにすることができず、反って紛々とその間違いを指摘している。（虚以通変、不為典要、寂以通感、不渉思為、是即顔氏所謂屢空、孔子空空之旨也。世之学者泥於典要思為、味夫虚寂之体、反哄然指而非之）(37)」と説く。心の虚・寂こそが千変万化に感通するための前提であって、それは外在の準則（典要）や後天の思慮（思為）に依拠するものではない。そしてこれこそが『論語』にいう「屢空」「空空」の意味であると龍溪はいう。

孔子はかつて「吾れ知ること有らんや、知ること無きなり。鄙夫有りて我に問う、空空如たり。我れ其の両端を叩いて竭す」（『論語』子罕篇）、「回（顔回）や其れ庶からんか。屢しば空なり」（『論語』先進篇）と言った。龍溪は「致知議略」の中で、徐時挙に対し「『空空』とは道の本来態である。口は空であってこそ味の甘苦を弁別することができる。目は空であってこそ色の黒白を弁別することができる。耳は空であってこそ音の清濁を弁別することができる。心は空であってこそ事物の正誤を弁別することができる。（空空者、道之体也。口惟空、故能辨甘苦。目惟空、故能辨黒白。耳惟空、故能辨清濁。心惟空、故能辨是非[38]）」と説き、さらに「致知議辯」の中で「心口耳目は本来すべて空である。『空空』とは虚寂のことであり、聖人たちが古より脈々と相伝えてきた学の要である。（心口耳目皆以空為体、空空即是虚寂、此学脈也[39]）」と説いている。龍溪において、「空」とは良知本来態の重要な属性であり、また、良知がはたらくための前提となるものであった。口が空、つまり、何の味も雑っていないことではじめて甘苦を弁別することができる。目が空、つまり、何の色も雑っていないことではじめて白黒を弁別することができる。耳が空、つまり、何の音も雑っていないことではじめて声音を弁別することができる。同様に、心が空、つまり、事物によって乱されないことではじめて是非を弁別することができる。龍溪の説く「空」とは、つまり、「良知の外に知はない（良知之外別無知也）」（「致知議略」）であり、良知というものは外在の知識や聞見によってかき乱されるものではない。「無善無悪」である本来態（体）を保持してはじめて、「善を知り悪を知る」というはたらき（用）が生まれるのである。龍溪はさらに虚・寂の目指すところは「空」に到達することであると強調し、「虚静なる状態を保持することができなければ、空であることはできない。外在の意見・思慮は、本然たる道のはたらきを阻害する。（不虚不静、則不能空。意見者、道之賊也[40]）」と述べている。先に論じた「虚」と同様、「空」とは一物もない（空っぽ）という意味では決してなく、心本来の面目が純粋で、外在の「意見」による干渉を受けないという意味である。

龍溪の「良知の外に知はない（良知之外別無知也）」「空は道本来の状態である（以空為道体）」という説に対して

聶双江（聶豹、字文蔚、号雙江、一四八六〜一五六三）は、「聖人と鄙夫とが異なることがないのならば、鄙夫であっても聖人の風貌を具えているはずだ。（聖人与鄙夫無異、則鄙夫已具聖人体段）」（「致知議辯」）と疑問を呈した。双江は、聖人が常人と異なる理由は「空空」にあるのではなく、聖人が「其の両端を竭す」、つまり、偏りを修正し弱点を克服することができた点にあると考えたが、龍溪は、「空空とは道の本来態である（空空者原是道体）」「鄙夫の空は聖人（の空）と同じ（鄙夫之空与聖人同）」（「致知議辯」）であると強調した。聖人と常人の分岐点は、「空空」の本心にはなく、「空空」の本心が意見に乱されずに保持されるか否かにあった。両者は共に、聖人と常人の本心はともに「空」であり異なることはないと考えた。ただ双江は、「後天已発」の工夫を通して心が乱されなくなると考えたのに対し、龍溪は、「先天未発」の工夫を通して「空空」の本心を保持できるか否かが聖人と常人の分岐点となると強調した。

以上を整理すると、龍溪は、「虚」「寂」「空」「無」という概念によって陽明が提唱した「良知」を形容したが、それは一物もない（空っぽ）という意味ではなく、外物によって乱されることのない、本来のままの純粋状態であると強調する。このような心の状態は、外界との「感通」の根拠となり前提となるものであるが、外在の事物や意見を必要とするものではなかった。龍溪は、本来態の「虚寂」と外界との「感通」とは密接不可分の関係にあり、ここに儒と仏との根本的相違があると考えた。以下、節を改めて、「虚寂なる本来態（虚寂之本体）」と「感通のはたらき（感通之発用）」をめぐって議論を進めたい。

二　寂感と良知

（1）恒寂恒感

龍渓は、「虚」「寂」「空」「無」等の概念によって良知の本来態を形容し、それは外物の干渉を受けず、天理のままの純粋な状態であると説明する。しかし、「虚」「無」の本来態は外界との「感通」へと向かうものであり、その際、「虚」「空」の状態であることが、外界との「感通」を生ずるための前提条件となる。『周易』繋辞伝にいう「虚寂の状態のままで外物に動かされなければ、外物に交感して天下の千変万化に通じることができる。（寂然不動、感而遂通天下之故）」は、北宋の二程からはじまって理学思想を構成する重要な事案となった。[41] 龍渓は「寂」によって陽明学における良知を解釈し、「良知は神明の妙なるはたらきであり、すなわち虚寂である。（良知是神明之徳、即是寂）[42]」「良知は、本来、予め知識を得なくても洞察できないことなどなく、〔外物と〕神妙に感応することができる。これが寂である。もし前もって未発の状態を求めるならば、寂静に拘泥し空虚に沈迷することになる。（良知無知無不知、神感神応、即此是寂。若此知之前別有未発、便是守寂沈空）[43]」と述べるが、「寂」とは良知のことにほかならず、『中庸』にいう「未発の中」であると強調した。また『易』に、寂然たる本来態が「感応して〔天下の千変万化に〕通じる（感而遂通）」とあるが、これこそがまさに良知の「神感神応（外物と神妙に感応する）」にほかならなかった。

陽明は、良知とは心の本来態であると説いたが、龍渓は「寂」こそが良知であると説く。それはまた、「寂は心の本来態である（寂是心之本体）[44]」「寂は心の本来態である。ただ、寂は、外物の観照をはたらきとする。（寂者心之本体、寂以照為用(45)」とも表現される。龍渓は、孫淮海が、「寂と感とは、心の二属性である。本源は寂であるとはいえ外物と感通しないことはない。外物と感通するとはいえその本源は常に寂である。これを一貫という。（寂感、人心也、雖寂而未嘗不感、雖感未嘗不寂、謂之一貫）」と説いたのに対し、「この数言は、王陽明先師が説かれた格物致知の精微なる旨と深く一致している。（此数言、深契先師格致之微旨(46))」と評価する。心の本来態である「寂」は、外物と感応（感）して観照（照）というはたらき（用）へと向かうものであり、感照というはたらきは同時に心の静寂を根拠とする。陽明は、意（意念）は心が発動したものであると考えた。龍渓は「意識解」において、「心の本来態は寂であり、意とは、心が外物と感応する際に発動する現象である。（夫心本寂然、意則其応感之迹(47))」とし、「答中淮呉子問」では、「心とは寂然たる本来態であり、意とは心が感通する際のはたらき（用）である。常に虚寂の状態を保持しつつ外物と不断に感通し、外物と不断に感通しながら常に虚寂の状態を保持し、わずかな時間も途切れることはない。（心即是寂然之体、意即是感通之用。常寂常感、常感常寂、更無有不得時也(48))」と説いた。寂然たる心の本来態が外物と出会えば、必然的に「感通」という現象が生じるが、意とはこの現象についての名称である。こうしたことから考えると、陽明の四句教にいう「無善無悪は心の体」と「有善有悪は意の動」とは、「寂然不動」の「本来態（体）」と、「感応して〔天下の千変万化に〕通じる（感而遂通）」という「はたらき（用）」との関係に置き換えられる。

「太極亭記」の中で龍渓は、「〈寂然不動〉は良知の本来態（体）である。〈感じて遂に通ず〉は良知のはたらき（用）である。常に虚寂の状態を保持しつつ外物と不断に感通する。〔内なる〕虚寂にとらわれることなく、また〔外との〕感通にとらわれることもない。これこそが良知の至高の法則である。（寂然不動者、良知之体。感而遂通者、良知之用。常寂常感、忘寂忘感、良知之極則也(49))」とし、さらに、「虚寂は良知の本来態（体）であり、明覚は良知のはたらき（用）である。本来態（体）とはたらき（用）の根源は同じであり、本来、時間の上での先後の区別はない。（虚寂原是良知之体、明覚原是良知之用、体用一原、原無先後之分）[50]」と説いた。「寂然」の本来態（体）と「感通」というはたらき（用）とは分離できない関係にある。龍渓が繰り返し強調する、「聖人の学は、常に虚寂の状態を保持しつつ外物と不断に感通する。（聖人之学、恒寂恒感）[51]」がそうである。「常寂常感、忘寂忘感」「体用一原、原と先後の分無し（体用一原、原無先後之分）」であってはじめて、良知本来の面目を真に回復することができる。龍渓はこうした体用関係について、「易」に関する論の中で、「〈寂然不動〉は先天の本来態（体）であり、〈感じて遂に通ず〉は後天のはたらき（用）である。寂然たる本来態は感通のはたらきを生みだし、〈体〉によって〈用〉を生み出す。感通のはたらきは寂然たる本体を離れず、〈用〉によって〈体〉を存養する。二つの側面の根源は一つである。（寂然不動者、先天之体。感而遂通者、後天之用。寂而感、即体而用行焉。感而寂、即用而体存焉。一也）[52]」「外物に感応する前（先天）は寂然たる状態（体）であり、外物に感応した後（後天）は感通のはたらき（用）が生じる。寂然たる本来態によって神妙なる感通が生じ、神妙なる感通によって寂然たる本来態が存養される。体・用の本源は一つであり、これが性命の学の宗旨である。（先天寂然之体、後天感通之用、寂以神感、感以蔵寂、体用一原、性命之宗也）[53]」と説く。龍渓が繰り返し強調するのは、「寂の体」と「感の用」とは分けることができないということであり、「体用一原」「恒感恒寂」こそが心性学の核心であった。

　龍渓は、「寂感不離」という考えを様々な場面で繰り返し強調する。例えば、「人の生くるや直なり」（『論語』雍也）の「直（真っ直ぐで正しい）」について、「〈寂然不動〉は直の本来態（体）であり、坤卦が象徴する内心の直である。〈感じて遂に通ず〉は直のはたらき（用）であり、乾卦が象徴するはたらきの直である。内外動静にかかわらず全てが一つの直である。（寂然不動者、直之体、坤之内、直也。感而遂通者、直之用、乾之動、直也。内外動静、一也(54)）」と説いているが、龍溪によれば、孔子のいう「直（真っ直ぐで正しい）」とは心の本来態にほかならず、「直」の体用とは本来態の体用（本体之体用）であり、『易』にいう「寂然不動」と「感じて遂に通ず」のことである。さらに龍溪は、「内外動静」は本来一体であって分けることはできないと強調する。これに似た例として、「〈寂然不動〉は易の本来態（体）を指し、〈感じて遂に通ず〉は易のはたらき（用）を指す。……感通（感）を語る時は虚寂（寂）を忘れ、はたらき（用）を語る時は本来態（体）を忘れるのは、外物との感通を推し進めることだけを知って、内心の本体態を存養することを知らないからである。これは〈蔵密〉存養の宗旨では決してない。（寂然不動者易之体、感而遂通者易之用。……語感而遺寂、語用而遺体、知進而不知退、非蔵密旨也(55)）」と説いている。「寂」「感」のどちらか一方のみに偏ることはできない。「感」は「寂」を根拠としているので、外物との感通（感）やそのはたらき（用）ばかりを強調するならば、学問の根本を喪失しかねない。

「与諸南明」の中で龍溪は、「良知の宗旨（根本義）は、寂然たる本来態が万物を不断に察照することである。すなわち、〔『孟子』離婁下に〕舜は事物を明らかにし人倫を洞察できたというが、これが良知の万物を察照するはたらき（用）である。〔『孟子』離婁下に〕行為が仁義の本来態より発動するというが、これが寂然たる本来態である。（良知之宗、寂而常照、舜之明物察倫、照之用也。由仁義行、寂之体也(56)）」と強調する。「寂然たる本来態が万物を不断に察照する（寂而常照）」とは、良知の属性に対する龍溪の認識である。『孟子』離婁下にいう「舜は庶物に明らかにして人倫を察す。仁義に由りて行う、仁義を行うに非ざるなり。（舜明於庶物、察於人倫。由仁義行、非行仁義也）」について、舜の「人倫を察す」とは「心のはたらき（用）」であり、「仁義に由りて行う」とは「寂なる本来態（本）」に根拠があることだと考えた。「寂」によって表現される良知の本来態は、道徳的表現であるだけでなく、道徳を実践するための原動力でもあり、心の本来態である「寂」を保持することが、外物との感通に対して何よりも重要なのである。そこで龍溪は「与趙麟陽」の中で、「日々、外物の千変万化に応対したとしても、この心は常に虚寂たる本来態を保持している。(雖日応万変、而此心常寂然)[57]」ことを要求する。以上を総括すれば、龍溪が強調する最も重要な点は、「寂」「感」の不離であり、本来態(本体)は必ず感通というはたらき(発用)へと向かい、はたらき(発用)は必ず本来態(本体)を根拠とするということである。「常寂常感」「内外動静は一」であってこそ、日常の全ての行為が天理規範にぴたりとかなうのである。

(2) 寂は内に非ず、感は外に非ず

龍溪は、寂然たる心の本来態(体)と、外物と感通するはたらき(用)とは不可分であると強調した。徐時挙に与えた「致知議略」の中で龍溪は、「良知は、思慮したり作為したりしなくても、自然に発動して〔外物を〕明確に知覚する。虚寂なる本来態によって〔外物との〕感応が生じるのであるから、虚寂は決して内だけのことではない(つまり、外に現れる一面もある)。〔外物との〕感通によって虚寂が存養されるのであるから、感通は決して外だけのことではない(つまり、内なる本来態の根拠でもある)。(良知者、無所思為、自然之明覚、即寂而感行焉、寂非内也。即感而寂存焉、感非外也)[58]」と説いている。「寂は内に非ず」「感は外に非ず」とは、「寂」を「内」なる本来態とし、「感」を「外」なるはたらきとする一般的な見方とは矛盾しているかのようである。聶豹(双江)と龍溪の議論を録した「致知議辯」の冒頭で、この問題が取り上げられている。

聶双江はいう、「虚寂とは性の本来態であり、天地造化の霊根であるのに、内なるものではないと言うなら、果たして外なるものであろうか。感通とは情が発動するはたらきであり、具体的な事物に対してはたらくも

のであるのに、外なるものではないと言うなら、果たして内なるものであろうか」と。龍溪先生は答えた、「寂とは千古聖人の学の宗旨である。外物との感通は内心の虚寂によって生じ、内心の虚寂は外物との感通としてあらわれることが求められる。虚寂なる本来態を棄て去って感通に拘泥することは、物に執着している（逐物）と言える。感通を離れて虚寂をやみくもに守り続けることは、虚に沈溺している（泥虚）と言える。虚寂は外物との感通が生じる前の中正状態（未発之中）であり、先天の学である。感通が生じる前（未発）の工夫は、感通が生じた後（発上）に工夫を行うことが求められる。先天の学の工夫は、後天（感通が生じた後）に行うことが求められる。……良知とは寂然たる本来態（体）であり、事物とは感通というはたらき（用）が生じる場である。意とは虚寂と感通との間の変わり目（機）である。『虚寂なる本来態によって外物との感応がおこなわれ、外物との感通によって虚寂なる本来態が存養される』、まさにこれが本来態（本体）を融合させる工夫であり、外物と感通しない時はなく、虚寂に復帰しない時はない。……虚寂とは内なるものではなく、感通とは外なるものでもない。このような言い方をするのは、一般の儒者が、虚寂を内なるもの、感通を外なるものと決めつけてしまっているからで、虚寂と感通とは内外に分けることができないと示してみせる必要があったのである。決して、故意に虚寂を外とし感通を内とするものではなく、また、内外の間に別に一所があって工夫をおこなうというのでも決してない」と。

雙江子曰、「寂、性之体、天地之根也、而曰非内、果在外乎。感、情之用、形器之跡也、而曰非外、果在内乎」。先生（龍溪）曰、「寂之一字、千古聖学之宗。感生于寂、寂不離感。捨寂而縁感謂之逐物、離感而守寂謂之泥虚。夫寂者、未発之中、先天之学也。未発之功、却在発上用。先天之功、却在後天上用。……良知是寂然之体、物是所感之用、意則其寂感所乗之幾也。即寂而感行焉、即感而寂存焉、正是合本体之工夫、無時不感、無時不帰于寂也。……寂非内而感非外、蓋因世

儒認寂為内、感為外、故言此以見寂感無内外之学、非故以寂為外、以感為内、而于内外之間別有一片地界可安頓也」。(59)

双江の質問から、「寂」が「性の本来態（性之体）」で、「感」が「情が発動するはたらき（情之用）」であるとする見方が、陽明門下において共通認識としてあったことが見て取れる。「寂」は内なるもの、「感」は外なるものとすべきところを、龍溪は意外にも「寂は内に非ず」「感は外に非ず」と説いたので、双江は疑念を抱くに至ったのである。

龍溪は、良知の「寂」は「千古聖学の宗」であるとした。「寂」「感」は不可分であり、「寂」「感」は心の本来態の異なる二側面を表現したものであると強調した。学ぶ者の実践工夫について言えば、「寂」を無視すれば外物を追いまわすことになり、「感」を無視すれば虚寂に拘泥することになる。こうして龍溪は、良知の本来態（寂）における実践工夫は、まさに外物との感通が生じる場において行うべきであると強調した。陽明は「意の在る所を物と為す」と説いたが、龍溪はさらに一歩進めて、「物とは感通というはたらき（用）が生じる場である。意とは虚寂と感通との間の変わり目（機）である（物是所感之用、意則其寂感所乘之幾也）(60)」と分析する。以上をまとめると、龍溪が強調したのは、本来態（本体）においても実践工夫（工夫）においても、「寂」「感」を分けることはできないということである。

また龍溪は、「外物と感通しない時はなく、虚寂に復帰しない時はない。（無時不感、無時不帰于寂也）」というが、「感通（感）」と「虚寂（寂）」とは二つの異なる工夫では決してはない。「答章介庵」において龍溪は、「〈艮止〉という工夫には寂感の区別はない。常に虚寂を存養し、常に外物と感通している。（艮止功夫不分寂感、時時是寂、時時是感）(61)」というが、実際には、二者は同一本来態の異なる側面に対する呼称にすぎない。龍溪は最後に、

「寂は内に非ず、感は外に非ず」とは「寂は外、感は内」という意味では決してないと補足している。龍溪のこうした発言は、一般の学ぶ者が「寂は内、感は外」という認識にあまりにもとらわれていたために、このように説くことで、「寂」「感」は内外に分けることはできず、さらには、内外の間に何か他の存在を考えることなどできないということを強調するために発せられたのであった。以上をまとめると、「本来態（本体）」はただ一つであり、異なる側面から見ることで「寂」と称したり「感」と称したりするということである。

以上のように、龍溪思想における「寂」「感」は、良知の「体」「用」と完全に等しい。龍溪は、「良知は虚寂なる本来態で、良知そのものは変化しないが、具体的な場面に随って神妙に応対することができる。（良知虚体、不変而妙応随縁(62)）」「良知とは虚寂なる本来態（体）であり、事物とは感通というはたらき（用）が生じる場である。意とは虚寂と感通との間の変わり目である。（知者寂之体、物者感之用、意者寂感所乗之機也(63)）」とし、「虚寂」は良知の本来態の属性であると同時に、「良知とは、この虚霊なる本来態が外にあらわれたものである。（良知者即此虚霊之発現(64)）」と説いた。良知は同時に、「動」「静」の両側面を兼ねている。龍溪は、「良知は本来虚寂であり、後天的な学習や思慮を必要とするものではない。先天的に具足している霊妙の根であり感通の源であり、万事万物・千変万化は全てここに来源があり、〔このような霊妙なはたらきは〕外在の条件に依拠するものではない。（良知本虚本寂、不学不慮、天植霊根、天濬霊源、万事万化皆従此出、無待於外也(65)）」という。「与莫中江」では、「良知は本性の霊明なるはたらきであり、本来虚寂である。虚寂であれば、万物に感通し万象に応対することができる。外在の力を借りる必要など少しもない。（良知是性之霊竅、本虚本寂。虚以適変、寂以感通、一毫無假於外(66)）」とする。「虚寂」とは良知の根本属性である。「虚」とは、心の本来態が外物に乱されていない状態を指し、「虚」であればこそ万事万物に対処できる。「寂」とは、心の本来態が静寂不動であることを指し、「虚」であればこそ万物に対して「感じて遂に通ずる」ことができる。龍溪によれば、「外」の事物に対して倫理にかなった対処を施していくための鍵は「内」に存在し、「外在の力を借りる必要など少しもない」のであり、良知、つまり虚寂なる心の本来態を保持することだけが求められるのである。

「惺台説」で龍溪は、「虚寂」「感通」による良知解釈をさらに具体化して次のように述べている。

> 槁木死灰となることなく、穿鑿付会することなく、常に寂然としていて、常に警醒している。これが完備した聖学である。良知は是非正誤を判断することができるが、それは予め設定された是非正誤によるものではない。予め設定された是非正誤のない状態がすなわち寂然であり、是非正誤を判断することがすなわち警醒である。例えば日月のように、明るく光っていて何の影もない状態が、虚寂なる本来態（体）である。光が照射されて事物を明晰に見ることができるのが、警醒のはたらき（用）である。虚であるがゆえに様々な変化に対応し、既成の規則に拘泥することはない。寂であるがゆえに外物と感通し、思慮や妄為を必要とすることはない。常に虚寂であり常に警醒している。これが千古の聖人の学の核心である。
>
> 弗槁弗鑿、常寂常惺、聖学之大全也。良知知是知非、而実无是无非。无是无非即所謂寂、知是知非即所謂惺。譬如日月之明、圓澄虚瑩、廓然无翳者、寂之体也。輝光丕冒、洞然無礙者、惺之用也。虚以適変、不徇典要。寂以感通、不渉思為。恒寂恒惺、千聖学脈也。[67]

龍溪は「常寂常惺」によって「虚寂」「感通」の両側面を保持することを求め、一側面のみにとらわれている状態を「完備した聖学（聖学之大全）」「千古の聖人の学の核心（千聖学脈）」とみなすことはなかった。良知の「無是無非」は寂然たる本来態（体）であり、「知是知非」は感通のはたらき（用）である。光輝く日月は、それ自体に少しも偏執や欠陥がないからこそ、万物をあるがままに照らすことができる。存在の根拠はそれ自体にあり、外から干渉を受けることのない虚寂の状態であってこそ、本来のままの状態であるといえる。以上を総括すれば、「寂は内に非ず、感は外に非ず」という龍溪の見方は、「寂／感」「内／外」「動／静」に二分することはできないという表明にほかならない。「寂」の時は外物との感通をはたらき（用）とし、「感」の時は内心の虚寂を本来態（体）とし、「恒寂恒感」であって二分することはできない。この点こそがはたらき（用）において重要なところである。

（3）寂は静に非ず、感は動に非ず

良知には本来態（体）とはたらき（用）という二つの側面があるので、学ぶ者が工夫を行う際には、この両者を考慮する必要がある。しかしながら、本来態に関する「静」の工夫と感通に関する「動」の工夫とに対し、龍溪は「静」の「致虚（虚を致す）」の工夫を重視する。「中庸首章解義」の中で龍溪は、「道の本来態は虚寂にほかならない。戒慎恐懼は、この本来態を保持存養するための工夫であり、この工夫は動静に分けられず、虚寂を保持してこそ本根を保養することができる。（道虚而已、戒慎恐懼、修之之功、無間於動静、致虚所以立本也）(68)」と述べている。道の本来態は「動」「静」に分けられることはないとはいえ、具体的な工夫については、静中における「虚寂」の工夫を強調している。「答季彭山龍鏡書」の中でも龍溪は、「良知とは、性命の根本であり、最も微妙かつ顕著なもので、動静・内外を貫徹し、凡聖・古今を貫徹し、本来何の汚染も増長損失もない。虚寂（寂）と感通（感）は一体であり、〔良知は〕発動した後に現れてくるものでは決してない。（夫良知両字、性命之根、至微至顕、徹動徹静、徹内徹外、徹凡徹聖、徹古徹今、本無汚染、本無増損得喪、寂感一体、非因動而後見也）(69)」と説いている。

心の本来態は、善を知り悪を知るが故に良知と呼ばれる。しかし、良知それ自体は動静内外を貫徹し、寂感は一体であり、良知を認識するのに「発動した後に現れる」ことを必要とはしない。言い換えれば、良知が発動してはじめて認識できるというものでは決してなく、良知が発動する前の、静中の工夫において涵養認識できるものである。

静を主とする本来態（本体）体認の工夫を、龍溪はそのまま「主静の学」と呼んだ。龍溪は、「孔門の学は、ただ仁を求めるのみである。仁は天地万物と一体貫通している。主静の学は、この仁の本来態を察識して存養することである。この主静の工夫以外に仁を求める工夫はない。静とは天地万物・千変万化の根源である。……虚寂状態の時は静に沈迷することなく、感通する時は動に執着することなく、虚寂と感通、静と動との対立がなく、天地万物をあまねく貫通してはじめて聖人の境位に到達できる。（孔門之学、惟務求仁、仁者以天地万物為一体。主静之学、在識其体而存之、非主静之外別有求仁之功也。静為万化之原。……寂而非静、感而非動、無寂無感、無動無静、明通公溥、而聖可幾矣）[70]」と説く。儒家の仁を求める工夫は、静中で本来態（本体）を体認することが必要である。仁は外に向かって求めるものではなく、静中で内に向かって求めるべきものである。龍溪は、「虚寂状態の時は静に沈迷することなく、感通する時は動に執着することなく、虚寂と感通、静と動との対立がない。（寂而非静、感而非動、無寂無感、無動無静）」というが、このような表現は、学ぶ者の工夫が「動」「静」に貫通していなければならず、一辺に滞ってはならないということを示している。虚寂状態の時は感通をはたらき（用）とし、感通する時は虚寂を本来態（体）とする。しかし動静の間においては、やはり静を主とする必要がある。「答万履庵」において龍溪は、「思慮が〔心の本来態から〕自然に発動するならば、まるで日月が往来交替するように、一日を通して様々な思慮が沸き起ったとしても、常に虚寂でありつづける。〔そして〕貞正洞明の本来態を失うことなく、本来態が〔外物に感通して〕発動したとしても何の影響も受けることはない。（若思慮出於自然、如日月之往来、則雖終日思慮、常感常寂、不失貞明之体、起而未嘗起也。）(71)」と述べている。静を主とする工夫は、心が外物と感通する際、心の本来態から自然に発動するものでなければならない。龍溪は、「心が外物によって引き動かされるのであれば、このような発動は人欲であって、生まれながらに具わっている天理の自然なる発動ではない。（感物而動、動即為欲、非生理之本然矣。）(72)」と考えた。心が発動する時、もし外物に乱されるようであるならば、それは天理でなく人欲である。龍溪のいう「感じて動くに非ず」とは、つまり、心が発動する際、外物に乱されることなく、虚寂なる本来態に完全に本づいている、ということである。これを龍溪は「自然の覚」と呼んでいる。聶双江との議論の中でも、「自然に発動する明覚（明覚な知覚）は虚寂であり、具体的な形象や声音はなく、虚明不変の本来態であり、易の本質である。（自然之覚、即是虚、即是寂、即是無形無声、即是虚明不動之体、即為易之蘊）(73)」と述べている。「自然の覚」とは、良知本来態から流出して天理規範に合致した意識のことで、これこそが繰り返し強調される「寂にして静に非ず、感にして動に非ず」という最終目標でもあった。

三　結　語

黄宗羲（字太冲、号南雷、梨洲先生と称される、一六一〇〜一六九五）は、「文成の後は龍溪無き能わず」「〔龍溪は〕文成の学に於いて、固より多く発明する所あり」(74)と述べたが、良知を「虚寂」「感通」によって解釈したことが、陽明思想に対する龍溪の「発明」であると言えよう。当然のことながら、「虚寂」によって心の本来態を形容したことでよく知られているのは、聶双江に代表される江右王門の帰寂派である。龍溪と双江の違いについて呉震氏は、「〈良知は本と寂〉という問題において、両者は基本的には一致している。実際、〈良知は本と虚〉という本体論の立場から言えば、龍渓は双江の論敵などでは決してなく、盟友そのものである。」「龍渓と双江の〈良知は本と寂〉についての理解には、根本的な意見の相違はない。ただ工夫論の問題については、龍渓は一貫して〈寂感一体〉を主張しているのに対し、双江は寂感を分離し、そこに先後関係を作ることから免れていない。」(75)と指摘する。「虚寂」によって良知の本来態を理解することにおいては、龍渓・双江ともに同じである。ただ龍渓は、「虚寂」と「感通」とが密接不可分であると強調して、「寂は内に非ず、感は外に非ず」「寂は静に非ず、感は動に非ず」と説いた。双江はまさにこの点こそが不満であった。簡単に言えば、双江は「寂感先後」を強調し、龍渓は「寂感不離」を強調した。しかし、良知には「寂」「感」の両側面があるという点においては、逆に一致していたわけである。

唐君毅氏は、江右王門の帰寂主静とは違い、龍渓の思想はさらに禅家の手法に近づいたと考え、「龍渓の思想は、楊慈湖の〈不起意〉説と時を隔ててぴたりと一致しているが、慈湖が〈不起意〉の心でもって己易を見て楽しんだのとは同じではない。その思想は〈不起意〉によって段階を経ることなく、ただちに、動静を超越した先天の心体（心の本来態）を悟得することを宗とする。これは禅宗の頓教に一層接近したことを表している。」(76)と述べている。良知によって三教を範囲するというのは、陽明以来の心学にみられる傾向である。「思いて思わざる無し、寂にして感」の思想を説明するために龍渓は、「恵能は、『善悪の区別を考えない』と言い、さらには、『思いが自然に発露するのを妨げない（自然な思いの発露にまかせる）』と言っている。これは最高の学であり、正確な認識を獲得するための唯一の方法である。（恵能曰、不思善不思悪、却又不断百思想。此上乗之学、不二法門也）」(77)と述べている。工夫論における「思いて思わざる無し」とは、自己の外にある事物・思為によって意念を生起せしめず、良知から直接発現せしめることで、これは儒・釈に共通する究極の工夫である。

「虚寂」という基本概念を強調するために龍溪は、「老子は虚を説くが、聖人の学もまた虚を説く。仏教もまた寂を説くが、聖人の学もまた寂を説く。（老氏曰虚、聖人之学亦曰虚。佛氏曰寂、聖人之学亦曰寂）[78]」という。「虚」「寂」は老・仏の占有物ではなく、三教に共通する概念である。また龍溪はいう、「われわれ儒家はかつて虚を論じなかったことはなく、寂を論じなかったことはなく、微を論じなかったことはなく、密を論じなかったことはない。これは古より聖賢が伝承してきた秘伝の宝蔵であり、これによって道そのものを体悟することができる。まさに三教を領悟する宗旨である。（吾儒未嘗不説虚、不説寂、不説微、不説密、此是千聖相伝之秘藏、従此悟入、乃是範囲三教之宗）[79]」「虚であってこそ変化に応対し、寂であってこそ万物に感通する。これに古より聖賢が伝えてきた秘伝の宝蔵である。後世の学は、既成の準則に拘泥し、複雑な思慮に執着し、外物の拘束を受けながら、生涯、そのことを自覚することはない。もし虚寂について語ろうものなら、紛々として異端の学であると非難する。こうした状態で、どうして聖人の学を明らかにすることができようか。（虚而適変、寂而通感、千聖之秘藏也。後世之学、徇典要、渉思為、終身溺於義襲而不自知、語及虚寂、反哄然指以為異、聖学何由而明乎）[80]」と。「虚」「寂」は儒釈をはじめとする三教に共通する理念であるが、後世の学ぶ者は外在の典要（既成の準則）思為（複雑な思慮）に拘泥して真実が見えなくなり、儒学の根本宗旨を完全に見失ってしまっている。この点に関して龍溪は、聶双江・陸平泉との議論の中で、以下のように指摘している。

> 虚寂は性の本来の状態であり、帰とは復帰保蔵の意味であり、帰依する所があることを表している。……仏教もまた二乗（大乗・小乗）証果の学問であり、虚寂をもって仏教の禅定であるとみなすわけにはいかない。

虚寂原是性体、帰是帰蔵之義、而以為有所帰、……佛家亦是二乗証果之学、非即以虚寂為禅定也。(81)

『中庸』にいう「未発」の宗旨は、古より聖人の学を獲得するための鍵である。虚であってこそ変化に応対することができ、寂であってこそ外物に感通することができる。事物の中和的完成は、すべて本来態の自然なるはたらきの結果であり、外物の助けを借りてくる必要は全くない。世間の学ぶ者は、この点をしっかり理解できていないので、複雑な思慮（思為）や既成の準則（典要）を追い回すことから免れることができない。甚だしい場合には制度や技巧の助けを借りて、自己の思考をはたらかせ、自己の知識を増やし、そして、儒家の学はここにあるのだと思っている。もし虚寂について語ろうものなら、紛々として禅だ禅だと非難し騒ぎ立てる。中には禅宗をよく理解した高明の士もいるが、このような人物は逆に、儒家の学は人倫秩序を正すことにあって、本来態の高妙なる含意を悟り尽すことはできないと考えており、暗に仏教を推して儒家を低く見ようとする所がある。このような状態で、どうして聖人の学を明らかにすることができようか。

所謂中庸未発之旨、乃千古入聖玄機、虚以通変、寂以通感、中和位育用其功用之自然、非有假于外也。世之学者、不得其機、未免渉思為、泥典要、甚至于求假於刑名器数、助而発之、充其知識、以為儒教之学在是矣。語及虚寂、反哄然指以為禅。間或高明之士有得於禅者、復以儒者之学在於叙正人倫、未尽妙義、隠然若有伸彼抑此之意。聖学何由而明乎。(82)

「虚寂」とは三教に共通する宗旨である。禅宗の六祖恵能の、「善悪の区別を考えない（不思善不思悪）」「思いが自然に発露するのを妨げない（不断百思想）」という思想に至っては禅定と同じではない。しかし後生の儒家はこの意味を知らず、外物と感通するはたらきを、外在の複雑な思慮（思為）や既成の準則（典要）に求め、さらには制度や技巧（刑名器数）にまで求め、完全に真実を見失っている。「虚寂」「感通」は実は自己内の良知本来態にあり、「外在の事物の助けを借りる必要性は全くない」ということがわかっていない。龍溪は、「虚寂」とはもともと儒家思想が有していたものであり、儒家思想は外在の「人倫感通」だけを説いたのではなかったと強調する。

仏教を批判することは理学家に共通した態度である。龍溪は、良知の「虚寂」という観点から仏老の学を肯定したが、同時に仏老の弊害として、虚寂である本来態を守るだけで、外物との感通というはたらきがないことも指摘している。「仏教のやり方といえば、万物の理に関心を抱くことなく、虚寂に沈迷することで、荒唐無稽な状況に陥ってしまっている。（至于佛氏之家、遺棄物理、究心虚寂、始失於誕）(83)」一虚寂は道の本来態である。……道教と仏教には虚寂に沈迷・執守するという弊害があるため、異端錯誤の学問となるのである。思慮もなく妄為もない状態で天下の万事万物に感通するならば、良知は依然として虚寂のままである。（虚寂者、道之原。……老佛之沈守虚寂、則為異端。無思無為以通天下之故、良知未嘗不虚寂也(84)）」。良知の「虚寂」は龍溪の根本思想であるが、老仏はその「虚寂」を守ることだけに終始し、「天下の万事万物に感通する（通天下之故）」ことにおいて不十分である。反対に、世の儒者は外在の「意見」や「思為」にばかり拘泥し、内在の虚寂なる本来態を求めることを知らない。龍溪においては、内在の「虚寂なる本来態（体）」と外在の「感通するはたらき（用）」を同時につかむこと、これこそが良知の学に込められた真意であり、儒学が何千年もの間、脈々と伝えてきた宗旨なのであった。

注

（1）徐階「龍溪先生伝」、呉震編校『王畿集』附録四、南京：鳳凰出版社、二〇〇七年、第八二三頁。

（2）岡田武彦『宋明哲学の本質（上）』、東京：明徳出版社、二〇〇八年、第二〇頁。
（3）呉震『陽明後学研究』、第一章「無善無悪」、二「王龍溪的詮釈」、上海：上海人民出版社、二〇〇三年、第五七―六二頁。
（4）「天泉證道紀」、呉震編校『王畿集』、巻一、南京：鳳凰出版社、二〇〇七年、第二頁。
（5）銭明氏は、「無中生有」こそが王畿思想における主要命題であると考えた（銭明「王畿心学思想簡論」、『浙江学刊』一九八四年第五期、第七一頁）。また董平氏は、虚寂によって良知本体を解き明かすことで、陽明が説いた良知の道徳本体の意義が氷解するとした（董平「王畿哲学的本体論与方法論」、『学術月刊』二〇〇四年第九期、第二七頁）。
（6）「三山麗沢録」、『王畿集』、巻一、第一四頁。
（7）「三山麗沢録」、同上、巻一、第一四頁。
（8）「別曾見台漫語摘略」、同上、巻十六、第四六三頁。
（9）「華陽明倫堂会語」、同上、巻七、第一六〇頁。
（10）「変化説示士濬士美」、同上、巻十七、第五〇五頁。
（11）「致知議辯」、同上、巻六、第一四一頁。
（12）「別曾見台漫語摘略」、同上、巻十六、第四六四頁。
（13）「与潘水簾」、同上、巻九、第二一九頁。
（14）「南游会紀」、同上、巻七、第一五三頁。
（15）「新安斗山書院会語」、同上、巻七、第一六四頁。
（16）「龍南山居会語」、同上、巻七、第一六七頁。
（17）『程氏遺書』巻二上、王孝魚點校『二程集』、北京：中華書局、一九八一年、第二一頁。
（18）『程氏遺書』巻三、『二程集』、第六六頁。
（19）『周易程氏伝』巻三、『二程集』、第八五七―八五八頁。

(20) 同上、第八五六頁。
(21) 『程氏遺書』巻二上、『二程集』、第二六頁。原文は「蓋為前日思慮紛擾、今要虚静、故以為有助。前日思慮紛擾、又非義理、又非事故、如是則只是狂妄人耳。懲此以為病、故要得虚静。其極、欲得如槁木死灰、又卻不是。」
(22) 『程氏遺書』巻二上、第三四頁。原文は、「横渠教人、本只是謂世學膠固、故説一箇清虚一大、只図得人稍損得没去就道理来、然而人又更別処走。今日且只道敬。」
(23) 『程氏遺書』巻十五、『二程集』、第一五四頁。
(24) 第一五七頁。
(25) 『程氏遺書』巻十五、『二程集』、第一六八―一六九頁。
(26) 彭国翔『良知学的展开：王龍溪与中晩明的陽明学』、北京：三聯書店、二〇〇五年、第一一五頁。
(27) 小路口聡「王畿の「一念自反」の思想―王畿良知心学原論（二）」、『東洋大学中国哲学文学科紀要』第一九号、二〇一一年、第四〇頁。
(28) 小路口聡「王畿の「一念」の思想―王畿良知心学原論（一）」、『東洋大学中国哲学文学科紀要』第一八号、二〇一〇年、第四三頁。小路口聡「天地を生み出す良知について―王畿良知心学原論（三）」、『東洋大学中国哲学文学科紀要』第二一号、二〇一三年、第六七頁。
(29) 「虚谷説」、『王畿集』、巻十七、第四九七頁。
(30) 「惺台説」、同上、巻十七、第五〇二頁。
(31) 「虚谷説」、同上、巻十七、第四九七頁。
(32) 「宛陵観復楼晤語」、同上、巻三、第五五頁。
(33) 「東游会語」、同上、巻四、第八五頁。
(34) 「答南明汪子問」、同上、巻三、第六六頁。
(35) 「別曾見台漫語摘略」、同上、巻十六、第四六四頁。
(36) 「白鹿洞続講義」、同上、巻二、第四七頁。

(37)「艮止精一之旨」、同上、巻八、第一八五頁。
(38)「致知議略」、同上、巻六、第一三二頁。
(39)「致知議辯」、同上、巻六、第一三八頁。
(40)「宛陵観復楼晤語」、同上、巻三、第五六頁。
(41)拙稿「論二程「感而遂通」的思想」（『現代哲学』、二〇一三年第六期）を参照。
(42)「致知議辯」、『王畿集』、巻六、第一四〇頁。
(43)「書見羅巻兼贈思默」、同上、巻十六、第四九二頁。
(44)「致知議辯」、同上、巻六、第一四〇頁。
(45)「撫州擬峴台会語」、同上、巻一、第二六頁。
(46)「与孫淮海」、同上、巻十、第二三九頁。
(47)「意識解」、同上、巻八、第一九二頁。
(48)「答中淮呉子問」、同上、巻三、第六九頁。
(49)「太極亭記」、同上、巻十七、第四八二頁。
(50)「滁陽会語」、同上、巻二、第三五頁。
(51)「与孟会源」、同上、巻十一、第二八一頁。
(52)「易測授張叔学」、同上、巻十五、第四一八頁。
(53)「図書先後天跋語」、同上、巻十五、第四二〇頁。
(54)「直説示周子順之」、同上、巻十七、第四九八頁。
(55)「蔵密軒説」、同上、巻十七、第四九六頁。
(56)「与諸南明」、同上、巻九、第二三一頁。
(57)「与趙麟陽」、同上、巻十一、第二七〇頁。
(58)「致知議略」、同上、巻六、第一三一頁。

(59)「致知議辯」、同上、巻六、第一三三―一三四頁。
(60)「答呉司斎」において龍溪は同様の見解を示す。「心之虚霊明覚、所謂本然之良知也。……良知者、寂然之体。物者所感之用。意則寂感所乗之機也」(『王畿集』、巻十、第二五三頁)
(61)「答章介庵」、同上、巻九、第二一一頁。
(62)「答王敬所」、同上、巻十一、第二七七頁。
(63)「与陽和張子問答」、同上、巻五、第一二三―一二四頁。
(64)「跋徐存斎師相教言」、同上、巻十五、第四一二頁。
(65)「漸庵説」、同上、巻十七、第五〇〇頁。
(66)「与莫中江」、同上、巻十一、第二七九頁。
(67)「惺台説」、同上、巻十七、第五〇三頁。
(68)「「中庸」首章解義」、同上、巻八、第一七九頁。
(69)「答季彭山龍鏡書」、同上、巻九、第二一三頁。
(70)「書同心冊巻」、同上、巻五、第一二二頁。
(71)「答万履庵」、同上、巻九、第二一六―二一七頁。
(72)「答中淮呉子問」、同上、巻三、第六九頁。
(73)「致知議辯」、同上、巻六、第一三六頁。
(74)黄宗羲著、沈芝盈点校『明儒学案』、巻十二「浙中王門学案二」、北京：中華書局、二〇〇八年修訂本、第二三九頁。
(75)呉震『陽明後学研究』、第一六四頁。
(76)唐君毅『中国哲学原論原性篇』、北京：中国社会科学出版社、二〇〇五年、第二九七頁。
(77)「答南明汪子問」、『王畿集』、巻三、第六六頁。
(78)「三教堂記」、同上、巻十七、第四八六頁。
(79)「三山麗澤録」、同上、巻一、第一五頁。

(80)「孟子告子之学」、同上、巻八、第一九〇頁。

(81)「致知議辯」、同上、巻六、第一四一頁。

(82)「与陸平泉」、同上、巻九、第二二一頁。

(83)「三山麗沢録」、同上、巻一、第一四頁。

(84)「陽明先生年譜序」、同上、巻十三、第三四〇頁。

〔翻訳者（伊香賀）付記〕現代日本語に翻訳するにあたり、著者である申緒璐氏の解釈を可能なかぎり反映できるよう努めた。特に引用資料（漢文）については、先ず申緒璐氏に現代中国語に翻訳してもらい、それを伊香賀が現代日本語に翻訳する形で進め、その間、何度も申氏に直接お会いして不明な点を確認した。ただ、翻訳者の力量不足もあり、日本語としてこなれていない所、訳語として適切ではない所も多々あるかと思う。それは全て翻訳者の責任である。

王龍溪と周易参同契

伊香賀　隆

はじめに

王畿（字は汝中、号は龍溪。一四九八～一五八三）の発言の中には、『周易参同契』をはじめとする内丹養生術に関する用語が多く確認できる。例えば、「神・氣・精」「元神・元氣・元精」「鼎器・薬物・火候」などがそうであり、さらに、それに関連するものとして「生機／殺機」「順／逆」「性／命」「天根／月屈」「寂以神感／感以蔵寂」「以神馭氣／以氣摂神」といった対表現も多くみられる。こうした用語を用いた発言は、当然のことながら、王畿と「養生（生を養う）」に強い関心を持つ者との問答の中で多くみられるわけであるが、それだけにとどまらず、他の話題の中においても自然な形で用いられている場合も少なくない。こうしたことから、王畿が活躍した明代中晩期の中国において、「養生」に関心を抱き、その修行に努め励むものがいかに多かったか、「養生」の思想や用語が一般の士大夫の中にいかに自然なかたちで浸透していたかが見てとれるのである。(2)

本稿では、王畿の『周易参同契』をはじめとする「養生」に関する発言を検討・整理することで、王畿が養生思想をいかに理解し、そして、こうした発言を通して何を伝えようとしたのかという点について考察する。

一　『周易参同契』と養生家たち

先ず初めに『周易参同契』について簡単に確認しておこう。この書は、後漢末の魏伯陽の作とされ、[3]『易』の理論をもとに煉丹の法を説いたものであり、「万古丹経の王」「万世丹経の祖」（『王畿集』巻十五「易測授張叔学」等）といわれるように、煉丹術の根本経典である。本来は「外丹」、つまり、水銀や鉛などの鉱物を用いて不老長生の丹薬（金丹）をつくりだすための書であったと言われるが、唐宋あたりから、体内の「気」を練り上げることで丹薬をつくりだす「内丹」の書と解釈されるようになる。[4]王畿も当然のことながら内丹の書として解釈して持論を展開しており、それは南宋の朱熹にしても同様である。

現存する最古の注釈書は、後蜀の彭暁による『周易参同契分章通真義』三巻であるが、その後の代表的なものとしては、『周易参同契解』三巻（北宋・陳顕微）・『周易参同契考異』一巻（南宋・朱熹）・『周易参同契発揮』九巻（南宋・兪琰）・『周易参同契分章註』三巻（元・陳致虚）・『周易参同契測疏』『周易参同契口義』（明・陸西星）などが挙げられる。朱熹の『周易参同契考異』[5]は「考異」とはいえ実際には注釈書である。ただ朱熹自身も解読不能な箇所があり、「未詳」と記しているところも多い。

さて、王畿と『周易参同契』の関わりについてであるが、例えば、「明洲子は儒者である。聖学に志してしばらく経つが、とりわけ『周易参同契』の説に関心があり、常々、私（王畿）のために語っていた。（明洲子、儒者也。志於聖學有年、而尤留意於参同契之説、毎為予談）」（巻十四「寿商明洲七袠序」）、「翌朝、二氏（仏老）の学について自由に論じ『周易参同契』に話題が及んだ。（次早、縦論二氏之學及参同契）」（『羅洪先集』[6]巻十六「松原志晤」）とあるように、王畿周辺の人物の中にも『周易参同契』に強い関心を抱き、熱く語るものも少なくなかったようである。また『周易参同契』という書名こそ挙がっていなくても、それに関連する「養生」についての議論となれば、多くの用例を確認することができる。一例を挙げると、

○「寿史玉陽年兄七十序」（巻十四、三九〇頁）
玉陽子は聖学に志して年を重ねたが、中年になって長生を好み、さらに修命の術を習い、玉潭仙院を築いて、その志を示した。（玉陽子志於聖學有年、中年好長生、復習為修命之術、既築玉潭仙院以見志）

○「遺徐紫崖語略」（巻十六、四六一頁）
紫崖子は私に付き随って学ぶこと二十年、……志は聖学にあったが、さらに方外養生も好んでいた。（紫崖子從予遊二十年、……有志於聖學、而亦有方外養生之好）

○「留都会紀」（巻四、九四頁）
桂巌顧子はいう、「私は幼い頃から身体や気力が虚弱でしたので、養生に思いを馳せていました。今、志は聖学にありますが、養生への思いをまだ断ち切ることができません」（桂巌顧子曰、闕自幼氣體薄劣、属意養生、今雖有志聖學、養生一念尚未能忘）

○「留都会紀」（巻四、九七頁）
先生は王子実に言われた、「貴君は、昔から養生の術を好み、自らその伝を会得したと言われます。……」（先生謂王子実曰、「吾子舊好養生之術、自謂得所傳。……」）

○「与潘笠江」（巻九、二一五〜二一六頁）

あなたは、日頃から養生の術を好み、自らその真髄を会得したと言われます。〔しかし〕わが儒も、これまで養生しなかったことなどありません、……（丈平時好養生之術、自謂已得其髓。吾儒之學未嘗不養生、……）

こうした例からも、王畿の周辺において「養生」に関心を抱き、その修煉に励む者がいかに多かったかがみてとれる。[7] 王畿は、これらの人々との対話を通して、『周易参同契』について、そして「養生」について多くを語っているわけであるが、中でも「寿商明洲七袠序」（巻十四）「易測授張叔学」（巻十五）には、『周易参同契』に対する王畿の理解が簡潔にまとめられている。二つの資料には重なる部分も多いので、ここでは「寿商明洲七袠序」（巻十四）を紹介し、以下、「易測授張叔学」や他の資料とも比較しながら検討を進めていく。

二　王畿の『周易参同契』理解――巻十四「寿商明洲七袠序」――

【資料一】「寿商明洲七袠序」（『王畿集』巻十四、四〇三頁〜）

漢の魏伯陽は、儒家にして仙家である。『周易参同契』を作るのに『易』を手本とし、こうして法象が生まれた。乾・坤を「鼎器」とし、坎・離を「薬物」とし、屯・蒙以下の六十卦を「火候」とした。様々な名称や比喩が用いられていて〔その真意を〕究め尽くすことはできないが、その微旨は身・心の二字から出ることはない。乾は心である。坤は身である。坎・離は乾・坤のそれぞれの作用（はたらき）である。神は心に寓居し、氣は身に寓居する、つまり〔神・氣は〕「薬物」である。二つの作用（坎・離）は定爻も定位もなく、六虚（六位）の中を升降し、神・氣が往来し、性・命が合致する、つまり、いわゆる「火候」である。そしてその機（要）[8]は「一息の微」にある。……一息とは、性の根、命の蔕《へた》である。……いわゆる「修補」とは、ほんの少しも外から借りてくるものではなく、近く我が心にあり、己の身を離れるものではない、〔これは〕抱一長生の本根であり、『周易参同契』の要旨である。……「息息帰根」して玄妙なる理を黙証すること、これこそが魏伯陽の密機（秘策）である。

漢魏伯陽氏、儒而仙者也。作参同契以準易、而法象生焉。以乾坤為鼎器、以坎離為藥物、以屯蒙六十卦為火候、称名引喩、至不可窮詰、而其微旨不出於身心両字。乾即心也、坤即身也。坎離者、乾坤二用。神寓於心、氣寓於身、即藥物也。二用無爻無位、升降於六虚之中、神氣往来、性命符合、即所謂火候也。而其機在乎一息之微。……一息者、性之根、命之蔕也。……所謂修補者、一毫非有假於外、近在我心、不離己身、抱一長生之本、而参同之旨也。……若夫息息帰根、黙証玄理、尤伯陽氏之密機也。

ここでは先ず、『周易参同契』の著者である魏伯陽を「儒家にして仙家（儒而仙）」と述べている点に注目したい。なぜわざわざ「仙」の前に「儒」と付け加えたのかということであるが、「『参同契』を作るのに『易』を手本にした（作参同契以準易）」とあるように、『周易参同契』が儒学の経典（儒家側からすればであるが）である『易』にもとづいて作成されているからであろう。「易測授張叔学」（巻十五）において王畿は、魏伯陽を邵雍（北宋五子の一人。字は堯夫、諡号は康節）とともに易を究めた人物として評価し、易の成立にかかわったとされる四聖（伏羲・文王・周公・孔子）の次に配しているが、[9]魏伯陽をこのように位置づけることで、『周易参同契』を中心とした内丹養生術というのは、「儒」とは別物ではなく、それどころか、実は「儒」の思想から生まれてきたものであり、「儒」そのものの中に包含されるものであることを主張しようとしているわけである。そしてその根拠には『易』があった。

次に王畿は、魏伯陽は『易』にもとづいて、乾・坤を「鼎器」、坎・離を「薬物」、屯・蒙以下の六十卦を「火候」としたと述べる。「鼎器（鍋）」「薬物（鉛や水銀などの材料）」「火候（火加減）」は外丹の用語ではあるが、これらはあくまでも「寓言（それに仮託して真実を伝えようとする言葉）」（巻十五「易測授張叔学」）であり、魏伯陽はこれらの用語を通して内丹の奥義を伝えようとしたのだと王畿はいう。なお、乾・坤を「鼎器」、坎・離を「薬物」、屯・蒙以下の六十卦を「火候」とする記述（「以乾坤為鼎器、以坎離為薬物、以屯蒙六十卦為火候」）は『周易参同契』経文には見当たらないが、後代の注釈やその流れを汲む書の中に確認することができる。最古の注釈本である後蜀の彭暁『周易参同契分章通真義』には「乾坤を以て鼎器と為す」（序、巻上）とあるのみであるが、北宋の張白端が著したとされる『玉清金笥青華秘文金宝内煉丹訣』[10]「火候図論二十一」に、「乾坤を以て鼎器と為し、坎離をもって薬物と為し、其の余六十卦をもって火候と為す」とほぼ同じ表現が確認できる。張白端は、『周易参同契』の奥義を継承し、宋代以前の丹法丹訣を総結した『悟真篇』を著した人物として有名である。そしてその『悟真篇』から多くを引用する、南宋の兪琰が著した『周易参同契発揮』にも、「易に六十四卦有り。丹法は乾坤を以て鼎器と為し、坎離を以て薬物と為し、其の余六十卦を以て火候と為す」（上篇第一）と記されている。王畿が実際にどこから引用したのかは定かではないが、王畿が『周易参同契』について言及する際、実は、『周易参同契』そのものについてではなく、その注釈書、もしくはその流れを汲む書について述べている場合もあるようである。

また王畿は、〔以下、資料の比較検討のため原文で表記する〕「坎離者、乾坤二用。神寓於心、氣寓於身、即薬物也。二用無爻無位、升降於六虚之中、神氣往来、性命符合」と述べるが、これは『周易参同契』経文の「坎離者、乾坤二用。二用無爻位、周流行六虚。往来既不定、上下亦無常」（上二章）にもとづいての発言であろう。ただ、「神寓於心、氣寓於身、即薬物也」が新たに付され、さらには、「往来既不定、上下亦無常」が「神氣往来、性命符合」と言い換えられている。つまり、「神・氣」「性・命」という『周易参同契』にはみられない概念を新たに用いて解説している点が注目される。ではこうした概念はどこから来ているのだろうか。神・氣については、兪琰の『周易参同契発揮』上篇第二に「身動けば則ち氣散じ、心動けば則ち神散る。須らく是れ神を凝り氣を聚め、心息相依れば、然る後に霊胎結ぶべし」とあり、身と氣、心と神とを結びつけ、さらに神・氣の凝聚や「息」にまで言及しているところに王畿の発言と重なっている。王畿が具体的に何を受けて発言しているのかは定かではないが、宋代以降の内丹思想の影響が大きいようである。また、「神・氣」だけにとどまらず、王畿はそれを「性・命」という概念に結び付けているが、明代には「性命」という言葉が非常に流行していたので、[11]こうした時代背景を受けての発言であろう。巻十五「易測授張叔学」では「神は性たり、氣は命たり。神・氣の渾融、性・命の合一の宗なり」と述べており、神は性、氣は命であるから、「神氣渾融」すなわち「神氣往来」（体内で神・氣が往来升降すること）が「性命合一」の根本義（宗）であるとしている。[12]

さらには、「神氣往来、性命符合、即ちいわゆる火候なり。而して其の機は一息の微に存す」というように、「神氣往来（神氣渾融）」「性命合一（性命符合）」には「火候」（火加減）が重要となる。火候とは外丹の用語で、鼎器（鍋）の中に薬物（鉛や水銀などの材料）を入れて煮立つ際の火加減、つまり、起火・止火のタイミングや温度加減を調節することであるが、それに倣って内丹では煉功する際の呼吸の手順を意味する。火候は主に文火・武火に大別され、文火は、心が執着することなく行われる穏やかな呼吸、武火は意識的に行う比較的強烈な呼吸を指す。[13] この火候については、「聖人は薬を伝えるが火候は伝えず（聖人傳薬不傳火）」（『悟真篇』三注）「火候を文字として記さない（不將火候著於文）」（『悟真篇』絶句第二十八）「金丹が難しいのではなく火候が難しいのである（非金丹之難也、乃火候之難也）」（夏元鼎『紫陽真人悟真篇講義』巻之二）と言われるように、文字では伝えることはできず、各人それぞれが自ら会得すべき性格のものであった。

さらに王畿は「火候」について、「其の機は一息の微に存す」「一息とは、性の根、命の蒂《へた》なり」、さらには「火候の文武（文火・武火）進退は皆、真息の中に於いて之れを求む」（巻四「東遊会語」）と言い、その機（要）が「真息」「一息の微」にあるとしてその重要性を説いている点が注目される。（これについては六節で再び取り上げたい）。

三　神・氣・精

ところで、前説に出てきた「神・氣」は「精」とセットで取り上げられる場合が多く、また「元神」「元氣」「元精」という名称で用いられることもある。神・氣・精について張白端は『金丹四百字解』原序において「神・氣・精は、天地と根を同じうし、万物と其の体を同じうす。之れを得れば則ち生じ、之れを失えば則ち死す」と言い、王沐淺氏は、「悟真篇丹法要旨」において、「道教では精・氣・神を生命の三大元素とみなし、丹経（内丹の経典）はこれを三宝と称す。三宝が健旺であれば身体は強靭となり、三宝が枯渇すれば病気が生じる。丹経にいう煉丹とは、実は、この三宝を煉りあげることにほかならない」（『悟真篇淺解』附録一、中華書局、一九九〇年、二六二頁、伊香賀訳）と説明する。神・氣・精は、広義においては同じ「気」であるが、段階・寓処・視点などの違いにより名称が使い分けられている。内丹の修煉段階としては「煉精化氣」「煉氣化神」「煉神還虚」というものがあるが、これは、修煉によって「精→氣→神→虚」というプロセスで「気」が煉りあげられ、最終的に「虚」に還《かえ》る（＝還虚）というものである。

「神・氣・精」はまた「元神・元氣・元精」と記されることもあるが、王畿は「神は心に寓し、氣は身に寓す、即ち薬物なり」（巻十四「寿商明洲七袠序」）と述べたり、「元神元氣、之れを薬物と謂う」（巻四「東遊会語」）と述べたりしていて、明確な区別がなされていないことも多いが、おおむね「本来の」「先天の」という意味を強調したい場合に「元」を付しているようである。

王守仁は「元神・元氣・元精」について、「夫れ良知は一なり。其の妙用を以て言えば之れを神と謂い、其の流行を以て言えば之れを氣と謂い、其の凝聚を以て言えば之れを精と謂う」（『伝習録』巻中「答陸原静書」）とし、神・氣・精とは、「良知」を妙用・流行・凝聚の三側面からみた場合の表現の違いにすぎないとしている。王畿も「神は氣の主宰たり。氣は神の流行たり」（巻十七「同泰伯交説」）とし、神・氣を、主宰・流行という視点からとらえている。ただ神・氣・精は「一」であるとはいえ、「主宰」かつ「心に寓す」という「神」だけは別格であり、「良知は万劫不壊の元神」（巻九「与魏水洲」）「良知は万劫不壊の先天の元神」（巻九「与潘笠江」）といわれるように、本性や良知と直接結びつけられて用いられることも多い。さらに守仁は、神・気・精を『中庸』にいう「戒慎恐懼」と結びつけ次のように説く。

【資料二】 王陽明「与陸原静辛巳」（『王陽明全集』巻五・文録二）

およそ「養徳（徳を養う）」と「養身（身を養う）」とは一事にほかならない。……「睹えざるに戒謹し、聞こえざるに戒懼」（『中庸』）して、志をここに専一にできたならば、「神」が〔自然と〕住《とど》まり、「氣」が〔自然と〕住《とど》まり、「精」が〔自然と〕住《とど》まる、仙家のいう「長生久視」の説もまたその中にあるのである。

大抵養徳養身、只是一事。……果能戒謹不睹、恐懼不聞、而専志於是、則神住氣住精住、而仙家所謂長生久視之説、亦在其中矣。

ここで重要なのは、神・氣・精がとどまるためには、何か特別な術を用いて修練をするのではなく、「戒慎恐懼」という自らの心中における工夫によって実現するとしている点である。つまり「徳を養うこと（養徳）」と「身体を養うこと（養身）」は切り離すことができない関係にあり、さらにいえば、「養徳（＝戒慎恐懼）」がなされれば「養身」は自然と実現するというものであった。また、「戒慎恐懼」の工夫によって、「神が住まり、氣が住まり、精が住まる」、つまり、「神→氣→精」の順序でとどまるとしている点も注目される。先に取り上げたように、内丹の修煉では「煉精化氣」「煉氣化神」「煉神還虚」、つまり「精→氣→神（→虚）」という順序で煉成していくものであるが、ここではその順序が逆になっていることがわかる。守仁における「養徳（＝戒慎恐懼）」の工夫は、内丹における修煉のプロセスを踏むものではなく、いきなり「神」にはたらきかけるものであった。そしてこうした王守仁の養生観は、王畿にもそのまま継承されている。

【資料三】「留都会紀」（『王畿集』巻四、九五頁）

喜怒哀楽が少しでも「節に中たら」なければ、病気を引き起こすことになる。戒慎恐懼すれば「神」が住《とど》まる。「神」が住《とど》まれば、「氣」が住《とど》まり、「精」が住《とど》まる。「養徳」とはいっても、「養生」もまた〔自然と〕その中にあるのである。

喜怒哀樂稍不中節皆足以致疾、戒慎恐懼則神住、神住則氣住精住。雖曰養德、而養生亦在其中。

このように王畿の養生観は、「養身（養生）」は「養徳」によってはじめて実現するという点において王守仁と一致している。ただ守仁の発言との違いもみうけられる。例えば守仁は、「只だ一念一念に天理を存せんと欲すること、これが志を立てるということだ。忘れることなく一念一念に天理を存してしばらく経てば（＝久則）、自然に心中に凝聚するものがあるが、道家のいう『聖胎を結ぶ』のようなものである。（只念念要存天理、即是立志。能不忘乎此、久則自然心中凝聚、猶道家所謂結聖胎也）」（『伝習録』上巻）というように、「養身」とはただちに実現できるものではなく、時間の経過（久則…）が必要であるとするのに対し、王畿は以下のように説く。

【資料四】「書査子警巻」（『王畿集』巻十六、四七八頁）

養生家は還虚を極則（究極の準則）とする。致良知の学は、当下に還虚し、三錬を超過し、直ちに先天に至るものである。養生をあくせく追い求めなくても、養生は〔自然と〕その中にある。

養生家以還虚爲極則、致知之學、當下還虚、超過三錬、直造先天、不屑屑於養生、而養生在其中矣。

「三錬」とは先に述べた「煉精化気」「煉気化神」「煉神還虚」のことで、「精→氣→神→虚」という煉成の段階を経て「虚」に還《かえ》る（還虚）というものである。養生家は、養生術にこだわりあくせくと修煉にいそしむが、致良知（致知）の学は、これらの段階（三錬）を一気に飛び超えて、ただちに「虚」に還る（還虚）ことができるとする。さらには、

【資料五】「三山麗澤録」（『龍溪會語』巻二、七〇一頁）

わが儒学における致良知は神を主とするが、養生家は氣を主とする。神を主とするのは、戒愼恐懼の工夫である。「神が住《とど》まれば、氣は自ずから住まる」とは、直ちに虚に還る無為の作用（はたらき）である。氣を主とするのは、氣が動き出す所から取り組むのである。氣が結び、神が凝り、神と氣とが互いに養い合う（神氣往来、神氣渾融）とはいえ、結局のところは作為的な方法（有作之法）でしかない。

吾儒致知以神為主、養生家以氣為主。以神為主、是戒愼恐懼工夫。神住則氣自住、便是當下還虛無為作用。以氣為主、是從氣機動處理會。氣結神凝。神氣含育、終是有作之法。

致良知（致知）の学は、「神を以て主と為す」ものであり、直ちに虚に還る（當下還虛）ことができる「無為作用」であるのに対し、養生家の修煉は、「氣を主とする」もので、「氣が結び、神が凝り、神と氣とが互いに養い合う」も、結局のところは「有作之法」であるという（これについては「結語」で再度取り上げる）。

先にみたように、守仁は、養生家の説く「精→氣→神（→虚）」という煉成のプロセスを逆転させて「神→氣→精」とし、「戒愼恐懼」によって一気に「神」にはたらきかける工夫を説いたわけであるが、王畿はこれをさらに徹底化させて「当下還虚」にまで発展させている点は注目に値する。

ただ、「当下還虚」は、王畿の完全な独創であるかと言えば、必ずしもそうとは断言できないところもある。なぜなら、王守仁には世間から誤解されることを恐れ、またそれを開示する時期ではないとの判断から、知ってはいても公には言わないというところがあったからである。[14]『王畿集』には、「先師曰く」として『王陽明全集』や他の門人の記録にはみられない発言が収録されている。[15]それは主に、「四無説」「無」に関する発言であるが、ここでいう「当下還虚、無為作用」についても、王守仁が王畿にだけ語っていた可能性も十分に考えられるからである。ただこれに関してはあくまで筆者の憶測にすぎない。

ともあれ、王畿の養生に関する基本路線は王守仁と同じであり、多くを守仁から継承しているといってよい。以下、節を改めて守仁の道教観について確認しておきたい。

四　王守仁の道教観

王守仁と道教の関わりは、その先祖である王鋼（性常先生。六代前の祖）にまで遡ることができる。「王性常先生伝」（『王陽明全集』巻三十七「世徳記」所収）によれば、元末の混乱期に王鋼が山中に避難した際、道士である趙縁督（終南隠士）と出会い、夜が明けるまで語り合ったという。そして縁督は王鋼に筮法を授け、さらに王鋼を占って、「公の後、当に世に名あるものあるべし」と伝えたという。趙縁督は、元代の人で、名は友欽、号は縁督、自ら終南隠士と称した。全真教の丘処機（王重陽の高弟）の流れを汲む道士で、その弟子には陳致虚がいる。陳致虚は、字は観吾、自ら上陽子と号し、年四十にして初めて趙縁督にしたがい神仙煉丹の術を講じ、また『周易参同契』を研究して前掲の『周易参同契分章註』三巻を著した人物である。なお、明代道教の書籍に非常に多くの引用があることから、陳致虚（上陽子）の著書は明代には大変広く読まれていたようである[16]。この陳致虚の師である趙縁督と王守仁の先祖である王鋼が交流し、「公の後、当に世に名あるものあるべし」と予言されたことは、その後、王家に代々言い伝えられていたようである（『王陽明全集』巻三十七「世徳記」所収「遯石先生伝」「槐里先生伝」）。

王守仁はこうした家系に生まれたわけであるが、査継佐の「王守仁伝」に、「八歳。神仙に没頭した。（妄意神仙）」（『王陽明全集』巻五十二）とあるように、幼い頃から神仙道には非常に関心が深かった。また「年譜」には、十一歳の時に北京の長安街で一人の相士に出会い、「鬚が領《うなじ》を払う頃に聖境に入り、鬚が上丹台（上丹田）に至る頃には聖胎を結び、鬚が下丹田に至る頃に聖果が円熟するだろう」と告げられ、その言葉に感激して、それ以降、常に書に向かい、静坐をして思念を凝らしたと記されている。さらには、十七歳の時、洪都（南昌）で諸氏を夫人として迎えたが、結婚式の当日、道観の鉄柱宮に入って道士に会い、「養生の説」を聞いて帰るのも忘れたという話は有名である。その後も道教に対する強い関心は続き、三十一歳の時、越に帰郷して罹った肺病を癒すため療養生活に入るが、この間、会稽山中の陽明洞に室を築いて導引術を行い、予知能力を得たと「年譜」に記されている。またこの時、身体が水晶宮のようになり、忘己忘物、忘天忘地、虚無と一体になるといった神秘体験をしたという（『王畿集』巻二「滁陽会語」）。ただ後に、「精神（生命力）をもてあそぶだけで真の道ではなかった（此簸弄精神、非道也）」（「年譜」）「長生は仁を求める中にある。金丹は外に求めるものではない。これまでの三十年は間違っていた。今になって私は後悔している。（長生在求仁、金丹非外待。繆矣三十年、於今吾始悔）」（『王陽明全集』巻十九・賦騒詩「贈陽伯（弘治乙丑）」）と述べているように、三十年にわたって道術習得に費やした歳月を大いに後悔している。また、「気弱多病」から神仙養生の術に強く惹かれていた陸原静に対し、「三たび肱を折りて良医となる（三折肱為良醫）」という古語を引いて、「私は良医ではないが、思うにかつて『三たび肱を折った（失敗した）』者である。原静は私の忠告を慎重に聴き、軽んじてはならない。（区区非良醫、蓋嘗三折肱者。原静其慎聴毋忽）」（『王陽明全集』巻五・文録二「与陸原静辛巳」）と言い、自らの失敗をふまえて、道術に関心を抱くことを強く戒めている。こうして王守仁の後半生は、道術習得に年月と精神（生命力）を費やしたことに対する深い反省から、徹底して斥けることになる。例えば、「後世の白玉蟾や丘長春（筆者注：王重陽の誤りか）のような者は、皆、それぞれの学派の中で祖師と仰がれるような者であるが、その寿命はというと五六十にも満たない。彼らが説いた長生の説がいかなるものであったかがわかる。（後世如白玉蟾、丘長春之属、皆是彼學中所稱述以為祖師者、其得壽皆不過五六十、則所謂長生之説、當必有所指矣）」（同上）「後世の上陽子（陳致虚）の流れは、思うに方外技術の士で、道とみなすことはできない。（後世上陽子之流、蓋方外技術之士、未可以為道）」（同巻二十一・外集三「答人問神仙戊辰」）「悟真篇は誤真篇である（悟真篇是誤真篇）[17]」（同巻二十・外集二「書悟真篇答張太常二首」）といったようにその批判は手厳しい。

王守仁は、前半生における自らの失敗体験を通して、結局、「長生は仁を求める中にある。金丹は外に求めるものではない。」（前掲「贈陽伯（弘治乙丑）」）「養徳と養身とは一事にほかならない」（【資料二】）という基本姿勢が定まり、王畿もそれをそのまま継承することになるのである。

五　「生機／殺機」「順／逆」「天根／月屈」

『王畿集』には、「生機／殺機」「順／逆」「性／命」「天根／月屈」「寂以神感／感以蔵寂」「以神馭氣／以氣摂神」といった対表現も多く見うけられるが、これらの表現を用いて何を伝えようとしたのだろうか。

王畿は「与李原野」（『王畿集』巻九）において、「息の一字はただ対治（煩悩を断つ）の方法であるのみならず、まさに養生の要訣であり、さらには学問の真正の路頭（みちすじ、方法）である」と言い、「息」の重要性を訴える。「息」は「睡」とは異なる（詳しくは六節を参照）。王畿は「睡は後天の濁気であり、息は先天の清気である」

とし、至人には「息」はあるが「睡」はないといい、続けて以下のように述べる。

【資料六】「与李原野」（『王畿集』巻九、二〇四頁）

日中の間は、眼は色を視、耳は音を聴き、鼻は臭いを嗅ぎ、口は声音を出し、手足は動き触れる、魂魄・精神は意念が動くにしたがって流転し、至る所で洩漏する、これを「生機（生じるはたらき）」という。暗くなって夜になれば、機事（はからい事）は過ぎ去り、万縁（様々な関わり）は次第に終息し、目は見ることなく、耳は聞くことなく、鼻は嗅ぐことなく、口は閉じて言葉を発せず、四体は安静となり、魂魄は蔵伏し、精神は凝聚し、意念は虚無清静を保持し、潜むがごとく蟄するがごとく、枝葉が枯れ落ちてその根に帰するかのようである、これを「殺機（殺《そ》ぐはたらき）[18]」という。「生機」は「順」であり、「殺機」は「逆」であり、「順」「逆」は循環する環のように、互いに切れ目なく依存し合っている。道を知る者は「黙してこれを識る」（『論語』述而篇）のである。

終日間眼視色、耳聴聲、鼻聞臭、口吐聲音、手足動觸、魂魄精神隨意流轉、隨在洩漏、是謂生機。循晦至夜、機事已往、萬縁漸息、目無所見、耳無所聞、鼻無所臭、口止不言、四肢静貼、魂魄藏伏、精神翕凝、一意守中、如潛如蟄、如枝葉剝落而帰其根、是謂殺機。生機為順、殺機為逆、逆順相因、如循環然、在知道者默而識之。

人は日中、五官が対象に向かってはたらき、魂魄・精神は発散（流転・洩漏）する一方である、これが「生機」「順」である。夜になると、五官は対象に向かってはたらきを止め、魂魄・精神は収束（蔵伏・凝聚）していく、これが「殺機」「逆」である。この「生機・順」と「殺機・逆」が交互に入れ替わりつつ円滑に「循環」すること、これが「道」である。さらに王畿はいう。

【資料七】「与李原野」（『王畿集』巻九、二〇四頁）

もし本当に「息」を信ずることができたならば（つまり、「真息」を悟得したならば）、終夜、少しも鼾《いびき》をかかず、少しも夢を見ず、一念ははっきりとしていて自由自在、先天的な補益のはたらきによって自ずから昏睡の外へと出ることができる。もし本当に信じ切ることができれば、終日、万事万変に応対しても、この一念は静寂のままで、〔対象に〕引きずりまわされることはない。これが〔『易経』繫辞上伝にいう〕「昼夜の道に通じて知る」であり、〔『陰符経』中篇にいう〕「聖功生じ、神明出づ」である。思うに「養徳」と「養生」は本来二つの事ではない。

若果信息之一字、可使終夜不打一鼾、不作一夢、一念烱然、自由自在、先天補益之功自有出於昏睡之外者矣。若果信得及、可使終日應酬萬變而此念寂然不為縁轉、是謂通乎晝夜之道而知、聖功生焉、神明出焉。蓋養徳養生原非兩事。

これが、「息」を真に悟得した者の一日（夜・昼）における姿であり、『易経』繫辞上伝にいう「昼夜の道に通じて知る」であり、『陰符経』中篇にいう「聖功生じ、神明出づ」である。そしてここでもまた、「養徳」と「養生」とが一事であることが強調されている。

以上は、昼夜という一日のサイクルにおける「生機／殺機」「順／逆」の循環であったが、これは心上における工夫（致良知）においても当てはまることである。

【資料八】「図書先後天跋語」（『王畿集』巻十五、四二〇頁）

良知は本来「順」であり、良知を致すことは「逆」である。目が見ること、耳が聴くことは「生機」の自然なるはたらきであり、これを「順」という。視るに明（対象の本質を公正に見ること）であろうとし、聴くに聡（対象の本質を公正に聴くこと）であろうとすれば天則が整然とあらわれる、これを「逆」という。「順」を知りて「逆」を知らなければ放縦に流れ、「逆」を知りて「順」を知らなければ停滞する。一順一逆は、河図・洛書の法象である。先天寂然の体、後天感通の用、「寂以て神感し（順）、感以て寂に蔵す（逆）」、体・用は本来一つであり、性・命の根本義である。

良知本順、致之則逆。目之見、耳之聴、生機自然、是之謂順。視而思明、聴而思聡、天則森然、是之謂逆、知順而不知逆、則蕩、知逆而不知順、則滞。一順一逆、圖書之法象也。先天寂然之體、後天感通之用、寂以神感、感以藏寂、體用一原、性命之宗也。

ここでは一念上の工夫における「順／逆」「生機／殺機」を説明する。つまり、「良知」の対象に対する自然な反応（「生機」）が「順」であるのに対し、「良知を致す（致良知）」、つまり、その自然なる反応に対して修正を加えていくことが「逆」である。「順」を知り「逆」を知り、「順」「逆」が滞りなく円滑に循環すること[19]、これが「寂以神感／感以蔵寂」「体用一原」「性命の宗」であるとする。

また王畿は、邵雍の「天根／月屈」[20]に置き換えて全く同じことを述べる。なお、「天根」とは十二消息卦の復䷗、「月屈」とは姤䷫のことである。

【資料九】「易測授張叔学」（『王畿集』巻十五、四一八～四一九頁）

「復」「姤」とは、陰陽消息の機（転換点）である。「復」を知りて「姤」を知らなければ、陽は浮いて根は固まらない。「姤」を知りて「復」を知らなければ、陰は滞ってそのはたらきは円滑ではない。「復」を知り「姤」を知れば、循環して窮まることなく、天地は巡り、陰陽は変化する。

復姤者、陰陽消息之機也。知復而不知姤、則陽浮而根不固。知姤而不知復、則陰滞而機不圓。知復知姤、循環無窮、天地廻旋、陰陽變化。

これこそが邵雍の「造化を手玉に取る術策（竊弄造化之微）」であり、「内聖外王」、つまり、内に聖人、外に王者の徳を備えた人物となるための学であるとし、さらには、邵雍と魏伯陽の二人を四聖（伏羲・文王・周公・孔子）の後に並べ、ともに『易』を究めた人物として評価している（注（6）参照）。邵雍の「天根月屈」については、「天根月屈説」（巻八、一八六頁）にも同様の事が記されているが、これらを図にまとめると次のようになる。

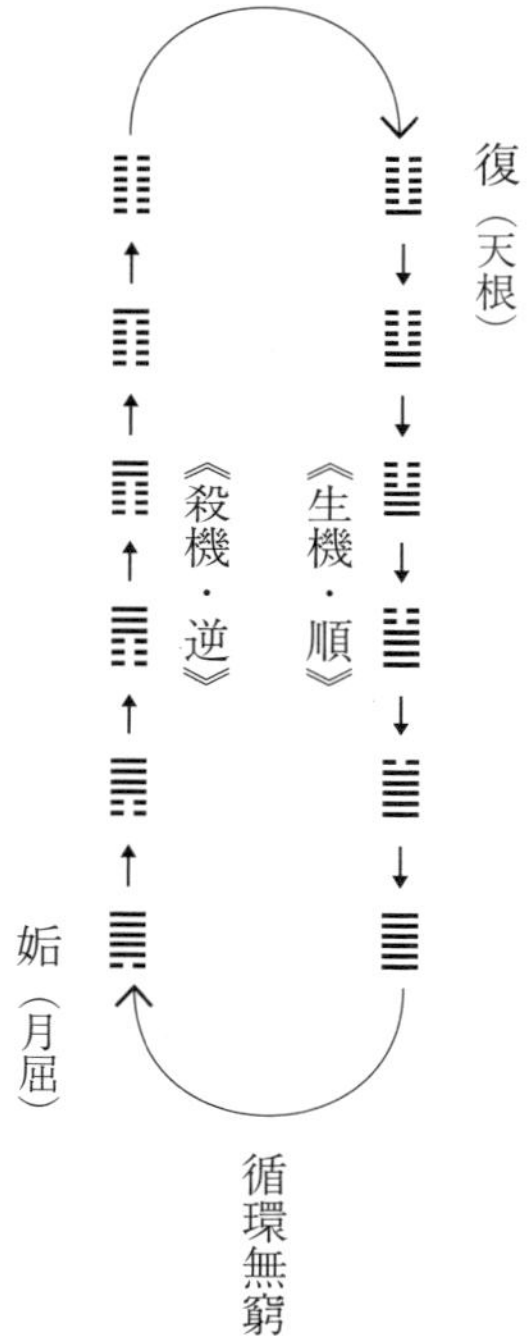

さらに、同様の表現は「太極亭記」（巻十七、四八一頁～）にもみられる。周敦頤の「太極図説」について王畿

は、「無極→太極→陰陽五行→万物」を「無よりして有に向かう」「順」とし、「万物→五行陰陽→太極→無極」を「有よりして無に帰す」「逆」とし、そのどちらにもとらわれることなく、「順」を知り「逆」を知ることで「心極の全」を窺うことができるとし、これが周敦頤が「太極図」および「太極図説」にこめた「無極太極の旨」であり、「大易の旨」であるとする。そしてその周敦頤から数百年後、王守仁が「良知の教え」を唱え明らかにしたことで、その「心極の全」「無極太極の旨」「大易の旨」が再び世に明らかになったというのが王畿の見方である。(21)

六　真　息

王畿は、【資料一】（巻十四「寿商明洲七袠序」）において、内丹養生術は結局のところ「一息の微」に帰着するとし、わが身心に立ち返るところに『周易参同契』の要旨があるとしていた。五章でも確認したように、王畿は「息」を「養生の要訣」「学問の真正の路頭」（巻九「与李原野」）として重視し、(22)「坐して〔呼吸する〕際に音はなく、結滞することなく粗浅でもない。出入は綿綿と続き、呼吸しているようであり、呼吸していないかのようでもある。（坐時無聲、不結不麤、出入綿綿、若存若亡）」（巻十五「調息法」）といい、これを「真息」とも呼んでいる。

さらには、

【資料十】「調息法」（『王畿集』巻十五、四二四頁）

調息には意（作為）がない。心を虚無に委ねれば、〔意識が〕沈みこむことも乱れることもない。息が調えば心が定まり、心が定まれば息はいよいよ調う。真息が往来して、呼吸のはたらきは、自ずと天地の造化を奪い、〔万物を〕造成養育する。「心息相依」（心と息とが互い作用し合うこと）、これを「息息帰根」という。

調息無意。委心虚無、不沈不亂、息調則心定、心定則息愈調。真息往来、而呼吸之機自能奪天地之造化、含煦停育、心息相依、是謂息息帰根。

ここでは「心を虚無に委ねる」ことで息が調い、息が調うことでさらに心が定まり、心息が互いに作用し合いながら（心息相依）、一息一息がまるで木から枝葉が剝がれ落ち根に帰していくように深まっていく（息息帰根）。このような究極の呼吸（真息）が往来することで「天地の造化を奪う」ことができるとしている。なお、南宋の兪琰は『周易参同契発揮』（上篇第三）において「もし天機（天地造化のはたらき）を盗み取ろうと思えば、先ずその心を虚しくしなければならない。心が虚しくなれば神が凝聚し、神が凝聚すれば息が定まる。（如欲盗其機、必先虚其心。心虚則神凝、神凝則息定）」と述べており、ここでの王畿の発言とほぼ重なっている。

また、王畿は「易測授張叔学」（巻十五）において、「魏伯陽は『周易参同契』を作るのに『易』を手本としたが、〔これが〕万世にわたる丹経の元祖となった。……その奥妙を究めれば、『心息相依』の一言に他ならない。（魏伯陽作参同契以準易、為萬世丹經之祖。……究其竅妙、不出於心息相依之一言）」といい、「寿商明洲七袠序」（巻十四、【資料一】）では「息息帰根」を「魏伯陽の密機（秘策）」と述べているように、『周易参同契』における修煉は「真息」、すなわち「心息相依」「息息帰根」に帰着されるのであった。さらには、

【資料十二】「留都会紀」（『王畿集』巻四、九七頁）

千古の聖学は「真息」にある。良知こそが真息の霊機である。致良知を知ることができたなら、「真息」は

自然に調い、「性命」は自然に回復する。(「良知」と「真息」とは) 二事ではない。

千古聖學存乎真息、良知便是真息靈機。知得致良知、則真息自調、性命自復、原非兩事。

千古の聖学はすべて「真息」に集約される。しかしその「真息」をつかさどるものは「良知」であり、良知を致す(致良知)ことで「真息」は自然に調うものであった。結局のところ、『周易参同契』をはじめとする内丹養生術というのは、王畿に言わせれば、「致良知」に全てが集約されるのであって、養生術が目指すところの不老長生は、得ようとして得られるものでは決してなく、あくまでも「致良知」の結果として、「自然に」得られるものであった。

結語

以上を整理すると、『周易参同契』をはじめとする内丹養生術というのは、結局のところ「真息」に集約され、さらには「致良知」に帰着するものであった。言い換えれば、「養生(養身)＝養徳」であり、「養生」は「養徳」に包括されるものである。そして「長生は願わずとも、長生の道から外れることはない。いわゆる『深山の宝、無心に得』である。(不蘄長生、而長生之道不外於是。所謂、深山之寶得於無心者也)」(巻十四「寿商明洲七袠序」)「養生にあくせく勤しまなくても、養生は(自然と)その中(致良知)にある。(不屑屑於養生、而養生在其中矣)」(巻十六「書査子警巻」)というように、致良知の工夫に取り組んでさえいれば、「養生」は結果として自然に得られるものであった。まさに「深山の宝、無心に得」であり、「無心」であってこそ得られるものである。

一方、養生家は「養生」を目的とし、様々な術を用いて「氣を凝結し、神を凝固し」ようとするが、結局のところこれは「作為的な方法（有作之法）」（【資料五】、『龍溪會語』巻二「三山麗澤録」）であり、また「天地を盗み、万物を窃むことから免れず、術によって制煉し、〔自然な流れに〕逆らってこれを用い（注（19）を参照）、自分の身を自分だけのために使い、天下に通じることができない（不免盗天地、竊萬物、有術以為制煉、逆而用之、以私其身、而不能通於天下）」（巻十四「寿商明洲七袠序」）のである。これは、致良知の学の「無為のはたらき（無為作用）」（【資料五】）とは異なるものであり、この「有為」「無為」の違いをしっかりと区別しなければならないと王畿は強調する。

このことは、養生術にとりわけ強い関心を抱いていた羅洪先（字は達夫、号は念菴）との三十年以上にわたる問答の記録である「冬遊記」「夏遊記」「甲寅夏遊記」及び「松原志晤（王畿側の記録は「松原晤語」）」においても確認できる。(23) 羅洪先が一貫して「収攝保聚の功（収斂静定の工夫）」を主張し続けたのに対し、二人の最後の問答の記録（王畿側）である「松原晤語」（巻二）において王畿は、結局のところ羅洪先はまだ「有収有制の功」(24)、つまり作為を施しているところがあるのであって「無為の旨」を究竟するに至らなかったと断じている。

最後に、王畿の講会活動と養生観について少し言及して結びとしたい。王畿はその生涯の大半を朋友との講会活動に捧げたわけであるが、こうした朋友との交流の中で良知を発揮していくこと（＝致良知）にこそ、実は真の「養生」があると考えていた。王畿は「留都会紀」（巻四）において「精神（体内の氣）を大事に守っていこうとするならば、朋友と交流することが最もよい（欲愛惜精神、莫如親朋友）」といい、終日、朋友と相対することで、安楽怠惰な気は自ずと除去され、精神は自然に充実し光り輝いてくる。そしてこれこそが「致良知の実学」であり、「吾が儒の養生の正脈路」にほかならないと述べている。人事を避け社会から離れて精神を守ろうとしても、ゆとりから怠け心が生じ、怠け心から体は次第に衰えていく。したいままに悠々と過ごせば、いつの間にか体は損傷していき、それに自ら気付くことはない。戸枢（とぼそ）が腐らず、流水が滞らないのは、常に「自ら強めて息まない」（『易』乾卦）からである。そしてこれこそが「君子が天に法る方法である」と王畿は結んでいる。(25)

注

（1）他にも「偃月爐」（巻九「与魏水洲」／『周易参同契』上篇第九章ほか）「立根基」（巻一「天泉證道紀」等／『悟真篇』絶句第三十九、また『周易参同契』上篇第三章に「樹根基」とある）「立躋聖地（聖位）」（巻五「天柱山房会語」／張白端『金丹四百字解』原序、『悟真篇』自序）「泄天機」（巻一「天泉證道紀」に「天機該發泄」とある／張白端『玉清金笥青華秘文金宝内煉丹訣』「直泄天機図論十七」、『悟真篇』自序等）など枚挙に暇がない。なおテキストは、呉震編『王畿集』（陽明後學文献叢書、鳳凰出版、二〇〇七年）を使用し、『王畿集』からの引用については書名を略し、巻数以下を記した。また『周易参同契』のテキストは、兪琰『周易参同契発揮』を使用した。

（2）明代後期における道教受容に関しては、馬淵昌也「明代後期儒学士大夫の「道教」受容について」（『道教の歴史と文化』、一九九八年）を参照。

（3）『周易参同契』が魏伯陽の撰であることを疑う学者もいるが、鈴木由次郎氏は『漢易研究』（明徳出版社、昭和三十八年、五九七頁〜）において三つの根拠を挙げて魏伯陽の撰であることを実証されている。

（4）坂出祥伸『「気」と養生―道教の養生術と呪術』（人文書院、一九九三年）所収「狐剛子と『周易参同契』の煉丹」を参照。「〔周易参同契は〕内丹を説いているのだという解釈が八世紀ごろ（唐、玄宗の時代）から流布していて、時代が降るとともに、この解釈が一般的になって、今日でもJ・ニーダム博士でさえ、この説をうけついでいる。もちろん王明（『周易参同契考証』一九四七）や吉田光邦（『錬金術』一九六三）のように外丹あるいは煉丹を説いた書と

している学者もあるが、今日の日本・中国・欧米の学界はおおむね内丹の書と解釈して、この書を論じている。」（一六二頁）

（5）吾妻重二「『周易参同契考異』の考察」（『朱子学の新研究』所収、創文社、二〇〇四年）を参照。

（6）徐儒宗編『羅洪先集』（陽明後學文献叢書、鳳凰出版、二〇〇七年）

（7）また王畿自身も、道士である胡清虚に入門したという話もある。「胡清虚、浙之義烏人。初為陳大参門子、以悪瘡逐出。倚一道人、率之遊匡廬終南、遂有所得。浙中士紳翕然宗之、陶念齋王龍溪倶納贄受教。」（『明儒学案』巻三十五「泰州学案四」）

（8）「機」の解釈については、「故君子之學、以體易為要、以窮神為機」（巻十七「変化説示士濬士美」）とあるように、「機」は「要」と同意義で使用されることがある。また、「夫れ学に要機有り」（巻五「南雍諸友雞鳴憑虚閣会語」）「道に本原有り、学に要領有り、功に次第有り」（巻二「水西会約題詞」）とあるように、「要機」「要領」と言い換えられることもある。「機」については、他に「変わり目」「転換点」「はたらき」など様々な解釈が考えられるが、ここでは「要機」「要領」、すなわち、物事の「要」「肝心要の所」「鍵となるポイント」「最重要ポイント」、現代中国語にいう「關鍵」「枢紐」（『漢語大詞典』を参照）といった意味で解釈した。

（9）伏羲之畫、象此者也。文王之辭、彖此者也。周公之爻、效此者也。孔子之易、贊此者也。魏子謂之丹、邵子謂之丸。致良知、即所謂還丹、所謂弄丸。知此謂之知道、見此謂之見易。乃四聖之密藏、二子之神符也。（巻十五「易測授張叔学」）

（10）三浦國雄氏は『玉清金笥青華秘文金宝内煉丹訣』について、「本経は張白端撰として知られ、『悟真篇』と表裏をなすものとして歴代珍重されてきた」とし、しかし、「多くの論者はこれを伯端の自作という前提に立って議論を進めているが、明代に初めて世に現れた本篇は、明代偽作説とするのが自然である。」と述べられている（『朱子の気と身体』第二章「気質の変革」、平凡社、一九九七年、二七六・二七七頁）。

（11）「性命」という言葉は明代に流行したが、これについては荒木見悟氏の以下の解説を参照。「……この根源的主体を陽明は良知と名づけたのであるが、これにまつわる儒家的臭気を払拭するために、真心という語が流行し、また性命という語が流行した。真心という語はさておき、性命について、伝統的儒家では、「天命之を性と謂う」という『中庸』の語にもとづき、「天に在るを命といい、人に在るを性という」ことが原則とされたが、この場合、性と命とは、そのありようを異にするだけで、その実質は一味同体のものと理解された。陽明が「道は即ち性、即ち命にして、本よりこれ完完全全なり」（『伝習録』巻上）といい、また「命は即ちこれ性なり」（同上巻下）というのは、明らかにこの路線に則るものである。」（「鄧豁渠の出現とその背景」『中国心学の鼓動と仏教』所収、中国書店、一九九五年、二六三頁）

(12) 王畿のいう「性命合一」は、一般的に「性命双修」といわれる。注（11）にあるように性・命は本来儒家の概念であったが、北宋頃から内丹理論と結びつけて説かれるようになった。全真教の開祖・王重陽の著書とされる『重陽立教十五論』第十一論混性命に「性者神也。命者氣也。性若見命、禽得風飈輕擧省力易成。陰符經云禽之制在氣是也。……性命是修行之根本、謹緊鍛錬矣。」とあり、元代の陳致虚はその性命双修の教えを借りて金丹道を展開した。明代にはそれまでの性命双修説を儒仏道三教の立場から説いた『性命圭旨』が、尹真人の高弟なる人物によって著されている。

(13)『道教辞典』（平河出版社、一九九四年）の「火候」の項を参照。

(14) 例えば天泉橋において、王畿が「四無説」を提起した際の守仁の発言にそれがみられる。「汝中所見（四無説之見）、我久欲發、恐人信不及、徒増躐等之病、故含蓄到今。此是傳心秘藏、顔子明道所不敢言者、今既已説破、亦是天機該發泄時、豈容復秘。……但吾人凡心未了、雖已得悟、仍當隨時用漸修工夫。不如此不足以超凡入聖、所謂上乘兼修中下也。汝中此意、正好保任、不宜輕以示人。」（巻一「天泉證道紀」）

(15) 例えば、巻一「撫州擬峴臺会語」に「先師曰、此只説得象山自家所見、須知涓流即是滄海、拳石即是泰山。此是最上一機、所謂無翼而飛、無足而至、不由積累而成者也。非深悟無極之旨、未足以語此。」とある。

(16) 柳存仁「王陽明と明代の道教」（陽明学大系第一巻『陽明学入門』所収、明徳出版社、一九七一年、二六五頁）を参照。

(17) 王陽明は、「悟真篇是誤真篇、三注由來一手箋」とし、悟真篇の三注が一人の手によって成った、つまり、上陽子

（陳致虚）が三注を偽撰したと疑った。この点については、柳存仁「王陽明と明代の道教」（陽明学大系第一巻『陽明学入門』所収、明徳出版社、一九七一年、二八六頁）を参照。

(18)「殺機」は『陰符経』の言葉。王畿の発言の中には『陰符経』からの引用が散見される。「人之息與天地之息原是一體相資而生、『陰符』有三盗之説、非故冒認為己物而息之也。」（巻六「致知議辯」）、「吾儒未發之中、發而中節之和皆是此意、其要只是一念之微識取、戒懼慎獨而中和出焉、即火候薬物也。中和位育即『宇宙在手、萬化帰身』也。」（巻八「与潘笠江」）、「若果信得及、可使終日應酬萬變而此念寂然不為縁轉、是謂通乎晝夜之道而知、聖功生焉、神明出焉。」（巻九「与李原野」）。

(19) ただ、王畿の「順／逆」の使用例はこの意味だけに限られない。巻十四「寿商明洲七袠序」では「吾が儒の学は理を主とし、道家の術は気を主とす」とし、儒学を「順にして公」であるとして称賛し、道家は「逆にして之れを用う」であるとして否定する。なお、煉丹術を「逆」とする記述は道家の書にみられる。例えば、陳致虚（上陽子）の『金丹大要』上薬篇に、「精氣神三物相感、順則成人、逆則成丹。何謂順。一生二、二生三、三生萬物。故虚化神、神化氣、氣化精、精化形、形乃成人。何謂逆。万物含三、三帰二、二帰一。知此道者、怡神寧形、養形煉精、積精化氣、煉氣合神、煉神還虚、金丹乃成。」など。

(20)「天根」「月屈」は、『伊川撃壌集』巻五「観物吟二種其一」「月屈吟」、巻四「大筆吟」等に見られる。王畿の「天根月屈」論については早坂俊廣「王畿の「天根月屈説」について」（『哲学』五〇、一九九八年）を参照。

(21)〔漢儒の学と仏氏の学について〕一則泥於跡、知順而不知逆。一則淪於空、知逆而不知順。拘攣繆悠、未免堕於邊見、無以窺心極之全、学之弊也、久矣。濂溪生於千載之後、默契道原、洞見二者之弊。建圖立説、掲無極太極之旨以救之。……周子数百年後、陽明先師倡明良知之教、以覺天下、而心極之義復大明於世。寂然不動者、良知之體、感而遂通者、良知之用。……無中之有、有中之無、大易之旨也。（巻十七「太極亭記」）

(22) 王畿の「息」については、呉震「王龍溪の道教観─調息法を中心に─」（『大阪産業大学論集（人文科学編）』八三号、一九九四年）を参照。

(23) 王畿と羅洪先との問答についての詳細は、拙稿「王龍溪の漸修についての一考察」（『九州中国学会報』第五三号、二〇一五年）を参照。

(24)「甲寅夏遊記」（『羅洪先集』巻三）においても、王畿は羅洪先に対して、「まだ做手を犯す（作為を施す）」ところがある（尚犯做手在）」と述べている。なお、ここにいう「做手を犯す（犯做手）」という表現は、羅洪先と同じ帰寂派に分類される聶豹との問答録「致知議辯」（巻六）にも散見される。

(25) 欲愛惜精神、莫如親朋友。終日與朋友相對、宴安怠惰之氣自無所容、精神自然充實光輝、日著日察、相觀而善、只此便是致知實學、亦便是吾儒養生正脈路。若只以避人事為愛養精神、積閒成懶、積懶成衰、悠悠縱逸、暗地損傷、特不自覺耳。戸樞不朽、流水不淤、自強不息、君子所以法天也。（巻四「留都会紀」）

陽明学の「知天」における思惟構造
――天主教書『天儒印』と王陽明・王龍溪の思想から――

播本　崇史

はじめに

「天」概念は、東西思想が衝突する中で、大きな役割を果たした。一五八〇年代、天主教のイタリア人神父たちが明国に至る。彼等は現地語である漢語を習得してdeusを「天主」と表現した。一方、中華の士人たちは、彼等が熟知する「天」概念を介して「天主」を理解したのである。

無論、『天主実義』をはじめ、神父たちが漢語で著した天主教書においては、「天」と「天主」とは明晰に説き分けられている。しかし、中華士人たちのなかには、天主教に理解を示しながらも、天主教を「天学」(1)と呼称した者も存在した。

中華士人たちが天主教を「天学」と見ていたことは、彼らの天主教書に寄せた序跋によって窺い知ることができる。例えば李之藻（字は振之、号は我存、洗礼名は良や凉菴など）は、「其の學は刻苦昭事、財・色・意を絶ち、頗る俗情と相盭《そむ》き、天を知り天に事ふるを要とし、六経の旨に詭わず、今の愚夫愚婦の性に固然とする所の、所謂最初・最眞・最廣の教えを施して、聖人復た起つるも易はらざるものなり」（「刻天學初函題辭」）(2)と述べる。天主教学を、「知天、事天」（『孟子』尽心篇上）に比肩するものとし、不変の教えとして高く評価するのである。

かかる理解は、のちの「天」概念の研究を経た神父たちからすれば、自ずから然る非人格的な「天」を通して、万物を創造しこれを主宰する唯一の超越的人格神を理解しようとするものとされ、一大問題となった。神父の立場からすれば、自然主義や無神論に傾倒しかねない「天主」理解は、是正するべき課題となり、それはやがて康熙帝期における典礼問題にまで繋がっていく。

そもそも儒家の「天」観については、古くは『孟子』万章篇上に、「舜・禹・益、相去ること久遠に、其の子の賢不肖、皆な天なり。人の能く為す所に非ざるなり。之を為す莫くして為るは、天なり。之を致す莫くして至るは、命なり」（『孟子』万章篇上）とあり、「天」はいわば「人の作為を超えて、人力によらずとも成立しているはたらき」である。また、「人為を超えて全うされている人の境地」を「命」と理解(3)していたことが窺われる。さらにこの「天」は、『孟子』尽心篇上に見られるように、「心・性」に通じる人の根幹として理解されてきた(4)。

> 尽其心者、知其性也。知其性、則知天矣。存其心、養其性、所以事天也。殀寿不貳、修身以俟之、所以立命也。（『孟子』尽心篇上）

李之藻が指摘した「知天」「事天」は、「尽心」「存心」「養性」の工夫と密接に関連づけられ、『孟子』以来伝統的に理解されてきたものであった。

しかしながら、李之藻など天王教徒となった中華士人たちの「天」観が、儒家の「天」観の範疇でのみ捉えられていたかと言えば、必ずしもそうではなかったように思われる。

そこで本稿では、人知において、自らの「心」「性」に根ざしつつも、人為を越えた「天」なるはたらきを、如何にそれとして「人知」のうちに把捉できるのか、まさしく人知を超えたものを知るというその論説に着目することとしたい。ここでは、まず「知天」について、天主教説における言説を確認する。その上で、天主教来華時の学界を代表する思想として、王守仁（字は伯安、号は陽明）と、その弟子王畿（字は汝中、号は龍溪）に着目し、考察を試みることにしたい。

第一章　「天」への視座

第一節　『天儒印』における「知天」

人知を超越した何ものかを如何にすれば認知することができるのか、といった問題については、それを「天＝天主」に見た李之藻に倣えば、先述の『孟子』尽心篇上における「知天」の解釈によって窺い知ることができる。『孟子』尽心篇上、該当文に対する天主教説としての理解は、例えば、利安当の『天儒印』(5)に次のように見られる。

孟子は言った。「其の心を尽くす者は、其の性を知るなり。其の性を知れば、則ち天を知る」と。人は心を尽くすことで格物窮理することができるなら、我等の有形なる身体には、形にとらわれることのない霊性があるということが分かる。我等にこの霊性がある、ということが分かれば、我等に霊性をお与えになった天主の存在を知ることができる、と言うのだ。さらに［孟子は］言う。「其の心を存し、其の性を養ふは、天に事ふる所以なり」と。我等の本性はそれ自体の力で在るのではなく、我等の本性を我等に授けた者が存在し、我等の心はそれ自体で存立しているのではなく、我等の心を我等に賦与した者が存在する、と言うのだ。「心を存す」とは、自らの心の広大さを誇ろうとすることを言うのではなく、「性を養う」とは、自らの本性が人智を超えた奇特さを誇ろうとすることを言うのでもなく、まさしくその賦与された心性の根本を見失わぬよう努めることにほかならない。だからこそ、「天に事ふる所以なり」と言うのである。さらに［孟子は］言う。「夭寿もて貳わず身を修めて以て之を俟つ」と。そもそも人がこの世に生を受けたなら、生前の努力や夭折などに関わらず、誰にも死がおとずれる。差違があるのは、生前に行われた努力の違いくらいである。身を修めて私心に打ち克ち、心静かに主命を受け入れねばならぬのは、この天学では死後のためにしっかりそなえることこそが、死に向けての最上の在り方とされているからである。あと何年生きられるのかということを、賢者が気にかけることなどあったであろうか。

孟子云、「盡其心者、知其性也。知其性、則知天矣」。蓋言人能盡心以格物窮理、則知吾有形之身、有無形之靈性。既知吾有此靈性、即可知畀吾靈性之天主矣。又云、「存其心、養其性、所以事天也」。蓋言吾性不自有、有授吾之性者、吾心不自有、有予我之心者。存心、非欲侈自心之廣大。養性、非欲侈自性之神奇、正欲不失其賦畀心性之本原耳。故曰、「所以事天也」。又云、「夭壽不貳、修身以俟之」。夫人生在世、無論壽修夭折、皆不免死。所異者、修為不同耳。惟當修身克已、以靜聽主命、此天學以善備死候為向終之上范也。至於數之修短、豈賢所顧問哉。（『天儒印』）(6)

『孟子』を天主教説によって解釈したものだが、ここでは人類を創造した天主の存在が強調されており、『孟子』の「天」を、即座に「天主」と読み替えて解釈している。これについては、別に記されている『孟子』万章篇上「天之生此民也」に対し、「『天が此の民を生ず』と言うならば、人類は創造された存在であり、始まりがあると言うことが分かる」（『天儒印』(7)）という解釈を踏まえているものと言える。『天儒印』全体を通してみても、儒教経典に見られる「天」を、「天主」として理解せしめようとしている。例えば『中庸』の「天命之謂性」「天地位焉」について、「蒼蒼の天」を指すのではなく、「無形の天のことであり、とりもなおさず天主のことである」（『天儒印』(8)）とあり、また『論語』八佾篇の「獲罪於天」についても、「この天は形ある天を言ったものではなく、また朱注にある『天とは理のみ』というものでもない。思うに形ある天とは、もはや物質的存在であり、理はさらに天主がそれぞれに与えている規則である。『罪を天に獲る』というのは、罪を天主に得ることをいうのだ」（『天儒印』(9)）とある通りである。「天」は、感覚的に把捉し得る「有形の天」でも、あるいはその物をその物たらしめる根幹として観念されるべき「理」でもなく、万物を超越する創造主たる「天主」そのものとして捉えられている。

さらに、冒頭部に見られるように、このような超越者への視座は、天主が人に賦与した「霊性」にあると言う。この「性」とは、天主によって万物それぞれに賦与されている本性を意味する。「霊」とは、天主が賦与した人類特有の本性として理解され得るものであり、「霊魂」（悟性魂）とも言われる。人類以外では、動物類は「覚魂」（感覚魂）、植物類は「生魂」（生長魂）があるとされ、「霊」は「覚」「生」を兼ね、「覚」は「生」を兼ねると言われる（『天儒印』(10)）。さらに、「『声も臭いもない』［感覚では捉えきれない］存在について、人の死後、肉身が死ぬと気が分散し、霊神だけが生き残るのだが、天国に行き着くことができるのは、この霊神だけなのである」（『天儒印』）[11]と述べ、死後も滅することのない人の実体として、「霊神」が説かれる。「霊魂」が、肉身をもち有する生前の人間存在における中核であるのに対し、「霊神」は、それぞれの肉身＝気の散滅によって露わになったその霊性の神髄であり、決して散滅することのない実体として理解されている。

霊魂論は、明末天主教書でも重要な教説であるが、この「霊」には、「天主」＝「天」を「知る」ためのはたらきが含意されていることになる。この「霊」によって、有限なる人間が、万物を超越する実在者の存在を認めようとすることができるのである。しかしながら、「万物はひとりでに完成するのではなく、すべて天主によって生み出されたのである。天主こそ霊明の自立した存在であり、万物によって生み出されたのではない。だからひとりでに完成するという」（『天儒印』）[12]、「天主はあらゆる徳を余すことなくそなえ持ち、精妙深奥に即応する霊明なる本性をことごとく完備している」（『天儒印』）[13]などとあるように、「天主」の実在に気づく「霊」は、他の生物にない人類特有の本性というばかりではなく、その実、天主自身の本性でもあったのである。

天主教説では、人は「天主」の存在性を直截に感得することはできないとされる。[14]そうではあるが、人が「天主」というその存在性を認めることができるのは、天主が、「霊明」なる天主自身の本性を、恩寵として人に賦与しているからであるとされ、[15]それによって、人自らが自身の内なる霊性に気づけば、その霊性を賦与した絶対他者たる天主の存在に気づくことができるのである。

『天儒印』によれば、「天に事へる所以」とは、天主によって賦与された「心・性」の根本、つまりは天主に通じている霊性によって、自らの心に恩寵として抱かされた天主実在への気づきを、私欲によって見失うことのないように努めること、いわゆる「存・養」の工夫にほかならないのである。

以上によれば、天主は、人知を超え、万物を超越して実在するが、人がそれに「気づく」ためには、自身の内なる「霊性」に基づく以外になく、それが十分に発揮できるよう、自らの「心・性」を「存し・養う」工夫が求められることになる。

如上の天主教説は、『孟子』解釈に基づき、漢語によって示されたものである。このことからすれば、かような論説を成立せしめる思惟が、すでに中国哲学史上に存在していたということが言えるであろう。(16) そこで本稿では、ここで見出された思惟構造を手がかりに、改めて中国哲学における思惟に着目し、その人間観について明らかにしておきたい。

なお、『天儒印』では、聖書にて超越的創造者が被造世界と関わりを持つ際に登場する天使や悪魔について、「具体的な形を持たず、物音の立たない、霊体そのものを総称して『鬼神』と言う。分けて言えば、正しいものが『神』であり、聖書にいう『天使』がそれである。邪なるものが『鬼』であり、聖書にいう『悪魔』がそれである」とあり、「鬼神」の語によってこれを示している。つまり、「鬼神」は、陰陽屈伸往来等、気の運動形態に基づく言辞とは見なされておらず、そこに「正邪」という一定の価値づけを行っていることになる。(17)

第二節　陽明学における「知天」

陽明学においても、やはり「天」そのものが何であるかという問題は、「天」という語そのものにおいて直截に理解されていたわけではないようである。

「天」は、次に見る如く、ひとまず、「格物」「致知」という営みを説くなかに位置づけられている、ということを指摘することができる。

私の言う「致知格物」とは、わが心の良知を［自らが臨む］あらゆる事物のうえに発揮するということです。わが心の良知とは、とりもなおさずいわゆる天理にほかなりません。わが心の良知という「天理」をあらゆる事物のうえに発揮すると、［自らが臨む］あらゆる事物はすべて理法にかないます。わが心の良知を発揮するというのが、致知です。［自らが臨む］あらゆる事物がすべて理法にかなうというのが、格物です。これこそは心と理とが一体となって分けられないものであります。

若鄙人所謂致知格物者、致吾心之良知於事事物物也。吾心之良知、即所謂天理也。致吾心良知之天理於事事物物、則事事物物皆得其理矣。致吾心之良知者、致知也。事事物物皆得其理者、格物也。是合心與理而為一者也。（「答顧東橋書」『伝習録』中(18)）

これによれば、「わが心の良知」は「天理」そのものとして捉えられており、「天」は「心」において、「良知」として発現するものとされる(19)。また「致良知」とは、内外を一貫する天理を、まさに今臨んでいるその現場に応じ、「わが心」において的確に発現せしめる工夫にほかならない。陽明学における「致知」は、「致良知」としても理解されるが、現前の事物に引き摺られることなく、今臨んでいる現場に自ら適切に即応［格物］してゆく「心」を、しかと「天理」に即した実践主体として存立せしめるための工夫論として説かれる。この意味で、実践主体そのものとしての「わが心」にとっては、「知を致す」工夫が一大問題となる。

ただし、「天理」に即する方途が、良知の促しによって体現されるものと理解できるように、王守仁は、「天理」という語そのものによって、「天理」のなんたるかを理解せしめようとはしていない。あくまでも「致良知」を通じて「天理」を体認せんことを述べている。すなわち「天理」は、「致良知」実現の要件であると同時に、「致良知」が成ったところに初めて感得されてくる地平でもある。つまり「天理」とは、「天理」なる語とともにあらかじめ措定され認定されているものではなく、自らの内で確かにはたらく「心」の営みを通じて、初めて見いだされ、理解され得るものなのである。

宋明学において一貫して重大な関心事であったのは、個別具体的状況に囚われ、不偏不党なる至善を容易に見失い、直面する現実に足下を掬われ易い人間の力量において、内外を貫き、万物に通底する普遍的実体たる「天理」を、普遍的実体のままに如何にそれとして知り得るか、といった問題であった。日常世俗の最中にあっても、それでもなお普遍たる「天理」（すなわち不偏不党なる至善）に即せんとするために、それを知り得る「心・性」こそが論究対象とされていたのである。

ところが、宋明学においては、「天理」を「知り」、ひいては「至善」を「知る」ということが如何にして成るか、ということについて、大きく二通りの理解がなされることになる。この問題こそ、『孟子』にいう「其の心を尽くす者は、其の性を知るなり。其の性を知れば、則ち天を知る」の理解、すなわち「知天」理解に関わる問題であった。

後の人は至善がわが心にしかとあることを知らず、浅はかな人智によってその外にあるものを漠然と推測して、あらゆる事物それぞれに定理があると思っています。こうしてその［われの内に在って］是を是とし非を非と見分ける原則が分からなくなり、［為さねばならない理と、実践主体たる心とが］バラバラに決裂して、人欲は放埒になり天理は亡失し、ついには明徳親民の学が天下にあって大いに混乱することとなったのです。

後之人惟其不知至善之在吾心、而用其私智以揣摸測度於其外、以為事事物物各有定理也。是以昧其是非之則、支離決裂、人欲肆而天理亡、明德親民之學遂大亂於天下。[20]（『大学問』）

人は至善がわが心にしかとあることを知らず、これを外に求め、あらゆる事物のいずれにも定理があると見なして、至善を、あらゆる事物のうちに見出そうとしました。こうして［当為と実践とが］バラバラに決裂して入り乱れることとなり、［心に理に即した］一定した向《はたらきかた》のあることを知ることがなくなったのです。今、もはや至善はわが心にしかと在って、外に求めるまでもない、ということを知ったならば、「志」という何かを為そうと思う心には、定《しかとさだまる》向《はたらきかた》があり［すなわち自らが為すべき目標が自ずと定まって］、［理と心とが］バラバラに決裂して入り乱れる、という患いは無くなるのです。バラバラに決裂して入り乱れるという患いが無くなれば、心は妄動せず安静になるのです。心が軽挙妄動に奔らず安静になることができたならば、その日常生活は、落ち着いて生きる喜びが充実し、安心がもたらされるのです。安心できたなら、一念の発（為すべきことにハッと気付く本性の顕れ）や一事の感（一つ一つの事態に応じて感じる心の反応作用）において、それが至善であるか否かということについて、わが心の良知が自ら詳しく事細かに精査することで、思慮することができるようになるのです。思慮することができれば、何を為すべきかという選択は精密に行われ、身を処する際に的外れなことは無くなり、ここにおいてこそ至善が実現できるのです。

人惟不知至善之在吾心、而求之於其外、以為事事物物皆有定理也、而求至善於事事物物之中。是以支離決裂、錯雜紛紜、而莫知有一定之向。今焉既知至善之在吾心、而不假於外求、則志有定向、而無支離決裂、錯雜紛紜之患矣。無支離決裂、錯雜紛紜之患、則心不妄動而能靜矣。心不妄動而能靜、則其日用之間、從容閒暇而能安矣。能安、則凡一念之發、一事之感、其為至善乎、其非至善乎、吾心之良知自有以詳審精察之、而能慮矣。能慮則擇之無不精、處之無不當、而至善於是乎可得矣。(『大学問』)(21)

王守仁によれば、「心」こそがすでに「至善」であり、それは、「一定の向」「定向」(22)として、主客関係の現場にて自然と適切ならんとする「心」のはたらき方に示されている。いわば、具体的な現場での「行い」において、「天性」のままに自らはたらく心のありようを感得することで、「天を知る」のである。

一方で、王守仁が批判的に論じているように、心外のあらゆる事物〔事事物〕それぞれに「定理」がある、とする見解もあり得た。かかる理解は、明代における朱子学理解の一端である。

ところが、ここで王守仁は、それを「支離錯雑に陥るもの」として一刀両断に斥けているのみである。そこで、王守仁が批判的に乗り越えようとした朱子学における見解についても、「天」と「心性」との思惟構造を、朱熹自身の言辞を通じて、一応確認しておきたい。

第三節　朱子学における「知天」

あらゆる事物〔事事物〕に「定理」がある、とする朱子学的見解は、陽明学的理解とはいささか異なる。朱子学では如何にして「心性」と事事物物に「定理」があるということとを関連づけているのであろうか。「知天」については、『孟子』に対する朱熹の注釈『孟子集注』に、次のようにある。

心とは、人の絶妙的確なるはたらきであり、〔『大学』にあるように、〕あらゆる理を具有して如何なる事態にも応じるものである。性は心に具わる理のことであり、天はその理の本源である。人はこの心があるために、「全体」[23]そのものなのである。しかし理を窮めなければ、蔽われてしまい、この心の力量すべてを余すことなく尽くすことがない。だからその心の全体を極めることができ、とことん発揮し尽くせた者は、必ずかの天理を窮めることができ、知らないことはなくなる。すでにその理を知ったならば、その根源たる天も、理にほかならないのである。『大学』に示されている工夫の次第によってこのことを言えば、「知性」は「物格」（対他関係における理が窮極のところまで至ったこと）ということであり、「尽心」は「知至」（知識が十全になる）ということである。

心者、人之神明、所以具衆理而應萬事者也。性則心之所具之理、而天又理之所從以出者也。人有是心、莫非全體。然不窮理、則有所蔽、而無以盡乎此心之量。故能極其心之全體、而無不盡者、必其能窮夫理、而無不知者也。既知其理、則其所從出、亦不外是矣。以大學之序言之、「知性」則「物格」之謂、「盡心」則「知至」之謂也。（『孟子集注』尽心篇上[24]）

朱熹は、まず「心」を、あらゆる事物の理に柔軟適切に感応する主体たるはたらきであるとしている。そのうえで、事物に臨み、それに適切に応じようとする自らの心のはたらきを「性」（即理）としておさえている。さらに、人力に関わらずとも適切に感応しようとする「性」のそのあり方を「天」に基づくものとし、「人是の心有らば、全体に非ざること莫し」と述べて、「心」「性」は、「天理」に根ざすものであり、且つ「全体」そのものでもあると見なしている。これによって、性理を窮め尽くせない場合には、心を十分に発揮し尽くせることはない、逆に、心の全体（すなわち「性」）を余すところなく極め、とことん発揮すれば、事事物物の理を窮めることとなり、理の根源である「天」をも含めて知らないことは一切無くなる。つまりは、理を知れば、理の根本たる「天」についても、理を通して捉えることができる、ということである。そのうえで、『孟子』尽心篇上の「性を知る」を、『大学』の「物格」に相応すると、『孟子』の「心を尽くす」を、『大学』の「知至」に相応するとまとめている。(25)

これによれば、「知天」とは、事事物物に臨んで、我が心性を極め尽くし、内外を一貫するその天理を窮めることを通して成り立つことになる。自らが臨む対他関係の適切な在り方として、「天理」が感得されてくる。内外一貫の「理」を窮め知る以上、その根源である「天」をも知ることに繋がると言うのである。

この場合の「知」は、単なる「知る」という営為ではなく、朱熹の『大学章句』「知至」の注によれば、「知至るとは、吾が心の知る所、尽くさざる無きなり」の「吾が心の知る所」に相応し、それは、その直前の「致知」の「知」の注、「知は猶ほ識のごときなり。吾の知識を推極して、其の知る所尽くさざる無からんことを欲するなり」に示された「吾の知識」「吾の知る所」に相応するものと言える。朱熹の「知」は、あくまで、その事物に即して心を尽くし、その対他関係における理を窮め致した成果として得られたもの、すなわち「知識」と言うことができる。

今自らが臨んでいる「事物」の理を余すことなく窮め尽くすことで、その「事物」に臨むための当為性（理）が感得されてくるため、それをその「事物」に臨む際の「知識」、いわばマニュアルとして心に留め、それを自ら推し極めてゆくことで、その「理」を自らの心において十全なものにする、といった理解が成り立つことになろう。

王守仁は「知」を「良知」とし、それこそが「天」を体現するものとみなしていたのに対し、朱熹は「知」を、

「理を窮め」たことによって得られる「知識」としている。

ここにおいて、「天」は、「知」（知るはたらきそのもの）の根源としての位置づけと、「窮める」という各自の工夫を通じて見出される「理」――「天理」というあらゆる現象を成立せしめている根源――としての位置づけ、という二通りの理解が成立していたこととなる。

陽明学における「天」は、「心」（＝「良知」）の完全無欠なるはたらきを示すものとして述べられている。一方朱子学では、万事万物を成立せしめている根本原理とされ、人においては「性」と呼称され(26)、また、人の本性として、万事万物の理を把握できることの根拠として位置づけられている。

以上の考察によれば、「天」とは、宋明学の大筋としては、一字の概念理解として一貫した定義がなされていたわけではなく、「知」の説き方とともに、それぞれの思惟構造下で位置づけられていたことが窺われる。陽明学では、朱子学が強調してきた「天理」に対し、「吾心之良知、即所謂天理也」として「吾が心の良知」においてこれを理解するのである。

では、自らの内なるはたらきにおいて、それこそが「天」である、ということは如何に自覚できるのであろうか。この問題は、学ぶ者自身にとって、自らの「心」の判断が、不偏不党なる境地、すなわち「天理」に即するものであるか否か、その妥当性を自らにおいて決するものであると同時に、その言動所作に如実に立ち現れてくる「心」における「天」への「気づき」にも関わるものともなろう。

第二章　陽明心学における「天」の位置

第一節　王守仁の人間観と「天」

王守仁は、「答顧東橋書」において、朱子学と良知心学との差違を明確に述べているが、そこで、「知天」「事天」に関わる論を展開している。ここからは、王守仁が朱子学のもたらした弊害を、『孟子』尽心篇上の「其の性を知れば、則ち天を知る」の「知天」に顕れるものと捉えていたであろうその一端が窺われる。それはとりもなおさず、「天」を「知る」とは、如何にして成立するか、という問題でもある。

朱子は［『孟子』尽心篇上にいわれている］「尽心、知性、知天」を［「大学」にいう］物格、知致とし、［『孟子』の］「存心、養性、事天」を［「大学」にいう］誠意、正心、修身とし、［『孟子』の］「殀壽もて貳《うたが》はず、身を修めて以て之を俟つ」を知が十分に発揮され、仁がとことん実現された究極の状態であり、聖人の営みとしましたが、私の見解は、朱子とは正反対です。そもそも［『孟子』の］「尽心、知性、知天」は、［「中庸」にいう］「生まれながらにして知り、そのままに実践する」という、聖人の営みであり、［『孟子』の］「存心、養性、事天」は、［「中庸」にいう］「学んで知り、善いことがあるので実践する」という、賢人の営みであり、「殀壽もて貳とせず、身を修めて以て之を俟つ」は、［「中庸」にいう］「くるしみながら知り勉め励んで実践する」という学ぶ者の営みであります。どうして「尽心、知性」だけを「知」とし、「存心養性」だけを「実践」と見なすことができるでしょうか。

朱子以「盡心知性知天」為物格知致、以「存心養性事天」為誠意正心脩身、以「殀壽不貳脩身以俟」為知至仁盡、聖人之事、若鄙人之見、則與朱子正相反矣。夫「盡心知性知天」者、「生知安行」、聖人之事也、「存心養性事天」者、「學知利行」、賢人之事也、「殀壽不貳、脩身以俟」者、「困知勉行」、學者之事也。豈可專以盡心知性為知、存心養性為行乎（「答顧東橋書」『伝習録』中）(27)

王守仁によれば、朱熹は、全ての学ぶ者たちが自らの到達点として理想とするべき「聖人の営み」を説いていたことになる。『孟子』にある「尽心、知性、知天」と「存心、養性、事天」とを、『大学』の階梯に対応するかたちでとらえ直し、前者を「物格、知致」という主客関係に生じる知的営為の流れとして位置付け、後者を「誠意、正心、修身」という工夫の段階とし、続く『孟子』の「殀寿不貳〜」を、その工夫実践の成果として位置づけている。つまり朱熹にとって、「心・性」と「天」とが一体であるということは、あくまでも「聖人」という存在が成り立つ際の原理として理解されるべきものであったと言えるであろう。

朱熹の言うように、これらを、聖人一者の営為とすると、「尽・知」と「存・養・事」とは、それぞれ段階として捉えられていくことになる。しかし王守仁は、聖人に至る工夫の階梯を説く『大学』によって『孟子』を解釈するのではなく、多様な人間像に言及する『中庸』に即してこれを解釈している。すなわち「尽・知」と「存・養・事」とを、「聖人」「賢人」「学者」といった位相・力量の違いとして捉え直そうとするのである。

つまり、王守仁は、『孟子』にある「心・性」が「天」と一体であるということについて、それを自己の「心」で各自が確認自覚しようとする際、聖人と初学者とでは、その方法に相異が生じてしまうということを認めていたことになる。ただしそれは、誰もが有する天に根ざした心性を、人自らが実現発揮していくための方途の相異ということになる。

ここでは、王守仁の思想において、「天」を自らの心性において自覚し得る方途に着目して、「聖人」「賢人」「学者」それぞれの位相における特徴を見ておくことにしたい。

① 聖人之事(28)

そもそも心まるごとのすがたが、性です。性の根源が、天です。その心をとことん尽くす〔尽〕ことができるというのは、その性をとことん尽くすことができるということです。『中庸』に「惟だ天下の至誠のみ、能く其の性を尽くす」といい、さらに「天地の化育を知り、諸れを鬼神に質して疑ひ無きは、天を知るなり」といいます。これは聖人であればこそ初めてできることであります。だから〔「中庸」にいう〕「生まれながらに知っており、そのままに実践する、聖人の営み」なのです。

夫心之體、性也。性之原、天也。能盡其心、是能盡其性矣。中庸云「惟天下至誠為能盡其性」、又云「知天地之化育、質諸鬼神而無疑、知天也」。此惟聖人而後能然、故曰「此生知安行、聖人之事也」。

至誠たる聖人であれば、自身の「心を尽くす」という工夫によって「性を知り」「天を知る」に至る。「天」は「性」の根源であり、「性」は「心」まるごとのすがた〔心之体〕であり、「心」まるごとのすがたがとことん尽くされれば、「天」の根源たる「性」がとことん尽くされることとなる。「天」を直截には把捉しえなくとも、至誠たる聖人であれば、「天・性」のままに「心」があるため、その「心を尽くす」ことで、「知天」が成り立つというわけである。

この「知（天）」は、「天」についての知識を獲得する、と言うことを意味するわけではない。「聖人」は、実践主体たる「心」を、「天・性」に則って適切に尽くすことができるため、「天」は、対象化されて知識として把握されるまでもなく、もはや「心」として現出していることになる。

なお、さらに、自らの「知（天）」に対する妥当性の判断に、「鬼神」（天地のはたらきであり、創造変化という現象そのもの）[29]を根拠としている点は、先に触れた天主教説における鬼神論との比較において興味深く、検討に値する問題であるが、ここでは、「心」が「天」「性」に根ざしているということを前提として、「心」のあり方を極めて重く位置づけていることに着目しておきたい。[30]

② 賢人之事

その心を「保持する」（存）というのは、まだその心を「とことこん尽くす」ということができていないということです。だから「保持する」という工夫を加えることが必要なのです。きっと「保持する」ということが持続されれば、「保持する」という工夫をわざわざ行おうとするまでもなく、自然と「保持している」ようになり、そこではじめて「とことん尽くした」ということが言えるようになるのです。思うに「天を知る」というときの「知」とは、「州知事」や「県知事」の「知」のような意味です。州知事という地位におれば、一州のできごとは、すべて［制御下にある以上、］その州知事自身のできごととなります。県知事という地位におれば、一県のできごとは、すべて［制御下にある以上、］その県知事自身のできごととなります。つまり、天と一体であるということなのです。天に「事える」というのは、子が父に事えたり、臣下が主君に事えたりするようなもので、天と一体であることにはなりません。〔しかし〕天が我に命じたものが、心であり、性でありますから、わたしたちがひたすらこれを「保持し」て決して失わず、これを「養っ」て決して害わないようにすることは、〔『礼記』祭義篇に記されている孝行、〕「父母が完全なものとして生んだ身体を、子は完全なままに全うする」のと同様のことです。だからこれは〔「中庸」にいう〕「学んで知り、身に得れば善いことがあると分かっているので実践する、賢人の営み」なのです。

存其心者、未能盡其心者也。故須加存之功。必存之既久、不待於存而自無不存、然後可以進而言盡。蓋「知天」之「知」、如「知州」「知縣」之「知」。知州則一州之事皆己事也。知縣則一縣之事皆己事也。是與天為一者也。「事天」則如子之事父、臣之事君、猶與天為二也、天之所以命於我者、心也、性也。吾但存之而不敢失、養之而不敢害、如「父母全而生之、子全而歸之」者也。故曰「此學知利行、賢人之事也」。

この「賢人の事」において示されている工夫も、「心」を、「天」に即して発現せしめる実践の仕方として論じられている。

しかし、王守仁によれば、「天性」の発現主体たる「心」であっても、「賢人」の場合は、「聖人」のようにそれを「とことん尽くす」〔尽〕ことはできないと言う。そのため「賢人」は、「保持する」〔存〕という工夫を行わねばならないのである。したがって、賢人には、「事天」ということが求められる。

王守仁によれば、「保持する」工夫は、賢人の力量にて実践することができる。「存心」を持続してゆくことができたなら、それがそのまま「尽心」という地平として開かれるのであり、「心を尽くす」ことは、むしろ「心を保持する」工夫のうちに、含意されていることになる。(31)

前節では、「尽心」によって「知天」が成ることは、聖人という天と一体たる心性をもつ者だからこそ可能な営みとして理解されていた。しかし賢人においても、「存・養」によって、天と一体となることは目指されている。ただしそれは、「事天」として成り立つものである。「事天」では、あくまでも「事える」ということのために、「天」から離れ、むしろこれを対象化することになる。

しかし、天は、天命として、全ての人に「心・性」を賦与しているため、天命のままなる「心・性」を賢者の力量によって「存・養」し続けている限りにおいて、「事える」ことが成り立ち、その天性を実現できるようになる、と言うのである。

賢人は、十分に「心を尽くす」ことはできないが、「存・養」することによって、結果的に、「聖人」のように、天と一体になれるということになる。すなわち、「心」を制御し続けることによって、そのまま「天」の位相が「心」に立ち現れ、その「心」を「天」として把握することが可能になると言うのである。

③　学者之事

「夭寿にかかわらず［心を］変えない」ことに至っては、その心を「保持する」ことと、さらに隔たりがあります。その心を「保持する」者は、［聖人のように］その心を「とことん尽くす」ことができないとはいえ、もとから、心は、一心に善を実現しようとしていますので、時に保持できないことがあったとしても、［心本来のはたらきを］「保持する」［べく努める］のみなのです。しかし「夭寿にかかわらず［心を］変えない」と述べているということは、［裏を返せば］夭寿によって心は分裂するものである、と言っているようなものです。夭寿であることによってその心が動揺し分裂してしまえば、心が善を実現しようと一心に求め続けることなどできないことになります。［こうしてみれば、］「保持する」こともできないのに、「とことん尽くす」などと言うことができるわけがありません。今ひとまず善を実現しようとする心が夭寿によって動揺しないようにしたとしても、「死生夭寿は、いずれも定められた天命であるから、私たちは一心に善を実現しようとして、身を修めてその天命が来るのを俟つだけだ」と言うならば、天命がある、ということについて、日頃からまったく分かっていないことになります。［賢人の事として見た］天に「事える」は、天を対象化していることになりますが、天命の所在については十分把握していますので、ひたすら恭しく敬い奉ってお受けする努力をするだけで済みます。ここで「俟つ」と言うのは、天命の所在について、何も把握できないからこそ、「俟つ」しかないことを言っているのです。だから［あくまで孟子は、「身を修めることで俟つ」ということを、］「命を立てる手段だ」と言っているのです。「立てる」というのは、「創立」の「立」であり、立徳、立言、立功、立命の類です。およそ「立」という語を用いる場合は、どのような言葉であっても、それ以前には無かったものを今始めて建立するという言い方となります。孔子が［『論語』堯曰篇で］述べているように「天命を知らなければ君子とは見なせない」わけですから、［このような段階の人であれば、「中庸」にいう］「くるしみながら知り勉め励んで実践する。［君子たらんとする］学ぶ者の営み」と言うのです。

至於「殀壽不貳」、則與存其心者又有間矣。存其心者雖未能盡其心、固已一心於為善、時有不存、則存之而已。今使之「殀壽不貳」、是猶以殀壽貳其心者也。猶以殀壽貳其心、是其為善之心猶未能一也。存之尚有所未可、而何盡之可云乎。今且使之不以殀壽貳其為善之心、若曰死生殀壽、皆有定命、吾但一心於為善、修吾之身以俟天命而已、是其平日尚未知有天命也。「事天」雖與天為二、然已真知天命之所在、但惟恭敬奉承之而已耳。若俟之云者、則尚未能真知天命之所在、猶有所俟者也。故曰所以立命。立者、創立之立、如立徳、立言、立功、立名之類。凡言立者、皆是昔未嘗有、而今始建立之謂、孔子所謂「不知命、無以為君子」者也、故曰「此困知勉行、學者之事也」。（「答顧東橋書」『伝習録』中）

学者は、もはや「尽・知」も、「存・養・事」も行い得ない。そもそも天命について、全く何も把握できないのである。「殀寿貳とせず、身を修めて以て之を俟つ」は、夭寿ということに心患わせることなく、ひたすら身を修めて天命を俟つことである。もはや学者は、身を修めることによって、天命に至らんとするほかないのである。

性善説において、そもそも「心」というものは、その天命として、常に一心に善を求め続けているものである。したがって、たとえそれを「保持する」ことができずとも、その「心」を保持しようとする工夫を行い続けることによって、やがて「心」の本来性を回復することができる。しかし、そもそも、夭逝や長寿ということによって「心」が挫け、動揺し、煩わされてしまう者は、もはや一心に善を求めようとする「心」の本来性すら見失っている。すなわち、天命の所在が分からなくなり、何も「保持する」ことのできない状態に陥ることとなる。

ここにおいて、王守仁は、孟子が「俟」「立」と述べた点に着目し、夭寿によって動揺しないよう努めるという「修身」の工夫を行うことにより、「天命を俟つのみ」と述べている。そして、「天命の所在も分からない者には、君子の資格はない」という孔子の説を踏まえ、これを困知勉行によって君子ならんとする「学者の事」とするのである。

以上のように、「天」と一体となる境地を、「心」において実現することを求める陽明学であるが、その営みは、決して単調なものではなく、多様な人間の実像に応じて説き分けられていたことが分かる。その説き分けの要となるのが、「心」「性」「天」が一体であることへの自覚の差である。その自覚の差が、各自の力量に応じた学の組み立てに大きく関わるものとなっている。

「聖人」「賢人」「学者」における各「自覚」の中核となるのは、如何に「天」を「我＝心」に位置づけるかという問題である。王守仁は、人によって異なる原姿の多様さを踏まえつつも、その全てにおいて「天」と一体たる境地を自覚する手立てを提示している。そこには、いかなる人間であろうとも「天」に則する「心」を有している、という確信のあることが窺われる。

「心」「性」「天」が一体である、ということへの自覚の多様性は、陽明学が提示する実践工夫論の基礎となる思惟構造そのものである。また、そこにおける「天」の位置づけは、「事事物物」に対し適切にはたらく「わが心」（＝自らの主体性そのもの）としての「良知」を、如何に自覚するか、といった、良知理解を左右する重要な観点でもある。

第二節　王畿思想における「天」の位置

ところで、明代における天主教神父の嚆矢は羅明堅（Michele Ruggieri、イタリア）であるが、その広州入城は一五八〇年のことであり、利瑪竇（Matteo Ricci、イタリア）が肇慶に入城して本格的な活動をはじめたのは、一五八三年以後となる。一五八三年と言えば、陽明門下の傑物として名高い王畿の没年でもある。さらに、利瑪竇が没した一六一〇年前後では、いわゆる東林士人らによって王畿思想に反省が加えられるようにもなる。まさに当時の思想界は、王畿を中心とした陽明学隆盛の時代であったと言える。

王畿は、「天」を如何に自覚できる（「知る」）ものと認識していたのであろうか。この問題は、「心」「性」「天」に関し、その本来性と多様な原姿のありようとを、如何に整合付けていたかといった問題ともなるであろう。若干の考察を試みることとしたい。

「知」の問題に関して言えば、「致知」について、王畿と論争を繰り広げた聶豹（字は文蔚、号は雙江）の思想も、当時の思想界を窺ううえでは、大変興味深い。王畿と聶豹は、それぞれ陽明学の「現成派」と「帰寂派」(32)を代表する人物として知られる。その思想的特徴は、「現在成就・現在集中主義」と「寂静優先主義」(33)、あるいは「已発作用主義の現成思想」と「未発本体主義の帰寂思想」(34)として理解されているが(35)、両者における「致知」理解は、まさに本性（天即心）を如何に位置づけるかという「天」観の問題に繋がるものと考えられる。ただし、ここで聶豹その他の思想までも論じる余裕はない。それらについてはまた別に考察を試みることとしたい。

王畿は、聶豹との論議の発端となった「致知議略」において、二種類の「知」（良知・知識）を説き、両者を「先天」「後天」という「天」を根幹とする概念によって説き分けている。

そもそも良知と知識とは、その差は極めて僅かなようでいて、突き詰めていけば実に千里の隔たりがあります。同じ「知」であるけれども、あるときは「良」となり、あるときは「識」となり、あるときは徳性の知となり、あるときは見聞の知となり、早々に弁別しておかないわけにはいきません。良知とは、本心の「明らかにするはたらき」（明）であり、学習や思慮によらずとも身についているものであり、「先天」の学であります。知識の場合は、［それがいくらあっても安心を得ることなどできないので、］自分の心を信じ切ることができず、「多く学びとり」、「憶測することで的中させる」という［工夫の］助けを借りなければならず、すでに「後天」の域に入り込んでおります。

夫良知之與知識、差若毫釐、究實千里。同一知也、如是則為良、如是則為識、如是則為德性之知、如是則為見聞之知、不可以不早辨也。良知者、本心之明、不由學慮而得、先天之學也。知識則不能自信其心、未免假於多學億中之助、而已入於後天矣。（「致知議略」）(36)

「知」の理解として、王畿は「良知」と「知識」とを当てているが、両者は全く似て非なるものと論じる。別の書簡において、王畿は「良知と知識との争点に一字のみであり、いずれも一知」を外すことはできない。良知は知識によることのない知るはたらきそのものであり、これこそ学問の中枢である」（「答呉悟齋」）(37)と述べ、「良知」を知識に依存することのない知るはたらきそのものとして理解している。

しかし、一方で、ここでは、「先天」「後天」に対応させて、「良知」「知識」を併せ説いているようにも見える。「良知」は「徳性の知」であり、学習や思慮によらずとも生得的に身についている「先天の学」とある。一方、「知識」は、「見聞の知」であり、それだけでもって自身の心を信じきるに至らせることはできない。より多くの知識を身につけ憶測するという工夫の助けを借り、「見聞」した内容を補強するために用いられる。それが「知識」であり「後天」に属すという。「知」としての「良知」「知識」と、この両者に呼応するかたちで「天」（「先天」「後天」）への言及が見られるのである。

これまで見てきた『孟子』尽心篇上の該当箇所への言及は、『王畿集』にも散見される。しかし、「知天命」や、「知天機」という語によって示されるばかりで、「知天」や「事天」についての言及は管見に入らなかった。そこで、数少ない用例として、この「先天」「後天」の理解から、王畿が「天」を如何に把握しようとしていたのか、その理解に迫ってみることとしたい。

「天」を軸として言い分けられる「先天」「後天」と、そこに記されていた「良知」「知識」とを、王畿は如何なる関係にあると説くのであろうか。

王畿は、続けて次のように論じている。


良知はとりもなおさず「未発の中」であり、これこそは「発して節に中るの和」である。これこそあまたの聖人たちが切り開いてきた根本の道理であり、所謂「前後・内外のない、一つにとけ合っていかなるものにも区別することのできない統体」である。

良知即是未發之中、即是發而中節之和。此是千聖斬關第一義、所謂無前後内外渾然一體者也。(「致知議略」)(38)

王畿は、「良知即是天然之則」(「格物問答原旨」)(39)、「良知即天、良知即帝」(「南遊會紀」)(40)とも述べるように、「良知」を「天」に直結する統体として見ている。それは無論、王守仁自身が論じていたことでもある。(41)王畿によれば、良知とは、前後内外の隔てのない渾然一体なるものである。王畿は、一見すると「良知・知識」を、「先天・後天」と併せ説いており、対比的に論じているように見えるが、実は「良知」については、「良知即天」とみなしており、先後・内外の区分けのなかに位置づけてはいないのである。

先の「先天」「後天」という説き分けにおいて、王畿は、あくまでも「先天の学」として「良知」を明示している。「良知は未発の中」であるということこそが、王畿の主意であったことに注意する必要がある。

この「先天」という語は、王畿が「易」の義について「希微玄虚、不可以形求、故曰「易無體」、所謂先天也」（「新安斗山書院會語」[42]）と述べるように、知覚しえない不可思議で玄妙深遠なる何ものかであり、いまだ具体的なすがたに示されることのない「天」性に対して与えられた語である。

また、「先天の学」というところの「学」については、「夫學、覺而已矣」（「答楚侗耿子問」[43]）と述べている。あるいは「學、覺而已。自然之覺、良知也」（「致知議略」[44]）とあり、私意によらず自然ともたらされる「覺《気づき》」こそが、「先天の学」であり、それこそ「良知」の働きにほかならないと言う[45]。

「先天」とは「心」、「後天」とは「意」であり、至善は心そのもののすがた（心之本体）であって、その心のすがた（心体）は本来的に偏りのないものであり、少しでも心を真っ直ぐにしようとすれば、たちまち「正心の病」となる。わずかでも心を正そうとすれば、心はもはや「意」に属すのだ。

先天是心、後天是意、至善是心之本體、心體本正、纔正心便有正心之病。纔要正心、心便已屬於意。（「致知議辯」[46]）

ここには、「先天」「後天」という「天」を機軸とする両局面のあることが窺われる。「先天」たる「心」は、もとより「正」（偏りがない）であり、「正そう」とした途端「意」に転じ「後天」に変ずる。本来「正」であるはずの「心」であれば、それをわきまえず、さらに敢えて「正そう」と意図することこそが、「正心の病」なのである。王畿は、先天から離れ、これに基づかない後天的意を「病」と称するのであろう。

さて、先に王畿は、「良知」を「先天の学」とし、「知識」を「後天に入る」、としていたが、この「良知」と「知識」の両者が、「天」を機軸とする構造の中に位置づけられている以上は、ここにも何らかの連なりがあるものと思われる。

これについて王畿は次のように述べている。実は、王畿は、「後天に入る」ものであるからといって必ずしも

「知識」を軽視していたわけではなかったと考えられる。

先師王陽明は「未発は已発の中に在り、已発は未発の中に在る」と述べました。為すべき事の有る無しに関わらず、知識は致良知の工夫以外の何ものでもありません。「物」は良知が［臨む状況に即して適切に］感応する確かな現場であり、良知はとりもなおさず心の本体であり、未発の中です。程明道は「発動しても定まり、沈静しても定まる」と述べましたが、動静とは、直面している時の状況を言ったもので、［事態に臨んだその時に］ピタリと定まればそれこそが良知のすがたなのです。

先師謂「未發在已發之中、已發在未發之中」、不論有事無事、知識一個致良知工夫、統括無遺。物是良知感應之實事、良知即是心之本體、未發之中也。明道云「動亦定、靜亦定」、動靜者、所遇之時、定即良知之體也。(「與馮緯川」)(47)

これによれば、「知識」も、致良知という工夫の範疇に位置づけられるものであった。動静いかなる時にも、状況に応じて、良知は、適切にはたらき続ける。適切に応じゆくその確実さを「定」と表しているのであろう。そして、その「後天」たる「知識」は、「先天」たる「良知」による判断そのものとして、いわば本来的「知識」として存立しえる要素を、王畿は否定していないのである。

繋辞伝における「窮理」は、「格・致・誠・正」を兼ねて言っており、聖学におけるあらゆる工夫の骨子です。だから、「理を窮むれば便ち性を尽くし以て命に至る」と言うのです。もしもっぱら格物を指して窮理と言うなら、理をあらゆる事態の中に求めることとなり、繋辞伝の意味からはずれてしまいます。また『大学』の本旨でもありません。心の知は一つのみですが、生まれながらに根づいているものは徳性の知であり、知識にもとづいているものは、多学の助けを借りざるを得ず、これらは顔回と子貢の学とが分かれ出た根拠となりました。果たして良知を信じ切った時には、知識が良知の作用でないということはなく、私たちの心は、元来本来の知識を有していると言っても、また、過言ではありません。［もっとも、］根源的根拠がよく分からないと、因襲や固定観念によって、結局は知識をこそ良知と見なしてしまうことになり、その謬りは千里の隔たり程度で済ませられるものではなくなります。

繫辭所謂「窮理」、兼格致誠正而言、聖學之全功也。故曰「只窮理便盡性以至於命」。若專指格物為窮理、而求理於事事物物之中、不惟於繫辭之義有偏、亦非『大學』之本旨矣。心之知一也、根於良則為德性之知、因於識則不免假於多學之助。此回賜之學所由以分也。果信得良知及時、則知識莫非良知之用、謂吾心原有本來知識亦未為不可。不明根因之故、沿習舊見、而遂以知識為良知、其謬奚啻千里而已哉（答呉悟齋）(48)

「後天」であるということでもって、あらゆる「知識」を蔑ろにするかのような傾向は、王畿の考えるところではないと言えよう。しかし、かかる「知識」は「良知」に根ざしていてこそ、その妥当性が得られるのであって、良知に根ざしていない知識では、因襲や旧見にとらわれ、その「動静所遇之時」において、適切に感応する良知本来の自由闊達なすがたが、たちまち失われてしまうことになる。

王畿は、先天・後天とに二分する思惟を示しながらも、両者に跨がる天性をこそ重要視している、と言うことができる。

今ひとつの例として、「意」における理解でも、やはりこれと同様のことが言える。

先程、王畿は「先天」を「心」とし、「後天」を「意」としていたが、「意」については、「致知議辯」に端的に次のように示されている。

「良知」とは寂然の体であり、「物」とは感じる作用であり、「意」はその寂と感とが相乗りしている幾《かわりめ》です。

良知是寂然之體、物是所感之用、意則其寂感所乘之幾也。（「致知議辯」[49]）

「意」は「心之発動」[50]とも言われるように、已発に分類できるが、この「意」は「寂感乗ずる所の幾」として位置づけられている。まさに、「意」は「寂然の体」であり「未発」であるところの「良知」が、「発して節に中る」その「已発」のはたらきとして発動する、そのかわりめと考えられていたと言える。

良知のはたらきは、「先天之學、天機也」（「南遊會紀」[51]）とも言うように、玉畿によれば「天機」としての作用である。「天機」は、人力の及ばない先天に位置づけられる。また、内・外における感応や、未発の中を已発に繫げる「良知」の仕組みを言うものとも考えられる。

王畿によれば、「天機」のうちに、自ずと「天則」がある、と言うのである。

有諸己謂信、良知是天然之靈竅、時時從天機運轉、變化云為、自見天則。（「過豊城答問」[52]）

（『孟子』尽心篇下にあるように）誰もが確かに善を有していることを「信」というのです。良知は天然の霊妙なる竅であり、いつも天機のままに作用していますが、その変化するはたらきに、自ずと天則が現われています。

さらに、先の「致知議辯」の言説は次のように続く。

知と物とは先後関係として分けて捉えることができないので、「致知は格物に在り」というのです。「致知」の工夫は「格物」を通じて行われますが、『大学』では［より具体的に］「明徳」は「民に親しむ」ことを通じて行われると言います。民に親しむことから逃れていてはそこにはまったく学びはありません。「良知」とは天然の則るべき規範であり、「格」は正すこと、「物」は臨んでいる事態であり、「格物」というのは、この良知の天則を直面している事態の上に発揮することを言います。「物」（臨んでいる事態）においてその則るべき規範をモノにすればこれを「格」（正す）といいますが、天則のほかに、これと異なる「格」の工夫があるわけではありません。以前、未発の工夫は発動したものを通じて行われると述べましたのは、喜びや怒り感情が発動した挙げ句に、それを抑えつけたり、取り繕ったりして、無理やり外側から制御するということではありません。「節」とは天則であり、所謂「未発の中」（天に即して決して反れることのない中正なる発動以前の心）であります。「節に中う」と言うのは、その天則のまま過たないことです。「未発の豫」（発動する以前の段階にある心）を［あらかじめ］養うことが、先天の学というものです。「天に後れて天時を奉ず」とは、天時（事を巧く運べるこれ以上ない絶好のタイミング）に乗じて実行することですが、人の力でそのようなタイミングを作ろうと思っても決してできるものではありません。「奉」（絶好のタイミングを逃さず常に機を窺うこと）や「乗」（絶好の機会に乗じる）ということが、まさしく養う工夫であり、もし、このこと以外に、別に養われるべき豫（発動直前の心）を求めるならば、それこそまさに今臨んでいる為し事をなげうって、現実的な人のありようから逃げるものであり、本性に立ちかえらんとする聖門の本旨とも、隔たりが生じることとなります。

知之與物、無復先後可分、故曰『致知在格物』。致知工夫在格物上用、猶云大學明德在親民上用、離了親民更無學也。

良知是天然之則、格者正也、物猶事也、格物云者、致此良知之天則於事事物物也。物得其則謂之格、非於天則之外別有一段格之之功也。前謂未發之功只在發上用者、非謂矯強矜飾於喜怒之末、徒以制之於外也。節是天則、即所謂未發之中也。中節云者、循其天則而不過也。養於未發之豫、先天之學是矣。後天而奉天時者、乘天時行、人力不得而與。曰奉曰乘、正是養之之功、若外此而別求所養之豫、即是遺物而遠於人情、與聖門復性之旨為有間矣。(「致知議辯」)(53)

しかしながら、例えば「天に後れて天時を奉ず」と述べたとき、まさにその時こそが天時であるという判断が、確かなものとして是認できるのは何故であろうか。

それは一方では、良知そのものによる、内面よりの衝き動かしが、天機を捉える促しとなり、その天則にしたがって、実行してみたときに、たちどころに成果となって現れるからではあろう。これは「先師王陽明は「生まれながらにそなわる心のことを聖という」と述べましたが、良知とは、性の霊であり、自由闊達な神妙なるはたらきであり、融通無碍なる変化であり、後天的努力の不要な、おのずからなる天則であります」(「白鹿洞續講義」)(54)といった王畿の一貫した理解でもある。

またその一方で、已発と未発の連関性について、王畿自身きわめて慎重に論じているように、已発と未発とが確かに連動している、ということへの理解においては、「良知」に根づいていない已発たる「知識」や「意」までをも、「良知」として理解しかねない事態が想定される。実際の現場においては、きわめて微妙な問題となろう。

もっとも、王畿は、そもそも「天」の位相を、先天・後天とに分けて捉えた上で、実は円融一体のものであることを力説している。少なくとも王畿においては、心性としての已発と未発が、一貫した原理に即している、ということについて、十分に自覚的であったであろうことが窺われる。

小　結——今後の課題——

王畿の理解に対し、陽明門下としての異論が全く無かったわけではない。聶豹による批判は、王畿の「天」観に対する疑義であったように思われる。

聶豹は王畿の先天・後天を跨ぐ「天」の捉え方に、次のような疑念を呈している。

> 寂静のすがたは、天地を支えている根です。しかしそれを「内に非ず」としたら、果たして本当に外にあるのでしょうか。感情の作用は、形器の外に現れた痕跡です。しかしそれを「外ではない」としたら、果たして本当に内なるものでしょうか。そもそも内と外との狭間に、内外とは別に存立可能の地平があるのでしょうか。
>
> 寂静之體、天地之根也。而曰非内、果在外乎。感情之用、形器之跡也。而曰非外、果在内乎。抑豈内外之間、別有一片地界可安頓之乎。（「答王龍溪」[55]）

王畿は先天・後天に位置づけられる「良知」「知識」や、「心」「意」を通貫し、両者に連動するはたらきとして、「良知」（すなわち「天」ないし「天機」）を想定していたが、聶豹は、先天・後天の間に、両者とは別の何かを位置づけることができるのかと、疑義を呈する。

また聶豹は、先天・後天を体用先後論として捉え、その本質は「体」にあり、「体」さえ確立すれば、「用」は自ずと立ち上がると力説する。王守仁の「学者の事」を彷彿させるが、聶豹は、工夫を十全に行うためにこそ、根本に立ちかえるべきとする帰寂説を提唱するのである。

あなたの「寂に即し感存し、感に即し寂行われる」という説は、現成を論じておられるようです。もし学ぶ者のために学の手法を打ち立てるのであれば、恐らく、もう一ひねりしたほうがよいでしょう。『易』には「内外」が言われていますし、『中庸』にも「内外」とありますが、今あなたは「内外無し」とおっしゃいます。『易』には「先後」が述べられており、『大学』にも先後が説かれていますが、今あなたは「先後無し」とおっしゃいます。これらはいずれも、統体によって工夫を述べたものであり、立派に成長した植物の姿を見て樹木を植える作業について論じるようなもので、枝葉の旺盛な生命力は、［あらかじめ］張りめぐらされていた根があってこそのものであり、根がしっかりしているのは、土を耕し水を濯いだことの積み重ねの結果であるということ［、つまりはよい結果をもたらすためにあらかじめ行っておくべき工夫］に関心を注いでいません。このことは私の内外先後の説でもあります。

其曰即寂而感存焉、即感而寂行焉、以此論見成、似也。若為學者立法、恐當更下一轉語。易言内外、中庸亦言内外、今曰無内外。易言先後、大學亦言先後、今曰無先後。是皆以統體言工夫、如以百尺一貫論種樹、而不原枝葉之碩茂、由於根本盛大、根本盛大、由於培灌之積累。此鄙人内外先後之説也。（「答王龍溪」）(56)

しかしその際、そもそも流動的で、固定化されず、人力ではとらえ難い「天性」を、聶豹は如何に捉えようとするのであろうか。また、聶豹が基本とする「未発の寂」なる境地が、実践を超越した、実践以前の地平になり得るとすれば、具体的な実践を通してそこに的確さをもたらしてくれる「良知」を、どのように位置づけるのであろうか。これらについては、すべて今後の課題としたい。

本稿では、人知では計りきれない「天」性を、人知において如何にそれとして認めることができるのか、といった問題について、『孟子』尽心篇上に記されている「知天」理解を通して確認してきた。心・性・天を一理と見る朱子学では、人間としてのあるべき理想を経書（『孟子』）に見出し、学んで聖人に至ろうとする全ての者たちが目指すべき境地として、いわば理念を提示していたと言える。しかし、心・性・天を一理であると理解したとしても、実際に具体的にはたらく各自の「心」において、それをすべてそのままに肯定して、それで「天」なる準則に適うことになるのか否かが問題となる。善く生きることを目指そうとするならば、単に「一理として心・性・天がある」ということが分かっただけでは不十分であろう。これを受けて、自らを突き動かす「心」こそが、「天・性」と一体であることの要であると捉え直したところに、陽明学としての真面目があるように思われる。

その際、王守仁は、個々人によって異なる力量の相異をも、経書はあらかじめ想定していると心得る。本来的な在り方として、心・性・天は一体なのであり、人は誰もが「知天」を実践し得る。しかし、力量の違いによっては、そこに行き着くための手段が、人によって異なることとなる。そこで力量の相異に即しながら、各自がらの「心」において「天」を明らかにできるための工夫の方途が、「経書」に論じられている、と見ていたのである。王畿は、「天」が「先後・内外」に瀰漫していることに着目するが故に、むしろ「後天」「已発」の位相にも積極的な価値を見出そうとする。「後天」「已発」の領域を、「先天」「未発」の現れる場として捉え、良知を涵養していく工夫のしどころと理解するのである。陽明学における「知天」は、「天」を知識として理解していくものなどではなく、主体的な実践によって「天性」を明らかにしていくための方途として位置づけられていたと言える。

「天」に対する捉え方の多様性と、その思惟構造に見られる「天」の位置づけの違いは、それぞれの思想家の立場を決定づけるものとして見られる。

明末天主教以前の中華世界において、多様な「天」への位置づけが存在していたということは、天主教受容者たちが、その「天」（＝天主）を如何に位置づけようとしていたのか、ということを考察する上で、重要な示唆を与えてくれるように思われる。

陽明学が論じてきた人間理解は、天主教説そのものの理解においても親和性を有していたと言えるのではないだろうか。

最後に、新共同訳 聖書「ヨハネの手紙一」を挙げておきたい。

愛する者たち、互いに愛し合いましょう。愛は神から出るもので、愛する者は皆、神から生まれ、神を知っているからです。愛することのない者は神を知りません。神は愛だからです。（第四章七〜八節）

いまだかつて神を見た者はいません。わたしたちが互いに愛し合うならば、神はわたしたちの内にとどまってくださり、神の愛がわたしたちの内で全うされているのです。（一二節）

ここに示される「神を知る」ことへの理解は、単に知識としてのそれではなく、自らの「愛する」という実践において、神の愛が全うされるというものであろう。かかる思惟構造は、本稿で明らかにしてきた思惟構造にも通じるものであるように思われる。これについての明末期の思想家や天主教信仰者における具体的な理解については、大変興味深い問題であり、今後の課題としたい。

注

（1）例えば、李之藻編『天學初函』（一六二八）。注（2）を参照のこと。他にも『天學傳概』（黄鳴喬撰。一六三九）。『天學傳概』（李祖白、一六六四）、『奉天學徐光啓元行實小記』（陸丕誠、沈湘成、周南賓、一七〇一）などがある。

（2）『天學初函』一、台湾学生書局、一九六五、一頁。「天學者唐称景教、自貞観九年入中國、歴千載矣。其學刻苦昭事、絶財色意、頗與俗情相盭、要於知天事天、不詭六経之旨、稽古五帝三王、施今愚夫愚婦性所固然、所謂最初最眞最廣之教、聖人復起不易也」。他にも、楊廷筠「刻西學凡序」の冒頭、「儒者本天、故知天、事天、畏天、敬天、皆中華先聖之學也」（前述『天學初函』一、九頁）など、天に根ざす学として称揚している。『愚夫愚婦』という知識人に非ざる一般の人々をも視野に入れる人間観は、教えを階層によって区切らない陽明学的特徴と言えるであろう。

（3）ほかにも、万章篇上「舜相堯二十有八載、非人之所能爲也、天也。」など同様である。

（4）該当する『孟子集注』の理解では、「程子曰、心也、性也、天也、一理也。自理而言、謂之天、自稟受而言、謂之性、自存諸人而言、謂之心」（『朱子全書』陸、上海古籍出版社、安徽教育出版社、一九九六、四二五頁）と記されている。また、『河南程氏遺書』巻第二十五、伊川先生語十一に「孟子曰、盡其心者知其性也、知其性則知天矣。心也、性也、天也、非有異也」（『二程集』、中華書局、三二一頁）とある。

（5）『天儒印』（一六六四）は、利安当（Antonio de Santa Maria Caballere、スペイン）の手に成り、四書を天主教説によって解釈し、そのことによって天主教と儒教とが印合することを示そうとした天主教書である。したがって、四書の内容を本書によって見ようとすれば、その理解はたちまち天主教説に引き込まれることになる。ここに、明末天主教神父、特にもイエズス会士利瑪竇に倣おうとする者たちの狙いがある。もっとも、利安当は、フランシスコ会士である。イエズス会士汪儒望（Jean Valet、フランス）と協働していたこともあったが、基本的にはイエズス会を批判する立場にあり、必ずしもその手法を完全に踏襲していたわけではない。しかし、経書を題材として天主教説を説く手法は、利瑪竇にも通じる。利瑪竇は、古代儒学と天主教説との共通項を、積極的に模索しようとしていたが、利安当も、むしろより積極的に天主教説によって儒学を再解釈しており、やはり同様の傾向を見てとることができると言える。『天儒印』は、天主教説としての経文理解を見ようとする際には極めて興味深い文献である。人物については、方豪「影印天儒印序」（呉相湘編『天主教東傳文献續編』第二冊、台湾学生書局、一九六六）、費頼之著、馮承鈞訳『在華耶蘇会士列伝及書目』（中華書局）参照のこと。引用については、『天主教東傳文献續編』による。以下、『續編』頁数とのみ記す。

（6）『續編』一〇四〇～一〇四二頁

（7）『續編』一〇三七頁。「孟子云、「天之生此民也、使先知覺後知、使先覺覺後覺也。予天民之先覺者也。予将以斯道覺斯民也、非予覺之而誰也」。盖伊尹之言如此。然曰「天生此民」則知人類造生、厥有始矣」。以下、紙幅の都合省略する。

（8）『續編』九九八頁。「此指蒼蒼者、此指無形之天、即天主是也」。

（9）『續編』一〇一九頁。「此天非指形天、亦非注云、『天者理而已』。盖形天既爲形器、而理又爲天主所賦之規則。所云獲罪于天者、謂得罪于天主也。豈禱于奥灶所能免其罪哉」。

（10）『續編』九九八頁。「所謂性者、言天主生成万物、各賦以所當有之性。如草木則賦之以生性、禽獸則賦之以覺且生之性、人類則賦之以霊而且覺、生之性焉」。

（11）『續編』一〇一五頁。「其云『無聲無臭』者、人之身後、形徂氣散、靈神獨存、而可至于上天者、惟此靈神耳」。

（12）『續編』一〇〇六頁。「万物不能自成、倶受成于天主。惟天主則靈明自立、而不受成于万物、故曰自成」。

（13）『續編』一〇〇八頁。「天主万徳悉備、咸具微妙靈明之性」。

（14）明末天主教書でも基本的な理解として『天主実義』等にも言明されている。また、山田晶『アウグスティヌスの根本問題』（創文社、昭和五二年）所載「七、真理の光」（あるいは「六、真理と存在」から）参照のこと。

（15）拙論「明末天主教書における靈魂論」（『日本中國學會報』第六二集、二〇一一）参照。著名な明末霊魂論三著を比較検討し、李之藻編『天學初函』に採録された著述に、一部伝統思想に近似する思想的特徴のあることについて論究した。天主への気づきは、天主の「恩寵」として、個々に賦与された自己の本性内に与えられているものであった。

(16) かかる観点そのものについては、柴田篤「良知霊字攷—王龍渓を中心にして—」（『陽明学』一二、二〇〇〇）から啓発を受けた。柴田氏は、明末思想界における「霊」概念が、明末天主教における「霊魂」理解にも波及していたであろうことを指摘されている。また、明末天主教の霊魂観については、柴田氏の「明末天主教の霊魂観—中国思想との対話をめぐって—」（『東方学』第七六輯、一九八八）がある。

(17) 『續編』一〇〇二頁。「凡無形無聲而具靈體者、総稱曰鬼神。分言之、則正者謂神、即聖教所云天神是。邪者謂鬼、即聖教所云魔鬼是」と述べる。これは、『中庸』の「鬼神之為徳、其盛矣乎」の「鬼神」に対する解釈である。伝統的な理解としては、『中庸章句』では「程子曰、鬼神天地之功用、而造化之跡也」（『朱子全書』陸、四一頁）などとあり、少なくとも天地の造化に関わる概念として認知されている。『中庸章句』では、さらに張載の言辞によって「鬼神者、二気之良能也」とし、「鬼者陰之靈也、神者陽之靈也」とも、あるいは一気としてみるならば、「至而伸者為神、反而歸者為鬼、其實一物而已」（同四一頁）と、具体的作用の位相においてこれを理解している。東西における世界観の一端を窺えるものとして非常に興味深いが、ここでは、紙幅の都合、東西両思想ともに、造化に関わる概念として「鬼神」を理解しているということについてのみ指摘しておく。

(18) 『王陽明全集』新編本、第一冊、（浙江出版聯合集團、浙江古籍出版社、二〇一〇）、四九～五〇頁。以下、（書名冊数、頁）にて表す。「事事物物」については、木下鉄矢「「事」「物」「事物」「事事物物」」および「朱熹「格物」理解の構造」（『朱熹哲学の視軸』研文出版、二〇〇九所収）を参照。「格物」論における「事物」は、『大学章句』等の注釈によれば、文字通りの単なる客観的事物ではなく、自らを自らとして存立せしめる主体的な取り組みに関わる概念（理）として、朱熹自身提示し直している。明代において、かかる理解が前提にあったのだとすれば、「事物」はもはや術語であり、単なる客観的「事物」として、これを訳出したとするわけにはいかない。吉田公平氏は、「二つの物理学」（『技術と身体』ミネルヴァ書房、二〇〇六）において、朱熹の『大学章句』「格物補伝」を訳出されているが、「物」に対し、「具体的な他者との関係の場」という訳を与えている。「衍義体」の訳とされているが、そこに「物」があるからこそ、それに関わる主体が、物そのものとの実際的な関係をその実態に則して築き上げることになる、と言い得るならば、かかる解釈も十分成り立ち得るであろう。『大学』理解に依るならば、まさに「事物」は、それに接する「心」と密接不可分な関係にあると言えるであろう。その際の心のあり方そのものを天理と結びつけ、いわゆる「心即理」を説いたのが、王守仁である。なお、『伝習録』訳出に際しては、島田虔次『王陽明集』（朝日文明選六、朝日新聞社、一九七五）、溝口雄三「伝習録」（『朱子　王陽明』、中公バックス世界の名著一九、中央公論社、一九七八）、吉田公平『伝習録』（角川書店、一九九一）、『伝習録』（たちばな出版、一九九五）を参考にした。

(19) 『伝習録』中「答歐陽崇一」「良知は是れ天理の昭明靈覺の處、故に良知は即ち是れ天理なり。思は是れ良知の發用なり」（『王陽明全集』新編本、第一冊、七八頁）といった表現も見られる。注意を要するように思われるのは、「良知即所謂天理」とあっても、それは決して「良知」と「天理」とを互用換言の可能な概念として捉えようとしていないように思われる点である。ここにあるように、「良知即是天理」と言えるのは、「良知とは、つまりは天理の昭明霊覚なるところ」とあり、あくまでも「昭明霊覚」なるはたらきが良知と言え得る場を形成すると理解されているわけである。無論そのはたらきは天理と無縁なるはたらきではないが、翻って見るならば、「天理」という概念そのものだけからでは、はたらきの位相としての十分な理解は得られないと言うことでもある。はたらきとそのあり方とは、それぞれ別個に捉えられるものであり、また、同時に、両者は渾然一体のものとして理解される。良知のはたらきは天理に即し、天理のままに良知はある、その意味で「良知即是天理」と言えるということになる。「昭明霊覚」については、前注に提示した溝口雄三「王陽明」（四六七頁）に示された「注」を参照されたい。

(20) 『王陽明全集』新編本、第四冊、一〇一五頁

(21) 『王陽明全集』新編本、第四冊、一〇一五頁

(22) 島田虔次氏は『王陽明集』（二五九〜二六一頁）にて、「定」「定向」について、「人間のもつ定向性」、「志の「定向」つまり主体性」と訳されている。「一つの心理の発動においても、一つの事象の（心への）働きかけ（したがってそれに対する心の反応）においても、それが至善であるか否かは、良知というものがおのずから周到かつ精密に考察する、つまり「慮」が実現せられる。慮が実現されれば、行為の選択において常に精密妥当であり、処置という点で適切さを失うことがない」と解説されている。適切さを見失うことの無い人間本性＝良知のあり方について「定」

「定向」といった言い方が為されている。

(23) この「全体」については、文中にておもむろに明記されている。これは、特定の何かにおける全体というものではなく、朱子学にいわゆる「全体体用」における「全体」として理解できる。この「全体体用」について、楠本正継氏は、端的に「一なる本体が多としての作用を生じ個々の存在を生かしゆくものであるという思想」(『宋明時代儒学思想の研究』広池学園出版部、昭和三七年、一七一頁)と説明され、「宋末から元を経て清代朱子学に及ぶ顕著な考方である」(同書一七二頁)と解説されている。また、同氏「全体体用の思想」(国士舘大学附属図書館編『楠本正継先生　中国哲学研究』、一九七五年所収)も参照のこと。ただし、この次に出てくる「心の全体」については、原文にも「心之全体」とあるように、心そのものにおけるその全体ということになろう。心は、体躯をその範囲としながらも、天理を具有しており、その心における天理を自ら十分に発揮することができれば、自身を超えて「天理を窮め、あらゆるものを知れることとなる」。

(24) 『朱子全書』陸(上海古籍出版社、安徽教育出版社、一九九六)四二五頁。以下(書名冊数、頁)にて表す。

(25) 『孟子集注』尽心篇上「孟子曰、盡其心者、知其性也。知其性、則知天矣」(『朱子全書』陸、四二五頁)に対する注。

(26) 『中庸』首章における「天命之謂性、率性之謂道、修道之教」(『朱子全書』陸、三二頁)とも関連付けられる。

(27) 『王陽明全集』新編本、第一冊、巻二、語録二、伝習録中。なおこれ以下の「答顧東橋書」引用文とほぼ同様の論説が、『伝習録』上(『新編本王陽明全集』第一冊、六頁)に見られるが、前者の方がより精緻な議論である。

(28) 以下、便宜的に、聖人、賢人、学者と分けたが、原文では一連のものとして記されている。『新編本王陽明全集』第一冊、四七～四八頁。

(29) 『中庸章句』第十六章「鬼神之爲德、其盛矣乎」に示された「程子曰、鬼神、天地之功用、而造化之迹也。張子曰、鬼神者、二氣之良能也。愚謂以二氣言、則鬼者陰之靈也、神者陽之靈也。以一氣言、則至而伸者爲神、反而歸者爲鬼、其實一物而已。爲德、猶言性情功效」。(『朱子全書』陸、四一頁)に基づく一応の理解。

(30) 中国思想史上に見られる「天」には、古来政治的言説として説かれてきた「天譴論」や「郊祀論」といった言説も見られるが、いずれも王守仁の思想的特徴とは異なる。「天譴論」や「郊祀論」が宋学の形成に如何に関わってきたかと言ったことについては、小島毅『宋学の形成と展開』（創文社、一九九九）を参照。「天譴」とは、為政者にあやまちがあった場合、天が、天変地異によって譴告を下すことであり、天人相関思想に基づく論理である。王守仁は、「天」を「心」のうちに、一体的に把握しようとし、「天」と言う語そのものによって、「天」概念を捉えていない傾向があったのに対し、「天譴論」では、天災といった直截感得される具体的な現象として把握されている。「郊祀論」については、「天譴」とも関連しながら、外なる「天」を皇帝自らが祭る政治的儀礼として理解することができ、やはり、今この現実に即応してはたらく「心」のありように「天」を見出そうとする陽明学的理解とは異なる。一方、明末天主教説においては、「天」「上帝」の頻出する詩経や書経に依拠し、天主を説いていた一面があり、天譴論等の思想にも近い印象がある。それは中国の古代思想における天に対する人格神的理解が、天主理解に援用された側面があったからでもあると言えようが、その際、天主教説に基づく詩経や書経の解釈において、「霊性」が如何に位置づけられていたのかということについて、改めて注意深く見ておく必要があるように思われる。いずれにせよ、ここで軽々に論じることのできない問題である。今後の課題としたい。

(31)『伝習録』中、「答聶文蔚」二、『王陽明全集』新編本、第一冊、九三頁。「蓋盡心・知性・知天者、不必説存心・養性・事天、不必説『殀壽不貳、修身以俟』、而存心養性與修身以俟之、功已在其中矣」を参照。

(32)岡田武彦『王陽明と明末の儒学』（明徳出版社、一九七〇）

(33)荒木見悟「聶双江における陽明学の後退」（『陽明学の開展と仏教』研文出版、一九八四）

(34)福田殖「陽明學派における聶雙江・羅念庵の位置」（『日本中國學會報』第四七集、一九九五）

(35)王畿・聶豹の両思想を主とする先行研究として、木村慶二「王龍溪思想に関する一考察――聶双江との比較を通して――」（『中国哲学論』一四集、一九八八）、福田殖「王竜渓と聶雙江――「致知議略」における良知論争――」（『陽明学』八、一九九六）がある。また、王畿・聶豹の議論を見る上で外すことのできない「致知議略」に関しては、小路口聡「王畿「致知議略」精読」（『東洋大学中国哲学文学科紀要』一七、二〇〇九）がある。「致知議略」については、基本的には発表者の試訳を提示しているものの、訳出に際しては、大いに参照させていただいた。また、王畿の

「天」については、早坂俊廣「王畿の「天根月窟説」について」（『哲学』五〇、一九九八）、「王畿の「先天・後天」理解について」（『北九州工業高等専門学校研究報告』三二、一九九九）による詳細な論究と、小路口聡「王畿の「一念」の思想―王畿良知心学原論（一）」、「王畿の「一念自反」の思想―王畿良知心学原論（二）―」、「天地を生みだす良知について―王畿良知心学原論（三）―」（『東洋大学中国哲学文学科紀要』一八、一九、二一、二〇一〇、二〇一一、二〇一三）を参照。

(36) テキストは呉震編校整理『王畿集』（鳳凰出版社、二〇〇七）一三〇頁。以下、書名と頁数のみ記す。

(37) 『王畿集』二五五頁。「良知與知識所争只一字、皆不能外於知也。良知無知而無不知、是學問大頭腦」。

(38) 『王畿集』一三〇頁

(39) 『王畿集』一四二頁

(40) 『王畿集』一五六頁

(41) 『伝習録』下（『新編本王陽明全集』第一冊、一二一頁）「先生曰、『先天而天弗違』、天即良知也。『後天而奉天時』、良知即天也」とある。なお、これによれば、王守仁も、『周易』文言伝の叙述によって、「先天・後天」に言及している。ただし、それはあくまでも「天・良知」の関係性に即しているものであり、「良知・知識」との対応関係が示されているわけではない。

(42) 『王畿集』一六四頁

(43) 『王畿集』一〇二頁

(44) 『王畿集』一三二頁

(45) 『王畿集』二四六〜二四七頁。この「良知の学」は、「平天下」の実現にまで至る。

大人の学は、天下国家を一身と見なします。「身」は家国天下の中核です。「心」は身の主宰です。「意」は心が発動したものです。「知」は、「意」の霊妙不可思議にして事物を明らかにする聡明なはたらきです。「物」は霊妙不可思議にして聡明なる「意」が感応したことで生じた現象です。「良知」は、是非を判断する心であり、天としての模範です。正しく感じて正しく応じ、その模範に過つことがなければ、これを「格物」といい、「物が格され」

れば、「知が極まり」ます。「是非」は、誰もが懐く好悪の感性であり、誠意から天下を平らかにするに至るまでは、好ましさや嫌悪感ということが判断基準となります。このため好色を好むように、悪臭を厭うように、自らを欺くことがなければ、それは誠実なる「意」です。好ましさや嫌悪感がもたらすものは、心の天則に対する偏りのなさです。好悪の生じることがなければ、基準もありません。身が修まるということは、好ましさや嫌悪感が他人と全く同じようにはたらき、家内の調和がとれ、国が治まり、天下が平和になることです。その行いは天下に広く行きわたるものですが、その機《しかけ》は一念の微に基づきます。このために「致良知」のほかに学はないのです。これが行為の要点であり、国を治める行いです。

大人之學、通天下國家爲一身。身者、家國天下之主也。心者、身之主也。意者、心之發動。知者、意之靈明。物即靈明應感之跡也。良知是非之心、天之則也。正感正應、不過其則、謂之格物、物格則知至矣。是非者、好惡之公也、自誠意以至於平天下、不出好惡兩端。是故如好好色、如惡惡臭而毋自欺、意之誠也。好惡無所作、心之正也。無作則無辟矣。身之修也、好惡同於人而無所拂、家齊國治而天下平也。其施普於天下、而其機原於一念之微。是故致良知之外無學矣。此爲之之要、經綸之用也。（「答呉悟齋」）

(46)『王畿集』一三三頁
(47)『王畿集』一四四頁
(48)『王畿集』一四六頁
(49)『王畿集』一三三頁
(50)注(45)下線部参照
(51)『王畿集』一五四頁
(52)『王畿集』七九頁
(53)『王畿集』一三三頁
(54)『王畿集』四六頁。「先師云『心之良謂之聖』。良知者、性之靈也、至虚而神、至無而化、不學不慮、天則自然」。
(55)呉可為編校整理『聶豹集』（鳳凰出版社、二〇〇七）三七六頁、以下、書名と頁数のみ記す。

(56)『聶豹集』三七六頁

王龍溪の講学活動

寧国府における王龍溪の講学活動——水西の会を中心に——

鶴成　久章

はじめに

王畿の臨終に立ち会った査鐸（一五一六〜八九、字は子警、号は毅斎、嘉靖四十四年進士）は、王畿の次のような興味深い発言を伝えている。

……思うに［龍溪先生は］日頃から常に言っておられた、「私の一生の精力は講学に在って、とりわけ寧国［府の士人］に大いに期待している。」と。(1)

査鐸は寧国府（現在の安徽省宣城市）涇県の人であるので、お国自慢を割引いて考える必要はあるかもしれない。ただ、『龍溪王先生會語』を刊行した貢安国（?〜一五七七、字は玄略、号は受軒）は寧国府宣城県の人、そして、『龍溪王先生全集』の初刻本（万暦十五年刻本）を刊行した蕭良幹（一五三八〜?、字は以寧、号は拙斎、隆慶五年進士）は涇県の人であった。この事実からすれば、王畿の講学活動を考える上で、寧国府での活動とそれに関わった人脈を整理しておくことは重要であると思われる。[2]

王畿は、寧国府においては、涇県の水西の会、太平県の九龍の会、宣城県の宛陵の会といった講学会に参加しているが、[3]中でも水西の会は彼がとりわけ力を入れた講学会であった。これも査鐸の証言であるが、「祭龍翁師文」（『闡道集』巻九）に、こう述べている。

……先生は各地を周流して友を求め、行く先々で、〔人々に〕性霊を発揮させ、〔その〕心の奥底に到達し、病弊を指し示すと、直ちに膏肓にあたった。人々と善を行う心は、老いに近づいても倦むことはなかった。そうして、水西には特別な思いを注がれ、嘉靖二十八年に講学会を首唱されてから、今に至るまで一日もお忘れになったことはない。鐸《わたくし》たちのような不肖の弟子をも、ねんごろに指導して下さった。そもそも今少しばかり〔道を〕聞き知り、大いなる愚者とならずにいられるのは、すべて先生のご指導のたまものである。[4]

後述するように、水西の会の舞台となった水西精舎は、涇県の水西山にあった水西寺の境内に嘉靖三十三年（一五五四）に建立され、万暦年間には、杭州の天真精舎[5]と並び称されるほどの隆盛を誇るに至った。王畿の主要な「会語」を編纂した『龍溪王先生會語』の巻頭に「水西会約題詞」が置かれているのは、編者の貢安国と校閲者の査鐸が、水西の会の世話役であったという事情も関係あるかもしれないが、致仕後の王畿が本格的に講学会の主教を務めるようになるのは、この水西の会をもって嚆矢とするという事実は重要である。

小論では、水西の会に着目しながら、王畿の生涯の講学活動の中で、寧国府における講学活動がいかに重要な意味をもったかについて考察してみたい。

一　王畿の寧国府人脈の形成──南京在職時代

王畿は、王守仁逝去後の嘉靖十一年（一五三二、三五歳※王畿の年齢。以下同。）に、銭徳洪（一四九六〜一五七四、名は寛、字は洪甫、号は緒山、号が通行した、余姚の人）とともに殿試を受験し、嘉靖十三年に南京職方主事に任官した。南京は明の初代皇帝洪武帝が都を置き、永楽帝が北京に遷都して以降も、南直隷すなわち南の副都として、北京と同様の行政機関が置かれていた。そのため現在の江蘇省と安徽省を包摂する地域の中心であるだけではなく、人文の淵藪であった江南地域を代表する文化都市であった。王守仁もかつてこの地で官に任じられており、公務の合間を縫っては門弟と熱心に講学活動に励んだことは、その「年譜」等に明らかである。「良知説」の萌芽はこの南京時代の講学活動で生まれたという指摘もある。(6) 南京は王門の士人にとっては格別重要な地であった。また、南京には北京の国子監（北雍）と並ぶ南京国子監（南雍）が設置されており、江南の優秀な学生が貢生として多数送り込まれた。さらには、南直隷に属する府州県学の学生が郷試を受験した応天府貢院も置かれていたため、江南の読書人が定期的に雲集する土地でもあった。そして、地理的に浙江や江西といった王門の高弟を輩出した地域に近いこともあり、王門の講学活動の拠点としてはまさに絶好の都市であった。

王畿が南京で官に在った前後の時期、江右王学を代表する学者の一人である鄒守益（一四九一〜一五六二、字は謙之、号は東廓、安福の人、正徳六年会元・探花）が南京に在職していた。彼は、嘉靖六年（一五二七）に広徳州判官から南京礼部主客司郎中に転じ、九年まで南京で任官した後、一度離職するが、嘉靖十七年には南京吏部考功郎中に起復した。その後、十九年十二月からは南京国子監祭酒となり、翌年六月に九廟の火災に際して奉った上奏文が皇帝の怒りに触れ落職するまで南京にいた。また、同じく江右王学を代表する学者の一人である欧陽徳（一四九六〜一五五四、字は崇一、号は南野、泰和の人、嘉靖二年進士）は、嘉靖十一年から十四年まで南京国子監司業、その後、南京尚宝司卿、南京太僕寺少卿、南京鴻臚寺卿を歴任し、嘉靖二十六年に北京に召されるまで南京で官に在った。南京時代の鄒守益と欧陽徳が、南直隷の士人に与えた影響は非常に大きく、後述するように、両人に師事した寧国府の士人が、やがて王畿の講学活動を支える人材に育っていった。

一方、王畿は嘉靖二十一年（一五四二、四五歳）に落職するまで、病気療養の帰郷を挟んで約九年間南京で官僚生活を送った。王畿が南京で在職中の嘉靖十四年には、戚兗（字は補之、号は竹坡、宣城の人）、貢安国、周怡（一五〇五〜六九、字は順之、号は訥渓、太平の人、嘉靖十七年進士）、沈寵（?〜一五七一、字は思畏、号は古林、宣城の人、嘉靖十六年挙人）、梅守徳（一五一〇〜七七、字は純甫、号は宛渓、宣城の人、嘉靖二十年進士）らが教えを受けている。(7)王畿は戚兗の墓誌銘（「文林郎項城県知県補之戚君墓誌銘」）の中で、宣州（寧国府）における講学の風を起こした人物として、貢安国と戚兗のことを特筆しており、両名との邂逅は後の王畿の講学活動に決定的な意味をもったことがわかる。(8)また、嘉靖十五年、王畿は南京兵部武選郎中となるが、この年から翌年にかけての頃、貢安国、戚兗、周怡、兪允升（兪堂、字は子升のことか※待考）、呉標（字は従本、号は竹山、涇県の人）、梅守徳、呉伯南（※待考）、張棨（字は士儀、号は本静、涇県の人）、沈寵らが相先後して王畿を官邸に訪ねている。(9)後に王畿の寧国府での講学活動を支えることになる人材との交流がこの時期に始まったことは疑いない。

嘉靖十六年（一五三七、四〇歳）、王畿は病気療養の目的で一時帰郷するが、翌年には南京に戻り、十八年に復職している。そして、この年の十二月、羅洪先（一五〇四〜六四、字は達夫、号は念庵、吉水の人、嘉靖八年状元）と南京で講学しているが、(10)この時、共に講学会に参加した人物の中に戚賢（字は秀夫、号は南山・南玄、全椒の人、嘉靖五年進士）、王臣（一四九三〜？、字は公弼、号は瑶湖、南昌の人、嘉靖二年進士）、湛若水（一四六六〜一五六〇、字は元明、号は甘泉、増城の人、弘治十八年進士）、王慎中（一五〇九〜五九、字は道思、号は遵巌居士・南江、嘉靖五年進士）らがいた。このうち戚賢は、寧国府の出身ではないが、滁州府（安徽省滁州市）の人で、王畿[11]、羅洪先[12]と特に親しい人物であった。彼が郷里に開いた南譙書院は、王畿や水西の会の同志もしばしば講学に訪れており、その意味でも後の王畿の講学活動に深く関わった盟友の一人であった。

嘉靖二十年四月に起こった九廟の火災を危惧する皇帝が直言の士を求めた際、戚賢は、王畿ら十数名を推挙するが、夏言（一四八二〜一五四八、字は公謹、貴溪の人、正徳十二年進士）に偽学の小人として退けられ、推薦した戚賢までもが外任に謫された。そして、その翌年、王畿は、夏言の命を受けた南京功郎中の薛応旂（一五〇〇〜七五、字は仲常、号は方山、嘉靖十四年進士）によって弾劾され、南京を去って野に下った[13]。官僚としては格別重要な仕事をしたとは言えないかもしれないが、ともあれ、後に寧国府における王畿の講学活動を支えることになる同士たちとの機縁が、この南京時代に結ばれた事実は重要である。

二　広徳州時代の鄒守益と復初書院――陽明学の寧国府への伝播

ところで、寧国府の学者が本格的に陽明学に接したのは、鄒守益が、いわゆる「大礼の議」をめぐる上奏で嘉靖帝の怒りに触れ、嘉靖三年（一五二四）に詔獄に下され、寧国府に隣接する広徳州（安徽省広徳県）の判官に謫された時期に遡る。鄒守益は、広徳州の判官在職中に、巡按の楊鏊（一四八五〜一五三一、号は静可、桂林の人、正徳十二年進士）と督学の盧煥（一四九三〜？、光山の人、正徳十六年進士）に請うて、復初書院を建立し講学活動を行っているが、そこに寧国府の士人が講学に集ったのである。(14) 鄒守益は、広徳州を離任した後の嘉靖二十九年に水西の会を主催した際、広徳州の士人から請われて書いた「書広徳復初諸友会約」（『鄒守益集』巻十五）に、復初書院のことを次のように述べている。

広徳州は、私が左遷され政治を行った地である。復初［書院］は、私が創始し人材を養成した場所である。私は広徳州を忘れることなどできようか。君たち多くの［復初書院で学んだ］人材が復初を忘れることなどできようか。(15)……

彼にとって、広徳州は逆境の中で門人の育成に励んだ思い出の場所であった。この地で鄒守益が精力的に学問に取り組んだ様子は、師王守仁が彼に送った書簡の内容からも見て取れる。(16) 例えば、鄒守益が編纂した『諭俗礼要』のことを、王守仁は、

見せてもらった『諭俗礼要』は、ほぼ『文公家礼』をもっぱら宗としてそれを簡約にしており、人情《ひとのこころ》にぴたりとしていて、非常によい、非常によい。わが謙之が本当に民衆を教化して風俗を正すことに意を注いでいるのでなければ、このようなことにせっせと励もうとしなかったであろう。(17)……（其の二）

と賞賛したり、「復初書院講章」（巻十五）、「広徳州新修復初書院記」（『鄒守益集』巻四）を読んだ感想を、

一緒に見せてもらった『論語講章』は、明白かつ痛快で、「朱注」がまだ説き及んでいないことを十分明らかにしている。諸生がこれを聴けば、きっと次から次へと興起する者がいるはずである。……「書院記」の

文は、整って威厳があり精確で、［衆人の域を］はるかに抜きんでており、すべて胸中の充実した見解を直に記していて、近頃の儒者の根拠のない飾りたてた［文章の］習いを一掃しており、空虚な著作ではない。[18]

……（其の三）

と述べて、流謫の逆境下にあって熱心に学問に取り組む愛弟子を励ましている。

なお、王守仁の書簡（其の一、其の五）には、盟友である湛若水の「随所体認天理」の説についての議論も見られる。当時、湛若水は南京国子監祭酒に在職中であり、鄒守益に請われて、「広徳州儒学新建尊経閣記」を書いていることから、王守仁は、湛若水の学説が「心学」として不十分であることを指摘することで、鄒守益に対し、自身が伝授した「良知」の学の実践にこそ真摯に励むよう諭そうとしたものと思われる。[19] 王守仁は鄒守益宛の書簡（其の五）の中で、湛若水の「広徳州儒学新建尊経閣記」に触れ、その趣旨は自らが書いた「稽山書院尊経閣記」[20]に通じるものがあるとしながらも、湛がかつて「稽山書院尊経閣記」を批判したことを取りあげつつ、「勝心」の弊害について戒めている。恐らくは、これもまた、湛若水の「勝心」を批判することで、鄒守益が湛の学説に接近しすぎることを戒める意図があったのではあるまいか。

ところで、王守仁の書簡（其の五）からは、広徳州での鄒守益の弟子とおぼしき張生、陳生の二名が、広徳州から余姚の王守仁のもとを訪問したことがわかる。[21] また、『陽明王先生年譜』巻三（『王陽明全集』巻三十五）の［嘉靖］三十五年二月の条には、

かつて鄒守益が広徳州の判官に左遷されたとき、書院を創建し、贍田を置いて、四方から学ぶ者を招いた。［鄒守益は］弟子の濮漢、施天爵を率いて紹興を訪問して戻った。復初の会は、かくて賑わい途絶えること

はなかった。[22]……

とあり、鄒守益が、濮漢（字は致昭、広徳州の人、嘉靖七年挙人）と施天爵（広徳州の人、監生）とを連れて王守仁のもとを訪ねたこともわかる。この二人の名前は、鄒守益が、

……私が広徳州の判官のとき、……当時、施天錫、濮漢、楊華、陳辰らが互いに切磋琢磨し合った。[23]（『鄒守益集』巻二十三「王孔橋墓志銘」）

と述べており、彼のもとで復初書院の活動を支えた門人であったようだから、[24]鄒守益は、高弟を王守仁に会わせて良知の学を直接学ばせようと考えたのであろう。

他方、鄒守益が広徳州で指導した門人の中からは、後に水西の会の活動を支えることになる人物も育っている。このことは、後に鄒守益が水西精舎のために書いた文章（『鄒守益集』巻七「水西精舎記」）の中で、次のように記している。

嘉靖の初め、益《わたし》が広徳州の判官となり、諸生と斯学について切磋琢磨した。宣州の戚兗、貢安国が最初に復初［書院］で学んだ。これに続いて、董景、周怡、沈寵、梅守徳、戚慎、孫濬らが、一斉に南京に集って学び、［斯学が］日に日に明らかになった。[25]

戚兗と貢安国が、復初書院で指導を受けた最初期の弟子であり、そして、彼らの後に続いて、董景（字は文啓、涇県の人、嘉靖十八年歳貢）、周怡、沈寵、梅守徳、戚慎（一五一〇〜?、字は汝初、宣城の人、嘉靖二十三年進士）、孫

濬（一五二一～？、字は宗禹、号は両山、宣城の人、嘉靖二十九年進士）らが、南京に転任した鄒守益のもとへと講学に集ったことがわかる。このように、鄒守益が広徳州判官に流謫されたのが契機となって、当地の士人達に陽明学が学ばれ始めたわけだが、彼が広徳州にいた期間は短く、嘉靖六年（一五二七）に南京に移ってからは、寧国府の士人で陽明学を学ぼうとする者達は、彼を慕って南京を目指すことになった。[26] ところが、既に触れた通り、鄒守益は、嘉靖九年まで南京に在職した後に、南京を離れてしまった。そして、その二年後に、欧陽徳が南京国子監司業に着任している。鄒守益は、嘉靖十七年に再び南京に戻ってくるが、それまでの間、南京における講学活動の中心にいた人物が欧陽徳であった。欧陽徳は、その当時の門人について次のように記している。

……私が南京で官に在ったとき、［戚］補之と貢玄略が最初に講学に訪れた。しばらくして、沈思畏、張士儀らが相次いでやって来て、そこで［彼らが］唱導して［講学の］風気を作りあげた。徽州、寧国において学問に志した者おおよそ百名近くは、すべて彼ら自身が率いたのである。[27] ……（『欧陽徳集』巻二十八「祭戚補之」）

このうち、戚兗、貢安国の両名が果たした先駆者としての役割については、王畿も同様の指摘をしている。

……宣州［の士人］がまだ講学を知らなかったとき、君（戚兗）と玄略らが師説を伝承して、郷里（宣州）で首唱し、郷里の士人は君の人となりを信じて、日増しに興起していった。今の水西の会は、［寧国府の］六邑（宣城、寧国、涇県、太平、旌徳、南陵）の士を結集し、信じて従う者は数百人を下らず、講学の気風が四方にまで轟いているのは、君が［その端緒を］開いたのである。[28] ……（『王畿集』巻二十「文林郎項城県知県補之戚君墓誌銘」）

以上、要するに、寧国府への陽明学の本格的な伝播は、鄒守益の広徳州判官時代に始まり、その後、彼を慕う士人が南京に集まり、同時期に南京にいた欧陽徳の講学にも参加し、その縁で、やはり当時南京に在職中の王畿のもとに教えを請いに行ったことが契機となったのであった。

三　水西の会の成立——王畿後半生の講学活動の原点

先述のように、嘉靖二十年には、鄒守益が落職して江西に戻り、その翌年には王畿も罷免されて浙江に戻った。一方、その後しばらく南京で官に在った欧陽徳も、嘉靖二十六年には北京に転任している。それだけではなく、この時期になると、南京に集まっていた寧国府の士人たちも、各地で任官したり、郷里に戻ったりしていた。

寧国府における王畿の講学活動の拠点であった水西の会は、嘉靖二十八年（一五四九、五十二歳）より始まるが、その直接の契機は、前年に江西吉安府の青原山で開かれた青原の会に赴く途中で涇県を経由した際に、同志が参集して水西の会の構想を相談し合ったことにあったという。

その具体的な状況については、『龍溪先生會語』巻一「水西会約題詞」[29]に詳しい。

嘉靖二十八年夏、私が水西の会に赴いてから、もう十日が過ぎた。別れを告げようとしたとき、改めて友人たちの［水西までの］道のりの遠近をはかって、月々の小会を取り決めたのは、最後まで全うしてもらいたいからである。これより先、嘉靖二十七年二月、私は江右の諸君子と青原［の講学会］に行く約束があって、途中、涇県に立ち寄った。友人たちは、私が来たのを耳にすると、誘い合って集まってきた。二泊してから別れるときには、［みなは］そろって発奮興起しているようであった。同志諸君は、しばらくすると、［今の気持ちが］変わってしまうかもしれないと心配し、再び一緒に水西に集まることを図って、毎年、春と秋とに会期を定め、私と［銭］緒山さんとが代わる代わるやってきて、互いに切磋琢磨して裨益し合うことを求めた。私は、その時、心から賛同した。(30)

なお、水西の会が成立するきっかけを生んだ青原の会の様子は、羅洪先の「夏遊記」に詳細に記されている。(31)それによれば、王畿は、嘉靖二十七年六月一日に銭徳洪とともに江西南昌府豊城で羅洪先と会した後、吉安府吉水にある羅の居所に行き石蓮洞で講学を行っている。この時、彼らに同行したのは、貢安国と王汝舟（一五一六～六七、字は済甫、安吾先生、涇県の人）であった。貢安国については既に何度か言及したが、王畿が、

……水西に会があるのは、［貢］玄略がまさにその基礎を築いたのであり、宣城、歙県一帯で、一斉に興起した士人が、おおよそ数百名いたが、その多くは玄略が啓発したのである。［ただ、当人は］あたかも山中の教師のようであった。私が東南の青原、沖玄、復古といった諸々の講学会に赴く時はいつも、玄略が一緒でないことはなかった。(32)……（『王畿集』巻十九「祭貢玄略文」）

と述べるように、彼こそが水西の会を立ち上げた中心人物であり、常に王畿の講学活動に付き従っていた人物である。

他方、王汝舟については、査鐸が書いた行状（『闡道集』巻九「王処士安吾行状」）に詳しい。それによれば、嘉靖十七年に欧陽徳の友人の周子恭（一五〇六～五三、字は欽之、号は七泉、泰和の人、嘉靖十年歳貢）に水西の地で従学し、王守仁の良知の学を聞いてから挙業を放棄し、その後は、貢安国、戚兗、呉伯南らと南京で欧陽徳に学び、さらに、鄒守益、銭緒山、王畿らに天真精舎や青原の会で従学したという。そして、その学問については、王畿から、「実に済甫のようであってこそともに道に入ることができる。（真実如済甫可与入道矣。）」と称えられたとされ、布衣ながら、水西の会を支えた主要人物の一人であった。

嘉靖二十八年五月に開かれた最初の水西の会に奮い立つ現地の士人達の様子と講学会の熱気、そして、水西の会に期待を寄せる王畿の思いについては、「水西会約題詞」に次のように述べられている。

今年の春、六県の士人が、予定どおりに［水西の］会について話し合い、期日に先立って使いの者を迎えに寄こし、［私に］この会に赴くよう勧めてきた。私は、この会に賛同した以上は、［約束を］違えるわけにはゆかず、四月十五日に銭塘（杭州）を出発した。斉雲山から、紫陽山を経て、水西に到着すると、士人たちが勢揃いして、もう一月以上も私を待っていてくれた。その志は、一途《いちず》と言える。……この会は、宛陵（宣城）と周辺の府からも、噂を聞きつけてやってきた者、しめて二百三十人余りであった。年齢によって席次を定め、朝夕、［水西寺の］法堂に集まり、これまで学んできたことをとことん吟味し、新しい工夫を一緒に検証して、［参加者一同］そろって一層奮起した。知［涇］県の東岑君（鍾紐、号は東岑、永豊の人、嘉靖年間の挙人）は、私の同志である。早速やってきて指導してくれた。県内の諸先達や幽谷［に住む］老先生は、これが希有の出来事であるのを楽しみ、みな足取りも軽やかに来臨してご覧になった。一代の盛事であると言えよう。［だが］友人たちは、この会が長続きしないのを危惧して、私に、一言、衷心からの思いを記すよう求めてきた。[33]……

諸君に望むことは、私が来れば集合し去れば解散するのではなく、常に決めたとおりの期日に会してもらいたい。特段にやむを得ない事情でないかぎり、必ず万障繰り合わせてやってきて、互いに切磋琢磨し合い、互いに励まし合い諌め合ってもらいたい。［自己の］性命（良知）に取り組む心が重くなった分だけ、権勢や利欲に奔る心は自ずと軽くなる。……おまけに、今日の会は、［崩壊を］防ぎとめる法律制度があるわけではなく、我々の道義［の心］を拠り所に、関係を構築したにすぎない。二三百人の内、一人一人だみな真の志を発し、みなが［吾が心の良知を］信じる心を持つなどということがどうしてあり得ようか。やはり、この中のかつて［良知の学を］聞いたことのある十数人の友人たちを頼みに、心をむなしくして道に適うことを楽しみ、［同志を］大いに招き集めて、先頭に立ってもらうしかないのである。一人が唱導し、十人がそれに従って唱和したなら、やがて［唱和する者が］どんどん増えていって、この会が盛んにならないことを欲したところで、あり得ないことである。[34]……

この「水西会約題詞」は、『龍溪王先生會語』の冒頭を飾る文章にほかならない。この時の「会約」そのものは残っていないようであるが、水西の会は、致仕以降の王畿の講学人生の原点となった記念すべき講学会であった。[35]

王畿が水西の会に参加した翌年の嘉靖二十九年には、鄒守益が周怡に請われて水西の会を主催している。鄒守益はその際の様子を「書水西同志聚講会約」（『鄒守益集』巻十五）に次のように記している。

……宣州（寧国府）の諸同志は、［水西寺を］六邑の［士人が］集まって講学を開く場所に定めた。銭緒山君、王龍溪君がともに迎えられて会を主催した。周順之が弟の戒之をよこして私の［六十歳の］寿を言祝ぎ、かつ［水西の］会期を定めた。私は雪の季節に舟で訪れる約束をした。期日になると、鄱陽湖に舟を浮かべ、新安に入った。［すると］貢玄略、王惟一と譚見之が門山で待っており、そこで翬嶺を越えて崇慶寺（水西寺の中寺）に入ると、積雪が道にあふれていた。期せずしてやってきた諸友は、二三百人ちかくになった。戚補之、張士隆、王惟貞らが、全員順番に［私と］切磋琢磨した。七日たって別れた。董叔鼎、文啓、惟学、呉従本、張士儀、王済甫らが同行し［私に］会約の言を請うてきた。[36]

周怡（順之）は、二度の水西の会を契機に講学への熱意が一気に高まったのであろう、嘉靖三十年（一五五一、五四歳）秋に杭州の王畿のもとを訪れ、その足でともに東南の諸名勝を歴訪し講学を行っている。[37] 南京時代以来の門人である周怡と講学の旅を終えて別れる際に、王畿が贈った「別周順之漫語」が、『龍溪王先生會語』に収録されている。

ああ、水西での別れから、順之と離ればなれになって二年がたった。今年の秋、順之は千里もの旅をして、再び私を会稽山中にまで訪ねてきて、指導を求めた。……［いま述べたことは］以前、水西でもやはり述べたことがある。二年の間に、どういうことをしかと体得したのか。もしも深く省察して綿密に検証するのでなければ、［名利に対して］超然としていると言っても、結局興味を持つのを免れないし、［名利では］満たされないと言っても、結局［その境地に］合致できないかもしれないのだ。[38]……

二人が、二年前の水西の会で議論した内容を改めて深く検証し合った様子がわかる。

ところで、嘉靖三十一年冬には、王畿は銭徳洪とともに滁州府の南譙に戚賢を訪ね講学を行っている。この時にも水西の会の同志達は、王畿と銭徳洪の教えを求めて、南譙まで出向き講学会に参加したようである。「南譙別言」（『龍溪王先生會語』巻二）には、

離ればなれになって二、三年、いま南譙にやって来て、諸君と一緒に集まることができた。［ところが］諸君の心持ちを見たところ、旧態依然として成長がみられない。二、三年もの間、いったい何をやってきたのか。さきごろ受け取った課題には、どんな取り組みをしてきたのか。私は本当に不肖者で、諸君の指導者としては力不足である。しかしながら、諸君もまた自重することなく、まるごと食い違ったまま、双方が背き合っていることを、私は心の中で残念に思っている。(39)

という王畿の発言が記されているが、ここで王畿から「二、三年の間、何の勾当を作す。」と叱責されているのは、恐らく、嘉靖二十八年の水西の会に参加した同志達であり、水西の同志の講学への熱意とそれを厳しく指導しようとする王畿の気魄がうかがえる。

四　水西精舎の建立——天真精舎と並ぶ講学活動の拠点

水西の会が軌道に乗り始め、参加者の数が増えてくると、水西寺（宝勝寺）の法堂を借りるだけでは収容しきれなくなったようである。寧国知府の劉起宗（字は宗之、号は初泉、四川巴県の人）によって、嘉靖三十二年（一五

五三、五六歳）八月には、水西寺の境内に水西精舎の建設が始まり、翌年の七月に完成している。(40) この事業は、水西の会の同志にとっては講学の場が整備されたということにとどまらず、水西が陽明学の精神を継承する土地であることをかたちとして示す意味もあった。『陽明先生年譜』附録一（『王陽明全集』巻三十六）にも、

［嘉靖］三十三年、巡按直隷監察御史の閭東（四川内江の人）、寧国知府の劉起宗が水西書院を建てて、先生を祀った。(41)

とあるように、精舎には王守仁の祠廟が建立されており、この王守仁の祠廟の設置は、水西の会が天真の会と並び称されるような講学会へと発展していく上で不可欠のことであったと言える。

水西精舎の建立がはじまる直前の時期、嘉靖三十二年の初夏（閏三月十日）、王畿は滁州府の滁陽の会（南譙の会）に赴いている。途中、紫薇泉の陽明祠に拝謁し、滁陽に着くと、湛若水の弟子の呂懐（一四九二～?、字は汝徳、号は巾石、永豊の人、嘉靖十一年進士）ら数十人と講学会を開いた。この時王畿は、滁陽を辞したあと、さらに水西と宛陵に赴いて講学を行っており、その際の講学の様子は、『龍溪王先生會語』巻一「書滁陽会語兼示水西宛陵諸同志」に記録されている。(42) それによれば、水西の会と宛陵の会には、沈寵、汪尚寧（一五〇九～七八、字は廷徳、号は周潭、新安の人、嘉靖八年進士）らが会したことがわかるが、水西精舎の建立に触れた記述はなく、この年の滁陽、水西、宛陵の会の場で、王畿が現地の門人達と精舎の建設に関してどういう議論をしたのか、その詳細についてはよくわからない。

ちなみに、水西精舎の建立の具体的な状況は、嘉靖三十三年七月に鄒守益が書いた「水西精舎記」（『鄒守益集』巻七）、そして、嘉靖三十三年九月に羅洪先が書いた「水西書院熙光楼記」（『羅洪先集』巻四）、周怡が書いた

「水西精舎記」[43]（『訥谿文集』巻四）等によって詳しく知ることができる。鄒守益の「水西精舎記」には、

……嘉靖三十一年の秋、劉初泉侯が［寧国］知府に着任し、益《わたくし》は手紙を送って慶賀を述べた、「宣州［の士人］は学問に努め、お上はその機運を盛り立てています。良き知府は教育に努め、庶民はその恩沢に潤されています。今や［侯は］古にいわゆる『粛ならずして成り』、『戒めずして孚《まこと》あり』を、その身で示されています。」と。翌年、……まばゆいばかりの精舎が完成した。[44]

とあり、また羅洪先の「水西書院熙光楼記」には、

……劉初泉どのは、致良知を学んで自得するものがあった。寧国知府となると、ただちに水西の僧舎の傍らに、別に書院を創り、六邑の士をその中に集め、彼らを教え導いた上、さらに［陽明］先生の高弟銭緒山君、王龍溪君を招いて、代わる代わるにやって来てもらい［水西の］講学を主宰してもらった。[45]

とあって、実質的にこの事業を主導したのは、寧国知府劉起周であったようである。[46]

王畿が、完成した水西精舎を訪れたのは、嘉靖三十四年（一五五五、五八歳）春のことであった。[47] ちなみに、この時王畿に同行したのか否かは未詳だが、この前後の時期に、銭徳洪も精舎を訪れたに違いない。というのは、銭徳洪は、嘉靖三十三年と三十四年の二度にわたって、水西精舎で『伝習続録』を出版しているからである。[48] 他方、水西精舎が建立された当時の巡按直隷監察御史の閭東も、同年に『陽明先生文録』を刊行しているが、これも水西精舎の建立と関係がある可能性が高い。[49] 天真精舎がそうであったように、[50] 王守仁の祭祀、講学に加えて、出版事業は、精舎が果たす役割として必須のことであったからである。[51]

五　水西の会の隆盛——寧国府に根付いた陽明学

水西の大会は、「会約」では年に二回、春と秋とに開催されることになっていたようであるが、それがどの程度正確に守られていたのか定かではない。期日については、遠方からの参加者の事情で、一二箇月前後することはあり得たであろうし、回数についても、毎年二回も大規模な講学会を開くのは容易ではなかったであろう。ともあれ、嘉靖三十六年（一五五七、六〇歳）四月には、王畿がまた水西の会に赴いている。この講学会については、『王畿集』巻二「水西同志会籍」に、

寧国の水西に［講学の］会があることが、四方にとどろいてから久しい。嘉靖三十六年、私が会に赴く時期になると、思畏（沈寵）、国賢、時一、允升、純甫（梅守徳）らが［涇県の］琴溪の道中で出迎えてくれ、そのまま一緒に仙洞に遊び、夕暮れに舟に乗った。水西に至ると、汪周潭、周順之らが私を十日も待っていてくれた。先後してやってきた者は百余人で、朝夕一緒に集まり、微言を説き明かし、随所で悟りを検証し、［参加者は］満ち足りてそれぞれに収穫があった。私も諸友のお蔭で意がまことになって神が専一になり、はっとして自分から［講学を］止めることはできなかった。この会が空虚でないことは疑いない。会は四月一日から十三日まで開いて解散した。諸友はこの講学会［が終わって］から時間がたつと志が背き離れていくのを憂慮して、さらに私に［自分たちを］励まし振るい立たせるための言葉を求めた。(52)

とあり、新たな顔ぶれも加わっている様子がわかる。この講学会の際に、「水西同志会籍」が書かれたのは、こ

の時の講学会が、水西の会の開催を話し合ってからちょうど十周年にあたる上、王畿の六十歳の誕生日を祝う会も兼ねていて、同志達にとっては特別な会になったからであろう。周怡が書いた「龍渓王先生六十寿序」（『王畿集』附録四）に、そのあたりの事情は詳しい。[53]なお、この講学会の記録の一部は、『王畿集』巻二「水西精舎会語」によって知ることができるが、この「会語」は、汪尚寧が記録した問答を編集したものが基本であり、[54]もともとの記録が簡略であったのか、残念ながら講学の場の雰囲気をじかに伝えるような内容ではない。ただ、先に触れた周怡の文章に、「昼は［先生の側に］列び侍って教えを請い、夜は熙光楼に寝台を並べて、精細に学問を検証し合った」とあるのを見れば、充実した講学会であったことは疑いない。

翌年の嘉靖三十七年にも、王畿は銭徳洪とともに水西の会で主教を務めている。[55]これまでに取りあげてきた「水西会約題辞」をはじめとする諸資料からわかるように、「会約」では、王畿と銭徳洪が交互に主教を務めることになっていた。[56]この「会約」が正確に守られていたのかどうかはともかく、この頃までは、水西精舎の活動が順調に展開していて、王畿等も頻繁に水西の会に参加していたことが確かなようである。だが、記録に残されている限り、この年の講学会以降、王畿の足はしばらく水西精舎から遠ざかっている。[57]

一方、嘉靖四十一年（一五六二、六五歳）には、羅汝芳（一五一五～八八、字は惟徳、号は近渓、南城の人、嘉靖三十二年進士）が、寧国知府に着任しており、[58]王畿はその翌年の八月に、府治の宣城県を訪問し、羅汝芳が建立した志学書院で講学を行っている。[59]また、嘉靖四十三年の暮春には、南直隷宜興（江蘇省宜興市）で耿定向（一五二四～九七、字は在倫、号は天台、黄安の人、嘉靖三十五年進士）に会った後、再び宣城に行き羅汝芳らと宛陵の会を開いている。[60]そして、その後には久し振りに水西を訪れ、貢安国、周怡、王維楨らと会した後、太邑を経て、黄山の諸景勝をめぐり、紫陽山に登っている。王畿が羅汝芳の五十歳の寿を言祝いで書いた「寿近渓羅侯五秩序」（『王畿集』巻十四）には、この時のことを次のように記している。

> ……嘉靖四十三年の暮春、私は［寧国］知府近溪さんとの約束を守り、宛陵で会って、朝夕悟りを検証し合い、とことんまで互いに批正し合うことができた。かつ、［『詩』にいう］菁莪の化（人材が育っている様子）を見、［徳性を涵養する］弦歌の音を聞いて、身体は［言偃が治めた］武城に居て精神は大きな丘陵の奥まった場所に遊ぶかのようであった。［近溪さんの政治は］千年に一度の盛事であると言える。十二日が過ぎ、再び水西に立ち寄り、諸友と二晩を過ごしているところに、貢玄略、周順之、王惟禎らが諸友を引き連れてきて、私に［近溪さんの頌寿の文章を］請うて言った、「近溪公が寧国府に着任され、万物同体の学で、教化を［府下の］六県に施し、六県の人々を一家の子弟のようにみなし、無欲で温かく養い包み込むように教えておられます。水西の諸生に対しては、とりわけ有り難いお心で育て養って下さり、［水西は］六県の中で抜きんでた存在となり、お蔭で六県を唱導する存在となっています。［水西の］諸生は公の徳にとりわけ深く感じ入っています……。」……水西の諸生が、もしも知府（近溪）の学を学んで、自己の世俗心を尽く除き去ることができれば、神機はあふれて、人力を用いることなく、六県の士人を唱導することができるのであり、いわゆる「［群黎百姓が］遍《あまね》く爾《なんじ》の徳を為す」ということになる。[61]……

頌寿を祝って捧げた文章であるという点を差し引いて考えても、水西精舎の諸生にとって羅汝芳の存在がいかに心強いものであったか、そしてそのことを知った王畿が彼に大いに期待する気持ちが強く伝わってくる内容である。[62]

羅汝芳の寧国知府赴任に意を強くしていた王畿であるが、実はこの時期、彼の身を悲しい出来事が立て続けに襲っている。嘉靖四十一年十一月に鄒守益、その翌年の十一月には聶豹、さらにその翌年の八月には羅洪先が相次いで世を去ったのである。長年にわたってともに良知の学の実践に励んできた同志を一遍に失ったことは、王畿には実に堪えがたいことであった。嘉靖四十三年、王畿は、吉水を訪れて羅洪先を弔い、さらに安福と永豊に行き、鄒守益、聶豹の墓に参拝しているが(63)、その翌年の嘉靖四十四年に貢安国に送った書簡（「与貢玄略　三」）の中には、その孤独な真情が次のように吐露されている。

去年、江右に行き、念庵兄、双江、東廓、魯江、明水が相次いで世を去ったのを弔った。我々の同士はますます孤独になり、［陽明］老師の［学問の］一脈は、かろうじて糸のよう［に繋がるだけ］である。自ら思うに、［私は］年を取って衰えたので、真に発心した者二三人を得てこの微言を伝えて、［先師の］宗旨の伝を断滅するのを免れねばならない。指導した者の中から、いったい幾人［の人材］が得られることか(64)。

とはいえ、王畿は、嘉靖四十三年に江西に墓参に行ったその足で、魏時亮（一五三〇～八五、字は工甫・敬吾、南昌の人、嘉靖四十一年進士）ら若い世代の学者と南昌で講学を行い、さらには潘陽湖を渡って廬山の白鹿洞書院にまで赴いて講学会を開いており(65)、講学への熱意は全く衰えることはなかった。

六　水西精舎の毀廃と王畿の死——寧国府における良知の学の行方

嘉靖四十三年の水西精舎訪問は、王畿にとっては六年ぶりのことであったが、その後、水西の会からはまた十三年も足が遠のいている。その間、古稀を迎えた隆慶元年（一五六七）二月には、妻張氏が死去している。また、隆慶三年には南京を訪問し、南京在職時代からの門人である周怡らと鶏鳴山の憑虚閣で講学会を開いているが、(66)同年にこの長年の同志周怡も世を去っている。そして、最晩年の王畿を襲った最大の悲劇というべき事件が、隆慶四年十二月十二日に起きている。自宅が火災に遭って、所蔵する典籍、図書、王守仁の手跡などが全て灰燼に帰してしまったのである。王畿の心痛は大変なものであった。(67)さらに、隆慶五年には、長年王畿に師事してきた門人の沈寵も死去している。

万暦元年（一五七四、七六歳）の晩秋、王畿は、全椒に行って、故友人戚賢の廬を訪ね、南譙書院で講学会を開いている。この時の講学会の様子は、『龍溪王先生會語』巻五「南遊会記」によって具体的に知ることができるが、王畿にとっては、久し振りに充実した講学会であったことがわかる。ところが、その翌年の万暦二年十月、ほぼ半世紀にもわたって常に切磋琢磨し合いながら師説を広める活動を共にしてきた盟友の銭徳洪までもが世を去ってしまったのである。

万暦三年春、王畿の門人査鐸が、銭徳洪を弔うために、兪允升、翟平甫（翟台、字は思平のことか※待考）、蕭良幹らと杭州に行き、その足で王畿のもとを訪問したという。ところが、この時、王畿は雲間に出かけていて会うことができなかったため、彼は落胆して寧国府に戻り、宣城の貢安国のもとを訪ねたところ、貢安国から『龍溪王先生會語』の草稿を渡されたという。(68)貢安国は、この年の六月、「龍溪先生會語序」を作成しており、(69)この時点で既に『龍溪王先生會語』はほぼ完成していたようである。そして、万暦四年五月には、山西に赴任していた査鐸が、汾州の公署で「龍溪先生會語後序」を作成しており、『龍溪王先生會語』は、恐らくこの年に刊行されたものと思われる。

「龍溪先生會語序」の末尾には、「万暦三年歳在乙亥季夏初吉、門人貢安国頓首書于宛陵精舍。」とあるので、『龍溪王先生會語』は寧国府宣城県で刊行されたと思われる。(70) もっとも、水西精舎で刊行された可能性も否定できないのだが、この点は今のところ未詳である。ともあれ、『龍溪王先生會語』が刊行された翌年の万暦五年、八十歳となった王畿は、(71) 夏に水西の会に赴いている。道中、桐川を通り、知広徳州の呉同春（一五四四～？、字は伯与、号は中淮・眉叟、河南固始の人、万暦二年進士）らと復初書院でも講学を行っているが、(72) この年の水西訪問は、『龍溪王先生會語』の刊行と関係があったと考えるべきであろう。しかしながら、刊行の成ったのを師弟ともに喜んだのもつかのま、『龍溪王先生會語』の編者で、王畿の寧国府での講学活動を最初期から支えてきた貢安国、そして、梅守徳が、(73) この年に相次いで世を去っている。

万暦七年一月、講学活動を嫌悪した張居正（一五二五～八二、字は叔大、号は太岳、嘉靖二十六年進士）により全国の書院を毀廃する命令が出された。その消息を知った王畿は、門人の張元忭（一五三八～八八、字は子藎、号は陽和、山陰の人、隆慶五年進士）が張居正の門生であったことから、天真精舎が毀損を免れるよう働きかけを彼に依頼するが、王畿の願いも虚しく天真精舎は廃墟となった。この時、王畿が送った書簡に対する張元忭の返書（『張元忭集』巻三「復王龍溪翁」）には、

……ましてや天真と水西はまたその（当局の）意を注ぐところであり、［毀廃をやめるよう］言ったところで無益で、しかも損害が生じます。(74) ……

とあることから、水西精舎は天真精舎と並んで、張居正から睨まれていたことがわかる。なお、その背景としては、当時の水西精舎が、陽明門下にとって天真精舎に匹敵するほどの重要な活動の拠点になっていたという事実

に加えて、張居正が最も嫌っていた人物の一人である羅汝芳が水西精舎に深く関わっていたことが強く影響したことは確実である。また、水西精舎の発展に貢献した沈寵の子で、宣城の志学書院や水西書院における羅汝芳の講学活動を支えた門人の沈懋学（一五四〇〜?、字は君典、号は少林、宣城の人、万暦五年状元）が、張居正の奪情を批判して離職し郷里に戻って水西の会に参加していたことも影響していたに違いない。[75]

天真精舎が壊されたのは万暦八年の前半であったと思われるが、[76]ほぼそれと時を同じくして、水西精舎も毀廃されたものと思われる。そして、万暦十一年（一五八三、八六歳）六月七日、失意の中で王畿は世を去ったが、翌年の八月には、生前の王畿が念願した天真精舎の復興は、勳賢祠の建築によって一応果たされている。他方、水西精舎も、天真精舎よりやや遅れたものの、万暦十五年九月に復興している。竣工の際に、知涇県の張堯文（一五五一〜?、字は復吾、新淦の人、万暦十一年進士）が書いた「復建水西書院記」（『［嘉慶］涇県志』巻八）には、その間の経緯が次のように記されている。

> ……査憲副と翟駕部の両公にあっては、実に諸士の先頭に立って［書院復興を］唱えた。堯《わたし》もまた事あるごとに補佐した。群衆は心から喜んで手助けし、そろって作業に従事し、書院はかくて完全無欠の素晴らしいできばえとなった。文成公祠が五楹、明道堂が五楹、門が三楹、号舎が二十二楹、周りを垣で囲い器や用具を完備した。万暦十三年五月五日に建築が始まり、十五年九月に竣工した。ああ、先には、書院を毀廃し、全国で講学をはばかり避けた。そもそも学はどうして毀つことなどできようか。[77]……

この時、精舎の復興で中心的な役割を果たしたのは、査鐸と翟台（一五二〇〜?、字は思平、号は震川、涇県の人、嘉靖二十八年進士）であったという。翟台は、査鐸と同郷の幼馴染みで、査鐸の記すところによれば、王畿と銭徳

洪の門下で共に学んだ仲であるという。(78)

ちなみに、張堯文の「復建水西書院記」には、

水西書院は王文成公を祠り、揚州の王心斎先生、我が郷の鄒東廓先生、欧陽南野先生、浙東の銭緒山先生、王龍渓先生、全部で五公を配祠した。詳しくは『水西誌』(79)の中に［記載されて］いる。(80)……

とあって、水西書院の王守仁の祠廟には五名の門人が従祀されていたことがわかる。

おわりに

王畿が世を去った後に復興した水西書院で講学活動を主導したのは、最晩年の王畿から最も厚い信頼を得ていた査鐸(81)と翟台、そして、蕭良幹であった。(82)

このうち、査鐸には、水西精舎における講学の記録として、「書水西会条」「会語」（『闡道集』巻四、『涇川叢書』）、「水西紀別叙」（『闡道集』巻六）があり、翟台には「水西答問一巻」（『涇川叢書』）がある。一方、蕭良幹にも「水西会約」という著作があったようであるが、(83)残っていない。

査鐸の「水西会語」を見ると、彼の講学は、王畿から「子警は良知の旨について、ほぼすっかり信じきることができたようだ。」と印可された者に相応しいものであったようである。(84)一方、翟台の「水西答問」の方は、その内容を読む限りにおいては、王畿の講学の語録とは趣を異にしていると言わざるを得ない。『［嘉慶］涇県志』巻十八「儒林」にある翟台の伝には、

……同志と水西書院を復興し、姚江の学を明らかにしたが、良知の説を専ら重んじたわけではなく、おおよそ、六経を規範とし、力行を第一とした。学ぶ者に示しては、「学は志を辨じるより先なるはなく、性を識るより大なるはなく、知を致すより要なるはなく、敦く行うより貴なるはなく、業を本とするより切なるものはなく、文に会するより急なるものはない。」と言って、窮理居敬の功夫について、丁寧に教えた。(85)……

とあり、その学は、「不専主良知之説」とされている。王畿が最も嘱望した水西精舎の講学活動も、万暦年間の中期には、王畿の「良知心学」を忠実に継承しようとした査鐸と朱子学へと傾斜していった翟台の学風の違いが既に顕在化していたようである。(86)施閏章（一六一九〜八三、字は尚白、号は愚山、宣城の人、順治六年進士）が書いた「修葺水西書院記」（『施愚山集』巻十二）によれば、天啓年間のはじめには、趙健(87)（一五四四〜？、字は行吾、涇県の人、万暦五年進士）によって、水西精舎には、王守仁に加えて朱熹も一緒に祀るようになっていたという。(88)王畿が最晩年まで布教に努めた「良知の学」も、その頃には、水西の地で既に風化しつつあったのかもしれない。

王守仁が創出し、王畿らが深化発展させた「良知の学」は、その思想内容そのものが持つ魅力が各地の士人達を講学に誘ったことはもとより言うまでもない。だが、それと同時に、「良知心学」の命と言うべき「講学」という学問形式の根本的な意義は、人と人とが直接向き合って、互いに「心」「良知」「性命」を検証し合うところにこそある。陽明学の流布という点から言えば、浙江や江西に比べて後発地域であった寧国府の水西の講学会が、明代の一時期、王門の講学活動の拠点の一つたり得たのは、水西の会の同志が王畿の謦咳に接し、王畿から直接励まされたことが、その原動力となったのである。それゆえ、王畿を失った後の水西の会が、やがて衰退に向かったのはいかにも已むを得ないことであったと言うべきかもしれない。

注

（1）……蓋平時嘗謂、「我一生精力在講学、而尤属望於寧国者深也。」（『闡道集』巻九「紀龍渓先生終事」）

（2）王畿の講学活動に関する先行研究としては、中純夫氏「王畿の講学活動」（『富山大学人文学部紀要』二六号、一九九七）、呉震氏『明代知識界講学活動系年（一五二二―一六〇二）』（学林、二〇〇三）、方祖猷氏『王畿評伝』（南京大学出版社、二〇〇一）、彭国翔氏『良知学的展開――王龍渓与中晩明的陽明学――』（学生書局、二〇〇三）、呂妙芬氏『陽明学士人社群――歴史、思想与実践』（中央研究院近代史研究所、二〇〇三）、陳時龍氏『明代中晩期講学運動（一五二二―一六二六）』（復旦大学、二〇〇五）、兪樟華氏『王学編年』（吉林大学出版社、二〇一〇）等がある。王畿の講学活動全般については中氏の論考が特に詳細であり、水西の会については、呂氏の研究が、明末清初期までの水西地域の講学活動の展開について詳細に論じている。小論は、これらの先行研究を踏まえつつ、王畿の、水西精舎を中心とする寧国府での活動に焦点を絞って考察を行う。

（3）王畿の参加した会については、主に中氏「王畿の講学活動」に基づく。実際には王畿が講学に訪れていても、文献に記録が残されていない事例もあるであろう。

（4）……先生周流四方以求友、車轍所至、発揮性霊、透入心髄、指点病痛、直中膏肓。与人為善之心、垂老不倦。然独注意於水西、自己酉倡会、至今未嘗一日忘情。若鐸等之不肖、猶惓惓於接引。凡今稍有聞知、不至大蒙蔽者、皆先生指示之力。

（5）拙論「天真精舎と陽明門下」（『哲学資源としての中国思想―吉田公平教授退休記念論集』研文出版、二〇一三）参照。

（6）例えば、黄綰の「陽明先生行状」（『黄綰集』巻二十四）に、「甲戌、升南京鴻臚寺卿、始専以良知之旨訓学者。」とある。甲戌とは、正徳九年（一五一四）である。

（7）『王畿集』巻二十「文林郎項城県知県補之戚君墓誌銘」「……東廓鄒先生判広徳時、君常往従之遊、帰未有得。嘉靖

壬辰、以選貢入監、時南野欧先生為司業、以良知之学開講南雍、君得師事之、始慨然一志於学。求友於郷、得貢玄略氏、已而求友於四方、裹糧卒業於東廓、南野二先生之門。嘉靖乙未（十四年）、予為南職方。因偕玄略、周順之、沈思畏、梅純甫輩、受業於予。予嘗示以所学之概。……」、また、『王畿集』附録四、沈懋学撰「王龍翁老師八十寿序」「……嘉靖乙未、先生為南職方、講王門良知之学。吾郡貢先生玄略、周先生順之、梅先生純甫、子大人思畏、並受業於先生、而学因得聞其概。」王畿の著作の引用は、呉震氏編校整理『王畿集』（陽明後学文献叢書、鳳凰出版、二〇〇七）による。また、他の陽明後学の著作についても、同叢書に所収の場合は、特に断りのない場合は同様である。

（8）『王畿集』巻二十「文林郎項城県知県補之戚君墓誌銘」「……宣州未知講学、君与玄略輩伝述師説、以倡於郷、郷之士人信君之為人、日益興起。今水西之会、合六邑之士、相信而従者不下三数百人、講学之風聞於四方、君啓之也。……」

（9）『王畿集』巻十九「祭貢玄略文」「……粤自嘉靖丙申、丁酉之歳、予与南野文荘公同官留都、玄略偕其郷戚補之、周順之、兪允升、呉従本、梅純甫、呉伯南、張士儀、沈思畏諸友、先後謁予官邸、周旋於鷲峰、天界之間。日有所見、而朋類日親。其所得浅深、未知何如。要之、必為君子、必不為小人、則確然可以自信也。」

（10）『羅洪先集』巻五「冬遊記」参照。『陽明門下（上）』（『陽明学大系』第五巻　明徳出版社、一九七三）に福田殖氏の訳注を収める。

（11）『龍溪王先生會語』巻一「南譙別言」「書滁陽会語兼示水西宛陵諸同志」、巻四「火災自訟長語示児輩」、『王畿集』巻二十「刑科都給事中南玄戚君墓誌銘」等を参照。

（12）『羅洪先集』巻四「南譙書院記」、『国朝献徴録』巻八十「刑科都給事中南玄戚君賢行状」等参照。

（13）『王畿集』巻十九「祭戚南玄文」に、「後余起告南補、兄時亦起為都諫。因九廟火災、陳言会疏、進賢退不肖、謬及於予、以為可備清班顧問、不宜置之散秩。疏中多指権貴人、讐者益衆、相比翕構、票旨掲為僞学同党、兄遂以此落職、而予亦乞帰。兄嘗致書於予、自謂『以此相累、僞学之名雖非清朝所宜有、但観前朝、当此者何人。』復以此相勉、於去就澹如也。」と言う。また、中氏「王畿の講学活動」（二頁）、『龍溪王先生會語』巻四「火災自訟長語示児輩」の訳注（『東洋古典学研究』第三二集、一六六～一六八頁）等を参照。

(14) 書院は、嘉靖四年十月に着工し、翌年七月に竣工している。『鄒守益集』巻四「広徳州新修復初書院記」に、「嘉靖丙戌秋七月、新作復初書院成。先是、書院為老子宮、直大成殿之後。守益請于巡按桂林楊公、督学光山盧公、以東郊淫祀徙道士居之而虚其址、属諸学宮。……経始於乙酉冬十月、越十月而工成。会歩氏有田訟、守益以義諭之、願入田三百餘畝於書院。乃請于巡撫静斎陳公。公欣然允之、而書院之規可以長久矣。」とある。また、張衛紅氏『鄒東廓年譜』（北京大学出版社、二〇一三）七二～八四頁参照。

(15) 広徳、予謫宦試政地也。復初、予締構造士所也。予能忘広徳乎哉。爾多士能忘復初乎哉。……

(16) 張氏『鄒東廓年譜』八六～九〇頁参照。鄒守益の全集には、この時の王守仁宛の書簡は残っていないが、『王陽明全集』には全部で五通の書簡が残されている。『王陽明全集』は、上海古籍書店（二〇一一）版による。

(17) 承示『諭俗礼要』、大抵一宗『文公家礼』而簡約之、切近人情、甚善甚善。非吾謙之誠有意於化民成俗、未肯汲汲為此也。……

(18) 兼示『論語講章』、明白痛快、足以発朱注之所未及。諸生聴之、当有油然而興者矣。……「書院記」文、整厳精確、迥爾不群、皆是直写胸中実見、一洗近儒影響雕飾之習、不徒作矣。……

(19) 王湛の学の相違については、荒木見悟氏「湛甘泉と王陽明――なぜ甘泉学は陽明学ほど発展しなかったか――」（『明代思想研究』創文社、一九七二）参照。

(20) 吉田公平氏「王陽明の「稽山書院尊経閣記」について」（『東洋古典学研究』第一五集、二〇〇三）参照。

(21) 張、陳二生来、適帰余姚祭掃、遂不及相見、殊負深情也。

(22) 初鄒守益謫判広徳、創建書院、置贍田、以延四方来学。率其徒濮漢、施天爵過越、而還。復初之会、遂振不息。
……

(23) ……予判広徳、……時施生天錫、濮生漢、楊生華、陳生辰交相切劘。

(24) 先引の『陽明先生年譜』巻三には、「後漢、天爵出宦游、是会興復不常者二十年。」とあり、官途に就いてからは、しばらく書院の活動から遠ざかったようである。

(25) 嘉靖初、益判広徳、与諸生切磋斯学。宣州戚生兗、貢生安国首学於復初。嗣是董生景、周生怡、沈生寵、梅生守徳、戚生慎、孫生濬、翕然学於金陵、日章有位矣。

(26) ちなみに、『陽明先生年譜』巻三、及び銭徳洪撰「刻文録序説」(『王陽明全集』巻四十一)によれば、嘉靖六年四月、鄒守益は王守仁に請うて『陽明先生文録』を広徳州で刊行している。恐らく、自らが広徳州を去った後も当地の士人達が王守仁の思想を学ぶことができるように図ったのであろう。

(27) ……予官金陵、惟補之与貢玄略首来講学。既而沈思畏、張士儀諸子相率継至、乃今倡和成風。徽、寧間向学者無慮数十百人、則皆二三子者身率之也。……

(28) ……宣州未知講学、君与玄略輩伝述師説、以倡於郷、郷之士人信君之為人、日益興起。今水西之会、合六邑之士、相信而従者不下三数百人、講学之風聞於四方、君啓之也。……ちなみに、南京時代の欧陽徳については、三浦秀一氏『科挙と性理学　明代思想史新探』(研文出版、二〇一六)二六七～二九八頁参照。

(29) 「嘉靖己酉夏、余既赴水西之会浹旬。将告帰、復量諸友地里遠近、月訂小会、図有終也。先是戊申春仲、余因江右諸君子期之青原、道経於涇。諸友聞余至、相与扳聚。信宿而別、渢渢若有所興起。諸君懼其久而或変、復相与図会於水西、歳以春秋為期、蘄余与緒山子迭至、以求相観之益。余時心許之。」なお、『龍溪王先生會語』全六巻の訳注については、『東洋古典学研究』第二六集(二〇〇八)～第四〇集(二〇一五)、『白山中国学』第一六号(二〇一〇)～第二五号(二〇一六)を参照。本書附録「『龍溪王先生会語』訳注掲載誌一覧」参照。

(30) また、『鄒守益集』巻七「水西精舎記」に、「……歳戊申、緒山銭君、龍溪王君赴会青原、諸生追随於匡廬、復古之間。議借涇邑水西三寺、以訂六邑大会、延二君迭主講席。……」とあるのを参照。ここに言う「水西三寺」とは、水西山にあった崇慶寺、宝勝寺、白雲寺のこと。精舎が建立されたのは、宝勝寺の境内であった。

(31) 『羅洪先集』巻五「夏遊記」参照。『陽明門下(上)』に福田氏の訳注を収める。

(32) ……水西有会、玄略実開其基、宣、歙間、士類斌斌興起者、無慮数百輩、多玄略有以啓之、居然山中教授師也。凡予赴東南青原、沖玄、復古諸会所、玄略未嘗不相従。

(33) 今年春、六邑之士、如期議会、先期遣使戒途、勧為之駕。余既心許之、不克違、孟夏之望、発自銭塘。由斎雲、歴紫陽、以達於水西、則多士彬彬候余已踰旬月。其志可謂専矣。……是会合宛及旁郡、聞風而至者、凡二百三十人有奇。

少長以次、晨夕会於法堂、究訂旧学、共証新功、渢渢益有所興起。邑大夫東岑君、余同志也。以時来督教。邑之郷先生、及窮谷之耆旧、楽其事之希有、咸翩翩然辱臨而観之。可謂一時之盛矣。諸友懼茲会之不能久也、乞余一言、以志心期。……

(34) 所望諸君、不以余之去来為聚散、毎会如所訂期。苟非大故不得已、必須破冗一来、相摩相盪、相勧相規。為性命之心重一分、為勢利之心自然軽一分。……且今日之会、非有法制可以防閑、惟藉区区道義為之聯属。二三百人之中、豈能人人尽発真志、尽有信心。亦藉中間十数諸友旧有所聞者、虚心楽取、招徠翕聚、以為之倡耳。一人倡之、十人従而和之、已而和之者益衆、雖欲此会之不興、不可得也。……

(35) 張氏『鄒東廓年譜』三四二頁参照。

(36) ……宣州諸同志、訂以為六邑聚講之所。緒山銭子、龍溪王子皆迎以主会。周子順之遣其弟戒之貽予寿言、且訂会期。予許以雪舟之約。及期、泛番湖、入新安。貢子玄略、王子惟一及譚子見之候於門山、乃逾翬嶺以入崇慶、則積雪載途矣。諸友不期而至者、幾二百人。而戚子補之、張子士隆、王子惟貞咸以次切磋焉。七日而別。董子叔鼎、文啓、惟学、呉子従本、張子士儀、王子済甫偕同遊以請会約之言。

(37) 蘇州では同志数十人と道山亭のもとに会しており、その際の講学の記録は、『龍溪王先生會語』巻一に「道山亭会語」が収録されている。

(38) 粤、自水西之別、与順之相違者両年于茲。今年秋、順之裹糧千里、復訪予会稽山中、求所請益。……向在水西亦曾言之。両年之間、作何体会。若非深察而密為之証、所謂超然者、未免終渉於興、而欲然者、終或未能有以副也。……

(39) 相違二三年、茲来南譙、得与諸君相会聚。観諸君意味、堆堆未有所発。二三年間、作何勾当。向来承領話頭、作何行持。僕誠不肖、無足為諸君倡。然諸君亦未肯自愛、覿体相違、両成辜負、心竊憐之。

(40) 『羅洪先集』巻四「水西書院熙光楼記」、『鄒守益集』巻七「水西精舎記」参照。

(41) 三十三年甲寅、巡按直隷監察御史閭東、寧国知府劉起宗、建水西書院、祀先生。

(42) ……余既別滁陽、赴水西、因憶巾石諸兄相属、今日之会不可以無紀、追述会中相与之意、作会言、将以遺之。……而後安国諸友見而請曰、滁旧為陽明夫子臨講之地。先生発其所悟所得之旨、而四十年前之精爽儼然如在。可謂一時之盛矣。夫子之神、無所不在也。盍留宛陵、水西、使諸生晨夕観省。即其所学而庶幾焉、以展其對越之誠、固滁陽諸君子之同心也。

(43)『[嘉慶]涇県志』巻八では、「水西精舎堂門碑記」という題名になっている。

(44)……壬子之秋、初泉劉侯来莅郡政、益執訊以慶曰、「宣州勤於学、而上鼓其機。良牧勤於教、而下濡其沢。今古所謂不粛而成、不戒以孚、其身見之矣。」逾年、……而精舎煥然以成。

(45)……初泉劉大夫、学以致良知而有得也。作牧寧国、即水西僧舎之旁、別為書院、群六邑之士於中、既督教之、復延先生高第弟子緒山銭君、龍溪王君、更往来以主其事。

(46)周怡の「水西精舎記」でも、知寧国府劉起宗、知涇県邱時庸の功績を専ら称えている。中でも劉起宗の役割は特に大きかったのであろう、後に水西精舎の中には、彼を祀る懐徳祠が建立されている。

(47)王畿は、この後、九龍および杜氏祠中でも講学を行っているが、そこには水西の同志が同行している。(『王畿集』巻七「書太平九龍会籍」「乃攜貢子玄略、周子順之、呉子崇本、王子汝舟従藍山歴宝峰以達九龍、会者長少余三百人、郷中父老亦彬彬来集、以一見為快。学究及庵僧先期俱有夢兆以為之徴。会三日、将出山、杜子請一言以示勧戒。」)

(48)永冨青地氏『王守仁著作の文献学的研究』(汲古書院、二〇〇七)二九～三五頁、また、吉田公平氏『中国近世の心学思想』(研文出版、二〇一二)三二〇～三三〇頁を参照。

(49)閭東の序文は嘉靖二十九年に書かれたようだが、刊行は三十四年である。永冨氏前掲書二七七頁参照。

(50)嘉靖三十四年(一五五五)に天真精舎を拡充した浙江巡撫胡宗憲(字は汝貞、号は梅林、南直績渓の人、嘉靖十七年進士)も、その翌々年に、王守仁の『文録』と『伝習録』を天真精舎で刊行させて諸生に分け与えている。拙論「天真精舎と陽明門下」参照。

(51)拙論「中国近世の書院と宋明理学――講学という学問のかたち」(小南一郎氏編『学問のかたち―もう一つの中国思想史』汲古書院、二〇一四)参照。

(52)寧国水西之有会、聞于四方久矣。嘉靖丁巳歳、值予赴会之期、思畏、国賢、時一、允升、純甫輩迓琴渓道中、遂同游仙洞、薄暮乗風。抵水西、則汪子周潭、周子順之輩以候余浹旬矣。先後至者百余人、晨夕聚処、顕論微言、随所証悟、充然各自以為有得。予藉諸友相与意懇神専、亦惕然不容以自已。信乎、此会之不為虚矣。会自四月朔至十三日而解、諸友慮其跡遠而志暌也、復徴予言以申警策。

(53) 嘉靖丁巳乃予師王畿先生耳順之年、夏伍月六日、其誕辰也。諸生王子汝貞等咸謀走寿於家、先生適以水西会期来、於時中丞周潭汪公、司務南屏管君、太守巌潭王君暨邑大夫、学博諸君子及門人御史沈子寵与怡兄弟、合寧、徽両郡人士百餘咸集精舎、昼則列侍請益、夜則聯榻於熙光楼、精究密証、如是者旬餘而別。中丞公而下曁諸門人咸謂会之盛者在昔維洙、泗之間、嗣維伊、洛、今水西之帰依先生、亦猶七十之服孔子也。先生之寿、宜有言以祝、命怡執役。怡小子之事先生也、先生時官留都職方、今二十餘年矣。学優而仕、日入精邃、発明陽明夫子之致良知之旨、躍如可抛、聞其説者咸可以永命、先生之寿大矣。

(54) 冒頭に、「会語」編纂の事情が次のように述べられている、「嘉靖丁巳春、先生赴水西之会、周潭汪子偕諸友晨夕周旋、浹旬而解。汪子因次集所与答問之詞、執簡以請曰、『寧執侍先生久矣。先是、癸丑会於郡城、辱先生示以研幾之旨、乃者温繹旧聞、幸賜新知、筆録記存。夫泥辞失意、況不得其詞乎。請賜覧教、珍収之以示餘生。惟懼体認未真、有虚言詮、是在小子。』先生乃於逐條更加転語以副所請云。」

(55) 『王畿集』附録四、沈懋学撰「王龍翁老師八十寿序」に、「……戊午、先生過宛、由九華抵新安、諸郡士颯颯乎多所興起。廼定会於涇之水西、与緒山銭先生主教席、而信従者日益衆。」とある。

(56) なお、「会語」や「別集」が残っていないため、銭徳洪の水西の会への関与の様子は王畿に比べてわかりにくいが、現在見ることのできない『緒山会語』の中には、「水西会語」があったのかも知れない。

(57) 但し、例えば、嘉靖三十九年（一五六〇）に、鄒守益の七十歳の寿を祝うための文章（『王畿集』巻十四「寿鄒東廓翁七袠序」）を、周怡が同門の友人を引き連れて請いに来ているように、水西の門人の往来はあったようである。

(58) 『［嘉慶］涇県志』巻八によれば、この年に、知府の羅汝芳が水西精舎に新たに堂宇を増築している。「壬戌知府羅汝芳増置退省所于宝勝寺左門東向、前為明徳堂南向五楹、後為思黙楼南向五楹。」

(59) 『陽明王先生年譜』附録一（『王陽明全集』巻三十六）「［四十二年癸亥］八月、提学御史耿定向、知府羅汝芳建志学書院於宣城、祀先生。……是年、畿至。定向、汝芳規寺隙地、建祠立祀、於今講会益盛。」

(60)『王畿集』巻二「宛陵会語」参照。また、『王畿集』附録四、沈懋学撰「王龍翁老師八十寿序」「……甲子、郡守羅公即開元寺故址、建志学書院、先生数過之。深山窮谷、戴白垂髫、圜法堂観聴者幾数千人幾数千人、而絃歌之化遍四境矣。」

(61)……嘉靖甲子暮春、予赴近渓使君之期、相会於宛陵、晨夕証悟、頗尽交修。且得観菁莪之化、聞絃誦之声、若身際武城而神遊中阿之曲。可謂千載一時之盛矣。浹辰、復過水西、於諸友為信宿之処、貢子玄略、周之順之、王子惟禎輩率諸友、請於予曰、「近渓公蒞宣州、以万物同体之学、施化於六邑、其視六邑之人、若一家之子弟、無欲煦養而翼誨之。其於水西諸生、尤嘉恵栽培、若楚之有翹、将藉此以為六邑之倡也。諸生感徳於公尤深、……水西之諸生果能以使君之学為学、尽去其凡心、神機盎然、不犯人力、足以倡於六邑之人、所謂遍為爾徳。……」

(62)また、『王畿集』巻十二「与貢玄略　二」に「宛陵士友得近渓兄作興、興味尽好。……」、「与貢玄略　二」に「近渓兄主盟一方、吾道尤幸。……」、「与周順之　一」に「水西精舎得近渓照庇、免於傾圮、此尤是諸賢立命安身之地、時当係念、捨身担当葺理、庶幾為久大之業耳。」とあるのを参照。

(63)『王畿集』巻二「洪都同心会約」参照。

(64)去年往江右吊念庵兄、双江、東廓、魯江、明水相継淪謝。吾党益孤、老師一脈、僅僅如線。自分年衰時邁、須得真発心者二三輩伝此微言、庶免断滅宗伝。不知相接中、亦得幾人否。

(65)『王畿集』巻二「白鹿洞続講義」参照。

(66)『龍溪王先生全集』巻五「南雍諸友鶏鳴憑虚閣会語」参照。

(67)『龍溪王先生會語』巻四「火災自訟長語示児輩」、「自訟問答」等参照。

(68)査鐸撰「龍溪先生會語後序」「余往聞先生之教、毎以不得久処門牆為憾。自河東帰、即図卒業。因循牽制者、忽忽又二三季。乙亥春、始得与兪允升、翟平甫、蕭以寧三兄、由武林吊緒山先生、因謁門下、為久処計。先生復先期有雲間之行、無由得一面証。未幾、而河東之命下矣。後会難期、帰途悵悵。抵宛陵、遂謀諸吾師貢先生、得語録数帖以行、庶儀刑雖遠、謦咳猶存、亦為師資之助也。」

(69)貢安国撰「龍溪王先生會語序」参照。

(70) 宛陵精舎は、嘉靖四十三年、寧国府宣城県の北、景徳寺の後方に提学の耿定向と寧国知府の羅汝芳が志学書院を建てた際に、志学書院の西に、宣城知県の姜台が建立した。これらのことは、『[万暦]寧国府志』に詳しい。

(71) 中氏「王畿の講学活動」によれば、王畿は、この年あるいはその前後の年の二月に、天真精舎の春祭に赴いた可能性がある。

(72) 『王畿集』巻十五「図書先天後天跋語」に、「中淮使君素信師門良知之学。丁丑夏、予赴水西之会、道出桐川。桐川、予旧同学東廓子開講之所。……」と言う。また、同巻三「答中淮呉子問」参照。桐川における講学については、『王畿集』巻二「桐川会約」参照。

(73) 『王畿集』巻十六「別言贈梅純甫」「……毎予過水西、遠近同志趨会者、無慮数百人。其於慎独中和之旨、与夫道術人品、識見学力之同異、毎毎及之、……宛渓子、郷之白眉、司志素祈帰向。」

(74) ……況天真水西又其所注意者、言之無益、且有損……。

(75) このあたりの事情については、中純夫氏「張居正と講学」（『富山大学教養部紀要 人文・社会科学篇』二五号、一九九二）を参照。

(76) 拙論「天真精舎と陽明門下」参照。

(77) ……在査憲副、翟駕部両公者、実作諸士首倡。堯亦随事相之。而群情欣助偕作、書院遂完美増勝矣。有文成公祠五楹、有明道堂五楹、有門三楹、有号舎二十二楹、囲垣四周器用具足。于乙酉五月五日、訖工丁亥年九月。嗟嗟、異時毀廃書院、海内以講学為諱。夫学何可毀。……

(78) 『閫道集』「賀震川翟君重膺恩典序」「君幼同習挙子業、及長同遊龍渓、緒山二先生之門……」

(79) 『水西誌』というのは、『[万暦]寧国府志』巻十二「芸文志」に、「『水西精舎志』四巻、貢安国輯。」とある『水西精舎志』（佚書）のことであろう。

(80) 水西書院祠文成王公、以維揚王心斎先生、吾郷鄒東廓先生、欧陽南野先生、東越銭緒山先生、王龍渓先生、凡五公配、詳在『水西誌』中。……

(81) 『王畿集』巻十六「書査子警巻」「……子警於良知之旨、大概已信得及。邇者、予過水西、先期出候、晨夕合併相証、以為更覺親切、当下有可用力処、此是子警深信所在。……」

(82)『涇川叢書』本「水西会語」の末尾に記された、趙紹祖（一七五二～一八三三、字は縄伯、号は琴士、涇県の人）の識語に、「毅斎先生致仕帰、不復有意人間世、而惟日与駕部翟震川、方伯蕭拙斎二公、孜孜以講学為事、欲使水西之学、有所帰一。……」とある。なお、万暦中期以降の水西の会については、既に言及したように、呂氏『陽明学士人社群——歴史、思想与実践』が詳細に論じている。

(83)『涇川叢書』本「稽山会約」の趙紹祖の識語に、「公亦有『水西会約』、以大意已尽於此。不復贅録。」とある。ちなみに、蕭良幹は紹興知府を務めた際に、張居正が毀廃した稽山書院を復興させている。

(84)『涇川叢書』本「水西会語」の識語には、趙紹祖が、自らの伯父趙青藜（一七〇一～八一、字は然乙、涇県の人、乾隆元年進士）が、『闡道集』に寄せた序文を引用しているが、そこには、「当時学姚江学者互相矜尚本無善無悪一語、欲以無住而生心、遂有謂惺惺朗朗、霊明不昧者。有謂平平淡淡、一毫不必用工者。有謂学貴一悟、悟則無復可脩者。偶有所見詡為本来面目、入於狂怪、莫知其非。先生悉為辨正、挙良知之説、帰其功於実致、曰、寸寸皆是小心、時時如臨上帝、凡以云救也。此其為功姚江不小、即其為功世道不小。」とあり、「無善無悪」説を誤解する者達を善導したと言う。

(85)……偕同志興復水西書院、発明姚江之学、而不専主良知之説、大要以六経為訓、以力行為先。其示学者則曰、「学莫先於辨志、莫大于識性、莫要于致知、莫貴于敦行、莫切于本業、莫急于会文。」而于窮理居敬之功、諄諄焉。……

(86)『涇川叢書』本「水西答問」の識語には、「水西書院之復建也、先生与査毅斎実司其事。一時同学諸君子推毅斎為主盟、而先生翼之。毅斎没、先生為之慟。既而曰、是天欲重余之責也。蓋自是遂独肩水西之事矣。水西之学、宗王文成、而間参二氏。先生力闢之、以為二氏自私自利、不可以経世、而即心即事、即事即心、遡源於良知、帰重於脩身、而後文成之学明、而後水西之学正。此『水西答問』一書与毅斎『水西会語』、真有淵源之不貳者。……」と言う。査鐸の死後は、翟台の影響力が増したことがわかる。

(87)趙仲全（字は梅峰）の子。『涇川叢書』本「梅峰語録」の識語には、趙紹祖（仲全の姪裔孫）が、「公不甚主良知之學。」と述べている。

(88) 天啓初、邑人趙太僕健、追祀先儒朱子、改稱朱王二先生祠、其逓増従祀姓氏皆刻諸石。

王龍溪の良知心学と講学活動
——嘉靖三十六年の「新安福田の会」を中心に——

小路口　聡

はじめに

王畿（一四九八—一五八三。字は汝中、号は龍溪）の良知心学と講学活動の実態について、嘉靖三十六年（一五五七）に、新安歙県の福田山房において開催された「新安福田山房六邑会」を中心に考察を加えていきたい。

資料としては、『龍溪王先生全集』巻二に、王畿が、その時に参加していた諸友からの求めに応じて著した「新安福田山房六邑會籍」が収められている。なお、この度は、韓夢鵬[1]撰『新安理學先覺會言』（民国安徽通志館伝抄本）に所収のテキストを使用する。この本は、二〇一三年、科研の調査で、安徽省を訪れた際、安徽大学儒學研究中心主任の解光宇教授から、その存在を教えられ、魚尾の下部に「安徽通志館稿紙」と印刷された原稿用紙に、手書きで転写されたもののコピーを、お土産として頂戴したものである。全二巻あり、巻一には、嘉靖から萬暦の間に、新安（徽州府）で開催された同志会、および、家会の会籍・会約・会序の類を三十七編、巻二には、講会の主教者となった学者の講論（所謂会語）を二十四編、収録している。執筆者は、湛甘泉、王陽明、及び、陽明門下の銭緒山・鄒東廓・王龍溪などを含む錚々たる学者たちである。その大半は、末署を留めており、執筆年時が記されている。それに拠れば、早いものは嘉靖十六年（一五三七）、遅いものは萬暦二十年（一五九二）のものである。王畿が執筆したものも六編所収されている。これらは、丁度、王畿が精力的に講学活動を行っていた後半生をカバーするもので、王畿の心学思想のみならず、王門の良知心学が講会活動を通して、新安の地に伝播・浸透してゆく過程を知る上でも、たいへん貴重な資料である。

この本は、現在、解光宇先生の著書『新安理學論綱』（安徽大学出版社、二〇一四年）の附録として排印され、日の目を見ることになった。解光宇先生の「簡介」に拠れば、現存するものは、安徽省博物館の民国時期安徽通志館に、手抄本のかたちで伝わる一冊のみということで、所謂「天下の孤本」である。『龍溪王先生全集』巻二所収の「新安福田山房六邑會籍」と対校してみると、内容は同じであるが、文字数が多く、字句の異同も多く見られ、それ故、その情報量の上でも、圧倒的に豊かである。おそらくは、『龍溪會語』と同様、全集収録以前の、全集編者の編纂の手を経ていない、当時流通していた原本だと思われる。王畿の手になるものとしては、「福田山房序」ほかにも、「建初山房會籍申約」「書休寧會約」「婺源同志會約」「書績溪穎濱書院同心會藉」「斗山留別諸同志漫語」の六編が収録されているが、全集本と対校すると、やはりいずれも文字数は多い。また、巻二に所収の「斗山留別諸同志漫語」について言えば、『龍溪會語』所収の「斗山留別諸同志漫語」と同じものであった。とても貴重な資料を提供していただき、解光宇先生には感謝したい。

一　嘉靖三十六年の講学活動

彭國翔氏の「王龍溪先生年譜」[2]に拠れば、嘉靖丁巳三十六年（一五五七）五月六日に耳順の年を迎える王畿は、なおも精力的に各地の講会に参加し、講学活動を行っている。試みに、「年譜」の嘉靖三十六年の条の講会関係の記事を見てみよう。

嘉靖三十六年丁巳　一五五七年　（王畿）六十歳

○四月、王龍溪赴甯國水西之會、沈寵・梅守德前往迎接。四月一日抵會、汪尚甯・周怡等百餘人參加、十三日會解。臨別、龍溪作「水西同志會籍」、又汪尚甯以其録問答筆記請龍溪訂正、乃有「水西精舍會語」。五月初六日、龍溪壽六十、周怡作「龍溪王先生六十壽序」。

○五月、王龍溪從齋雲趨會星源、與洪覺山等數十人聚會普濟山房、作「書婺源同志會約」。

○夏、王龍溪赴新安福田之會、應門人葉茂芝、葉獻芝之邀、入葉氏雲莊、宣教作「書進修會籍」。

○夏、龍溪會王遵岩於三山（福州）石雲館第、共十九日。臨別有「三山麗澤録」、即此會相與問答之記。

以下、上の彭氏の年譜をもとに、あわせて中純夫氏の「王畿の講学活動」[3]所載の「王畿年譜稿」や、呉震氏の『明代知識界講学活動繫年』[4]、及び、上述の『新安理學先覺會言』の新資料を参照しながら、王畿の足跡を追いつつ[5]、彼が参加した講会の概要について見ていきたい。

天真書院の会（浙江省杭州、天真書院、開催月日不明。二月か、八月）

この天真書院の会(6)の参加については、呉震『明代知識界講学活動繫年』に、「黄九成、居を天真書院に移す。銭緒山・王龍溪に従学し、后に銭緒山の門下に入る」（二一八頁）と見えるのみである。黄九成（一五三三―一六〇八）、名は金色、字は練之、晩に字を更め九成とする、新安休寧の人である。この時の講会については、『澹園續集』巻十の「參議黄公傳」に、「丁巳に至り、居を天真書院に移す。緒山・龍溪二公に従いて遊ぶ。集まる者、無慮數百人。講誦詠歌の聲、昕夕、輟《や》まず」(7)とあるのに拠る。「無慮《ざっと》数百人」とは、大規模な講会である。「天真書院」は、薛中離が創建した杭州の「天真書院」である。「天真書院は杭州の鳳凰山麓にあり、王陽明が生前に最も気に入っていた講学地」(8)であった。ただ、中氏の考証によれば、天真書院の会は、「毎年二月と八月の仲丁（＊十四）の日を期日として四方の同志が集まって先師を祭り、祭が終わると月末まで講会を催すことが恒例」（三二頁）であり、また、「ある時期には天真書院に参集した諸同志とともに水西の会（寧国府涇県）に赴くことが定例化していた」(9)。「與施益菴書」に、「春仲（二月）、天真の時祭、遠近の士友、已に約して偕に至る。……会の後、即ち諸公と同行して水西の会に赴く、此れ定約なり」(10)とあるのに拠る。この年もまた、「定約」通り、二月の天真書院の会の後に、水西の会に赴いたのではなかろうか。ただし、八月の可能性もある。待考。

水西の会（寧国府涇県、水西書院、四月一日〜一三日）

四月に、寧國府涇県の水西書院で開催された「水西の会」(11)に参加し、沈寵（字は思畏、号は古林、寧国府宣城県の人）・梅守徳（字は純甫、号は宛溪、宣城の人。嘉靖辛丑、一五四一年の進士）らの出迎えに応じ、四月一日に水西に到着。(12)参加者は、汪尚甯（字は延德、号は周潭。一五〇九―一五七九。徽州歙県の人。嘉靖己丑、一五二九年の進士）・周怡

（字は順之、号は訥溪。一五〇五―一五六九。宣州太平の人。嘉靖戊戌、一五三八年の進士）など百余人にのぼったという。講会は、四月一日に始まり、十三日に解散。この時のことは、王畿の「水西同志会籍」（『王畿集』巻二、三五頁）、及び、「水西經舍會語」（同巻三、五九頁）に記録がある。後者は、汪尚甯がその問答筆記を記録し、王畿が修正を加えたものである。

新安福田の会（徽州府歙県、福田山房、四月一八日以降から十日余）

王畿の「福田山房序」(13)に、

嘉靖三十六（一五五七）年丁巳の暮春（三月末）、私は、水西の定期講会に向かった。新安歙《しょう》県の県学の教諭の徐汝治先生は、私がやって来るのを聞きつけて、友人の程元道らを派遣して、水西まで迎えにきてくれた。そこで、旌徳から新安に入り、福田山房に宿泊する。（＊原文は、第二節を参照。）

とある。また、「書進修会籍」にも、「歳丁巳の夏、予、新安福田の会に赴く」と見える。所謂「新安福田の会」は、徽州府の領県であり、また府城のあった歙県で開催された講会である。徽州府では、講会活動が盛んに行われ(14)、その領県である歙、休寧、婺源、祁門、黟、績溪の六県の同志たちが一堂に会して行う大会（「六邑大会」、「通邑会」と言われた）と、各県独自に行う講会があった。六邑大会は、年に春秋二回(15)、各県ごとの講会（邑会）は、季節ごとに年四回開催されていた(16)。六邑大会の会期は十日、六県による輪番制で(17)、会の運営を司る「主会」者を出し、講学を担当する「主教」者として、外から著名な学者が招聘されていた。後に見るように、府城のある歙県での講会は、当初は斗山精廬で行われていたが、参加者が増え、収容不能になったことから、この年から、福田山房に会場を移して開催されるようになった。この嘉靖三十六年の福田の会も、「至れば則ち、覺山洪子、六邑の諸友と偕に、已に顒顒然として予を候《ま》つこと旬日」とあるように、六邑大会であったと推定できる。(18) この講会の詳細については、『龍溪王先生全集』巻二の王畿に、「新安福田山房六邑會籍」(「福田山房序」『新安理學先覺會言』所収)がある。この講会については、第二節において、詳しく見ていきたい。

さて、先に引いた「書進修会籍」では、前掲の「歳丁巳の夏、予、新安福田の会に赴く」に続いて、「二子(葉茂芝・葉獻芝)、既に予に従いて游ぶ、復た邀《むか》えて雲荘に入る。其の會中の長幼若干人を集めて、堂下に肅《つつ》しみて、焉に聴教す」(『三畿集』巻二　四八頁)と見える。最初に掲げた彭氏の年譜を見ると、彭氏は「新安福田の会」と葉氏兄弟による雲荘の「進修会」とを混同しているかのようであるが、実際は、次に見る通り両者は別の会である。

進修会・雲荘の葉氏家会(徽州府婺源県雲荘、見一堂)

新安福田の会の後、王畿は、婺源の葉蓮峰の二子、茂芝・獻芝兄弟の招きに応じて、雲荘山の麓の見一堂において開かれた進修会に参加している。これは、葉氏一族によって開催された所謂「家会」である。(19)

王畿は、葉氏の「進修会」設立の経緯について、「書進修会籍」の中で次のように書いている。

葉蓮峰君は、かつて「見一堂銘」を作った。思うに、道を一に見るという意を取ったものだ。君《くん》は、平素から経世の志を抱いて、教化を家から始めた。常々その法《てほん》を示して、親族を和し、親睦を己が任とすることを望んでいた。成就できないまま、寿命が訪れた。公が没してからは、その二子、茂芝と獻芝とが、見一堂を雲荘の麓に建造し、父兄や子侄に相談し、進修会を設立し、一族の人びとを集めて、相互に徳を比べ、業を問い、親睦の化を興して、先世の志を継承することを提唱した。丁巳の年（嘉靖三十六年）の夏、私は、新安福田の会に赴いた。［葉蓮峰の］二子は、以前から私に従い学んでいたが、またしても雲荘に迎え入れてくれた。進修会に属する長幼若干人を集めて、厳粛な面持ちで堂下で教えを聴講させた。一族を挙げて、これほどまでも義を興し、礼を好んで、望み慕う様は、盛況と言うべきだろう。二子は、そこで、会稽（「会籍」の誤りか）を出してきて、私に、重ねて一言、意見をもとめ、それによって将来に［教えを］示すことを求めた。

蓮峰葉君嘗作見一堂銘、蓋取見道於一之意。君素抱經世之志、而化始於家。嘗欲示法和親、以敦睦爲己任、限於年、未就。公既歿、二子茂芝、獻芝乃作見一堂於雲莊之麓、謀於父兄子侄、倡爲進修會以會一族之人、相與考德而問業、以興敦睦之化、承先世志也。歲丁巳夏、予赴新安福田之會。二子既從予游、復邀入雲莊、集其會中長幼若干人、肅於堂下而聽教焉。擧族興義好禮、顒顒若是、可謂盛矣。二子因出會稽、乞予申訂一言、用示將來。（「書進修会籍」『王畿集』巻二、四八頁）

これによれば、家会とは、長幼の別なく、一族全員が集まり、宗族の親睦と結束を強化することを主な目的とするものであったようだ。そして、家会は、おもに福田の会（新安六邑同志大会）のように、県や府をまたがって開催される大規模な講会の後に、そこに参加していた名儒たちを講演者として招待して行われていたようだ。(20)

なお、『新安理學先覺會言』には、「嘉靖丁巳仲夏上浣龍溪王畿書」の後署をもつ「余氏家會籍題辭」が収録されている。『全集』本未収である。婺源沱川郷篁村の有力宗族(21)である余氏の子弟に請われて書かれたものである。

その冒頭に、「婺源沱川の余氏汝興・誠甫・孝甫ら、叔氏士晉に謀り、合族の會を擧げて、以て親睦を示して徳業を徵す。相與に言を予に乞う。記に終わり有らんとするなり」とある。ただ、末尾に、「復書して以て之を遺る（返書して贈る）」とあることから、家会そのものには出席せず、執筆の依頼に、書簡で応じたもののようである。

休寧の会（数日滞在）

『全集』巻二に「書休寧會約」があり、それと同名の一文が、『新安理學先覺會言』にも収録されている。後者が『全集』所収のものの原本であろう。やや文言に異同がある。『新安理學先覺會言』所収の「会約」の末尾には、「嘉靖丁巳歳仲夏龍溪王畿書」という後付がある。このことから、この「休寧の会」が、嘉靖三十六年五月に開催されていたことが分かる。また、「書婺源同志會約」に、「嘉靖丁巳五月端陽、予、齊雲より趨き、星源に會す」とあるように、王畿は、婺源に行く前に、休寧県の西四十余里にある斉雲山に立ち寄っているところから、そこで休寧の会に参加したものと思われる。休寧の会における講学の内容については、第四節で述べる。

婺源同志会（徽州府婺源県、普済山房、五月五日）

上述の通り、五月に入って、王畿は、休寧の齊雲山から星源（「婺源」の異称。*中純夫・呉震）に向かい、洪覺山等数十人と普濟山房に宿泊し、そこで講会に参加している。洪覺山は、洪垣、字は峻之、覺山はその号、婺源の人、嘉靖十一年の進士、湛甘泉の弟子。婺源県における講会活動の中心人物であった。その経緯について、王畿は、「書婺源同志會約」[22]の中で、次のように述べている。

嘉靖丁巳五月端陽（五日）、私は、齊雲山から星源（婺源）の会に赴いた。洪覺山先生は、諸同志たちとともに、私を普濟山房に宿泊させた。聚った者たち総勢数十人、朝夕、切磋した。そこで、先師の遺旨、および、鄙見を述べ、互いに討論し、かなり明らかになった。同志たちもまた、相互に意見を交わして、かなり証悟するところがあったようだ。

> 嘉靖丁巳五月端陽、予従齊雲趨會星源、覺山洪子偕諸同志、館予普濟山房、聚處凡數十人、晨夕相觀。因述先師遺旨及區區鄙見、以相訂繹、頗有所發明。同志互相參伍、亦頗有所證悟。（「書婺源同志會約」『王畿集』巻二、三八頁）

婺源[23]は、「紫陽の闕里（朱熹の故郷）[24]」であることから、婺源同志会において、王畿は、朱子学と先師王陽明の良知心学の決定的相違点を漏らして、端的に「晦翁は随処で分ちて二と為すも、先師は随処で合して一と為す。此れ其の大なる較《ちがい》なり[25]」と述べている。要するに、解釈学と実践論の違いである。

三山石雲館の会（福州、石雲館、五月末から六月にかけ十九日間）

彭氏の「年譜」に、「夏、王龍溪、王遵岩、三山（福州）石雲館第に於いて、共にすること十九日」とある。三山は、福州府の雅称。

嘉靖丁巳の夏の末になって、やっと三山（福州）にある石雲館の屋敷で［王遵岩と］再会することができた。

> 嘉靖丁巳夏杪、始得相會於三山石雲舘第。（「三山麗澤録」『龍溪會語』巻二）

参加者は、王遵岩（王慎中。一五〇九〜一五五九。字は道思。遵巌は、その号。泉州府晋江県の人。）・阮鶚（一五〇九〜一五六七、字は應薦、号は函峰。桐城の人。欧陽南野門人。嘉靖二十三年の進士。）、龍巌（趙伯師。永寧の人。）ら（その他、

「未山」「遠齋」の名が挙がっているが未詳）など、三山の名士たち、及び、当地の同志の士友たち。この時の講学の記録として、『龍溪會語』巻二所収「三山麗澤録」[26]がある。

以上のように、王畿は、嘉靖三十六（一五五七）年の春から夏にかけては、おそらく二月に銭塘県での、恒例の天真書院の会に参加の後、寧國府涇県から徽州府の歙県・婺源県・休寧県において、同志たちの講会や当地の有力宗族が開催する家会にも参加し、その後、福建省の三山にまで足を延ばすなど、精力的に講会活動を繰り広げている。その中で、新安での講学活動についていえば、その経緯や実態を知る上には、『新安理學先覺會言』がとても参考になる。その中には、嘉靖三十六年（一五五七）の末署をもつ「福田山房序」・「書休寧會約」・「婺源同志會約」・「余氏家會題辭」の四つの会約が掲載されてある。

以下、節を改めて、嘉靖三十六年に、王畿の参加した「新安福田の会」を例に、その講学講会活動の実態について見ていきたい。

二　新安福田山房の会[27]

上述の通り、「新安福田の会」については、王畿の「会籍」が残っている。『全集』巻二に、「新安福田山房六邑會籍」の題名で所収されている。ただ、今回は、新出資料の紹介という意味でも、その原本と目される『新安理學先覺會言』に所収の「福田山房序」を取り上げ、『全集』本との異同を示しながら、その全文を読んでいきたいと思う。

福田山房序

嘉靖丁巳[1]春暮、予[2]赴**水西期會。新安歙縣學諭徐子汝洽、聞予至、遣友人程元道輩趨迎于水西。遂從旌徳以入新安、舘于福田山房。**至則覺山洪子偕六邑諸友[3]、已顒顒然候予旬日[4]矣。舊會[5]在城隅斗山精舍、避靜[6]改卜于此。盖四月十八日也。[7]**福田有講堂、有華嚴西閣。**晝則**鳴鐘鼓**大會于**法**[8]堂、夜則聯鋪會宿**于西閣上**[9]、各以所見所疑、相與質問酬荅、顯證默識、頗盡交脩[10]。[11]**郡守泗泉陶使君、予姻友也。與歙令侯史惺堂授舘殯。以時臨教、致其振徳之益**、諸生渢渢然益[12]有所興起。[13]**可謂一時之盛矣。會凡餘十日而解、臨別、諸友相與**執簡乞言[14]以申飭、將來以為身心行實之助、且使知此學之有益、不可以一日不講也。

〔校注〕『王畿集』巻二「新安福田山房六邑會籍」と対校。なお、原文の太字の部分が、『全集』本との異同がある箇所である。　(1)「丁巳」を「丁丑」に作る。全集本の誤記である。これについては、本文の注（27）を参照。　(2)「嘉靖丁巳春暮、予赴水西期會、新安歙縣學諭徐子汝洽聞予至、遣友人程元道輩趨迎于水西、遂從旌徳以入新安、舘于福田山房。」を、「嘉靖丁丑春暮、予赴新安福田之會」に作る。これは、明らかに、『全集』の誤記（転記ミス）である。「嘉靖丁巳春暮」は、水西の会に赴いた時であり、福田の会に赴いた時ではない。王畿が福田の会に赴いたのは、「書進修会籍」に、「歳丁巳夏、予赴新安福田之會」とあるように、嘉靖三十六年の夏のことである。　(3)「友」を「子」に作る。　(4)「旬日」を「久」に作る。　(5)「會」字無し。　(6)「避靜」の二字無し。　(7)「福田有講堂、有華厳西閣」の十字無し。　(8)「法」字無し。　(9)「會宿于西閣上」を「會宿閣上」に作る。　(10)「交脩」を「交脩之益」に作る。　(11)「郡守泗泉陶使君、予姻友也。予歙令侯史惺堂授舘殯以時臨教致其振徳之益」の三十一字無し。　(12)「益」の字無し。　(13)「可謂一時之盛矣。會凡十日而解、臨別、諸友相與」の十九字無し。　(14)「以」字無し。

嘉靖三十六（一五五七）年丁巳の晩春（陰暦三月）、私は水西の定期講会に赴いた。新安歙《しょう》県の県学の教諭の徐汝洽先生は、私がやって来るのを聞きつけて、友人の程元道らを派遣して、水西まで迎えにきてくれた。そこで、旌徳から新安に入り、福田山房に宿泊した。到着すると、洪覚山先生が、六県の諸友とともに、もう十日間も首を長くして私を待ってくれていた。もともと講会は、府城の片隅にある斗山精舎で行っていたが、俗塵を避け、静かな環境を求めて、あらためてこの地が選ばれた。たしか四月十八日のことである。福田には講堂があり、華厳西閣がある。昼は鐘鼓を打ち鳴らし、法堂に盛大に集まり、夜は寝台を連ねて、西閣の上で合宿した。おのおの自分が理解したところ、疑問に思ったところを、相互に質疑応答しあったり、自分の意見を検証したり、默識（体認体得）したりと、交修（切磋琢磨）の限りを尽くした。郡守の泗泉陶使君は、私とは姻戚関係の友人である。歙県の県令侯の史惺堂（一五一八—一五九八。史桂芳、字は景實、号は惺堂、饒州府鄱陽の人）のために宿と食事を提供してくれた。その後、教化に臨み、「振徳（自己の本心の自覚と他者への教化）」の効果をもたらした。学生諸君は、そろってますます発奮興起のムードに包まれた。一代の盛時と言えよう。講会は、つごう十日で解散したが、別れに臨んで、諸友はそれぞれ簡冊《ノート》を手にして、吾が身の実践の助けとするとともに、その上さらに、この学（良知心学）が有益なもので、一日たりとも講究しないわけにはいかないことを世に知らしめようとして、「私に」告戒の言葉を所望した。

嗟乎、世之人所以病于此學者、以為迂闊臭腐、縦言空論、無補于身心也。[1]其或以為立門戸、崇黨與、而侈囂譁、無関于行實也。審若是、則此學如[2]**懸疣附贅**、假途借寇、謂之不講也固宜。而其實若有未盡然者。[3]**非豪傑之士、何足㠯與於此**。[4]吾人在世、不能為枯木為濕灰、必有性情之發、耳目之施、以濟日用、不能逃諸虛空、必有人倫庶物、[5]以為應感之迹。有性情而不知節、則將和蕩而淫矣。有耳目而不知檢、則將物交而引矣。有人倫庶物之交而不知防愼、則將紊秩而棼類矣。此[6]皆近取諸身、不容一日而離、則此學固不容以一日而不講[7]者也。且吾人之講學、誠有迂闊而假借者矣。然此[8]特染習之未除、未可因此而[9]併以此學為可鄙也。[10]世之豪傑之士、亦有不待講學禔身而鮮失者矣。然此特天資之偶合、未可恃此而[11]併以此學為可廢也。

〔校注〕(1)「其」を「甚」に作る。(2)「懸疣附贅」を「懸瘤附贅」に作る。(3)「非豪傑之士、何足㠯與於此」の十一字無し。『新安理學論綱』附録「新安理學先覚會言」にも無し。手抄本（コピー）のみ有り。(4)「吾」の上に「蓋」字有り。(5)「以為」の二字無し。(6)「皆」字無し。(7)「者」字無し。(8)「特」を「縁」をに作る。(9)「併」を「並」に作る。(10)「世之」を「世間」に作る。(11)「併」を「並」に作る。

嗟乎《ああ》、世の人々が我々の学について憂慮する理由は、迂闊（現実離れ）で、臭腐（鼻につくもの）で、空虚な言論をほしいままにして、身心（生身の人間）に役に立つことは何も無いということである。あるいは、党派を立て、仲間を尊び、［自己の主張を］声高に言い立てるだけで、具体的実践につとめないということである。本当にそうだとすると、我々の学は、コブやイボのよう［に無用］なものであり、［それを学ぶことは］敵に道を譲って、その侵入を手助けするような［愚かな］ことにすぎないだろう。［そんなものなら］講究しないほうがましである。けれども、実際は全てが全てそうしたものではない。［とは言え、］豪傑の士でもなければ、どうして実践することができようか。我々は、この世で、枯木湿灰として［無感覚・無感動に］生きていくことなどできない。

必ず性情《こころ》の発動や耳目の感覚があってこそ、はじめて日常生活は成立するのである。それを［嫌がり、他者との関係を断ち切って］空虚な世界に逃れることはできないのだ。必ず人や事物と感応していく（心を通い合わせる）ことが必要である。［けれども］性情《こころ》があるのに、調節することをしなかったならば、いずれ和蕩し（なあなあでやり過ごして、しまりがなくなり）、［欲望に］おぼれてしまうだろう。［外界のはたらきかけを感受する］耳目（感覚器官）があっても、［そこから侵入してくるものを］制限することをしなかったならば、いずれ事物と関わる中で、［外物に］誘惑されることになるだろう。人や事物と交流していく中で、［私利私欲を］防ぎ慎しむことをしなかったならば、いずれ秩序を破壊し、境界を侵犯するようになるであろう。これらのことは全て自分自身の［生き方の］問題として取り組み、一日として避けるようなことがあってはならない。［そういうふうにやっていけば］この学は、実際、一日として講究しないわけにはいかないものとなるだろう。それでもなお、われわれの講学に、ほんとうに迂闊（現実離れ）で、仮借（大まかで生ぬる）すぎるところがあるとすれば、それはただ［その人に］深く染みついた旧習がまだ除かれていないというだけのことであり、だからといって、この学［自体］を劣ったものだと見なすべきではないだろう。世の豪傑の士の中には、講学や修身の力を借りなくても、欠点が少ない者もいるにはいるが、それはただ天から付与された資質として、たまたまそうであるにすぎず、これ（［天資の偶合］）をたのみにして、この学を［無用なものとみなして］廃止してよいとすべきではない。

學之不講、孔子以為憂。況吾儕乎。由前之説、是懲哽噎之傷、而欲廢其食、由後之説、是恃捷馳之足而欲棄其棰策也。烏乎可哉。然吾人今日之學、亦無庸于他求也。[1] 其用力、不出于性情耳目、倫理應感之迹。其所慎之機、[2] 不出于一念獨知之微。一[3]念戒懼、則中和得而性情理矣。一念攝持、則聰明悉而耳目官矣。一念明察、則仁義行而倫物審矣。慎于獨知、所謂致知也。用力于應感之迹、所謂格物也。千古聖賢、舍此更無脉路可入、而世[4]之豪傑之士、欲有志于聖賢、亦或不能外此而別有所事事也。

〔校注〕(1)「也」を「者」に作る。(2)「機」は「幾」に作る。通用す。(3)「一」の上に「是故」の二字有り。(4)「世之」を「世間」に作る。

学問が探求されないことについて、孔子は憂慮した。ましてや、〔今日の〕我が輩にとってはなおさらだ。前（後天的染習）の説に基づけば、これは、〔食事中に〕むせた時の痛みに懲りて、食べること自体をやめてしまおうというものであるし、後（先天的天資）の説に基づけば、これは〔馬がもともと〕俊足であるのをいいことに、鞭を棄ててしまうということである。ああ、それでよいだろうか。かと言って、われわれの今日の学は、また他《よ》所《そ》に求める必要はない。その力を入れる場は、性情（情動）耳目（感覚）や人倫や事物との具体的な感応の現場の外に出るものではない。その慎しむべき機《わかれめ》（慎重に対処すべき天理／人欲、是／非、善／悪の分かれ目として）は、〔心が発動する端緒としての〕一念独知の微《かす》かな兆しをおいて他に何もない。〔それ故〕一念〔発動の場において〕戒慎恐懼するならば、中和は得られ（不偏不倚、過不及無き適切な対応ができ）、性情（情動）は適度に調えられる。一念〔発動の場において、良知の現出を〕保ち続けるならば、〔耳目本来の〕聡明さは発揮され、耳目（五官）は正しく管理される。一念〔発動の場において、良知の現出〕がくもることなく光り輝けば、仁義は行われ、人倫や事物〔との適切な関わり方〕はくまなく明らかとなる。〔このように〕「独知を慎む」（『大学』『中庸』）ことが、所謂「知を致す」ということである。力を感応の場（対他関係の場）に用いるのが、所謂「物を格《ただ》す」（『大学』）ということである。千古の聖賢も、これを捨てては、まったく〔徳に〕入るべき道は無かった。そして、世の豪傑の士も、聖賢を目指そうとするなら、やはりここ（一念発動の場）を差し置いて、特別に従事すべき場所などありえないのである。

竊念斗山相別以來、於今復八九年。立志用功之説、千古豪傑相期之意(1)、謀于諸君者屢矣。八九年之間、所作何事。古人之學九年、則雖離師友而不返。今諸君自謀、果能離師友而不返否乎。不肖與諸君視此、果能無愧于心否乎。年與時馳、意同歳邁。迄今不為(2)早計、復爾悠悠。豈惟有負**賢有司作興之情**(3)**、與師友**規勸之意、**竊**(4)恐、聰明不逮初心。謂何。此身且無著落處。其自負亦多矣。

〔校注〕(1)「意」を「説」に作る。(2)「為」を「知」に作る。(3)「有司作興之情、與師友」の十字無し。(4)「竊」を「切」に作る。

振り返れば、斗山で別れて以来、今日まで八、九年。(28) 志を立て、功夫を用いるという主張は、千古の豪傑たち誰もが心に期したことであり、諸君にも繰り返し求めてきたことでもある。この八、九年の間、［君たちは］何をしてきたのか。古人の学は、九年もの間、師友と離ればなれになったとしても、元［の木阿弥］に戻ることはなかった。今、諸君は、自分自身に問いかけてみることだ。ほんとうに師友と離れたことで、元［の木阿弥］に戻っていないかどうか。不肖《わたし》も諸君も、これを正視したとき、はたして慙愧の念に堪えられるだろうか。歳月は時とともに過ぎ去り、思いは歳月とともに移り変わる。これまで計画も立てずに、あいかわらずかくも悠悠《トロトロ》している。なんと［この講会を起ち上げた］優れた役人たちの発憤興起の思いと師友による［過ちを］規し［善を］勧めようという思いとに背いていることか。ひそかに危惧することは、聡明さが最初の志とちぐはぐであることだ。どうしたものか。［そんな状態では］吾が身の置き所もない。それは自分自身［の良心］にも、多く背いているということではないだろうか。

漫復書此、用答諸君申飭之雅、并以告夫世之豪傑之士。毋因吾黨之悠悠、**欲并**[1]鄙[2]棄此學、固吾道之幸也。

嘉[3]**靖丁巳仲夏瑞陽日　龍溪王畿謹識**

〔校注〕⑴「欲并」を「并欲」に作る。⑵「鄙」の上に「隨聲」の二字有り。⑶末署（後付け）無し。

とりとめもなく、ふたたびここに書き記すことで、諸君が［私に］告誡を求める、よき心がけへの応答とするとともに、あわせて世の豪傑の士に告げよう。私どもの仲間たちが悠悠《ぐずぐず》しているからといって、いっしょに、この学［それ自体］を軽視し廃棄しようとせずにいてくれたなら、まこと吾が道にとって幸いである。

嘉靖三十六年五月五日、龍溪王畿、謹んで書す

ここでは、紙幅の都合で、一つ一つ詳細な考察を行うことはできないが、王畿の講学活動の実態や、それを取り巻く周囲の状況を窺い知る上での貴重な記録であるといえよう。王陽明の提唱した良知心学に対する、世間の風当たり、すなわち、「現実離れ（迂闊）」して、「鼻につく（腐臭）」、「空論」をほしいままにするだけとか、「門戸（党派）」を立て、「党与（仲間うち）」を尊ぶだけで、「行実（切実な実践）」とは無関係な無用の長物といった批判に答えて、その原因は、とりもなおさず陽明後学の者たちの不明・未熟によるものであって、先師の良知心学本体にはいささかの瑕疵も無いとする。王畿に拠れば、良知心学の本義は、端的に「一念独知の微を慎む」こと

にある。すなわち、何よりも「一念発動の場において戒慎恐懼する」という緊切な工夫にこそ、良知心学の本質はあり、工夫の核心もそこにあるとする。(29) それは、やがて「家会」を通して、「勧善規過」や「改過」という「易簡」な工夫に凝縮されて、士人のみならず、庶民の間にも浸透していくことになるが、この点については、第四節で述べる。

三 「家会」の誕生——良知心学の万山窮谷への浸透

第一節で見たように、王畿は、嘉靖三十六年の福田の会に参加した際に、婺源の葉氏に招聘され、葉氏一族の「家会」(30) に参加していた。では、この「家会」とは、いかなるものか。同じく銭徳洪も、この葉氏主催の家会に呼ばれ、その際に、請われて「婺源葉氏家會籍」を書いている。その中で、「家会」誕生の経緯について次のように述べている。

吾が師が学を唱えてからというもの、天下にはじめて同志の会が誕生した。はじめのうちは、師の門下で講会を行っていただけだったが、やがて四方で講会を開くようになった。ここ近年、それぞれの一族郎党が子弟を引き連れて、一家で講会を開くようになった。そもそも道は、家や国に始まり、四海に［広がって］終わるのは、三代の常である。

自吾師倡學、而天下始有同志之會。始會于師門、既會于四方。邇年以來、各率族黨子弟、以會于家。夫道始于家邦、終于四海、三代之常也。（銭緒山「書婺源葉氏家會籍」『新安理學先覺會言』巻一）

銭徳洪は、王陽明が学を唱えてから、天下に「同志の会」が始まった、と言う。すなわち、「講学」の会である。銭徳洪によれば、講学は、初めは王陽明門下の中だけで行われていたもの（銭明氏の所謂「エリートの講学」）(31)が、次第に四方に広がり、今では一族の子弟たちを集めて、家ごとに講会が開かれるまでになったというのである。所謂「家会」の誕生である。こうした家会は、もともとは、主として在郷の郷紳たちが一族郎党の親睦和合と子弟の教育のために設立したものであったが、王陽明の良知心学は、こうした「家会」を基盤にしながら、その参加者一人一人の性命（実存）の奥深くにまで入り込んでいくことを通して、しだいに地方に広がり、さらには、深山窮谷の村々にまで浸透していったのである。また、銭明氏は、「陽明学の講会活動は、また宗族組織・血縁関係を団結の手段とするものでもあった」(32)と指摘しているが、とりわけ徽州は、有力な宗族が長期間にわたって安定的に続いた地域であった。(33)そうした背景のもと、宗族のネットワークを利用して、良知心学が広まっていったものと考えられる。こうした「家会」に関する陽明学派の講会記録は、そのことをよく物語っている。

また、同じく「書婺源葉氏家會籍」中で、銭徳洪は「家会」の様子について、

私は、水西より婺源の福山に赴いた。福山に聚会する者たちは、洪覺山ら諸君子たちで、六邑の同志たちを統合する講会である。葉茂芝君が、その家会の弟子たちを引き連れて、私を［葉氏の］家会に迎えてくれた。私は、老いも若きも、みな集まってきて、和気藹々とした雰囲気に包まれ、文雅と質朴さとがうまく融け合い、譲り合いの心があまなく行き渡っているさまを目にした。

余自水西赴婺源福山、會福山者、覺山諸君子、合六邑同志之會也。葉生茂芝、率其家會弟子、邀予于家。予見其童叟咸集、靄靄然和氣之相襲焉、彬彬然徳譲之相宣焉。

と述べた後、更に続けて、次のように述べている。

婺源は、深い山懐の中に在り、葉氏は窮谷の奥まったところに住んでいる。ここ数年来、代々、科挙の合格者を出しており、［葉氏の］子弟たちはさらに優秀な上に、その数も多い。このように道はしだいに浸透している。同志の会も、窮谷を選ぶことなく広まっていることは喜ばしいことだ。この道にとって慶賀すべきことである。

婺源當萬山之中、而葉氏居窮谷之邃。年來世發顯科、而子弟又賢且衆多。浸浸于道若此。喜同志之會、不擇于窮谷。斯道之慶也。

葉氏は、深山窮谷に住む一族であった。科挙の合格者も多く出しているところを見れば、所謂郷紳の一族である。そうした山奥の村落でも講会が行われ、陽明心学が浸透しつつあったことが分かる。

こうした「家会」は、とりわけ徽州の地では、ここに挙げた婺源の葉氏に限らず、いくつか行われていたようである。以下は、やはり、『新安理學先覺會言』に収録された家会の「会言」で、黟県の南にある韓氏の家会の設立主旨が述べてあり、非常に興味深い。

都（徽州府）で開催される講会が十日だけなら、その十日以外の日は、誰が［人々を］提撕《めざめ》させてやるのか。邑（黟県）で開催される講会が五日だけならば、その五日以外の日は、誰が警束《ひきしめ》てやるのか。そもそも、道というものは、一時たりとも［人から］離れるものではない。われわれは、どうして空腹の状態のまま、一年のうちの十日、一季（三ヶ月）のうちの五日だけの空腹を満たす食事で我慢できようか。そこで、叔父の韓松崗公、伯兄の韓思喬の諸先生たちが、その一族の人たちを集めて、月例の会を開催した。講会は「月に」一日とし、明け方に集まり、日没をもって解散した。相互に、この一月《ひとつき》に行ったことを吟味し合うのである。

都會十日耳、十日之外、誰爲提撕之。邑會五日耳、五日之外、誰爲警束之。夫道也者、不可須臾離者也、吾安能枵腹而俟飽于一歳之十日、而一季之五日也乎。于是諸父松崗公、伯兄思喬先生輩、群其族之人爲月會。會凡一日、晨而集、日入而解、相與稽考其一月之所爲。（陳昭祥「黟南韓氏家會序」『新安理學先覺會言』巻二）

人々の生活を、古今を通じ、昼夜を分かたず、間断なく流行する道から、須臾の間も離れさせることなく、人々が道と共に生きていくこと、道に生かされていくこと、それが彼らの願いであった。それを実現していくためには、独立独往の豪傑の士ならともかく、一般の庶民にあっては、常に身近にあって自らを「提醒《めざめ》」させ、「警束《ひきしめ》」てくれる「師友」の存在は不可欠であり、常に傍らに居て切磋琢磨し合う同志の存在は、心強いものである。彼らは、そうした機会に飢えていた。歳会（年次例会）、季会（季節例会）に加えて、さらに月に一度の月会（月例会）が切に求められた所以である。

また、王畿は、「嘉靖丁巳（嘉靖三十六年）仲夏上浣龍溪王畿書」の後付をもつ「余氏家會籍題辭」（『全集』未収）において、「家会」での教化は、県から府へ広まり、やがては、四方を風動するものであると、その意義を述べて、次のように言う。

われわれの学びは、家庭に始まる。言行が善であるか否か、偽飾《ごまかし》がきかない。二三君子《あなたたち》は、これにもとづき、自分自身で考え、自分自身で理解し、徹底して心を澄ませ静めて、「良知の実現を阻害する」余分な残滓

（私欲や意見）を消し去ったならば、一家父子兄弟の法るべき手本と為ることができる。［そうなると］どうして、単に、その教化が一家に行われるだけで止まろうか。徳業は日ごとに崇《たか》まり、日ごとに広まる。この学は、日ごとに充実して、日ごとに世に顕《あら》われていく。そうなれば、一家から一邑一郡にまでゆきわたり、四方を風動するようになるであろう。これもまた、二三君子《あなたたち》に深く期待するところである。父兄子弟が、また共に力を合わせ、助け合って、その行きつくところを思い描くことを望む。［実現できれば］まことに吾が道の幸いである。返書にて、これを贈る。

吾人之學、始于家庭。言行善否、不容偽飾。二三君子、因此自考自證、徹底澄湛、以消餘滓、使足為一家父子兄弟之法。豈徒化行于一家、德将日崇、業将日廣。**此學之日充日顯、由一家以達于一邑一郡、以風動于四方**。亦将于二三君子有深頼焉。凡父兄子弟、亦望相與協賛、以圖其終、固吾道之幸也。復書以遺之。（「余氏家會籍題辭」『新安理學先覺會言』巻二）

ここに「自考自證」とあるように、王畿が「家会」参加者たちに求めたのは、各人が、是非善悪の判断を自律的・主体的に行うことのできる実践主体として自立することであり、さらに自ら手本となって周辺地域を風化することにあった。

また、「家会」と「同志会」との違いについては、次を参照。

何を家会と言うのか。全交館の会と区別して言ったものである。そもそも全交館では、家の外に出て、四方の同志たちと出会うのであり、家会では、一族の優秀な者たちが朝夕に集うのである。志に即してその進む道を正し、現実に即してその変化［の道理］を究め、お互い［過ちを］規《ただ》し、お互い［善心を］養って息《やす》むことのないように励まし合うのである。日々に反省し、一月を一区切りとして、食息語黙の間にも［間断することなく］警めあう。そうやって聚り、そして、散っていくのである。いかなる場所でも相互に親身に［過ちを］戒めあい、ともに［本来の］至善［な姿］に回帰することを求めないことはない、これこそが家会が必要な（盛んになった）理由である。

何言乎家會也。將以別于全交館之會之云也。夫全交館、出以會四方之同志。家會、入以會族彦于朝夕。即志正其趨、即事以究其散、相規相養、以勵其不息。日有省、月有程、食息語默有警、以聚以散、無往而非相與規切以求同歸于至善、此家會之所以有具（或いは「興」か?）也。（謝風山芋「王源謝氏家會序」『新安理學先覺會言』巻一）

「全交館」は、祁門県において、主として、外の学者たちを「主教」者（講師）として招聘し、四方の同志たちが一堂に会して、「文会輔仁」（『論語』顔淵）するための会場であった。[34] 祁門県では、季節毎に年四回、「季会」を開催していた。春と秋は範山書屋を、夏と冬は全交館を会場とした。[35] 一方、「家会」は、そうした所謂「エリートの講学」（銭明）とは趣を異にする、宗族内部で、その一族の成員たちに対して行われる「庶民の講会」であった。その地域の宗族集団の団結と子弟教育の機会を提供する場としての講会である。

一族の家会は、毎月一回、一日、明け方から日没まで行われた。先の引用では、「相互に親身に［過ちを］戒めあい、ともにに［本来の］至善［な姿］に回帰することを求める」とあったが、その「規切」の中身と、その効果について、具体的に述べたものが、次の資料である。

……ここにおいて、叔父の韓松崗公、伯兄の韓思喬の諸先生たちが、その一族の人たちを集めて、月例の会を開催した。会期は一日とし、朝に集まり、日没をもって解散した。互いに、この一月に行ったことを吟味し合うのである。［例えば］心のうちに、どうしてまだ忠でないところ、まだ信でないところがあるのか。吾が身を修めて、どうしてまだ敬《つつ》しまず、まだ謹《つつ》しまないことがあるのか。これを家で実行し、一族に推し及ぼして、さらにどうしてまだ恭倹ならず、まだ礼譲ならざるものがあるのか。［そうしてゆけば］父兄は、その子弟に恥じるようなことをすることは堪えられなくなるし、子弟は決してその父兄の体面をけがすようなことはしなくなる。［不善が］耳目にふれれば、すぐさまそれをやめようとするのであって、人情や趨勢として、止めようとしても止められなくなる。思うに、家の外に出なくても、師友はちゃんとここにいる。

……于是、諸父松崗公、伯兄思喬先生輩、群其族之人爲月會。會凡一日、晨而集、日入而解、相與稽考其一月之所爲、其宅心庸有未忠未信者乎。其禔身庸有未敬未謹者乎。其行之家而推之族也、又庸有未恭儉而未禮讓者乎。父兄不忍愧其子弟、子弟不敢辱其父兄。接目屬耳即欲已之、而情與勢有所不容已者。蓋不出戸庭而師友存焉。（陳昭祥「黟南韓氏家會序」『新安理學先覺會言』巻二）

道は一時も間断することないものである。その間において、人は、ともすれば途切れがちになる身心の緊張を常に持続させ、常に道の実在を内面に意識することで、切れ目無く、それに向き合って生きていくための、不断の「提撕」「警束」の場としての「講会」を必要とするのである。とりわけ、独立独歩の「豪傑の士」とは異なる、凡人にとっては、それは必要不可欠なものである。陽明門下の学ぶ者たちが、自らが参加する家会において、「性命の学」[36]を講ずることを通して、広く庶民の間にも、「一時たりとも、人は道から離れることがあってはならない」という倫理観・道徳意識が育成されていくとともに、良知の内在固有を説き、各自が自律的な実践主体として自立することを求める良知心学も、庶民の中に少しずつ浸透していったのではないのだろうか。

四　鏡の中の花──「未発の中」から「一念改過」へ

陽明学派の講会は、新安の地においては、このように師門から四方へ、四方から家〈宗族〉へと伝播普及してゆき、深山窮谷に住む人々にまで深く浸透していったと言う。では、そこでの学びは、いかなるものであったのだろうか。例えば、『龍溪會語』の中で議論されていた、経書の言葉を駆使して行われる「エリートの講学」〈銭明〉が、そのままのかたちで庶民に理解され、受け入れられたとは、とうてい思えない。まずは師門の会から始まり、四方に広がっていった王門の講会活動は、どのように形を変えて、庶民の中に入っていったのであろうか。例えば、『中庸』の「未発の中」の議論は、たしかに陽明門下においては、重要な論題であり、『龍溪會語』の中でも繰り返し議論されていた。しかし、こうした哲学談義、形而上学は、当時の講会に参加した多くの人びとにとって、容易に理解できるものでなかったようである。そのことを物語っている、興味深い資料として、次の発言を見てみよう。

私が考えますに、そもそもわれわれの学びには、その糸口を求め、力を用いるための方法や、賢に親しみ、友を取るという実効があるが、もとより［これらに関して］すでに皆さん方と極めて詳細に議論しあった。聖学相伝の正脈に至っては、所謂「未発の中」がある。学を談ずる士人たちは、常にこれを挙げて論題としてきた。けれども、聴く者たちは、いつもその意味を理解していない。それは鏡の中にある花を採ろうとするようなものだ。とてもはっきりと見えているようなのだけれど、つかみ取ろうとしても杳《よう》として手に入れることができないのである。

予思夫吾人爲學、有求端用力之方、親賢取友之實、固已與諸公商訂、極其詳矣。至于聖學相傳之正脉、有所謂未發之中。談學之士、毎擧之以爲話柄。而聽者毎不知其所謂、如采花于鏡中、見之若甚了了、執之杳無所得。（李培吾「黟邑季會序」『新安理學先覺會言』巻二）

それは、「鏡の中の花」のようなものだと言う。目の前にありありと見えており、それがとても美しいものであることは分かるが、手にとって触れることができない、実感できないもどかしさ、手応えの無さを言い表したものであろう。そこで、家会に参加する学ぶ者たちが見いだしたのが、「一念改過」という功夫であり、「過ちを改むれば則ち本心を得」（王守仁・王畿）という思想であった。先の発言に続けて、次のように言う。

……王陽明先生は、人に教えて、……さらに、「只だ一念改過せば、時に当たりて即ち本心を得」（「寄諸弟戊寅」新編本『王陽明全集』巻四・文録一、浙江古籍出版社、一八五頁）と言われた。本心をつかみ取ったならば、未発の中は、ここにある。もとより、未発の中を教えとすることは、鏡中の花を採ろうとする［ようなもので］、求めれば求めるほど、ますます手に入れることはできない。［一方で］**「過ちを改めれば、本心を得る」ということを教えとする方は、拳を開いて手を見るのと同じ**［**で、一目瞭然**］だ。**一目見て、つぶさに目に見える**。われわれは、未発の中を求めようとすれば、ただ「独を慎ん」（『大学』）で、その過ちを寡くするように求めさえすればよいのだ。そうすれば、聖学は、どんな人でも［実践することが］可能なものであり、その道筋から、たがうことはほとんどないだろう。

……陽明先生教人、……又曰、只一**念改過**、當時即得本心。本心得、未發之中在是矣。故以未發之中而爲教者、是采鏡中之花、愈求而愈不可得。**以改過則得本心而爲教者、是開拳而見手也**、一覽而俱在目中。吾人欲求未發之中、惟求慎之于獨、以寡其過、則聖學人人所可能、而脉絡庶乎其不差矣。（李培吾「黟邑季會序」『新安理學先覺會言』巻一）

王畿もまた、嘉靖三十六年に行われた休寧県での季会（上述）において、良知心学の学びを、端的に「一念改過」「一念自反」の一点に絞り込んで、次のように述べていた。

そもそも此学の易簡《シンプル》さといい、本心の霊妙さといったようなものは、もともと昧《くら》まそうとしてもできないものだ。改過の一念が萌したならば、自得しない者などいない。ただ諸君にあっては、真摯な志を立て、実のある実践を修め、各自が自分ができる範囲において、ゆっくり時間をかけて入り、終始一貫、ひたすら努力するだけだ。

若夫此學之易簡、本心之靈、不容自昧。一念改過、未有不自得者。惟在諸君立真志、脩實行、各安分限、以漸而入、終始勉之而已矣。（王畿「書休寧會約」『新安理學先覺會言』巻一。また、『王畿集』巻二、三七頁）

ここで、王畿は「改過の一念が萌したならば、自得しない者などいない」と言っているが、これこそ王畿の良知心学の「易簡」さの端的な表現にほかならない。誰から責められるでも無く、自ずと過ちに気づいて、それを改めなければ、という「自反（自己反省）」の一念が内心に萌す、この「一念改過」（「一念自反」ともいう）という内感・直感の事実こそが「性善」の確証に他ならず、その上にこそ、所謂「良知現成」の真実があると見なす思想である。[37] 良知現成論の立場から言えば、多寡・強弱の差はあれ、誰もが経験する、この「改過の一念」、すなわち、過ちに気づき、それを改めようとする一念が萌した、この即今当下の現在の、極めて緊切なる心情＝真情の上にこそ、常に、そして、既に、良知は円満に現成（現在成就）しているという思想である。これこそ、「本心」が「霊」と見なされる所以でもある。それ故、功夫の現場は、「改過」の一念が萌した、即今当下の現在を措いて他にはない。もとより、王陽明にとって、『大学』の「格物」の「物」も、また、所謂「事上磨錬」の「事」も、まさにこの良知発動の現場を指すものであった。

おわりに

以上、王畿の嘉靖三十六年の講会活動について、主に「新安福田山房」の会と、王畿が関わった、婺源の有力宗族である葉氏と余氏の「家会」を中心に見てきた。とりわけ、徽州府で盛んに開催された「家会」の記録からは、王門の良知心学の教義、更に言えば、王畿の良知現成論、その「一念自反」の思想が、王門の講会活動において、端的に「勧善規過」[38]の四文字に、更には「改過」「規過」の二文字に絞り込まれ、「易簡」の功夫として、庶民の間に深く浸透していく過程の一端を窺い見ることができた。こうした流れは、やがて明末清初における、「改過」を自己修養の中核に据える士人の登場や「省過会」「規過会」と言われるサークルの組織化、そして、自身の過ちを記録する「紀過簿」「反過簿」「日譜」の類の修身ノートの大量出現といった「改過ムーブメント」を生み出し[39]、また、庶民の間においては、「勧善書」「功過格」の流行にもつながっていくのであろう[40]。これについては、今後、検証と考察を加えていきたい。

注

（1）平成二十六年度科学研究費補助金（「基盤研究(C)」）「王畿の良知心学と明末の講学活動に関する発展的研究」（代表者：小路口聡　科研番号：25370052）

（2）彭國翔「王龍溪先生年譜」『良知学的展開──王龍溪與中晚明的陽明學──』學生書局、二〇〇三。

（3）『富山大学人文学部紀要』第二六号、一九九七年三月。

（4）呉震『明代知識界講学活動繫年』（學林出版社、二〇〇三）の「嘉靖三十六年」の条は、その順序について、やや異同がある。「四月、王龍溪赴寧国水西會、沈思畏、梅純甫、汪周潭、周順之等与會。／五月、王龍溪赴婺源星源會、与洪覚山會于普済山房。／五月、王龍溪赴福建、与王遵岩、阮鶚等相會于三山石雲館（即三山會）、互酬問答、相与尋繹。／夏、王龍溪赴新安福田會／黄九成移居天真書院、従学于銭緒山、王龍溪、后入銭緒山門下。」また、中氏「王畿年譜稿」では、水西の会／新安福田の会／星源の会／三山石雲の会の順に挙げられている（「王畿の講学活動」、六〇頁）

（5）中氏の考証に拠れば、その足跡は、以下の通り。「水西の会（四月一日～一三日）→新安福田の会（四月一八日～二八日）→婺源同志の会（五月五日）という次第」（「王畿の講学活動」一四頁）。

（6）天真書院については、鶴成久章「天真精舎と陽明門下」（『哲学資源としての中国思想』研文出版、二〇一三）を参照。

（7）焦竑『澹園集』下、中華書局、一九九九、九二六頁。

（8）銭明「明代中晩期に吉安地区で展開された王学講会活動──浙中王門と江右王門との比較から出発して──」（『哲学資源としての中国思想』、一九七頁）

（9）中純夫「王畿の講学活動」、三三頁。

（10）『王畿集』巻九（二一〇頁）。「春仲天真時祭、遠近士友已約偕至。……會後即與諸公同行、赴水西之會、此定約也。」

（11）中純夫「王畿の講学活動」資料篇の「一、安徽省」の項参照。十七頁。また、次の銭明氏の指摘にも注目。「杭州の天真書院を除けば、彼らが講学を最も多く行ったところは、江西の吉安と安徽の涇県だった」（同上銭明論文、二〇二頁）。この水西の会は、良知心学の伝播の中心拠点の一つであった。なお、水西の会については、本書所収の鶴成久章「寧国府における王龍溪の講学活動――水西の会を中心に――」を参照。

（12）『龍溪會語』巻一に所収の「水西會約題詞」は、嘉靖二十八年（一五四九）の水西会の記録であるが、それに拠れば、王畿は、先ず銭塘江を遡って富春江へ、桐廬・建徳あたりから西に向かって、安徽省の休寧（斉雲）へ、そこから歙県（紫陽・斗山）を経て、さらに北上し、涇県（水西）に入ったようだ。

（13）『新安理學先覺會言』所収の「福田山房序」を使用。第二節で、全集本と校訂し、全文を翻訳したものを載せる。『全集』巻二に所収の「新安福田六邑会籍」は、内容は同じだが、そのダイジェスト版である。ただ、その縮減に際し、開催時期について重大な転記ミスを冒しており、後世、物議をかもすこととなった。注（27）を参照。

（14）陳時龍『明代中晩期講学運動（一五二二―一六二六）』（復旦大學出版社、二〇〇五）の附録「16―17世紀徽州府的講会活動」を参照。

（15）中氏は「春秋二回」（「王畿の講学活動」、二一一頁）とする。これは、「新安斗山書院會語」の「新安舊有六邑大會、毎歳春秋、以一邑爲主、五邑同志士友從而就之。」（『王畿集』巻七、一六二頁）という記録に拠ったものであろう。一方で、「新安諸同志訂六邑會、會以秋季、聚散旬日、毎邑輪其年而司之。」（翟台「書績溪會冊」『新安理學先覺會言』巻一）、「嘉靖間、湛増城・鄒安成兩先生後臨之、與諸人士盟、歳以秋九、輸脩會事。」（祝世禄「書六邑白嶽會籍」同上）という「秋九月開催」という記録もある。

（16）「六邑同志大会」が「歳会」で、各県の講会が季節毎に開催された「季会」であったことは、例えば、「六邑有歳會、各邑有季會」（謝應秀「題獅山于氏家會」『新安理學先覺會言』巻一）、「在吾徽、于郡歳有會、于邑季有會」（「黟南韓氏家會序」同巻一）、「六邑歳會」（陳履祥「古黟新政郷都學會序」同上）といった記述などから分かる。

（17）こうした「会」組織における「輪番制」は、徽州府においては、他の組織でも行われていたようだ。渋谷裕子「安徽省徽州地方における越国公祭祀の時代的変遷について」（『人文社会科学研究』No.56　早稲田大学創造理工学部社会文化領域、二〇一六年三月）を参照。その中で、渋谷氏は、徽州地方における「会」組織の特徴として、「公議制」、「平等性」、「親睦機能」の三つを挙げた上で、徽州地方には、「地域社会全体に関わる共同活動について公議制で規則を定め、輪番で会首をまわし会員が平等に役割分担をして遂行する「社」・「会」の組織が存在し、これらが地域社会の自治組織として公的な役割を果たしていた」（一二二頁）と言う。新安六邑同志会も、こうした地域の慣例に従って行われたものであろう。

(18) ただし、嘉靖三十六年の福田の会は、夏四月に行われている。本頁の注1に挙げた春秋二回説とも、秋一回説とも矛盾する。あるいは、歙県独自開催の講会で、洪垣（婺源）らの六邑の同志たちは特別参加だったのか。ただ『全集』本の題名は、「新安福田六邑会籍」であるのを見れば、全集編者は六邑大会とみなしたのであろう。待考。

(19) 上述のように、新安（徽州府）では、「歳會」（年次例会）として、府下六県合同の大会が開催されていたが、各県でもそれぞれ会約（規約）と会籍を備えた講会が季節毎に年4回開催されていた。更に、ここに見るように、一族を率いて行われる「家会」（合族の会）もいくつか存在していた。『新安理學先覺會言』に見られる「家会」の会約・会籍としては、「杭溪張氏交脩堂家會題辭」、「黟南韓氏家會序」、「余氏家會題辭」、「書慶源潘氏約簿」、「題獅山于氏家會」、「獅山于氏同志會序」、「喬岭韓氏家會序」、「李氏家學會序」、「書婺源葉氏家會籍」、「王源謝氏家會序」がある。なお、新安（徽州府）で行われていた「家会」については、第三節で述べる。陳時龍「16—17世紀徽州府的講会活動」、三三三頁を参照。

(20) 例えば、銭緒山は、水西の会に赴いた後、婺源の福山で開催された六邑同志会に出席、その後、婺源の葉氏の家会に迎えられている。「余自水西赴婺源福山。會福山者覺山諸君子、合六邑同志之會也。葉生茂芝、率其家會弟子、邀予于家。」（「書婺源葉氏家會籍」『新安理學先覺會言』巻一）

(21) 鈴木博之「徽州の村落と祠堂——明清時代の婺源県を中心として——」（『集刊 東洋學』第七十七号、一九九七）に、婺源県の有力宗族として、その名が挙がっている。八八頁の表を参照。

(22) 拙稿「王畿「婺源同志會約」訳注——陽明門下の講会活動記録を読む（二）——」（『東洋思想文化』東洋大学文学部紀要第70集・東洋思想文化学科篇Ⅲ、二〇一七年三月）を参照。

(23) 「婺源」を含む徽州府の宋明儒学史上の位置づけについて、銭明氏は、次のように言う。「江西婺源は当時も徽州すなわち新安の文化圏に属していました。南中王門の地域の範囲内で、徽州すなわち新安文化は少し特殊なものであり、それは基本的に程朱理学の勢力範囲に属していて、陽明学伝播の辺縁地区、あるいは王学伝播の盲点とも言える場所でした。」（前掲論文、一九七頁。なお、傍線は小路口）とした上で、徽州府における陽明学の影響について、「王門の領袖級の人物、例えば王龍溪や鄒守益らが多くそこに出向いて、講学を行いましたが、基本的には大きな作用を起こすことはなく、伝承者も少なく、何の火種も残すことはありませんでした。」（同上）と言う。さらに、陳時龍氏は、「心学は徽州では実を結ぶことの無い徒花で終わった。」（「16―17世紀徽州府的講会活動」『明代中晩期講学運動（一五二二～一六二六）』復旦大学、二〇〇五、一八〇頁）とまで言う。なお、銭明氏には、「王学在新安地区的遭難與挫折――以王守仁與汪循関係為例――」（『黄山学院学報』、二〇〇八年第4期）がある。

(24) 王畿「書婺源同志會約」（『王畿集』巻二、三九頁）。「婺源」の地は、朱熹の父朱松の故郷であり、朱氏一族の墓があった。母祝氏は、同じく徽州歙県の人である。朱熹にとって、徽州府（新安）は、その意味で自らのルーツであった。朱熹は『大学章句』・『中庸章句』の序の末尾に「新安朱熹」と署名している。

(25) 同上。「書婺源同志會約」も、『新安理學先覺會言』に収録されているが、『王畿集』巻二に所収のものと比べて、文字数も多く、文字の異同も多く見られる。『龍溪會語』所収のものと同様、全集編者による編集以前の原本と見られる。

(26) 『白山中国学』通巻16号（二〇一一年一月）にその訳注があるので、詳細は、これを参照。

(27) この新安福田の会については、従来、その開催時期について、疑問視されてきた。中純夫氏は、「王畿の講学活動」の小結において、この「新安福田山房六邑會籍」を取り上げ、新安福田の会の開催年次の確定について、詳細な考証を行っている。それは、『全集』所収の「新安福田山房六邑會籍」冒頭の一節に、この講会の開催年次が「嘉靖丁丑」と記されているためである。ところが、嘉靖年間に「丁丑」は存在しない。これは明かに誤記である。なお、この点については、すでに銭穆氏の指摘がある。銭穆氏は、「嘉靖四十四年・乙丑（一五六五）」に繫年する（「王龍溪略歴」『中国学術思想史論叢』安徽教育出版社、二〇〇四、一六五頁）。また、中氏は、この講会の列席者として名を連ねている洪垣（覺山）に注目し、同席している講会を洗い出した上で、その可能性として嘉靖三十六年丁巳と萬暦五年丁丑の二つに絞り込みながらも、最終的には結論を保留している。また、陳時龍氏も、その著『明代中晩期講学運動（一五二一―一六二六）』の附録「16―17世紀徽州府的講会活動」において、この問題を取り上げ、四点の根拠（「乙丑」と見なせない理由）を示した上で、消去法によって「丁巳」と判断しているが、決定的な根拠資料の不足から、なお「都只是理証、没有別的資料的依托、所以也不能説便成定案、謹書于此以請益于方家」（二九六頁注①）と、やはり結論を保留している。しかしながら、今回、取り上げた『新安理學先覺會言』所収の「福田山房序」には、冒頭に「嘉靖丁巳」と書かれており、さらに末尾に、「嘉靖丁巳仲夏瑞陽日　龍溪王畿謹識」という末署（後付け）までもついている。以下に見ていくように、全集本との、文字数、及び異同などから見ても、この「福田山房序」は、『全集』に所収の「新安福田山房六邑會籍」の未編集の原本であると判断できる。とすれば、この根拠資料の存在によって、「新安福田の会」の開催年時は、まさしく「嘉靖三十六年丁巳」ということになり、「嘉靖乙丑」（銭説）も、「萬暦五年丁丑」説（中説）も、その可能性は消滅し、積年の疑問が氷解した。なお、呉震『繋年』と彭國翔「王龍溪年譜」とは、いずれも「新安福田會」を「嘉靖三十六年」に繋年している。

(28)「斗山での別れから、今また八、九年」とあるが、八、九年前と言えば、嘉靖二十七、八年ということになる。中氏、および、彭氏の年譜には、「斗山の会」の記録は見えず、呉震氏の『繋年』にも無い。その年には、水西の会が開催され、王畿もこれには参加しており、参加者にも重複があったはずである。あるいは、そのことから生じる王畿の記憶ミスか。それとも、前述の通り、水西会の後は、そこに参加していた新安の人々とともに、新安入りするのが恒例であったことから、記録には残っていないが、斗山の会が開催されていたのかもしれない。更には、翌年の嘉靖二十九年には、鄒東廓が斗山書院で講会を開き、これは事実上、新安六邑同志会の記念すべき第一回目であったことからも、あるいは、王畿もこれに参加していたのかもしれない。待考。

(29)拙論「王畿の「一念」の思想――王畿良知心学原論（一）――」（『東洋大学中国哲学文学科紀要』第18号、二〇一三）、および、「王畿の「一念自反」の思想――王畿良知心学原論（二）――」（同上、第19号、二〇一四）を参照。

(30)『新安理學先覺會言』の貴重な価値として、徽州府における「家会」の記録を豊富に収めていることにある。

(31)銭明氏は、「講学」と「講会」を区別して使用する。――「私は、「講学」と「講会」という角度から見た時に浙中王門と江右王門の最大の違いが現れる、つまりおおむね浙中王学は「講学」を主とし、江右王学は「講会」を主としている、と考えている。私の位置づけでは、講学は、相対的に言ってエリート層に重点が置かれ、講会は相対的に大衆層に重点が置かれている。講会は、田畑で働く一般庶民ばかりか老人や児童でも聴衆になることができ、文字を知らない農民でさえもが仕事道具を手に持ち、通りがかりに足を止めて聴くことができた。浙中王学に対する私の研究に拠れば、このような情景は浙江では極めて少ない。」（「明代中晩期に吉安地区で展開された王学講会活動」、『哲学資源としての中国思想——吉田公平教授退休記念論集』、研文出版、二〇一三、一八四頁）。そして、両者の違いは、「宗族制度と宗族文化の伝統」にあると言う。

(32) 前注の銭明論文、二〇三頁。

(33) 「宗族は浙江・福建・広東などの東南中国各地で広く発達したが、とくに徽州では、有力な宗族が、宋代から近代にいたるまで、安定した勢力をもち続けていた。……とくに十六世紀ころから、宗族形成はいっそう拡大し、有力宗族は一族の系譜を記した「族譜」を刊行し、大規模な「祠堂」を建設して祖先崇拝をおこない、宗族活動を支えるファンドとして、「族産」を設置するようになる。」（中島楽章『徽州商人と明清中国』山川出版社、一八～一九頁）。また、「村落には一族の住居が密集して並び、宗族全体の祖先を祀る「祠堂」、一族の官僚などを表彰する「牌坊」、子弟を教育する「書院」、知識人のサロンである「文会」などが建てられ、まわりの山裾には祖先の墳墓が点在していた。徽州商人の活動も、このような宗族のネットワークと相互扶助に支えられていた。」（同書、一九頁）とあるのを参照。

(34) 「全交館」は、祁門県の緝功山にあり、四つの郷が義捐金を集めて建設したもので、謝芋（号は凰山、祁門の人）が主宰した。正楼六楹、門四楹、東西の廓若干楹と言う（鄒守益「題全交館」）。湛甘泉「全交館小序」に「祁門謝氏子鳳山芋、惟仁顯、爲館曰全交、以爲朋友往來文會輔仁之地」（『新安理學先覺會言』巻一）、鄒守益「題全交館」に「新安諸同志、春會于斗山在歙、夏會于天泉在休寧、秋會于福山在婺源、而全交館在祁門、又以時往來、相觀麗澤、皆甘泉大宰公所命云。」（同上。「寄題祁門全交館」『東廓鄒先生文集』巻八）、陳履祥「獅山于氏同志會序」に「祁之有會、自東山始。先是王源謝一墩諸公、受道湛翁、建全交館、郡四方士、會于其郷。」（同上）とあるのを参照。

(35) 「祁門汪子希文、謝子惟仁、會冲玄而歸、率郡中同志會於常清宮、復定邑中之會、春秋在範山書屋、夏冬在全交館、

相與拝聖像、宣聖諭、**勸善規過**、期以篤實輝光、共明斯學。」（「書祁門同志會約」『鄒守益集』巻十五、七三五頁）

(36)「性命の学」については、佐野公治氏の次の解説を参照。「当時には人間はいかに生きるべきなのか、学問はいかに人間形成に資するのかといった、学問的精神的な欲求が底流にあり、このような欲求が、講学活動を支えるひとつの力となっていたと思われる。その欲求は、人がいかに生きるかという哲学的な問いから、いかに生命を維持するか、端的にいえば、いかに死を超越し、生命を存続させるのかという生物体としての人間にとっての生生しい切実な問いをも含む。この広い意味での人間における生は、当時の用語では「性命」といってよい。講学の大きな目的を性命の探求、性命の学とすることは、嘉靖期の講学活動の中心的存在で《ママ》みる王畿にとくに強くみられるが、近溪の講学においても性命は大きな問題関心なっている。」（「羅近溪講学紀年考（二）」『名古屋大学文学部研究論集（哲学）』45、一九九九、三頁）

(37) 拙稿「王畿の「一念自反」の思想――王畿良知心学原論（二）――」（『東洋大学中国哲学文学科紀要』、第十九号、二〇一一年三月）を参照。

(38) 例えば、すでに「勸善規過」の四字で、幾度か登場していたが、「六邑有歳會、各邑有季會、**勸善規過**、提醒究竟、蒸蒸然鼓舞薫成、不啻饑求飽、行赴家也。」（謝應秀「題獅山于氏家會」『新安理學先覺會言』巻二）、「……乃效惜陰中約、訂大會於春臺、歳以仲月之望爲期、凡三日夜方散。毎月各以居相邇者爲小會、**規過勸善**。悉如規約。」（「題春台会録」『鄒守益集』巻十七、八二二頁）、「覺山洪郡侯趨別斗山、持其邑之會約以相示、**規過勸善**、期以共明斯學。」（「書婺源同志會約」『鄒守益集』巻十六、七八一頁）。また、本稿十六頁の注1に引く鄒守益「書祁門同志會約」など。いずれも、講会の目的が、大小の別なく、「**勸善規過**」にあったことを示す。

(39) 王汎森「明末清初的人譜与省過会」（『中央研究院歴史語言研究所集刊』第六十三本・第三分、一九九三。後に『権力的毛細管現象――清代的思想 學術與心態――（修訂版）』聯経出版事業公司、二〇一四、に所収）。また、原信太郎アレシャンドレ「劉宗周における「改過」の実践」（『早稲田大学大学院文学研究科紀要』第一分冊、60、二〇一五）を参照。

(40) 呉震『明末清初勧善運動思想研究』臺大出版中心、二〇〇九。

王龍溪の周辺

語らない周夢秀を語る——王龍溪と嵊県の周氏——

早坂俊廣

一　はじめに

『龍溪王先生會語』（以下、『會語』と略称）巻六に「天山答問」という講学の記録が収められている。万暦二年（一五七四）に紹興の天柱山で行われたその講学の記録のなかに、「周繼實」なる人物が登場している。同系列の記録である「天柱山房會語」（『王畿集』巻五。こちらについては『全集』と呼称する）には「張陽和、周繼實、裘子充[1]と問答す」と注記されているので、この講学の場に参加していたことは確実なのであろうが、これらの記録のなかで、「周繼實」の存在感は極めて薄いと言わざるを得ない。なぜならば、彼個人の発言を直接引用の形で、括弧に括って示せる箇所は、「天山答問」にも「天柱山房會語」にも見当たらないからである。ただ、それにも関わらず、それらの記録の中では彼個人の事柄が話題に上っている、言い換えれば、講学の場において、彼という人、「周繼實」という問題が議論の対象になっているのである。

本稿は、このような、自ら語ることが無かったかのようであるにも関わらず周囲からは語られていた「周繼實」に関する報告である。まずは、単純にこの人物に興味を抱いたところから、本稿は始まっているのだが、このような人物に焦点を当てることにより、王畿（龍溪）サイドから見ていただけでは見えづらい、講学の「場」における別の実相を明らかにしてみたい。それに加えて、長期間にわたり王畿と交流していた嵊県の周氏一族という「場」についても言及するつもりである。

二　「天山答問」「天柱山房會語」のなかの「周繼實」

ここでは、講学の記録のなかで「周繼實」が具体的にどのような扱いを受けていたかを示していきたいのだが、その前に、そもそもこの会合がどのように開催されたのかを確認しておこう。既に述べたように、これは、万暦二年（一五七四）に紹興・天柱山で行われたものであるが、病気の父親を見舞うために郷里に帰省していた張元忭と王畿が同年に紹興で行った第二回目の講会であった。(2) 張元忭（一五三八～一五八八、字は子藎、陽和は別号。山陰の人）は、隆慶五年（一五七一）年に状元で進士合格を果たしているので、その三年後ということになる。これも既に触れたように、王張両人のほかに「周繼實、裘子充」が参加した。『王畿集』の分け方に従えば、『會語』は全一五条、『全集』は全九条から成っている。『會語』「天山答問」の後には「書同心冊後語」、『全集』「天柱山房會語」の後には「書同心冊巻」と題する同系列の文章がそれぞれ続いているが、これらも、王畿と張元忭との問答録である。だが、こちらは、別の機会に行われた問答の記録（紹興の雲門山で王畿と張元忭が交わした問答で、「甲戌の歳、閏月立春前の一日」に行われた天柱山房での会合よりも数ヶ月先立つ「仲夏」に行われたもの）のようであり、「周繼實、裘子充」は登場しない。成立の経緯が異なるため、本稿では考察の対象にはしない。

「天山答問／天柱山房會語」対照表

『會語』	梗概（登場する人物の呼称。王畿は除く）	『全集』
1	前口上（陽和子、裘子充）	×
2	「功名の一念」について（陽和）	1
3	周繼實が深く禅学を信仰していること（陽和子）	×
4	周繼實が自宅を寺にしたこと（陽和）	2
5	「凝道」について（子充）	3
6	「静坐」「調息」について（陽和、子充）	4・5
7	王畿の健康と講学への情熱その一（繼實、子充、陽和子）	6
8	「息」について（陽和、子充）	7
9	「惺」と「寂」（子充、繼實）	×
10	王陽明の喪中のふるまい（陽和子）	8
11	「操心」について（子充）	×
12	「晦」と「明」（無し）	×
13	王畿の健康と講学への情熱その二（子充、繼實、陽和）	×
14	「静坐」について（陽和子）	×
15	後書き（雲石沈子）	×

さて、天柱山房での講学記録は、上の表のように整理することができる。数字は、各条の順番であり、『會語』にのみ見えて『全集』に見えないものについては「×」を附した。

「周繼實」の扱われ方に着目すると、これら各条を、三つに分類することができる。

（A）講学の場に居たはずなのに彼について言及されていないもの

『會語』で言うと、第一、二、五、六、八、一〇、一一、一二、一四、一五条がこれに当たる。(3) もちろん全ての人が全ての条に登場すべきというわけではないのだが、気になるのは、第一、八条である。前者では「甲戌閏立春前の一日、陽和子、相期會して天柱山房に宿し、歳寒の盟を尋《あたた》む。仕沛裘子充、これに與《くみ》す。」とあり、後者でも「予、陽和と山窩に會宿す。子充、予の甜睡して呼吸に聲無きを見て、喜びて曰く…」と述べられており、「周繼實」が本当に天柱山房に居たのかすら、不安にさせられる記しぶりである。果たして、「これに與」したのは、「裘子充」だけだったのだろうか。王畿と「山窩に會宿」し、彼が「甜睡して呼吸に聲無きを見て、喜」んだのは、「陽和」と「子充」だけだったのだろうか。

（B）『會語』で言及されているにも関わらず、『全集』では条そのものが削られてしまっているもの

『會語』の第三、九条がそれである。前者は、「周繼實」その人を話題とするものであり、「陽和子謂う、周繼實は深く禪學を信じ…」というフレーズで始まっている。後者は、裘子充が「靜中の景象は常に惺惺、常に寂寂たり」という言葉について質問し、王畿がこれに対して「苟《も》し徒《た》だ人の言を學ぶのみにして、自己に向いて功夫理會せざれば、祇《た》だ虚妄を益すのみ」と裘子充を叱責したことを主内容とするものであるが、その後、叱責の矛先は、唐突に周繼實へと向かい、「繼實は佛學を相信ずるも、亦た此の病有るを免れず。」というように、周繼實からすればあおりを食った形で、彼についての言及が為されている。そして、このどちらにも、周繼實自身が声を発した痕跡は見られない。

（C）『會語』でも『全集』でも彼への言及が見られるもの

これは、『會語』第四、七、一三条のことである。第四条は、周繼實が自宅を「捨てて寺と為」したという話題が主内容であるが、話者は張元忭と王畿のみである。また、第四条以外の二つは、齢八十歳に近づきつつあった王畿が講学活動で各地を飛び回っていることを心配した「繼實と子充」に対して、王畿が講学活動への情熱を改めて表明したものである。周繼實の名前は出てくるものの、「個人の発言を直接引用の形で、括弧に括って示せる箇所」とは言えない。しかも、第七条に至っては、途中から「子充」の名しか記されなくなってしまっている。ここに限らず、単独の発言が見られる裘子充と比べて、周繼實の存在感は極めて薄いと言わざるを得ない。

要するに、天柱山房の講学記録から読み取れる、有益な「周繼實」情報は、彼が「深く禪學を信じ」「佛學を相信」していたという話題（『會語』のみに見える）と、彼が自宅を「捨てて寺と為」したという話題（『會語』『全集』両方に見える）の二つに限られ、しかも、それらは、彼から発信されたものではなく、あくまでも王畿と張元忭によって論じられていたに過ぎなかったのである。一流の思想家たちの講学において、当人は何も語っていないかのようでありながら、周りからは語られている、この「周繼實」とは、一体どのような人物だったのであろうか。

三　周夢秀について

講学の記録で「周繼實」と字で呼ばれていた人物の名は、周夢秀という。「嵊の庠生」（万暦『紹興府志』巻四五）、「震の子にして、邑の諸生爲り」（同治『嵊県志』巻一三）とあるように、紹興府嵊県の出身で、科挙に合格することなくその生涯を終えた人物である。嵊県で周姓というところから容易に推測できるように、彼は、晩明の浙東王門を代表する「周海門」、即ち周汝登と同族である。また、『王畿集』巻一五「冊付夢秀收受後語」に「繼實は幼きより父の瑞泉に従い、予に従いて遊せり」とあるように、幼いころから王畿と交流のあった人物でもあった。後に詳しく述べるように、周夢秀は、嵊県の周一族と王畿との交流を祖父・父から引き継ぎ、周汝登へと引き継いだという点で、明代浙東における陽明学の継承に関して大きな役割を果たした人物だったのである。(4)

周夢秀の生涯について、詳しいことは分からない。生年については、自分よりも十歳年長だという周汝登の証言に拠るならば(5)、嘉靖一六年（一五三七）となる。卒年は、これもまた周汝登の記録に従えば(6)、万暦一〇年（一五八二）である。夢秀には『知儒編』という著作があった。これについては、夙に荒木見悟氏が、

それは「知儒」と題しながら、實はほとんど禪家機縁の語を集録し、それにわずかに白沙・陽明の語を附加したものである。禪語を編纂しながら、それを「知儒」と名づけるのは、佛を學んでこそ儒が分かるという信念のもとに、禪の古則公案百千餘則の中から、宰官居士の參證するにふさわしいものを選び取って彼らの津梁としたものである。すなわち夢秀は、嘉靖・隆慶の頃から勃興し始め、萬曆に及んで頂點に達する儒佛調和論の風潮に染まった一士人であったのである。

と論及されている(7)。思想史的な位置づけは、正にこの通りであろう。ただ、その人柄については、「其の向學は特に早く、操勵嚴謹の至る所にして、目は一として邪視せず、親朋には、昵狎を極むと雖も、一として謔語無し」（周汝登『東越證學錄』(8)巻九「題繼實兄書後」）、「行實は孤高にして、伯夷の峻有り」（同巻五「剡中會語」）、「頭陀を苦行す」（同巻七「立命文序」）、「生まれながらに至稟有り、苦志獨行し、孝友端介にして、遠近に間言無し」（万暦『紹興府志』巻四五）と称されているところから推測できるように、時流に乗った議論を華やかに展開したというよりは、篤実に、愚直に自らを律して生活し通した人物であったと言えよう。

なお、彼の『知儒編』という著作についても、前に引いた荒木氏の総括に尽きるのだが、いくつか補足説明を行っておくことにする。まず、同書は（これも荒木氏が前掲論文で指摘されているように）日本では国立公文書館（内閣文庫）に所蔵されている。ここで梗概を繰り返すことはしないが、同書の序文「知儒編序」に関しては、周

夢秀のまとまった文章としてはこれしか遺されていないようであるので、一部を紹介しておこう。この序文は最後に「空空子周夢秀書」と記されているが、以下に引くのは、全体の、おおむね四分の一に当たる部分である。

程伯子は「『中庸』に言う無声無臭は、釈氏の言う非黄非白のようなものである」と言った。(9) そもそも「無声臭」「非黄白」とは、何のことだろうか。これは、義理で理解することも意識で理解することもできないものである。このことについて、儒門ではきちんと分析し尽くしていないが、禅宗家は力を尽くしてこのことを提起し、脈々と受け継ぎ、専ら究明してきた。だから、儒学の命脈を会通しようとするならば、禅宗の力を借りる必要があるのである。（程伯子云、中庸言無聲無臭、猶釋氏言非黄非白。夫謂無聲臭非黄白者、是何物耶。不可以義理解、不可以意識知者也。顧此在儒門未甚剖破、而禪宗家極力擧揚、燈燈相紹、専明此事、故欲通儒脉須借禪宗）

ここまで、周夢秀の位置づけと人物像、著作について簡単に確認した。以下では、王畿・周汝登との関係性について、具体的にそれぞれ見ていくことにしたい。

(三—一) 王畿と周夢秀

私が確認できた範囲で言えば、周夢秀と王畿の直接的な交流は、最低四回は行われたはずである。第一回目は一五・六歳の時である。これは、周汝登『東越證學錄』巻九「題繼實兄書後」にある「繼實兄は、生まれながらに至稟有り、少《おさ》なきも自ら羣せず。十五六歳の時、瑞泉叔、率いて龍谿師に拜す」という記述に拠るが、ここで周汝登から「瑞泉叔」と呼ばれているのが、夢秀の父・周震のことである。そもそも、周震と王畿の関係は、嘉靖一六年（一五三七年。さきほどの考証が正しければ、夢秀の生年である）に周冷塘という人物が、(10)杭州の天真精舎で講学活動を行っていた王畿に周震のことを推挙したことがきっかけのようである。(11)これが、嵊県の周一族と王畿の縁の始まりであろう。その推挙と父親の許しを得て、周震は天真精舎で学問に励んだ。その後、周震はおそらく郷里の嵊県に戻ったはずである。王畿は、周震の父親の墓誌銘のなかで、以下のように回顧している。

> 天台に旅行に出かけた際、剡渓を通りかかった。周震は父親の梅嶺君と剡渓の河口まで出迎えに来てくれた。その後、何度か棹を手にとり剡渓に出向いたが、行く度に梅嶺公はますます意気や言貌が盛んでいらした。
> （後予出遊天台、過剡溪、震隨君迓於溪口。後數乘興棹發剡溪、毎見君意氣言貌有加於昔……。／王畿「梅嶺周君墓誌銘」）

これがいつのことなのかよく分からないが、おそらく王畿が剡渓を訪れた際に、「十五六歳」の周夢秀も面会したのではないだろうか。同治『嵊縣志』巻一七「寓賢」の王畿の条によれば、王畿はその「先世、剡より山陰に徙《うつ》る、故に畿は嘗て剡を往來せり」とのことであり、これが本当のことであるのならば、面会の機会は何度もあったことになる。また、同条には「隆萬の間、王天和・周震等、徒を聚めて慈湖書院の講學會を爲し、畿は南向し師席に坐して談説開示し、能く人人をして憬省せしむ」とも記されている。(12)ここで言及されている「慈湖書院」は「北門内の桃源坊に在り。嘉靖三十三年、提學副使阮鶚、知縣呉三畏に檄して楊簡の爲に立てしむ。楊は慈湖と號し、宋時に嵊の令と爲れり」（同治『嵊県志』巻六）というものである。

周夢秀の祖父である梅嶺公は、嘉靖三四年（一五五五）に逝去したのだが、風水的に見て好ましい墓地に埋葬されたのは、嘉靖四二年（一五六三）になってからであった。埋葬を終えた周震は、息子の周夢秀を王畿の許に遣り、前出の墓誌銘の執筆を依頼した。これが、周夢秀が王畿に面会した、明確に示し得る第二回目の面会であ

る。(13)

以上はすべて、父親の縁を譲り受ける形での王畿との交流であったが、(14)第三回目の接触は、これまでと意味あいを大きく異にしている。それは、もと平湖陸氏の家塾であった天心精舎（書院）で実現した。しかも、王畿の志を継ぐ新進気鋭の門人八名（王畿の末子・應吉も含む）のうちの一人として、であった。

「天心精舎」は、門人の陸光宅が建立したもので、後には尊師閣とされた。私は長いこと陽明夫子に従学し、その晩年の精義をいくらかは伝承することができていたので、［陸氏は］過分にも、北面の礼を執って私を招き入れ、四方の同志を糾合して共に「この学」を究明しようとした。その志は遠大と言えよう。さらに、群れを成して集まるだけでは漠然と無駄な時間を過ごすことになりかねないと案じて、その中から、資質に優れて志も真摯な、一生信頼して任せられる者八人を選び出し、共に香を焚いて祭祀を行い、盟約を定め交わした。そこには、我が息子の應吉も参加した。（天心精舎、門人陸光宅所建、後爲尊師閣。以予久從陽明夫子、頗能傳其晩年精義、謬以北面之禮屬予、羣集四方同志、共明此學、其志可謂遠矣。又念羣處泛聚、未免玩愒無歸、擇其中質粹志真、終身可信托者八人、相與焚香對越、定爲盟約、而吾兒應吉與焉。／『王畿集』巻一五「天心授受冊」四三四頁）

『全集』では、この「天心授受冊」の次に「盟心會約」が収められ、さらに、「冊付△△收受後語」という標題の文章群が続いている。「△△」部分は、具体的にはそれぞれ「應吉児」「光宅」「炯德」「丁賓」「養真」「夢秀」「雲鳳尚袞」(15)と記されているので、これらが「資質に優れて志も真摯な、一生信頼して任せられる者八人」の名前なのであろう。言うまでもなく、「夢秀」こそ、我らが「周繼實」に他ならない。

この天心精舎における盟約は、いつ結ばれたのか。呉震氏の考証によれば、この会盟は隆慶二年（一五六八）

のことである。(16)「龍溪王先生伝」において徐階は「公の門人に名の知れる者は甚だ衆し。最後に器許する所は、嵊邑の周夢秀、平湖の陸光宅、嘉善の丁賓の如き數人なり」と述べている（『王畿集』「附録四　傳銘祭文」八二六頁）。実に周夢秀は、王畿が晩年に心許した門人の筆頭としてここに挙げられているのであるが、徐階のこの記述が、天心精舎での会盟を踏まえていることは明らかである。そして、天心精舎で周夢秀たちに授けられた王畿の教えは、例えば、次のようなものであった。徐階「龍溪王先生伝」は、周夢秀・陸光宅・丁賓の名を挙げた後、以下のように続ける。

かつて［龍溪公は］この三人と末子の應吉に対して、

【A】「似て非なる言葉がある。『識』という言葉は『知』に似ているけれども、『識』には分別作用がある一方で、『知』は融和している。『意』は『心』と似ているけれども、『意』が往来するものであるのに対して、『心』は寂然としている。『解』は『見』と似ているけれども、『解』に推測する働きがあるのに対し、『見』は円満なものである。これとは反対に、『識』が黙識となり、『意』が誠意となり、『解』が神解となることもある。このことは、悟った者が自得するしかない。」、

【B】「学問は、悟得することが大切である。悟得への入り方には三通りある。言語から入って悟得することを『解悟』と言う。譬えて言うならば、門外にある宝物であって、自分の家宝ではない。静坐から入って悟得することを『証悟』と言う。譬えてみるならば、水たまりが澄み始めた状態で、濁りの原因は依然としてある。錬磨から入って悟得することを『徹悟』と言う。あらゆる点で徹底し、常に活発でありながら常に寂然としており、［それ以上］澄まし清めることなどできないものである。悟は、迷と対立する概

念であるが、忘とは、忘ずる（関係性にとらわれない）関係にある。(17) 庶民は日々用いていながらそれに気づかない。迷である。賢人は日々用いてそれに気づいている。悟である。聖人もまた日々用いていながらその意識すらない。忘である。学問は、悟ったうえで忘ずるならば、それが最高のあり方である。」、【C】「学問は、もともと平易切実なものであり、人倫庶物との応感《かかわりあい》を離れることがない。良知は本来、虚（自由）であり、格物とは本来性を確立して虚《じゆう》を発揮する手立てである。精微にして中庸であるからこそ、広大にして高明なる実学を立証することができるのである。このようでなければ、『凝道』する手立てではない。」

と語った。（嘗語三生及季子應吉曰、言有相似而非者。識似知、然識有分別、而知融。意似心、然意有往來、而心寂。解似見、然解有推測、而見圓。反是、則識爲默識、意爲誠意、解爲神解。惟悟者自得之。又曰、學貴有悟、悟入有三、從言得者、謂之解悟、譬之門外之寶、非己家珍。從静得者、謂之證悟、譬之潦水初澄、濁根尚在。從磨錬得者、謂之徹悟、到處逢源、常感常寂、不可得而澄且清也。又曰、悟與迷對、與忘忘。百姓日用而不知、迷也。賢人日用而知、悟也。聖人亦日用而不知、忘也。學悟而忘、斯至矣。又曰、學本平易切實、不離倫物應感。良知本虚、格物所以立本而致虚。精微中庸、正以證廣大高明之實學。不如是、非所以凝道也。／同前）

いま仮に【A】【B】【C】と記号を付けてみたが、このうち、【A】については、王畿の「原壽篇贈存齋徐公」（『王畿集』巻一四、三八六—七頁）という文章に共通する表現が散見し、【B】は、「悟説」という文章（『王畿集』巻一七、四九四—五頁）とほぼ同趣旨のものである。【C】に関しては、部分的に似通った表現は見受けられるものの、【A】【B】に見られたほどの類似性が実感できる発言を、王畿の資料から見出すことが出来なかった。ただ、いずれにせよ、徐階「龍溪王先生伝」の書きぶりに信頼を置くならば、(18) 天心精舎で盟約を交わした八名に向けた教えはこのような内容のものであったわけであり、周夢秀は、このような教えを受けた学徒だったわけである。

さて、この八人それぞれに王畿は言葉を遺しているが、周夢秀に対するそれは、以下の通りである。

周繼實は、幼いころから父親の瑞泉公に従い私のもとで学んだ。その趣が典雅であるのを見て、将来を嘱望していた。その後、ごたごたした世界に入り込んだせいで、淳朴さが失われていき、その志こそ変わらなかったものの、ぐずぐずと堕落した生活を何年か過ごすはめになった。今年の仲春、天真精舎（杭州）で落ち合い、そのまま相伴って天心（平湖）雲間（松江）辺りに足を伸ばし、諸友と会合をもって互いに点検し合った。その際に、それまでのふらふらしたあり方を［私が］深く戒めたところ、［彼は］はっと自らを奮い立たせ、諸友と「天心盟約」を取り結んで、一生それを背負っていく志を立てたのであった。家学を忘れていないと言えよう。周繼實は、もともと鈍重な資質であり、明朗快活さにやや欠けるところがあって、要するに致知の工夫がまだ円熟されていないのである。やはり、ひたすら本分を守って実践し、じっくり修行してじっくり立証していかねばならず、決して速効の悟得を求めてはならない。そういうことを長く続けていけば、自然と透脱する時が訪れるだろう。これは、井戸を掘って源泉に到達するようなものであり、もちろん外［に何かを求めるようなこと］ではない。（繼實自幼從父瑞泉從予遊、見其志趣沖雅、頗授記之。已而出入紛囂、淳樸漸散、雖此志未變、墮於因循者若干年。今年春仲、赴會天真、遂相攜歷天心涉雲間、與諸友聚處相觀法、深懲向來悠悠之病、惕然自奮、與諸友結爲天心盟約、有終身擔負之志、可謂不忘家學矣。繼實天資沈泥、微少疏爽特達、總是致知工夫未得圓融。然亦只得安分做、漸修漸證、勿求速悟、久久自有透脱時在、譬之掘井及泉、原非外也。／『王畿集』

巻一五「冊付夢秀收受後語」四三九頁）

冒頭で言及した「天山答問／天柱山房會語」は、万暦二年（一五七四）のものであるから、実はこのような特別で密接な交流を経たうえでの、第四回目の対面（ここまでたどってきた事実から考えれば、実際には、もっともっと多くあったと考えるべきであろうが）だったのである。この事実は、天柱山房の講学記録における、周夢秀の存在感の薄さを逆に際立たせてくれよう。なぜ周夢秀は、王畿が「器許」した者として、「一生信頼して任せられる」盟友として、天柱山房の記録に姿を現さなかったのであろうか。この点については後で論じるとして、次に、彼と周汝登の関係について見ていこう。

（三—二）周夢秀と周汝登

ここまで述べてきたように、確実に指摘できる王畿と周夢秀との直接的な交流は四回であるが、第三回目と第四回目の間にも、両者の面会は実現していたのかも知れない。以下の周汝登の証言に拠れば、王畿はこの間に嵊県を訪れているからである。

ある人が「先生は、王龍溪先生の門に及んで学業を受けたのでしょうか」と質問した。「門には及んだが学業を受けていないし、学業を受けたが門に及んだのではない」と答えた。「どのような意味でしょうか」と聞かれたので、次のように答えた。「私は少年のころ学問を分かっていなかった。隆慶四年（一五七〇）、我が村の県令が先生に剡（嵊県）入りをお願いし、諸生を率いて拝謁したのだが、不肖私もこれに参加した。

陪席して講義を拝聴したけれども、理解することができなかった。だから「門には及んだが学業を受けていない」と言ったのである。その後、官僚となり、そうして始めて学問への敬慕を抱き始め、だんだんと窺い知ることができてきた。先生の平素の発言に興味を覚え、会語を取り寄せて読んでみたら、どれもが一つ一つ心に響いた。そこでやっと切実に先生に帰依したのだが、この時には先生は既にお亡くなりになっていた。実に「学業を受けたが門に及んだのではない」である。……わが従叔父・周震は、誠実篤行の人であり、他人にいい加減に付き従ったりはしなかった。わが従兄・周夢秀は孤高の人であり、伯夷の峻厳さをそなえていた。この父子の嘘のない生き方を、龍溪先生はとても評価されていた。私が先生に拝謁したのは県令に率いられてのことであったけれど、実は、この二公が引き合わせてくれたのである（或曰、子於龍溪先生及門受業乎。曰、及門而未受業、受業而非及門矣。曰、何謂也。曰、予少年不知學。隆慶庚午邑令君請先生入剡、率諸生旅拜、不肖與焉。雖侍側聴講、而不能領略、故及門而不可謂之受業。後予通籍、後始知慕學、漸有所窺思。先生平日之言爲有味、取會語讀之、一一皆與心契、乃切歸依、而先生此時逝矣。實受業而非及門也。……予從叔震恂恂長者、不爲苟從。從兄夢秀行實孤高、有伯夷之峻。父子信事、先生甚篤。予拝雖令君所率、實二公汲引也。『東越證學録』巻五「剡中會語」）

この時に周夢秀も嵊県に居たのかどうかは定かではないが、周汝登の思想形成に周夢秀が大きな役割を果たしたことは、この文章に明らかである。周汝登は周夢秀について「余は之に敬事すること莫逆と稱す」（『東越證學録』巻七「剡源遺草序」）と言い、陶望齡は「海門子に従兄有り、剡山と曰う。嘗て龍谿先生の門に聞こえ、精心密行して、三絶の號有り。海門子の最初の發心は其の鞭策に資《と》れり」と述べている[19]。周夢秀が周汝登に多大な刺激を与え、周氏一族における王畿との因縁を周汝登へと引き渡したという事実は、単にある一族における出来事に留まらず、明代浙東思想史においても特筆すべき事柄であろう。

また、周夢秀は、周汝登の功過格思想に対しても大きな影響を与えたようである。この点に関しては、渡邊賢氏の「周汝登と功過格と」に詳しい。(20)周汝登『東越證學錄』巻七「立命文序」に「余は蚤年、是の事を知らず。從兄剡山なる者有り、乃ち頭陀を苦行し、我と談ずるも入る能わず。一日、袁公に眞州に會す。一夜の語にして我が心豁然たり。世間に此の正經の一大事有るを始めて知れり。啟依は此より始まる。余、今にいたるまで一日として此の公の恩を忘るる能わず」とあるが、渡邊氏は、周汝登とこの「袁公」、即ち袁黄（了凡）(21)の会見が「万暦八年」であった可能性を指摘し、「周夢秀が周汝登と袁黄との会見の仲立ちをしたのかも知れない」と推測されている。さらに渡邊氏は、この「「立命文序」の一文に袁黄と周夢秀との両氏が同時に現われることの意味は軽くあるまい」とも指摘されている。

このように、周汝登の思想形成において周夢秀の果たした役割は実に大きいものがあった。周夢秀という媒体がいなかったならば、もしかしたら、周汝登は「門には及んだが学業を受けていない」段階で終わっていたかも知れない。歴史に「もし」は禁句であるが、周汝登が語る周夢秀の思い出は、彼に与えた周夢秀の影響力の大きさを感じさせずにはいられないものがある。

ただし、客観的に見比べた時に、学者としての両者の資質・能力には雲泥の差があったということも、厳然たる事実として、これまた指摘せざるをえないであろう。周汝登の記録に拠れば、「癸酉」の年、汝登は郷試に合格したものの、周夢秀は落第したようである。(22)「癸酉」は万暦元年（一五七三）、実に天柱山房における講学の前年である。この事実も勘案するならば、この会合は、ある意味で極めて残酷な構図のもとに開かれていたことになる。なぜならば、その三年前に状元で進士合格した張元忭と、前年に郷試で不合格だった周夢秀とが、一堂に会しているからである。両者は、年齢的にも「差不多」の関係にある。もちろん、「聖学」を共に語り合う同志として忌憚のない議論が交わされたものと信じたいところであるが、[23] 天柱山房の講学記録における、周夢秀の存在感の薄さは、もしかしたら、このような世俗の力学も何かしら作用していたのかも知れない。もちろん、仮にそうであったとしても、その力学が講学の場でその時に作用したものなのか、記録の場でその後に作用したのかについては、今となっては判断のつかない問題ではあるのだけれども。いずれにせよ、今の我々に出来ることは、遺された記録を真摯に読み解くことしかない。再び、その記録に立ち戻ることとしよう。

四　再び「天山答問／天柱山房會語」へ

先に述べたように、「天山答問／天柱山房會語」では、周夢秀に関して、彼が「深く禪學を信じ」「佛學を相信」じていたという話題（以下、**「話題甲」**と記す）と、自宅を「捨てて寺と為」したという話題（以下、**「話題乙」**と記す）とが、王畿や張元忭によって議論されていた。重複を恐れず、以下、概要を簡潔に示す。

「話題甲」：張元忭が、周夢秀のことを「禅学を深く信仰し、素食を貴び、因果の応報を重んじ、自らの本心を信じて、決して自堕落なことをしない」と賞賛。さらに、両者が「寝起きをともにすること数日、喪中であったため、斎食を一緒に取った」ところ、周囲から難癖を付けられたと張元忭が語った。それに対し、王畿が憤慨。王陽明の言葉を引きつつ、周夢秀を弁護した。[24] その一方で、王畿は、裘子充との問答の途中で唐突に周夢秀について論及し、両者ともに他人の言葉に寄りかかっている点を叱責した。[25]

「話題乙」：周夢秀の祖先は、廃寺の旧区画を借り受け、そのままそこに邸宅を建てて居住していた。周夢秀は家族と相談したうえで、邸宅を捨てて寺院とした。[26] 仏寺ではなく義学に作り替えることを勧める者もいたようであるが、周夢秀は従わなかった。王畿は、このことについて「確かに頑なところはあるけれども、あくせくと名利をむさぼり求める世間の連中とは、大きくかけ離れている」と好意的なコメントをのこしている。[27]

並べてみると一目瞭然であるが、これら二つの話題をさらにまとめてしまうならば、要するに、周夢秀の宗教実践が論題なのである。そして、そこでは、「只だ聲聞縁覺の果位の中に落つ」「尚お泥《なず》む所有るが若し」といった欠点の指摘が為されてはいるものの、総体的に見れば、張元忭も王畿も、周夢秀の真摯さを高く評価していると言える。そもそも、彼という人間が講学の場で論題になっていることそれ自体が、その証拠であると見なせよう。講学の場は、語るだけが能ではない。語られることもまた、能の一つなのである。

ただ、そうは言っても、**「話題甲」**と**「話題乙」**の間に埋めがたい懸隔が存していることも、また事実である。前述のように、**「話題甲」**を、『全集』で見ることはできない。話が、仏教に偏りすぎているため、編集段階で削除されたのではなかろうか。逆に**「話題乙」**は、『全集』に残っただけでなく、恐らく張元忭の尽力によって、地方志にもその記録が遺された（この点に関しては、注（26）を参照されたい）。このように、この二つの話題は、その後の推移（継承形態）において大きな相違が見られるのである。

この点を確認したうえで、さらに話を進めたい。ここまでに紹介した、周夢秀に関する各種の伝記資料によって、**「話題甲」**に関連する事績を多く見ることができるので、こちらに関しては繰り返さない。以下では、**「話題乙」**に関連する資料を補足するとともに、周夢秀に関する興味深い事実を指摘しておきたい。

補足したい資料の作者は、雲棲袾宏である。[28] 彼もまた『直道録』（『蓮池大師全集』第三冊、上海古籍出版社、一五五六頁）に、「宅を捨てて寺と爲す」と題する文章を収めていた。

唐の白侍郎は居所を捨てて伽藍を作り、それは香山寺と呼ばれた。宋の張駙も居所を捨てて伽藍を作り、それは張家寺と呼ばれた。最近では、嵊県の諸生である周繼實のケースがある。彼の祖居は、もともと、ある寺を借りて耕作していた場所にあった。そこで彼は再びそれを寺に還し、自らは他所に移り住むことにした。これは、なかなか出来ないことである。思うに、白・張二公は貴官であるが、周のほうは貧しい儒者である。彼［の祖先］が寺の敷地を占拠して邸宅としたのは、一体どのような動機からであろうか。もちろん、寺の敷地を占拠することが罪であるのは論ずるまでもないことである。力の有る大人物がそういう事情から原状に復帰しようとして、邸宅を捨てて寺にすることは、誠に盛事ではあり、先例もある。だが、［周繼實のケースでは］百年も前に寺を占拠した者がいて、そのために、百年も後になって邸宅を奪われる者が出たわけである。これは、原因を作った者がまんまと免れたのに、罪の無い者がとばっちりを食らったということであり、僧侶の喜びにはかなったものの、仏の慈悲には反することとなった。では、どうすべきであったろうか。実情をきちんと調査し、価格を倍増しにし、よくよく話をしたうえで当人を慰め諭してあげたらよいであろう。（唐白侍郎捨所居作伽藍、號香山寺。宋張駙捨所居作伽藍、號張家寺。近嵊縣諸生周繼實、祖居原佃某寺者、因復還爲寺、而自徙他處。此尤人所難。蓋二公貴宦、而周則貧儒也。彼占寺爲宅者、獨何心也。雖然、占寺爲罪不待論矣。有力大人、從而恢復之、奪宅爲寺、是誠盛事。而有説焉。若夫昔曾占寺者在於百年之先、而今被奪宅者在於百年之後。是造業者倖免、而無辜者遭殃、投僧之悦而乖佛之慈矣。然則宜何如。覈其實、倍增其價、而善言以慰諭之可也。）

この事案に関しては、資料の提示のみにとどめる。ここでさらに進めて考えたいのは、周夢秀と雲棲袾宏の関係性である。今の資料では、周夢秀が「貧しい儒者」であったという程度の認識しか示されていないが、この両者には確かに面識があった。そのことは、以下の文章から分かる。

「周高士の行実を読む」

わたしはかつて平湖を通りかかり、円珠圩塔寺で休憩したことがあった。そのとき周高士（夢秀）が陸五臺公のお宅に滞在されていて、私がやってきたことを聞きつけて、喜び勇んで舟に乗り、礼儀に従って来訪された。その後、私は越（紹興）に出かけ、道学で有名な諸君子たちと止観の奥深い教えについて激論を交わしたのだが、［周夢秀とその時に］再会し、能仁堂にともに宿泊した。最初から最後まで話がぴたりとかみ合い、信頼関係をますます固くした。ところが、私が清涼寺で礼を行い、燕京を経て匡廬の旧社を訪ね、白下（南京）から南に帰還した時には、なんと周高士の墓の前に松柏が植えられていたのだった。周高士は仲尼顔子の心で仏典に精通されていたが、名声の成る前に、五十歳にも満たぬ齢で世を去られ、しかも後嗣にも恵まれなかった(29)。世間の目から見れば、仏法に霊験が無かったと言えるだろう。だが、周高士はもちろん成功も失敗も、長生きも早死にも、続くも途絶えるも、すべて等し並みに扱っておられたわけだから、一度限りのこの人生は、まことに、泡沫が滄海に起滅するようなものであり、軽重を云々するには及ばない。ああ、私にとっての周高士は、富貴と長寿を極め、その血筋が百世続く方だったのだ。この夢幻界において、このことを了解する人がおられないとは限るまい。（予往年過平湖、憩圓珠圩塔寺。時高士館於五臺陸公、聞予至甚喜、具威儀趨舟致敬來訪。後予適越、與一時道學諸君子劇談止觀玄義、復邂逅、宿能仁堂中。先後語意頗符合、相信彌固。乃予禮清涼、歷燕京、尋匡廬之舊社、自白下南還、而高士墓柏拱矣。高士以仲尼顏子之心地、雅志內典、而名未成、壽不滿半百、兼以無後。世眼觀之、可謂佛法無靈驗矣。夫學佛者、果志於名壽子孫也、謂之無靈驗亦宜。而高士固已等成

敗、齊彭殤、均續斷、則漫爾一期之報、真浮漚起滅於滄海耳。夫焉足重輕。噫、我觀高士、豈不尊榮壽考而藩胤百世乎哉。夢幻界中未必無悟之者。／『雲棲大師山房雜録』、『蓮池大師全集』第三冊一五九〇頁）

両者が最初に会ったのは、「平湖」の「五臺陸公」の居処であったというのであれば、時期としては、王畿と八人の門弟が会盟を結んだころ、すなわち隆慶二年（一五六八）に近い頃合いであったはずである。また、その後、「越」で両者は再会を果たしたようであるが、「道學諸君子」と「止觀玄義」を「劇談」した時とあるから、それは、「興浦庵」での出来事だったのではなかろうか。『王畿集』巻七「興浦庵會語」には、以下のように記されている。(30)

張陽和が蓮池沈子を興浦山房に訪ね、座卓を並べて共に静坐の修行に励んだ。沈子は儒から禅へと逃げた者である。ちょうどそのころ、友人の王泗源が私を山中に訪ねてきた。彼は張陽和の人柄を慕っており、面識を得たいと思っていた。そこで張太華も引き連れて一緒に剡渓を舟に乗って下り、夜に河岸に到着した。陽和と挨拶を交わしてから、門を叩くと蓮池が出迎えてくれた。……泗源と蓮池が、禅家のいう「察」と「観」の主旨を提起して論弁を行った。蓮池が「念の起こりを察しなければならない」と発言したところ、泗源は「念を察することは、所詮、意から離れない。汚濁した気を清めるのには浄水が必要なのであり、汚水で洗っても、結局きれいにはならないようなものだ。仏教は見性を宗旨としており、性と意根とを区別する。単に念を察するだけであれば、意根が仕事をしているだけのことであり、泥のなかで土塊を洗っているようなものである。観を用いなければならない。曹渓（六祖恵能）が常に智慧で自性を観照していたようなもので、これこそ究竟の法である。もし専ら念を察するだけであれば、道を探している初学者にはよいかも知れないが、根本的で実際に役立つものとは言えない」と言った。蓮池が「察こそ観に他ならない。念を察することは、もとより空に陥るものではない。そうでなければ、枯寂となってしまうはずである」と言えば、泗源は「観が無ければ、やはり無記の空に陥ることは免れない。覚醒した観が常に明瞭に働いていれば、どうして枯寂となり得よう。ただ、意根において察識したならば、まさしく、虚妄生滅の境界に堕してしまうので、慎まないわけにはいかない」と言う。論弁は長々と続いたが、決することが無かったので、陽和が私に仲裁を依頼した。私は、以下のように述べた。……（陽和張子訪蓮池沈子於興浦山房、因置榻圜中、共修靜業。沈子蓋儒而逃禪者也、適世友王子泗源訪予山中、慕陽和高誼、思得一晤、乃相與拉張子太華、放剡曲之舟、夜抵浦下、與陽和歴癸。扣關、蓮池出迓……。泗源與蓮池擧禪家察與觀之旨相辯證。蓮池謂、須察念頭起處。泗源謂、察念不離乎意、如滌穢氣須用清水、若以穢水洗之、終不能淨。佛以見性爲宗、性與意根有辨、若但察念、只在意根作活計、所謂泥裡洗土塊也。須用觀行。如曹溪常以智慧觀照自性、乃究竟法。若專於察念、止可初學覓路、非本原實用處也。蓮池謂、察即觀也。察念始不落空、不然、當成枯寂。泗源謂、無觀、始不免落無記空。若覺觀常明、豈得枯寂。惟向意根察識、正墮虚妄生滅境界、不可不愼也。辨久不決、陽和請爲折衷。予謂……。／『王畿集』巻七、一七三—四頁）

この文章では、「察」と「観」とが議論されており、これをして「止觀玄義」と呼べるか否かは（省略した部分でも、「観」は論じられているけれども「止」は出てこない）、心許ないところもある。また、呉震氏は、この集まりに関して「張陽和が蓮池に杭州の興浦庵で面会した（「興浦庵講会」）」と述べておられる。(31) 張元忭が雲棲袾宏を訪ねて行ったと王畿も記しているので、確かに、場所は「杭州」であったと考えるのが自然なのかも知れない。ただ、杭州だとすると、王畿の「剡溪を舟に乗って下り、夜に河岸に到着した」という記述にそぐわない。剡溪とは曹娥江のことであり、嵊州から上虞を経て紹興へと流れている。杭州に行くのであれば、地理的に言って、こういう記し方にはならないはずである。また、袾宏の『雲棲大師山房雑録』には、「山陰興浦菴次韻酬張陽和太史」と題する詩が載せられている（『蓮池大師全集』第三冊一六四一頁）。嘉靖『山陰縣志』巻一二にも「興浦庵。縣の西北二十六里の梅市郷に在り。宋咸淳三年に建つ」と記されているので、この「興浦庵」は紹興府山陰県梅市郷にあったと考えてよいのではないだろうか。雲棲袾宏の「私は越（紹興）に出かけ、道学で有名な諸君子たちと止観の奥深い教えについて激論を交わした」という記載は、この興浦庵での講会を指していると、まずは考えておきたい。

さて、雲棲袾宏が記した周夢秀との二度目の出会いが、ここでの推測通りに興浦庵での出来事であったとするならば、この討論会（天柱山房の翌年に開催された）においてもまた、周夢秀はそこに居たにも関わらず自らは何も語らなかったということになる。何とも彼らしい話である。だが、彼は、それでも満足だったのではなかろうか。死後にではあれ、その時の思い出を雲棲袾宏が「最初から最後まで話がぴたりとかみ合い、信頼関係をますます固くした」と記してくれたのだから。

五　おわりに

講学の場において何が語られたのか。このことが、思想史研究の重要な課題であることは言うまでもない。しかし、多くを語らなかった者、語ったかも知れないけれどもその発言が遺されなかった者もいて、そういう者たちとも協働して講学の場が形成されていたことを、我々は忘れてはならないだろう。「天山答問／天柱山房會語」に限ってみても、それが、陽明門下最大のスター・王畿と、状元になって間もない新進気鋭の学者・張元忭との間で設けられた講学の場であったという点に最大の意義・特色を有していることは言うまでもない。しかし、その場には、愚直に生きていた周夢秀という人間も臨席していたのであり、その彼の生活態度、宗教実践について、この両人とてやはり話題に出さないわけにはいかなかった。そのことの意味は、存外大きいのではないだろうか。語りの場は、語らない者によっても作られていたのである。

もちろん、周夢秀を「語らない者」と断じてしまってよいのかどうかは問題である。彼は王畿が「最後に器許」した門徒の一人であったわけだから、それなりに語れる人物であったと考えるべきではあろう。だが、講学の一場」が現場から記録へと移されていくと、彼のような人物の存在感は急速に薄れてしまいがちである。彼は、理論型というよりは明らかに実践型の人物であり、共に歩んでいる人々に対しては色濃い印象を残したのかも知れないが、ことばの記録／記録のことばには残りにくいタイプだったようである。さらに、あり得る話としては、周夢秀は王畿の付き人的な役回りだったのかも知れない。そうであったとしたら、彼の存在をことさらに一々記す必要はなかったことになる。身近な人ほど記録から漏れやすいということは十分にあり得る話である。

しかも、彼は仏学に傾倒した学徒であった。記録に対し整理が重ねられ、『會語』が『全集』へと昇華＝消化されていくにつれ、そういう「不純」なノイズは消されていきがちである。このような点からしても、彼は記録に残りにくいタイプであったと言えよう。

「天山答問／天柱山房會語」に即してもう少しだけ分析を重ねるならば、この講学会は、基本的に王畿と張元忭が討論する場として設けられた。張元忭と周夢秀は、どちらも紹興府の人間で、似たような年齢であった。「王畿の門人としての格」はもしかしたら周夢秀のほうが上だったかも知れないが、一方は状元合格者であり、もう一方は郷試を落第したばかりの「貧儒」である。「場」の構図としては、自ずと張元忭にフォーカスが合わされていくことになろう。もちろん、周夢秀がそのことを不満に思うような人物であったとは思えないが、様々なバイアスがかかって、あのような記述になった可能性があるという点は、それを読む側に立つ者として自覚しておきたい。

とても冴えない、「思想家」と呼ぶのもためらわれるような周夢秀は、確かにあの場にいた。そのことを証明したくて、議論を重ねてきた。景気のよい話を声高に語り続けていないと存在を認めてもらえないような時代に抗したい気持ちが、私のなかのどこかにあったのかも知れないが、それを、学問的に見れば不純な動機だと難じられれば、素直に肯うしかない。

注

（1）裘子充については未詳。
（2）その他の詳細については、「王畿『龍溪王先生會語』訳注」に譲る。年時考証については、中純夫「王畿の講学活動」（『富山大学人文学部紀要』第二六号、一九九七年）、彭國翔『良知学的展開—王龍溪与中晚明的陽明学』（三聯書店、二〇〇三年）、呉震『明代知識界講学活動繫年 一五二二—一六〇二』（学林出版社、二〇〇三年）を、張元忭については、荒木見悟「明儒張陽和論—良知現成論の一屈折」（『明代思想研究』創文社、一九七二年）を参照した。
（3）第一五条に出てくる「雲石沈子」については未詳だが、この講学会に参加していなかったことは確かである。
（4）この一族の系譜については、末尾に附した「嵊県周氏系図」を参照されたい。なお、後掲の「周汝登と功過格と」という論文において、渡邊賢氏は、この一族のことを「現地事務官を出す程度の下層知識人の家であった」と解説されている（『東アジアの陽明学—接触・流通・変容』三九八頁）。

（5）周汝登『東越證學錄』巻七「剡源遺草序」に「剡源爲夢科、繼廉別號、而繼廉於予爲從弟。先繼廉有世兄繼實、稱剡山高士、於余爲從兄。高士以理學著、志節比于古人、與處非辟自消、無佚言説、余敬事之稱莫逆、而不幸夭亡。……高士長我十齡、年不逮艾。繼廉少我十載、又不逮彊身。」とある。この資料に拠れば、周夢秀（剡山高士）には、周夢科（繼廉、剡源）という二〇歳年下の弟がいたことになる。周汝登が周夢秀のことを「伯夷の峻有り」と称する（同上巻五「剡中會語」）のも、この弟の存在を意識してのことであろう。

（6）周汝登『東越證學錄』巻九「題繼實兄書後」に「繼實兄生有至稟、少自不羣。……壬午兄讀書琶城。六月來歸與談。數日疾作、又數日逝矣」と記されている。万暦一〇年が、ここに記されている「壬午」に当たる。

（7）荒木見悟「周海門の思想」（『明代思想研究』二三七頁、創文社、一九七二年）

（8）同書については、台北・文海出版社「明人文集叢刊第一期」所収の万曆三十三年刊本を使用した。

（9）『河南程氏遺書』巻五（二先生語）に、『中庸』の言のほうが釈氏の言に勝っているという形で見える。また、同巻一五（伊川先生語）では、これよりもかなり長い文章において、「無声無臭」のたった四文字で、「非黄非白、非鹹非苦」などといった釈氏の冗長な言葉を総括してしまっている、という表現で見えている。ここで周夢秀が「程伯子」即ち程顥の語とした根拠は不明だが、『河南程氏遺書』巻一五「入關語録」は「或云、明道先生語」とも注記されているので、それに従ったのかも知れない。なお、「非黄非白」の正確な出典は未詳であるが、『摩訶般若波羅蜜経』等空品第二十三に「如虚空非青非黄非赤非白非黒。摩訶衍亦如是。非青非黄非赤非白非黒」といった用例のあることが検索された。

（10）鶴成久章氏によれば、彼は「周汝員（字は文規、江西吉水の人、嘉靖八年進士）」とのことである（「天真精舎と陽明門下」、『哲学資源としての中国思想』研文出版、二〇一三年）。また、呉震氏前掲書八〇頁にも、彼に関する、地方志を引いた詳しい言及が見える。

（11）王畿「梅嶺周君墓誌銘」（『王畿集』巻二〇、六二六―八頁）。これは、周鳳（更名が廷通、字は時亨、号は梅嶺）、つまり周震の父、周夢秀の祖父にあたる人物の墓誌銘である。

（12）「隆萬の間」と言うからには、時期的に、この周夢秀「十五六歳」の頃よりも一〇年以上も後の話になるわけであるが、王畿と嵊県のつながりを知る上で参考となるであろう。

(13) 「嘉靖乙卯、君卒於寢。卜兆不協、權厝家山之後。至癸亥、得地於遊謝郷之三瑞山、穴乾向巽、始克襄事。既葬、震乃收淚纂述君狀、遣子夢秀乞銘於予」（王畿「梅嶺周君墓誌銘」）

(14) 『王畿集』巻十二「答周居安」（三三五—六頁）は、王畿が周震に宛てた書簡である。ここで盛んに言及されている「令器」とは、周夢秀のことであろう。そこでは、周氏父子の健康状態が案じられつつ、「令器資性盡好、只未曾用格物工夫、所以發問未見著實」と述べられている。「格物の工夫」の欠如が夢秀の短所だとするこの指摘は、実に興味深い。

(15) 「應吉児」のもののみ標題に「後語」の語が付いていない。また、最後の「雲鳳尚袞」は二名で一冊なのであろう。

(16) 呉震氏前掲書二八二—三頁

(17) この部分の原文は「與忘忘」である。『王畿集』の校注が指摘しているように、後掲の「悟説」では「不迷所以爲悟也」となっている。そちらの表現のほうが理解しやすいが、「百姓—迷」「賢人—悟」「聖人—忘」という構図が直後に続くので、「忘」字の出てくる「與忘忘」のほうで訳出した。

(18) 丁賓の「祭王龍溪先師」という文章を読むと、「嘗憶師語某曰」という表現の後に、[A][B][C]と同内容の発言が続き、次いで「乃至天心書院、與周夢秀及某等八人結契、共竟斯道、隨荷冊付、許之爲勇、且諄諄於不負初志」と述べられている（『丁清恵公遺集』巻六。ここでは、『王畿集』附録四、八四九頁に拠った）。恐らく徐階はこの部分を参考にして当該部分を記したのではないかと思われるが、ここだけを読むと、王畿のこれらの発言は、丁賓に対してのみ語ったように受け取れなくもない。詳細は分からないが、そうであったとしても、ここで、八人に関して周夢秀の名だけ挙がっている点は注目に値しよう。

(19) 陶望齡『歇菴集』巻一〇「題周雙溪先生遺訓巻（海門先生父）」。この資料の存在も、荒木見悟氏前掲論文に教えられた。ちなみに、ここでいう「三絶の號」とは、徐階「龍溪王先生伝」にあった「嵊邑の周夢秀、平湖の陸光宅、嘉善の丁賓」を指すのであろうか。

(20) 馬淵昌也編著『東アジアの陽明学—接触・流通・変容』（東方書店、二〇一一年）所収。同論文は、周夢秀の事績について最も詳しく論及している先行研究である。

(21) 袁黄（一五三三〜一六〇六）、字は坤儀、号は了凡。明代の善書（功過格）思潮を語るうえで欠かせない重要思想家である。彼については、酒井忠夫『中国善書の研究』（弘文堂、一九六〇年）、奥崎裕司『中国郷紳地主の研究』（汲古書院、一九七八年）等を参照。

(22) 「癸酉余舉於郷、而兄下第」（『東越證學錄』巻九「題繼實兄書後」）

(23) 張元忭の文集である『不二齋文選』には、周夢秀に宛てた書簡が二通収められている。そこには、例えば、「来信によれば、私の最近の学修ぶりが、酉戌の年よりもややゆるんでいるとの由。私はぐずぐず過ごす悪癖を自覚しており、この点も気づいております。貴兄のように私をとことん愛してくださる方でなければ、一体誰がこんな私とつきあってくださるでしょう。深謝いたします。　私の悪癖は『忘』にあり、貴兄の悪癖は恐らく『助』にあるでしょう。互いに気をつけなければなりません」（來教謂弟近年進修與酉戌年稍放寛。弟自省因循之病、豈不自知。非兄愛我之至、其誰肯以此相親耶。感切感切。……弟之病恐渉于忘、兄則恐于助、不可不交警也。／巻二「寄周繼實」）とある。両者の切磋琢磨ぶりがうかがえよう。なお、「酉戌の年」というのが不明であるが、「癸酉と甲戌」という意味であるならば、万暦元年（一五七三）と二年（一五七四）、即ち天柱山講会の前年と当年に当たる。

(24) 「陽和子謂、周繼實深信禪學、崇齋素、重因果、信自本心、不敢自肆、以為此是西方聖人之教、中國之學不是過也。相留寢處數日、因喪中、亦與同齋、意頗無逆。親交中、以予溺心虚寂、將外倫物而習於異教、亟來勸阻。予嘆曰、世以齋素為異。恣情紛華、窮口腹之欲者、始得為常乎。以果報為惑、世之縱欲敗度、肆然無所忌憚者、始為信心乎。先師有云、世之人苟有淪於虚寂、究心性命而不流於世情者、雖其陥於異端之偏、猶將以為賢。蓋其心求以自得也。求以自得而後可與語聖人之學。…」（『會語』第三条）

(25) 「子充謂、昔在呉中、聞諸坐圜者。曰、靜中景象常惺惺常寂寂、此意何如。予謂、此是悟後語。…若倚傍人言做功夫、已落第二義。苟徒學人之言、不向自己功夫理會、祇益虚妄耳。…子充所病、正在此。…惺而不寂、則為弄精魂、寂而不惺、則為滅種性、不可不以察也。繼實相信佛學、亦不免有此病。因聲教而入、謂之聲聞。觀因縁而入、謂之縁覺。苟不向自心中覔、雖至成佛、亦只落在聲聞縁覺果位中、非大乘佛果也。」（『會語』第九条）

(26) 万暦『紹興府志』巻二一に「實性寺、在縣西三百歩、剡山之麓。……明永樂十一年復建、弘治三年再修葺、嘉靖初縣令呂章廢之、周通判震遂佃爲宅、已而悔焉。萬曆二年復捐爲寺」と記された後、知府・彭富の「實性寺興復記」が引用されている。以下、その一部を引くと、「嘉靖中、邑令呂章以私恚毀寺、……。然寺之名卒不可没、而寺之隙地爲鄕進士周君震佃而得焉、遂治爲宅、益買傍近地廣之、居三十年矣。周君後爲衡州別駕、歸忽悔恨不樂。謂其子庠生夢秀曰、……予乃佃寺爲宅、負不義之名。吾寧塡死溝壑、弗忍居於是矣、汝必復之。……萬曆二年冬、周君寢疾、會其族父兄子弟而屬之曰、吾願及見寺之復也、吾待而瞑矣。於是周生立以其宅幷益買榜近地、請復爲寺、以狀來上。……周生夢秀不忘父命、自甘困苦、是皆足以敦厲末俗而障頽流者也」とある。これによれば、実際は周夢秀の父である周震が、廃寺を邸宅にした張本人(発案者)とされている。ただ、同じ万暦『紹興府志』巻四五の周夢秀の伝記では、「其父別駕、嘗佃實性寺爲宅、既數十年、增飾堂搆且數百金。夢秀以爲非義、請于父復捨爲寺」となっている。つまり、巻二一では父が「悔恨」して周夢秀に命じた話なのだが、巻四五では周夢秀自身が「義に非ず」と考えて父に「請うた」ことになっており、寺に戻したのが誰の発案(発願)によるものかについて、食い違いが見られる。これは、おそらく後者が正しく、前者は父親の名誉に配慮した記述なのではなかろうか。ちなみに、この万暦『紹興府志』は、張元忭が編纂に関与した地方志で、序文も彼が記している。序文の日付は「萬曆丙戌秋日」、つまりこの問答のあった万暦二年から一二年後のものである。これに留まらず、周夢秀が曲がりなりにも後世に名を残せたのには、張元忭が大きく寄与していたようである。朱賡「明奉直大夫左春坊左諭德兼翰林院侍讀陽和張公行狀」には、「季長沙公本、徐僉憲公甫宰、范處士瓘、周處士夢秀、皆鄕先生、並言于學使者、得祀學宮、其他閭閻之行閨門之操、耳目所及靡不闡揚」と記されている(張元忭『不二齋文選』巻一)。最後に話題を元に戻すと、「實性寺興復記」の記載が正しければ、周夢秀が自宅を寺に戻したのは「萬曆二年冬」、即ち天柱山房での講学会が開かれた年のことであり、極めてホットな話題だったことが分かる。

(27) 「繼實乃祖請佃佛寺廢基為宅、已安居有年矣。繼實謀於家庭、仍捨為寺、立萬歲牌、復祝聖道場。陽和嘆其勇於為善、親友相勸改為義學、亦名教之一助、非有私也。以為非起因本意、執而不從此。雖若尚有所泥、然而異於世之逐逐貪求者則遠矣。」(『會語』第四条)、「張子舉繼實乃祖請佃佛寺、廢基爲宅、已安居三十年矣。繼實謀於家庭、仍復爲寺、親友相勸改爲義學、繼實以爲非起因本意、執而不從、何如。先生曰、雖若尚有所泥、然而異於世之逐逐貪求者、不啻倍蓰、可以爲難矣。」（『全集』第二条）

(28) 雲棲袾宏については、荒木見悟『雲棲袾宏の研究』（大蔵出版、一九八五年）、同氏監修・宋明哲学検討会訳注『竹窓随筆―明末仏教の風景』（中国書店、二〇〇七年）等を参照。

(29) 後嗣をめぐる様々な悲劇については、周汝登『東越證學錄』巻十四「高士兒應鼎瘞誌銘」に詳しい。

(30) この会語については、事実関係においても思想内容においても、未消化の段階である。ここでは、資料の提示という意味あいにとどめ、試訳としてお読みいただきたい。

(31) 呉震氏前掲書三一八頁。万暦三年（一五七五）の冬とされている。

【附録】

周夢秀略年表

一五三七（嘉靖一六）年　この年に生まれる？
一五五一（嘉靖三〇）年　この頃、父に連れられ、王畿と会う
一五六三（嘉靖四二）年　祖父の墓誌銘執筆を依頼するため王畿に会う
一五六八（隆慶　二）年　平湖陸氏の「天心精舎」で、王畿と盟約を交わす
一五七〇（隆慶　四）年　周汝登が嵊県で王畿に始めて会う
一五七三（万暦　元）年　郷試落第
一五七四（万暦　二）年　天柱山房で王畿・張元忭らと講会
一五七五（万暦　三）年　興浦庵での講学会に参加？
一五七八（万暦　七）年　真州に赴任した周汝登を訪問
一五八〇（万暦　八）年　蕪湖に赴任した周汝登を訪問

一五八二（万暦一〇）年　六月、急病のため死去

嵊県周氏系図
（必要分のみ）

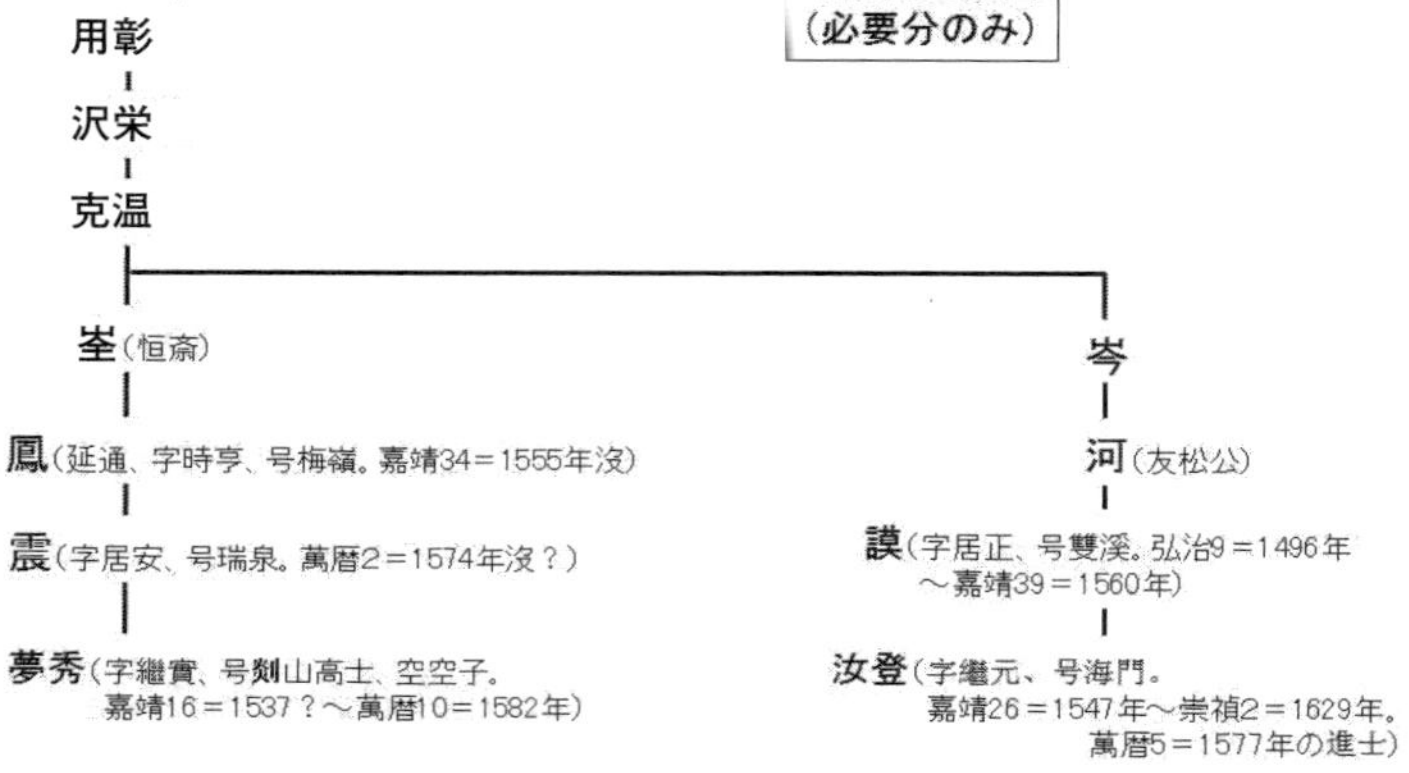
用彰
沢栄
克温
峚（恒斎）
鳳（延通、字時亨、号梅嶺。嘉靖34＝1555年沒）
震（字居安、号瑞泉。萬暦2＝1574年沒？）
夢秀（字繼實、号剡山高士、空空子。
嘉靖16＝1537？～萬暦10＝1582年）
岑
河（友松公）
謨（字居正、号雙溪。弘治9＝1496年
～嘉靖39＝1560年）
汝登（字繼元、号海門。
嘉靖26＝1547年～崇禎2＝1629年。
萬暦5＝1577年の進士）

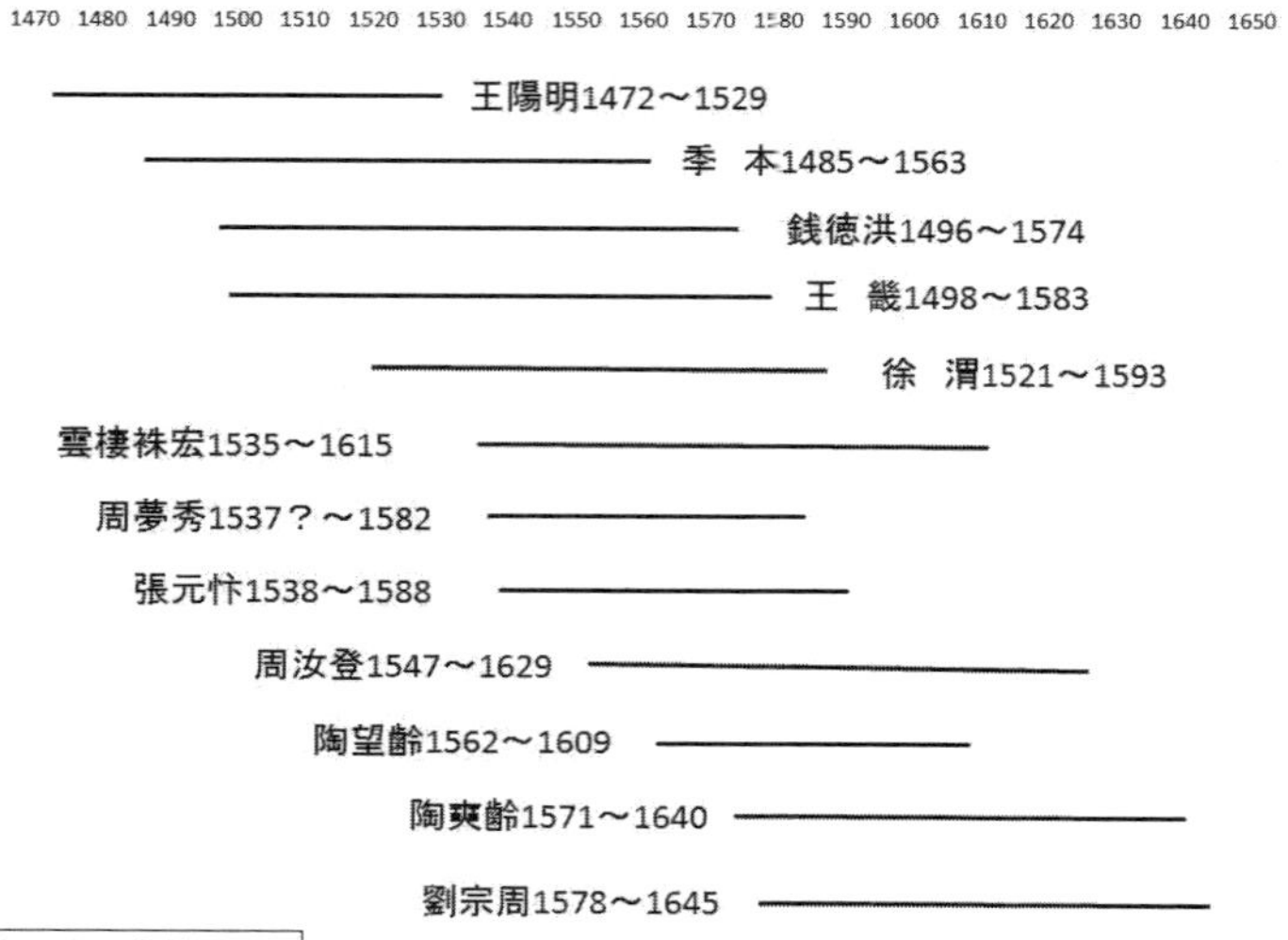
1470 1480 1490 1500 1510 1520 1530 1540 1550 1560 1570 1580 1590 1600 1610 1620 1630 1640 1650
王陽明1472～1529
季　本1485～1563
銭徳洪1496～1574
王　畿1498～1583
徐　渭1521～1593
雲棲袾宏1535～1615
周夢秀1537？～1582
張元忭1538～1588
周汝登1547～1629
陶望齢1562～1609
陶奭齢1571～1640
劉宗周1578～1645

中晩明浙東思想家年表

〈唐宋派〉と公安派詩学
――王龍溪を基点として――

内田健太

はじめに

明代の学術界を俯瞰すると、思想史儒学分野では朱子学と反朱子学、文学史詩文分野では古文辞と反古文辞という二つの対立軸が看取される。筆者は、思想史分野と文学史分野にみられるこの二つの対立軸の相関に関心を寄せ(1)、明末の公安派袁氏三兄弟、いわゆる公安三袁の研究を進めてきた。

この観点から王畿（一四九八～一五八三。号は龍溪、字は汝中。山陰の人。嘉靖十一年進士）『龍溪會語』の世界に目を向けると、王畿『龍溪會語』に登場する多くの士人の中で、ひときわ注目されるのは、文学分野で〈唐宋派〉と称される唐順之（一五〇七～一五六〇。号は荊川、字は応徳、武進の人。嘉靖八年進士）、王慎中（一五〇九～一五五九。号は遵巖、字は道思、晋江の人、嘉靖五年進士）の存在である。従来の文学史では、〈唐宋派〉は古文辞派に対抗したと説明されるが(2)、この『龍溪會語』六巻において、その唐順之は十三回、王慎中は二十回登場する。なかでも、巻二「三山麗澤録」、巻五「南遊會紀」は、唐順之、王慎中の人物像、その思想や文学を検討するにあたっても多彩な材料を提供する。(3)

たとえば、次の「三山麗澤録」三十一条では、

遵巖は龍溪に向かって言った。「私の文章は、唐荊川に比べれば、一二年も早く開眼しましたが、私は、まだ、荊川ほどの識見は持ち合わせていません。けれども、荊川の文章には、つまるところ、読む人を圧倒し、奮い立たせる気迫が有ります。私が文章を書けば、いくぶん穏やか［で、迫力に欠ける］のは、やはり、持って生まれた資質によるものでしょう。」また、［遵巖は］次のようにも言った。「韓愈は、『その文の意《こころ》を手本として学ぶのであって、その言葉使いを手本として学ぶことはしない』と言いました。これは、文を作るときの要法《ポイント》です。欧陽脩や蘇東坡は、『史記』や『漢書』［の表現の］の一字も［そのまま］使用することなく、これを換骨奪胎［して文章を作りあげま］したが、これこそ、真の史漢です。(4)」

と、王慎中が唐順之の文章と比較して自らの文章の得失を語る。そして、唐宋の諸家を引きあいにして、「作文」の要点は、字句の模倣ではなく、換骨奪胎にあると説く。また、次の「三山麗澤録」三十二条では、

龍溪は、遵巖に向かって言った。「昔の人が、文を作る際には、虚心になることだけを心がけました。古今のすばらしい文章は、後世に伝えるだけの十分な価値があります。［それらは、どれも］完全無欠で、霊妙にして明察なる根源的な知（すなわち、「良知」）の中より創発されなかったものはありません。当然、行うべきことを行い、止まらないわけにはいかないところに止まったということです。［その間に］ほんの僅かな

意見でさえ、差し挟む余地はありません（過不足無きものです）。ほかでもない、これこそが、文章を作る際の鉄則なのです。ほかでもない、これこそが、学ぶということなのです。(5)」

と、「作文」には虚心であることが重要であり、良知のなかより創発することが優れた文章を作る際の要諦であるとともに、それこそが学問の真骨頂であると王畿が王慎中に語るかたちになっている。

一方、王畿は、李贄を通して、公安派の袁氏三兄弟に多大な影響を与えたことでもよく知られている。「性霊説」の名で知られる公安派詩学が、王畿の「良知は性の霊なり」という語に関わること、並びに、王守仁から王畿、そして李贄から公安派というその思想の系譜は、公安派研究でしばしば注意される点である。(6)

ところが、この〈唐宋派〉と公安派とをつなぐ理路ということになると、楠本正継氏に先駆的な指摘があるが、(7)ひとしく王畿を師表と仰ぎ、古文辞派に異を唱えたという共通項をもちながらも、〈唐宋派〉は古文辞派に対抗した先発グループ、公安派はそれに次いで古文辞派に対抗した後発グループという位置づけに止まり、〈唐宋派〉と公安派詩学との関係は、いったいどのようなものであったのかということについては、いまだ審かにされていない。

本稿は、王畿の思想を活学した公安派の袁氏三兄弟が、王畿と深く交わった唐順之や王慎中をどう捉えていたか、そして、いわゆる〈唐宋派〉をどのように評価していたか、さらに目を転じて、日本江戸期の〈唐宋派〉後学は、明代〈唐宋派〉と公安派との関係をどう捉えていたか、王畿を基点としてその像を浮き彫りにしようとするものである。

一　公安派の〈唐宋派〉像

まず、公安派袁氏三兄弟の長兄袁宗道（一五六〇～一六〇〇。字は伯修、公安の人。万暦十七年進士）を取り上げたい。袁宗道は、唐順之の没年である一五六〇年に生まれた。したがって、両者に直接のやりとりはないが、この袁宗道に、「論文」（『白蘇斎類集』巻二十）という文章がある。この「論文」は、上下に分かれており、いずれも、当時の文学界を支配した古文辞派を正面から批判したものである(8)。

袁宗道は、「私は、少年時代、滄溟・鳳洲二先生の集を愛読した。この二先生の集の美点は、もちろん覆い隠すべきではないが、二先生の持論はまったくあやまっており、後学を迷い誤らせるもので、そのあやまりを正さないわけにはゆかない」と、少年時代、後七子の主唱者たる李攀龍・王世貞の文集を愛読していたと語り、その魅力を認めつつも、古文辞派の考え方自体はまったくあやまっており、後進を惑わすもので、正さないわけにはいかないと論難する。さらに、理があってこそ、その言葉は正しく伝達され、そして享受されるという「辞達」説の立場から、「古の修詞を視て、寧ろ諸《きみ》の理を失せよ」（「送王元美序」『滄溟先生集』巻十六）と、古人の修辞を学び取ることが肝心であって、主体者が自ら理を掌握することは不要だとする李攀龍の説を退ける。そこから袁宗道は、六経から諸子百家、そして漢唐宋の名家に至るまで、常に文と理とは一体であったと論じるが、ここで「漢唐宋の諸名家、董仲舒・賈誼・韓愈・柳宗元・欧陽脩・三蘇・曾鞏・王安石の諸公から、王陽明・唐荊川に及ぶまで、すべて理が心腹に充ち満ちてそこから文が生まれた」と、漢唐宋の名家に肩を並べる当代の文章家として、王守仁と唐順之の名前を挙げている。ここで袁宗道がいう「理」とは、それぞれの時代に即し、変化に富んだ「今ここ」の場で、達意の精神を文として発現させるその理路を指し、こうした捉え方は良知心学に由来するものである。(9) 袁宗道は、古文辞派には、この「理」に対する認識が欠落していると批判する。さらに袁宗道は、「学ぶ者が、とりもなおさず学から理を生みだし、理から文を生み出すことができる。強いて模倣させようとしても、できるものではない」と、学の担い手によって「理」が創造され、その「理」に応じて「文」が生まれるのであって、これは模倣によっては得られないと説く。この文と理と学とが一体であるという考え方は、まさに前節で取り上げた「三山麗澤録」の王慎中と王畿とのやりとりを彷彿とさせるが、袁宗道は、この文理一体の文章家として唐順之の存在を王守仁と並び称するのである。

次に、同年の進士であった陶望齢に答えた尺牘「答陶石簣」(『白蘇斎類集』巻十六)をみよう。この尺牘もまた、「論文」とほぼ同時期に書かれたものである。(10) この一五九七年、袁宗道は、北京に在って翰林院編修から東宮講官に充てられた。このとき、ちょうど弟の袁宏道が順天府教授に補任されることになり、その再会の喜びと近況を述べたあと、古文辞で知られた太函汪道昆(一五二五〜一五九三。字は伯玉、号は太函、歙県の人、嘉靖二十六年進士、王世貞と同年)の新刻著書が、北京の書肆に入荷したものの、誰も手に取らず山積みとなって、本屋の主人に、「遠慮なくお受け取りください。もう買い手がありませんから」と告げられた挿話を紹介し、士人たちがもう古文辞にあきたらなくなっており、王世貞自身も晩年になって古文辞から離れ、宋代の蘇軾の作品に心を寄せていたことを指摘する。その上で、次のようにいう。

　わが明朝の文章では、荊川・遵巌の両公に、やはりみるべきものがあります。このごろ、『帰震川集』を読みましたが、やはりみるべきものがあります。もし、ことごとくこれら諸公の全集を借り出す機会を得て、わたしたちと一緒にその精華を一冊にまとめることができたならば、きっと後進の詩文の正法眼蔵（正しき眼目）を開くことになりましょう。これもまた快事です。(11)

袁宗道はこのように述べて、唐順之、王慎中、帰有光（一五〇六〜一五七一。号は震川、字は熙甫、崑山の人。嘉靖四十四年進士）といったいわゆる嘉靖の三家を一つのまとまりとして捉え、これを評価する機運を盛り上げる。しかし、袁宗道のこの言葉からは、王守仁に並ぶと称した唐順之の文章が、没後三十年経った当時には、半ば埋もれた存在になっていたこともうかがえる。

以上のように、袁宗道の〈唐宋派〉像、とりわけ、文理をともに備えた人物として称える唐順之への高い評価は、その古文辞批判とセットになるもの、反古文辞の文学活動を彼らが展開するにあたって、その先覚者として評価したものであるということがみてとれる。

それでは次に、袁氏三兄弟の仲兄袁宏道（一五六八〜一六一〇。字は中郎、公安の人。万暦二十年進士）に注目したい。まず一五九六年に著された「諸大家時文序」（『袁宏道集箋校』巻四）をみよう。

こんにち、八股文によって士人を選び取ることを挙業という。士人はこれによって世に用いられるようになるが、その価値を顧みない。八股文が流行のものであることをきらうからである。そもそも、後世の観点から今を視れば、今もまたちょうど古代のようなものである。八股文によって士人を選び取るのであれば、八股文もまたちょうど詩のようなものである。後千百年もすれば、どうして瞿景淳や唐順之が、盧照鄰や駱賓王のようにもてはやされないといえようか。反対に、どうして古文辞に固執して、それが後世にまで不朽であるといえようか。(12)

ここで唐順之は八股文の名手としてその名が挙げられている。八股文は、当時の士人たちからは、一時の科挙合格のための便法にすぎず、古典的価値を持たない今出来《いまでき》のものとして低くみられ、その価値は顧みられない存在であった。しかし袁宏道は、士人選抜という歴史的な役割の類同性に着目して、八股文を唐代における詩に見立てる。八股文を当時の士人たちが尊重した唐詩になぞらえ、瞿景淳や唐順之といった明代八股文の名手を、初唐の詩人、盧照鄰や駱賓王に擬する。そして、「今ここ」に生きる士人たちの精神が生み出した八股文によって、世人が不朽とみなす古文辞を相対化しようとするのである。八股文の名手でもあった唐順之を古文辞の相対化という文脈の中で取り上げていることがわかる(13)。

次に一五九九年に著された「敍姜陸二公同適稿」(『袁宏道集箋校』巻十八)をみたい。これは前出の袁宗道「論文」や「答陶石簣」とほぼ同時期に書かれたもので、洞庭の人、姜節と陸治との唱和集『姜陸同適稿』への序文である。

蘇郡の文物は、当代もっとも優れたものである。弘治・正徳年間に至り、豊かな才能が代わる代わる出現し、文飾と実質とがほどよく調和し、極盛を迎え、文壇の半ばを担うほどであった。その後、徐禎卿が、やや呉の歌風を変え、次いで、王世貞兄弟が現れた。自ら得意げに古文辞を標榜して、威勢よく大言壮語したことによって、綺靡に慣れ親しんだ呉の歌風は一変した。しかるに摸擬剽竊の風気が生まれ、万口一響のごときありさまとなって、詩道は次第に衰弱した(14)。

豊かな才能が代わる代わる出現し、文飾と実質とがほどよく調和して、明代前半まで全盛を誇った蘇州文壇が、前七子の徐禎卿、ついで後七子の王世貞・王世懋兄弟が登場したことにより、蘇州の歌風は一変し、古文辞による摸擬剽竊の風潮が生まれ、蘇州文壇が衰退に向かったと述べる。

しかし、蘇州文壇の伝統は必ずしも古文辞一色に塗りつぶせるものではない、と、袁宏道はいう。

高季廸より以前はひとまず論じない。功績や名声を獲得しつつ、その詩文は清新で警抜であった者がいる。姚少師・徐武功がそれである。言葉を精錬して主旨を確立し、言いたいことに任せて、しなやかであり束縛されることのなかった者がいる。呉文定・王文恪がそれである。気は高く才は優れ、手綱に縛られず、詩は広やかでかつ文飾に富む者がいる。洞庭の蔡羽がそれである。王・李によって排斥されたけれども、その識見議論は、卓越して観るべきものがあり、当時の文人の眼では、その果てを望むことができなかった者がいる。武進の唐荊川がそれである。文辞はそれほど奥古というわけではないが、しかし、自分で窓の戸を開き、自分の言葉で言いたいことが言えた者がいる。崑山の帰震川がそれである。時勢に適応しようと努力する一方で、古を学んで、主旨を確立して言葉を精錬し、しばしば自己の見解を生み出す者がいる。黄五岳・皇甫百泉がそれである。画苑や書法で、当代随一の名声を得たせいで、その詩文のよさが掩われてしまっている者がいる。沈石田・唐伯虎・祝希哲・文徴仲がそれである。その他、名こそ知れわたってはいないが、詩文の観るべきものはたいへん多い。(15)

高啓（一三三六～一三七四。長洲の人）以来、姚広孝（一三三五～一四一八。長洲の人）・徐有貞（一四〇七～一四七二。呉県の人）・呉寛（一四三五～一五〇四。長洲の人）・王鏊（一四五〇～一五二四。呉県の人）・蔡羽（?～一五四一。呉県の人）ら、自らの本色を発揮した蘇州ゆかりの文人の名前を挙げるなかで、唐順之・帰有光の名前を挙げ、蘇州文壇の伝統に輝く存在として位置づけている。

袁宏道によるこのふたりの評価を見比べると、帰有光については、言葉はそれほど「奥古」というわけではないが、しかし、自分で窓の戸を開き、自分の言葉で言いたいことが言えた、と評しているのに対し、唐順之については、当時の文人の眼では、その「識見議論」の果てを望むことなどできなかった、と称え、彼が王世貞・李攀龍によって排斥されたことも、むしろ一種の勲章として捉えており、唐順之をより高く評価していることがみてとれる。

しかし、こうした蘇州文壇の伝統にもかかわらず、

おおむね、隆慶・万暦年間以前は、呉中で詩を作る者は、その人ごとにそれぞれ詩を作ったものであった。その人ごとにそれぞれ詩を作ったからこそ、その欠点は靡弱なものに止まった。しかもその伝えるべき価値を損なわなかったのである。それが、隆慶・万暦年間以後になると、呉中で詩を作る者は、同じように同じ詩を作るようになった。同じように同じ詩を作るのであれば、詩家の奴僕にほかならない。それが伝えるべきものなのか、そうでないものなのか、わたしにはあずかり知らぬことである。ときどき、そこから、ひとりふたりと、いささか奮い立とうとするものがいる。このように奮い立とうとする人士を見ると、決まってみんなで笑いものにする。幼少の後輩が、その先輩を手ひどくやっつける始末である。その由りて来るところを推察すると、徐・王の二公がこの手合いの偶像となっていることが大きい。だが、徐・王の二公は、才能も高く、学問もまた博かった。もしも、徐禎卿が中道にして夭折することなく、王世貞が李攀龍の害毒におかされずにすんだならば、その成就は、もっと大きかったにちがいない。今の詩を作る者は、才は綿薄であるうえに、さらに学は孤陋であるから、時論の毒におかされることは、いっそう彼らよりも深刻である。

その詩がどうしていよいよいやしくならずにいられようか。(16)

と、隆慶・万暦年間以後になると、呉中で詩を作る者は、同じように同じ詩を作るようになった、それならば詩家のめしつかいにほかならない、と、蘇州文壇を古文辞派が壟断したことを嘆く。そして、もしも、徐禎卿が中道にして夭折することなく、王世貞が李攀龍の害毒におかされずにすんだならば、その成就は、もっと大きかったにちがいない、と、蘇州文壇衰退の元凶が、李攀龍にあると指弾する。その上で、現在の蘇州文壇については、今の詩を作る者は、才能が薄弱である上に、さらに学問もひとりよがりで、徐・王の二公よりも一層深く時論の毒におかされている、その詩がどうしていよいよいやしくならずにいられようか、と、鋭く批判する。袁宏道は、二十八歳から二年近く、この年まで蘇州呉県の知事を務めた。この言葉には彼の実感がこめられているといえよう。(17)

以上の袁宏道による唐順之評価をみると、長兄袁宗道の場合と同じく、その評価は古文辞特に李攀龍批判とセットになるものであること、また、往年の蘇州文壇の栄光を担った者のなかでも、唐順之の識見議論が卓越していたことを称えているのがわかる。

そこで、ここまで挙げた公安派の〈唐宋派〉への発言をあらためて見直すと、それがほとんど同時期に書かれ、なかでも一五九七年に集中していることに気づく。このとき、袁宗道・袁宏道は、北京に集い、このの ち一五九八年十月に三弟の袁中道（一五七〇～一六二三。字は小修、公安の人。万暦四十四年進士）もまた北京の太学に入学する。そして、三兄弟は、北京で「葡萄社」を結成し、陶望齢らの友人と講学を行うようになる。この結社を拠点として、三兄弟は文学活動を展開してゆく。(18)

公安派による〈唐宋派〉評価がこの時期に集中していることの意義を袁宏道に即して考えると、彼の思想形成の問題にその手がかりが求められる。袁宏道の思想及び文学の展開をその「学問」観念の変遷に注目して区分すると、第一期（科挙の学と「学古」古文辞詩学　袁宏道十五歳・一五八二〜二十二歳・一五八九）、第二期（「師心」の学と「性霊説」詩学　〜袁宏道三十二歳・一五九九）、第三期（「闇然退蔵」の学　〜袁宏道四十三歳・一六一〇）の三期に分けることができると考えるが、(19)この時期はちょうどその第二期の最盛期に当たり、反古文辞の公安派詩学を確立した時期である。こんにち、いわゆる「性霊説」として知られるものは、この第二期の産物である。このことから考えると、この反古文辞運動の戦略的観点から、かつて古文辞に対抗した先覚者として、半ば埋もれていた〈唐宋派〉の先人たちを顕彰する狙いがうかがえる。そして、唐順之と生年が六十年以上異なる弟の袁中道になると、唐順之への言及そのものが影を潜める。このことは、公安派の文学活動が一世を風靡した結果、古文辞批判が一定の成功を遂げるとともに、その古文辞批判とセットになっていた〈唐宋派〉への興味が後退したことを示唆する。長兄袁宗道、仲兄袁宏道の没後、袁中道の関心は、古文辞批判よりも、むしろ公安派末流の横行を制御することに移ってゆく。

このようにみると、公安派の〈唐宋派〉顕彰は、明代文学史上、古文辞をめぐるその覇権争いの一齣として理解されよう。しかし、〈唐宋派〉と公安派との関係は、必ずしもこうした一方通行の構図に止まるものではなかった。次に、視点を変えて、〈唐宋派〉の主張を継承する立場からの公安派像を取り上げ、改めて〈唐宋派〉と公安派との関係を掘り下げることにしたい。

二　〈唐宋派〉後学の公安派像

日本江戸後期の学者斎藤拙堂（一七九七～一八九五。伊勢安濃津藩士。拙堂は号。名は正謙。字は有終）は、学問においては朱子学を宗として折衷する立場をとり、文学においては古文辞派の主張に異を唱え、唐宋の文章家、とりわけ韓愈を景仰し、唐宋の文章を門階にして秦漢の文章に遡ることを理想とする立場から『拙堂文話』を著した(20)。この『拙堂文話』は、明清の文論を博捜していることでも知られており、基本的に明代〈唐宋派〉の立場を継承しつつ、公安派の主張を批判するものであるとされる(21)。本節は、この斎藤拙堂『拙堂文話』を手がかりとして、〈唐宋派〉と公安派との関係について掘り下げてゆきたい。

まず斎藤拙堂の〈唐宋派〉へのまなざしを確認しよう。斎藤拙堂は、「明季の文、唯だ王・唐・帰の三家のみ正路と為す」（『拙堂文話』巻一、三十五条）と、明末の文章家では、王慎中・唐順之・帰有光のいわゆる嘉靖の三家だけが正しい道を歩んだと述べる。

> 王遵巖・唐荊川の文一代に高し。亦た明氏の大家なり。史に称す、慎中 文を為《つく》るや、初めは秦・漢を高談し、謂はく、東京以下に取るべき無し、と。已にして欧・曾の作文の法を悟り、乃ち尽く旧作を焚き、一意もて師仿《しほう》す。尤も力を曾鞏に得たり。唐順之 初めは其の説に服せず、久しくして乃ち変じて之に従ふ。壮年にして廃棄し、益々力を文に肆《ほしいまま》にす。演迤詳贍《えんいしょうせん》、卓然として家を成し、慎中と名を斉しくす。天下之を称して王・唐と曰ふ。李攀龍・王世貞 力めて之を排すれども、卒に掩《おほ》ふ能はず、と。（『拙堂文話』巻二、十二

条㉒

ここでは、王慎中・唐順之を「明氏の大家」として称え、『明史』巻二百八十七「王慎中伝」に拠りつつ、その文論の変遷を述べる。王慎中が古文辞の模倣から転じ、欧陽脩や曾鞏に学んで一家を成したこと、初めは王慎中の説に同意しなかった唐順之が、やがて王慎中の主張に推服し、古文に力を注いで卓然とした大家となり、王・唐と併称されるようになったこと、後七子の李攀龍・王世貞がしきりにこの王・唐を排斥しようとしたが、最後まで屈することがなかったことを述べて、王慎中・唐順之を古文辞に対抗し、「正路」を歩んだ先覚者として推称する。さらに、

荊川 学問淵博にして、心を経済に留む。議論具《つぶ》さにして根抵有り。徒《いたづ》らに文を以て伝ふるのみに非ず。（『拙堂文話』巻二、十三条）

と、唐順之の「学問」が深く広く、経世済民を志向するものであること、その議論はもれなく学問に根柢するものであったことを記す。そして、

王・唐に継ぎて起る者は帰震川と為す。震川、文を為《つく》るや本を経術に原《たづ》ぬ。太史公を好みて其の神理を得たり。王・唐の文に比するに、其の大は及ばざれども、古きは則ち之に過ぐ。故に能く王弇州をして心服せしむ。（『拙堂文話』巻二、十四条）

と、王慎中・唐順之を継承するものとして帰有光の名前を挙げ、王慎中・唐順之と比較して、その気宇の大きさ

は及ばないが、古雅なことにかけては、より優れているという評価を与え、だからこそ王世貞を「心服」させることができたと説く(23)。

ただし、斎藤拙堂は、

文章の失は、特《た》だに近人にのみ之有らず。震川・遵巖の如きも亦た皆免れず。（『拙堂続文話』巻七、三十条）

と、帰有光や王慎中にも文章に瑕瑾があったことを指摘する。具体的には、

明氏一代の文、潜溪は漫に失し、正学は麤《そ》に失し、遵巖・荊川は冗に失す。震川の文の如きは、号して三百年第一と為すも、亦た失無しと為さず。失は枯淡に在り。（『拙堂続文話』巻七、二十九条）

と、明代の文章家のうち、宋濂は、「漫」、とりとめがないという難点があり、方孝孺は、「麤」、おおまかという難点があった。王慎中・唐順之にも、「冗」、冗長で、むだが多くまとまりがないという難点があるという。明代第一と号される帰有光さえも、難点がないわけではなく、「枯淡」がその難点であるという。このように斎藤拙堂は、王慎中・唐順之・帰有光を必ずしも全面的に礼賛するわけではないが、明代後期の文章家のなかで、「正路」を歩んだものとして、「王・唐・帰の三家」をおおむね高く評価する。ここから、斎藤拙堂が明代〈唐宋派〉を一つのまとまりとして捉え、明代〈唐宋派〉を基本的に継承しようとする立場に立っていたことがうかがえよう。

それでは、斎藤拙堂は、かつて〈唐宋派〉を顕彰した公安派の袁氏三兄弟をどう捉えていたのか。

王・李を攻むる者、前後三輩あり。初めは震川為《た》り、中は袁中郎兄弟為り、終りは艾千子為り。中郎は儇薄《けんぱく》にして、千子は虚驕《きよけう》なり。未だ能く其の徒の心を服せず。唯だ震川の言のみ正に近く、故に元美をして心服せしむ。（『拙堂文話』巻一、三十一条）

斎藤拙堂は、王世貞・李攀龍を始めとする古文辞派後七子を批判した者として、順に、〈唐宋派〉の帰有光、公安派の袁氏三兄弟、そして艾南英（一五八三〜一六四六。字は千子、東郷の人）の三者を挙げる。しかし、袁宏道は「儇薄」、艾南英は「虚驕」であったため、古文辞の徒の心をつかむことがかなわず、ただ帰有光の言説のみが「正」に近かったため、王世貞を「心服」させることができたと評する。「正」に近いとする帰有光への評価と、「儇薄」――巧佞軽佻であるという袁宏道に対する評価とを比較すると、古文辞批判の系列に連なることは認めつつも、〈唐宋派〉と公安派とは同日に語れないとする斎藤拙堂の視点がみてとれる。袁宏道に対するこの「儇薄」という物言いは、

三袁王・李の弊を矯《た》むるに清新軽俊を以てす。学者多く之に従ひ、目して公安体と為す。然れども戯《ぎ》謔嘲《ぎやくてう》笑《せう》、俚語《りご》を間雑《かんざつ》す。空疎なる者 之を便とす。（『拙堂文話』巻一、三十五条）

右の「清新軽俊」という評語の裏返しとみることもできるが、公安派は巧佞軽佻に「戯謔嘲笑」や「俚語」を交えることによって「空疎」に流れる弊害があったとみる『明史』巻二百八十八「文苑伝四」の批判に斎藤拙堂は同調する。加えて、

銭虞山云はく、之を譬《たと》ふれば、此に病有り。邪気結轖《けつしよく》すれば、大承《だいじよう》気湯《きたう》を用ゐて之を下さざるを得ず。然

れども輸瀉《しゆしや》すること太《はなは》だ利にして、元気に傷を受くれば則ち別症生ず。北地・済南は結轖の邪気なり。公安は瀉下《しやか》の刧薬《けふやく》なり。竟陵は伝染の別症なり、と。虞山の言、切に三家の病に中《あ》たる。（同右）

李夢陽・李攀龍による古文辞派が、いわば体内に結集した「邪気」であるとするなら、公安派はそれを下す劇薬であったという銭謙益『列朝詩集小伝』（丁集中「袁稽勲宏道」）の批評に賛同する。

ただし、斎藤拙堂は、たとえば、

袁公安の文、譏《そし》りを大方に取るは、前篇に言ふ所の如し。然れども筆路暢達にして意言倶《とも》に尽く。霊叢記・拙效伝諸篇の如きは、凡手の辨ずる所に非ず。文章の道も亦た広し。天地の間に此の種の作の存するも亦た何ぞ妨《さまた》げん。但し其の荘重を避けて軽巧に就き、陥りて俳調に入るは、後進の模範と為すべからざるのみ。（『拙堂文話』巻二、二十条）

というように、「筆路暢達にして意言倶に尽く」袁宏道の文学にそれなりの価値を認め、必ずしも全面的に否定しているわけではない。極論に走らず、その長短を併記して折衷するという斎藤拙堂の議論の特色がここにもみえる。この観点から、この広大な文章世界には袁宏道のような作品があってもよいとその一定の価値を認めつつも、「軽巧」に就き、「俳調」に陥りやすいことから、公安派は後進の学徒の模範とはなりえないものだと釘を刺すことも忘れない。

このような斎藤拙堂の袁宏道批判の根本を探ってゆくと、次の議論に行き着く。

中郎の罪、四庫全書提要之を論ずること詳《つまび》らかなり。文長に於いて頗《すこぶ》る恕辞《じよじ》有り。其の言並びに允当《ゐんたう》たり。今皆之を録して、後生をして避くる所を知らしめん。其の中郎を論ずるに略して云はく、李・王、模倣を以て一代の風を移す。其の末流に迨《いた》りて漸く偽体を成し、陳因厭《えん》を生ず。是に於いて公安の三袁又其の弊に乗じて之を排抵す。其の詩文は板重を変じて軽巧を為し、粉飾を変じて本色を為し、天下の耳目を一新に致す。然れども七子は猶ほ学問に根ざす。三袁は則ち惟だ聡明を恃《たの》むのみ。七子を学ぶ者は、贗古に過ぎざるも、三袁を学ぶ者は、乃ち其の小慧《せうけい》を矜《ほこ》り、律を破りて度を壊《やぶ》るに至る。名づけて七子の弊を救ふと為せども、弊は又甚し、と。（『拙堂文話』巻一、四十八条a）

明代の文学界を相次いで風靡した古文辞派と公安派との功罪を語るなかで、公安派が「軽巧」や「本色」によって、古文辞派の「板重」や「粉飾」に取って代わろうとしたことを指摘しつつ、両者を勘案すると、おのれの「聡明」さを恃み、こざかしい知恵によって律度を破壊する公安派を学ぶよりも、「贗古」とはいえ、まだしも「学問」に根柢がある古文辞派を学んだ方がましで、古文辞派の弊害を救うといいながら、「暴を以て暴に易《か》ふ」（『拙堂文話』巻一、三十四条）公安派の弊害はそれよりも一層甚だしいと総括する。つまり、「学問」に因ることの如何が、両者の弊害の深刻さを測る基準とされているのである。この『四庫提要』（巻一百七十九「集部別集類存目六　袁中郎集四十巻」）の論断が、「中郎の罪」の根本をついたものであると斎藤拙堂はみる。この観点から、同じように古文辞に対抗した湯賓尹と比較して、

震川の後、能く一幟を卓《たか》くし、李王の塁を攻むる者は、蓋し湯宣城のみ。……袁中郎の同牀各々夢みて相ひ干《をか》さずの語と相ひ類すと雖も、又彼の学問を棄てて性霊を貴ぶを倣はず。（『拙堂文話』巻二、十五条）(24)

袁宏道は、「学問」を棄てて「性霊」を貴ぶものだと咎めている。

もとより、先に袁宏道の学問観の展開をみたように、袁宏道に「学問」が無かったわけではない。「学問は必ずしも経論を読むことから得られるわけではなく、目で見たり、耳で聞いたり、しゃべったり、考えたりすること全てが学問である」（『珊瑚林』巻下、百六十三条）[25]と、袁宏道が「学問」を語る際には、読書文字を指す場合と、よりよく生きる力を向上させる生き方全体を指す場合との二重の含意がみられることに注意が必要である。袁宏道の「性霊説」詩学は、その「陽明一派の良知学問」（「答梅客生　又」『袁宏道集箋校』巻二十一）に根ざすものであり、晩年の第三期になると『四庫提要』が批判するようなその「聡明」さに内省が加えられ、さらにその「学問」が深化してゆく。その姿から、三弟袁中道は、袁宏道をひたむきな「学問」の人として描き出す。[26]しかし、この第二期から第三期にかけての晩年の袁宏道像は、一般に袁宏道を受容する際には見過ごされやすいものである。袁宏道を積極的に享受してその「性霊説」を鼓吹した江戸期の人士たちも、もっぱら袁宏道第二期の所説に依拠するものであった。[27]「学問」を棄てて「性霊」を貴ぶという斎藤拙堂の袁宏道像もまたこの文脈にあるものである。こうした事情を考慮した上で、敢えて煎じ詰めていうならば、王守仁から王畿・李贄の思想系譜に連なる袁宏道の「学問」と、

謙少小にして書を読み、宋学の貴ぶべきを知り、攻磨すること年有り。弱冠の後に及び、乃ち諸家に出入し、折衷する所有らんと欲す。窃《ひそ》かに以為《おも》へらく、孔・馬の諸儒は聖を去ること遠からず。其の説多く信ずべきも、経を解するに多く浅陋《せんろう》に失す。周・程の諸賢は、皆不世出の才を以て、往を継ぎ来を開く。実に斯文の中興為《た》り。而るに経を解するに或いは深に失し、道を見ること或いは高きに過ぐ。明清の諸家は、研覈《けんかく》

精細にして、訓詁文義は、往往にして取るべき有り。而るに瑣瑣《ささ》たる末義は、大道に於いて取るべき無きなり。我邦の先輩の説に至りては、浅陋迂僻《うへき》に非ずんば、則ち怪妄恣睢《しき》にして、取るべき者有りと雖も、之を要するに一知半解なるのみ。古今の諸家の得失は此くの如し。之を折衷するに非ずんば、則ち不可なり。謙既に程・朱を以て宗と為すも、猶ほ之を折衷せざるを得ず。然れども謙の所謂折衷なる者は、以て程・朱の説を補はんと欲するのみ。以て一家を成さんと欲するに非ざるなり。（「与猪飼敬所論学術書」『拙堂文集』巻二）

「程・朱」の学を宗としつつ、「孔・馬」の漢学、「周・程」の宋学、「明清」の考証学、「我邦の先輩の説」の「得失」を挙げ、これら「古今の諸家」を折衷することによって、「程・朱」の学を補おうとする立場をとる斎藤拙堂とは、その「学問」のありようが異なっていたのである。この学問観のすれちがいが、斎藤拙堂の袁宏道評価に影を落としたものであると考えられる。

明氏の中葉、最も王新建を推す。戴銑を救ひ、劉瑾に忤《さから》ひ、謫杖を恤《うれ》へず。吾其の気節を見る。能く京軍を懐柔して犯さしめず、以て許泰・張忠の計を沮《はば》む。吾其の智略を見る。南中数十年の寇を破定し、宸濠を旬月に平らぐ。吾其の用兵の神なるを見る。伝習・臆説の諸書、後人の議を免れずと雖も、要は亦た一家の見解なり。吾其の学問の深きを見る。其の餘、騎射の微、筆札の小、一として暁《あきら》かならざる無し。而して文章は雅健、鬱として一代の大宗為《た》り。称して朱明第一の人物と為すも、誰か不可なりと謂はん。（『拙堂文話』巻二、八条）

斎藤拙堂は、王守仁を「朱明第一の人物」と礼賛し、また、陽明学者大塩中斎との交遊で知られるように、必ずしも王守仁そして良知心学に理解がなかったわけではないが、(28)「陽明は功業を以て主と為す。僕の所謂才子なる者に非ず」（『拙堂文話』巻四、三十五条頭書）と、王守仁の本領は「功業」にあると捉え、その「吾其の学問の深きを見る」という「学問」については、「茅鹿門、新建の文を評して謂はく、王文成公の学を論じ及び学を記する諸文は、程・朱の為さんと欲して能はざる所の者なり」（『拙堂文話』巻二、九条）と、茅坤の言を引いて、王守仁の「学を論じ及び学を記する」「疏」（上奏文）を評価しつつも、その心性論については、「伝習・臆説の諸書、後人の議を免れずと雖も、要は亦た一家の見解なり」と評するに止まる。前出の「与猪飼敬所論学術書」のなかに良知心学を挙げていないことも、斎藤拙堂の良知心学に対する評価の一斑がうかがわれよう。

ただし、良知心学に由来する袁宏道の「学問」の在り方を批判する一方で、他方、明代〈唐宋派〉を高く評価する斎藤拙堂の主張には、細かく見ると、矛盾めいた点があることに気づく。

斎藤拙堂は、唐順之の「学問」が「淵博」であることを称えた前出の発言につづけて、郎瑛の七修類稿（『七修続稿』巻三「義理類」「荊川四得」）を引き、

郎仁宝の七修類稿に云はく、唐荊川順之嘗て言ふ、予が時文は之を薛方山に得たり。古文は之を王遵巌に得たり。経義は之を季彭山に得たり。道義は之を羅念庵に得たり、と。此れも亦た常師無きの意か。名の日に起こりて、業の日に大なるは、由りて然ること有るなり、と。（『拙堂文話』巻二、十三条）

と、「常師」(29)なき唐順之の学問分野の淵源を説き明かし、その師承関係を示すが、ここで注目されるのは、唐順之が「時文」を学んだ薛応旂（一五〇〇～一五七五。字は仲常、号は方山、武進の人。嘉靖十四年進士）は王学修証派の欧陽徳に従学し、「古文」を学んだ王慎中は王畿と講学を行い、「経義」を学んだ季本（一四八五～一五六三。字

は明徳、号は彭山、会稽の人。正徳十二年進士）は王学修証派の探究から独自の経解の世界を開き、「道義」を学んだ羅洪先（一五〇四～一五六四。字は達夫、号は念庵、吉水の人。嘉靖八年進士）は王学帰寂派の重鎮であったというように、立場の違いはあるにせよ、この四人がいずれも王守仁の「学問」の流れを汲んでいることである。すなわち、斎藤拙堂は、唐順之の「学問」を称え、名声が次第に高くなり、功業が次第に大きくなったのは、その当然のなりゆきであったと述べるが、その「淵博」なる「学問」の根柢には、端的にいえば良知心学の流れがあったわけである。ただし、斎藤拙堂がこの四人を唐順之の「学問」の源流に据えたのは別の意図も考えられる。薛応旂は、夏言と王畿とが「偽学」をめぐって論争した際に、夏言に左袒して王畿を批判した。季本は「警惕説」によって王畿の良知現成説を正さんとし、また羅洪先は王畿との講学を重ねるなかで、「主静」をめぐって王畿と鋭く対立した。(30) こうした背景を踏まえて、唐順之の「学問」を王畿の良知現成説から切り離して捉えようとする立場からこのような構図を描いたものとも考えられる。しかし、もしも斎藤拙堂がこのような観点から唐順之の「学問」像を描いたとするならば、それは実情に即したものとはいいがたい。唐順之自身は、「吾 学問は之を龍溪に得たり。文字は之を遵巖に得たり」（李贄『続蔵書』巻二十六「文学名臣　参政王公」(31)）と王畿を推重し、後に黄宗羲が、「先生の学、之を龍溪に得る者を多と為す」（『明儒学案』巻二十六「南中王門学案二　襄文唐荊川先生順之」(32)）と評定していることもまたこれを裏づけるものといえよう。

以上、斎藤拙堂『拙堂文話』が映し出す明代〈唐宋派〉像と公安派像とを検討した。これをまとめると、唐宋の文章を門階にして秦漢の文章に遡ることを理想とする斎藤拙堂は、一足飛びに秦漢の文章を規範として唐宋の文章を顧みない古文辞派を「贋古」として退け、明代〈唐宋派〉を「正路」に立つものとして評価し、その瑕瑾は認めつつも、基本的に明代〈唐宋派〉を継承する立場に立つ。一方で、明代〈唐宋派〉と同様に古文辞派を批判した公安派については、古文辞派に対抗して新たな文学を創造したことに一定の価値を認めつつ、自らの「聡明」を恃み、律度を破壊する危うさをもつものとして、「学問」に基づく古文辞よりもその弊害はさらに大きいと説き、その「性霊」を貴んで「学問」を棄てる点で、「学問」なき公安派は後進の模範にはなりえないものであると厳しく批判する。朱子学を宗として折衷する立場に立つ斎藤拙堂は、公安派の「学問」に対する姿勢を非難するが、斎藤拙堂によるこの「学問」批判は、良知心学に由来する公安派の学問観との相違に基づくものである。しかし、唐順之の「学問」を評価する斎藤拙堂の視点にはある種の偏りが認められる。斎藤拙堂は、明代〈唐宋派〉のうち、とりわけ唐順之の「学問」は「淵博」であると称えるが、その「学問」の源流を探ると、明代の良知心学に遡る。この点から考えると、明代〈唐宋派〉と公安派とのあいだには同じ思想的水脈が底流するものであるといえるが、斎藤拙堂は「学問」によってこの両者を敢えて分けようとする視座に立つ。その場合の「学問」とは、明代を生きた唐順之自身のものというよりも、朱子学を宗として折衷する立場に立つ斎藤拙堂自身の学問観によるものである。斎藤拙堂が唐順之の「学問」を語る際に、良知心学、とりわけ王畿の良知現成論の色彩を捨象してその像を描き出そうとすることもこの観点に通ずるものであろう。この観点から、斎藤拙堂は、明代〈唐宋派〉と公安派とのあいだに一線を画した上で、明代〈唐宋派〉の継承者を任じたものとみなせる。このようにみると、斎藤拙堂の明代〈唐宋派〉像、公安派像もまた、その「学問」に基づく文学史観から戦略的に造形されたものであることがうかがわれる。

おわりに

本稿は、明代文学史詩文分野で古文辞に対抗した〈唐宋派〉と公安派とをつなぐ理路とはいかなるものであったのかを論じたものである。王畿の講学活動を思想の契機とした〈唐宋派〉の唐順之・王慎中と、王畿から李贄への思想系譜を受け継いだ公安派袁氏三兄弟とは、ともに王畿の思想に触発され、文学活動を行ったという共通点をもつ。現成する良知によって、格套や典要から自由になることを打ち出す王畿の思想は、格套や典要にとらわれがちな古文辞に対する批判に力を与えるものであった。そこで、公安三袁の長兄袁宗道や仲兄袁宏道の〈唐宋派〉に対する評価をうかがうと、ある共通した論点が見出せる。それは、かれらの〈唐宋派〉評価がその古文辞批判とセットになるものであるということであり、この反古文辞運動の戦略的観点から、かつて古文辞に対抗した先覚者として、半ば埋もれていた〈唐宋派〉の先人たちを顕彰しようとすることである。とりわけ、唐順之に対しては、学識に富み文理を具備した人物として高く評価する。しかし、三弟袁中道には、〈唐宋派〉に対する言及がみられなくなる。このことは、公安派の古文辞批判が一定の成功を収めたことにより、反古文辞の先覚者としての〈唐宋派〉への関心が後景に退いたこと、袁中道の関心が公安派内部の「学問」の引き締めに移っていったことが背景にあるとみられる。

本稿は、この〈唐宋派〉と公安派とをつなぐ理路の問題をさらに掘り下げるために、日本江戸期に〈唐宋派〉を継承する立場に立った斎藤拙堂による両派の像を考察した。斎藤拙堂は、明代〈唐宋派〉を「正路」に立つものとして称揚する。一方で、明代〈唐宋派〉と同様に古文辞派を批判した公安派については、「学問」に根柢がないと厳しく批判する。ただし、斎藤拙堂は、明代〈唐宋派〉のうち、とりわけ唐順之の「学問」を称えるが、その「学問」の源流を探ると、公安派の場合と同じく、明代良知心学の水脈に行き着く。しかし、斎藤拙堂は、唐順之の「学問」にみられる良知心学の色彩を捨象して、明代〈唐宋派〉と公安派とをつなぐ理路を裁断し、両者を峻別した上で、〈唐宋派〉を継承する立場に立つ。このようにみると、斎藤拙堂の明代〈唐宋派〉像、公安派像もまた、その戦略的観点から造形されたものであるといえよう。

中国明代、王畿の講学活動を思想の契機とした唐順之・王慎中や、王畿から李贄への思想系譜を受け継いだ公安派袁氏三兄弟の「学問」の根柢には共通して良知心学があったこと、一方、明代〈唐宋派〉の主張に共鳴した日本江戸期の斎藤拙堂が朱子学を宗として折衷する立場に立っていたことは、日本漢学における明学の受容という観点からも、また比較文学の問題としても興味あるものとみられるが、本稿では、公安派が、時代に抜きんでた先覚者として明代〈唐宋派〉を顕彰したことの背景には古文辞に対抗する戦略的意図がみられること、そして、日本江戸期の〈唐宋派〉後学は、古文辞批判という共通の土俵に立つかにみえる明代〈唐宋派〉と公安派とのあいだに、敢えて「学問」によって一線を画そうとしていたことを提示して、論を終えることにしたい。

注

（1）明代思想史と文学史との相関について、山口久和「明代復古派詩説の思想的意義」（『人文研究』（大阪市立大学文学部）第三十七巻第三分冊、一九八五）は、明代朱子学と古文辞派詩学とが歴史的に「相同的な関係」にあったと論じる。

（2）近年の邦文による〈唐宋派〉研究には、田口一郎「帰有光の文学――所謂「唐宋派」の再検討――」（『中国文学報』第五十五冊、一九九七)、田口一郎「唐順之の生涯と文学論」(松村昂『明人とその文学』所収、汲古書院、二〇〇九)、野村鮎子『帰有光文学の位相』(汲古書院、二〇〇九)がある。田口氏は、従来の文学史研究でひと括りにされてきた「唐宋派」という概念が十九世紀末から文学史の製作の過程で成立したものであること、帰有光を「唐宋派」の一員にすることの非妥当性を説き(「帰有光の文学――所謂「唐宋派」の再検討――」)、「この「唐宋派」と看倣される文学者達は、同じ様な文学的目標をもった人間が集まって派を形成したのではなく、先ず一つ所で同僚となり、その上で文学集団を形成したのである。そしてその繋がりは(中略)同年合格の進士同士(『明清進士題名碑録』)が、官僚組織の中で結び付いたサークル的な繋がりであったことがわかる。これは後に世間を席巻する所謂古文辞派(後七子)にも共通の性質のものである。」と「唐宋派」の実態を論じ、唐順之・王慎中の詩論にもまた大きなへだたりがみられることを解き明かす(「唐順之の生涯と文学論」)。本稿は、この田口氏の所論を承け、(後世の側からひとまとまりのものとしてみなされる)いわゆる「唐宋派」という含意のもとで、〈唐宋派〉と表記する。また、中文による研究には、呉金娥『唐荊川先生研究』(文津出版社、一九八六)、黄毅『唐宋派新論』(聖環図書股份有限公司、一九九七)、左東嶺『王学与中晩明士人心態』(人民文学出版社、二〇〇〇)、周群『儒釈道与晩明文学思潮』(上海書店出版社、二〇〇〇)、左東嶺『明代心学与詩学』(学苑出版社、二〇〇二)、宋克夫・韓暁『心学与文学論稿』(中国社会科学出版社、二〇〇二)、黄卓越『明中後期文学思想研究』(北京大学出版社、二〇〇五)、黄毅『明代唐宋派研究』(上海古籍出版社、二〇〇八)等がある。

(3) 王畿と王慎中・唐順之との出会いについては、前出の田口氏「唐順之の生涯と文学論」を参照。

(4) 原文「遵巖謂龍溪曰、予之作文、比荊川、早悟一両年。予未有荊川識見。但荊川文字、終有凌振之気。予発之稍和厚、亦係於所稟耳。又曰、韓子謂師其意、不師其詞。此是作文要法。欧蘇不用史漢一字、脱胎換骨、乃是真史漢」

(5) 原文「龍溪謂遵巖曰、古人作文、全在用虚。古今好文字、足以有伝。未有不従円明一竅中発者。行乎所当行、止乎所不得不止。一毫意見、不得而増減焉。只此是作文之法。只此是学」訳文は、いずれも、吉田公平・小路口聡・早坂俊廣・鶴成久章・内田健太「王畿『龍溪王先生會語』訳注　其の四」(『白山中国学』第十六号、二〇一〇)に拠る。

(6) 王畿の「良知は性の霊なり」については、柴田篤「良知霊字攷」(『陽明学』第十二号、二〇〇〇)に詳しい。また、吉田公平・小路口聡・早坂俊廣・鶴成久章・内田健太・本多道隆「王畿『龍溪王先生會語』訳注　其の十三」「南遊會紀」第三条注「〇良知者、性之靈」（『白山中国学』第十九号、二〇一三）を参照。また、王守仁から王畿、そして李贄から公安派というその思想の系譜については、山下龍二「袁中郎論——公安派文学と陽明学派」（『東方学』第七輯、一九五三）を始めとして、多くの論考がある。なお、公安派の研究史については、拙稿「「学古」と「師心」の間——袁宏道研究の現状と課題——」（『東洋古典学研究』第十五集、二〇〇三）を参照されたい。

（7）「徐文長、李卓吾、袁中郎など明代革新派の文人が王龍溪、羅近溪などを通じて陽明思想に接触しているのは決して不思議な事実ではない。文長はその自著年譜によれば、王龍溪を師類に入れている。この人は李攀龍、王世貞などの古文辞一派の摸擬古文の体を変じようと企てた。かかる態度は王陽明が明代古文の雄李夢陽等と袂を分かったこと、龍溪の講友王遵巖、唐荊川等がこの事業を継いだことと相応し、実は情意を離れぬ人心、いわば生命を重んじた王学精神と異なるものではなかった。此精神は後に袁中郎出づるに及び更に発展した。中郎は陽明近溪を推し、王学亜流の圏内に入る人であるが、其思想は人間の素朴性（その意味での自然性）を本とし、情意を尊び適意を以て生活の指針とした」（国士舘大学附属図書館編『楠本正継先生中国哲学研究』「宋明両思想の葛藤」一九七五、初出は一九五七）。また、周群『袁宏道評伝』「導論　公安派肇興的文化背景」（南京大学出版社、一九九九）、また、前出の黄毅『明代唐宋派研究』「第四章　唐宋派在文学史上的地位和影響　第二節　唐宋派与公安派」（上海古籍出版社、二〇〇八）がこの問題にふれる。

（8）原文「余少時喜読滄溟鳳洲二先生集。二集佳処、固不可掩、其持論大謬、迷誤後学、有不容不辨者。滄溟贈王序、謂視古修詞、寧失諸理。夫孔子所云辞達者、正達此理耳。無理則所達為何物乎。無論典謨語孟、即諸子百氏、誰非談理者。道家則明清浄之理、法家則明賞罰之理、陰陽家則述鬼神之理、墨家則掲倹慈之理、農家則叙耕桑之理、兵家則列奇正変化之理。漢唐宋諸名家、如董賈韓柳欧蘇曾王諸公、及陽明荊川、皆理充於腹而文随之。彼何所見、乃強頼古人失理耶。鳳洲藝苑卮言、不可具駁、其贈李序曰、六経固理藪已尽、不復措語矣。滄溟強頼古人無理、而鳳洲則不許今人有理、何説乎。此一時遁辞、聊以解一二識者模擬之嘲、而不知其流毒後学、使人狂酔。至於今不可解喩也。然其病源則不在模擬、而在無識。若使胸中的有所見、苞塞於中、将墨不暇研、筆不暇揮、兎起鶻落、猶恐或逸。況有間力

暇碁、引用古人詩句耶。故学者誠能従学生理、従理生文。雖駆之使模、不可得矣」なお、この袁宗道「論文」については、拙稿「袁宏道前期「学問」考」（下）（『東洋古典学研究』第十集、二〇〇〇）を参照されたい。

（9）溝口雄三「公安派の道」（『入矢教授・小川教授退休記念文学語学論集』所収、筑摩書房、一九七四）、同「明末における道と文」（「東洋文化」第六十一号、一九八一）を参照。

（10）繫年は、孟祥栄『袁宗道集箋校』（湖北人民出版社、二〇〇三）が、ともに「万暦二十五年丁酉（一五九七）在北京作、三十八歳」とするのに拠る。

（11）原文「我朝文如荊川・遵巖両公、亦有幾篇看得者。比見帰震川集、亦可観。若得尽借諸公全集、共吾丈精揀一帙、開後来詩文正眼、亦快事也」

（12）原文「当代以文取士、謂之挙業、士雖借以取世資、弗貴也。厭其時也。夫以後視今、今猶古也。以文取士、文猶詩也。後千百年、安知不瞿・唐而盧・駱之。顧奚必古文詞而後不朽哉」袁宏道の作品繫年は、銭伯城『袁宏道集箋校』（上海古籍出版社、一九八一）および李健章『《袁宏道集箋校》志疑　袁中郎行状箋証　炳燭集』（湖北人民出版社、一九九四）、何宗美『袁宏道詩文系年考訂』（上海古籍出版社、二〇〇七）に拠る。なお、この「諸大家時文序」については、拙稿「袁宏道における八股文評価の問題」（『東洋古典学研究』第十二集、二〇〇一）を参照されたい。

（13）袁宏道の擬古主義批判については、西村秀人「袁宏道の文学精神」（『京都女子大学人文論叢』第六十一号、二〇一三）を参照。

（14）原文「蘇郡文物、甲于一時。至弘・正間、才藝代出、斌斌称極盛、詞林当天下之五。厥後昌穀少変呉歙、元美兄弟継作。高自標譽、務為大声壮語、呉中綺靡之習、因之一変。而剽竊成風、万口一響、詩道寖弱」

（15）原文「高季廸而上無論。有以事功名而詩文清警者、姚少師・徐武功是也。鑄辞命意、随所欲言、寧弱無縛者、呉文定・王文恪是也。気高才逸、不就羈紲、詩曠而文者、洞庭蔡羽是也。為王李所擯斥、而識見議論、卓有可観、一時文人望之不見其崖際者、武進唐荊川是也。文詞雖不甚奥古、然自闢戸牖、亦能言所欲言者、崑山帰震川是也。半趨時、半学古、立意造詞、時出己見者、黄五岳・皇甫百泉是也。画苑書法、精絶一時、詩文之長因之而掩者、沈石田・唐伯虎・祝希哲・文徴仲是也。其他不知名、詩文可観者甚多」

(16) 原文「大抵慶・暦以前、呉中作詩者、人各為詩、人各為詩、故其病止于靡弱。而不害其為可伝。慶・暦以後、呉中作詩者、共為一詩、共為一詩、此詩家奴僕也。其可伝与否、吾不得而知也。間有一二稍自振抜者、毎見彼中人士、皆姍笑之。幼学小生、貶駁先輩尤甚。揆厥所由、徐王二公実為之俑。然二公才亦高、学亦博。使昌穀不中道夭、元美不中于鱗之毒、所就当不止此。今之為詩者、才既綿薄、学復孤陋、中時論之毒、復深于彼。詩安得不愈卑哉」

(17) 蘇州呉県知事の職が、袁宏道の精神生活に与えた影響については、内山知也「蘇州時代の袁中郎」(『筑波中国文化論叢』六、一九八五。いま『明代文人論』所収、木耳社、一九八六)を参照。

(18) 「葡萄社」(蒲桃社)については、横田輝俊『中国近世文学評論史』「第一章　華北の詩社(四)三袁の詩社」(溪水社、一九九〇)を参照。

(19) この時期区分の詳細については、拙稿「袁宏道前期「学問」考」(上・下)(『東洋古典学研究』第九集・第十集、二〇〇〇)、「袁宏道晩年の「学問」とその射程」(『日本中国学会報』第五十四集、二〇〇二)を参照されたい。

(20) 斎藤拙堂の人物については、直井文子「斎藤拙堂年譜稿」(『お茶の水女子大学人文科学紀要』第四十一巻、一九八八)、橋本栄治『斎藤拙堂・土井聱牙』(明徳出版社、一九九三)、斎藤正和『斎藤拙堂伝』(三重県良書出版会、一九九三)がある。その韓愈景仰については、直井文子「斎藤拙堂における韓愈――『拙堂文話』をめぐって――」(『お茶の水女子大学中国文学会報』第七号、一九八八)を参照。斎藤拙堂の詩文論については、松下忠『江戸時代の詩風詩論――明・清の詩論とその摂取』明治書院、一九六九)、大室幹雄『月瀬幻影――日本近代風景批評史』(中央公論新社、二〇〇二)、斎藤正和『全釈拙堂文話』(明徳出版社、二〇一五。『拙堂文話』の条数は本書に拠る)を参照。なお、引用に当たっては、紙幅の都合により、原漢文は省略に従った。

(21) 劉芳亮『日本江戸漢詩対明代詩歌的接受研究』(山東文学出版社、二〇一三)を参照。

(22) この条と『明史』巻二百八十七「王慎中伝」との異同については、斎藤正和『全釈拙堂文話』参照。また、この条の頭書(『日本藝林叢書』第四巻『拙堂文話』所載)に、山木積善の評語として「吾が友斎藤五郎 荊川を好む。余之を好まず。荊川の文に変化無し」とあり、これに斎藤拙堂は「荊川の文 余も亦た甚だしくは喜ばず」と応答している。

(23) この帰有光と王世貞とのやりとりの実相は、野村氏前掲書に詳しい。

(24) この「同牀各々夢みて相ひ干さず」の語は「新買得画舫、将以為庵、因作舟居詩其七」（『袁宏道集箋校』巻二十八）に基づく。

(25) 原文「学問非必在看経論中来、眼見耳聞、言思測度、都是学問」訳文は、荒木見悟監修・宋明哲学研討会訳注『珊瑚林——中国文人の禅問答集』（ぺりかん社、二〇〇一）に拠る。

(26) 注（19）の拙稿「袁宏道晩年の「学問」とその射程」を参照されたい。

(27) 江戸期の公安派受容については、松下氏、劉氏前掲書のほか、中村幸彦「近世儒者の文学観」（『岩波講座日本文学史第七巻近世Ⅰ第6分冊』、一九五八）、日野龍夫「近世後期漢詩史と山本北山」（『国語国文』第三十四巻第六号、一九六五）、揖斐高『江戸詩歌論』第一部第三章「性霊論」（汲古書院、一九九八）、眞壁仁「徳川儒学思想における明清交替——江戸儒学界における正統の転位とその変遷——」（『北大法学論集』第六十二巻第六号、二〇一二）を参照。

(28) 斎藤拙堂と大塩中斎との交遊、ならびに、斎藤拙堂の陽明学理解については、斎藤正和『斎藤拙堂伝』を参照。なお、この条の頭書で山木積善は、「伝習録は象山語録の糟粕にして、豈に一家の見解ならんや。近時、江戸の佐藤一斎、大坂の大塩後素、皆 新建を推すは大いに怪しむべし」と評する。

(29) 斎藤拙堂が景仰した韓愈「師説」（『韓昌黎文集』巻一）に「聖人無常師」とある。「夫子焉不学。而亦何常師之有」（『論語』「子張」）を踏まえた語。

(30) 薛応旂の王畿批判の経緯については、『明儒学案』巻二十五「南中王門学案一　提学薛方山先生応旂」に、「先生為考功時、寘龍渓於察典、論者以為逢迎貴渓。其実龍渓言行不掩、先生蓋借龍渓以正学術也。先生嘗及南野之門、而一時諸儒、不許其名王氏学者、以此節也」とある。季本の「警惕説」については、荒木見悟『明末宗教思想研究』「七　易経観」（創文社、一九七九年）を参照。羅洪先については、福田殖『陽明門下（上）』「解説（羅念庵）」（『陽明学大系』第五巻、明徳出版社、一九七三）を参照。

(31) 原文「吾学問得之龍溪。文字得之遵巖」

(32) 原文「先生之学、得之龍溪者為多」

日本における王龍溪

王龍渓はどう読まれたか

吉田公平

はじめに

王龍渓（一四九三—一五八三）は、日本において王陽明（一四七二—一五二八）の良知心学が受容される中で読まれた。王龍渓を早くに読んだのは中江藤樹（一六〇八—一六四八）である。中江藤樹より前に王龍渓を読んだ人がいたのか否か、それを確認するすべがない。たとえいたとしても、その後の良知心学の展開史に姿を現さないので、王龍渓を早くに読んだのは中江藤樹であると断言して大過はない。

王陽明の心学は、姚江学、王学とも呼称されたが、明治時代になって吉本襄が単独で機関誌『陽明学』を刊行するに及んで、陽明学という呼称が普及し、今日では国際的に通用するまでになった。

日本における陽明学の展開史の中で最もよく読まれたのは、もちろん王陽明である。なかでも『伝習録』がロングセラーであった(1)。王陽明の『王陽明文録鈔』『王文成公全書』なども読まれたが、何と言っても『伝習録』が良知心学を伝道する上では抜群の成果をあげた。それでは、陽明学の展開史の中で、王陽明に次いでよく読まれたのは誰か。ということになれば、それは王龍溪である。和刻本『王龍溪全集』は十七世紀には刊行されていた。羅近溪の『近溪子明道録』（刊年不詳）も和刻本が刊行されて熱心に読まれた形跡があるが、王龍溪に比肩するほどではなかった。『王心斎全集』は嘉永元年（一八四六年）に和刻され、熱心に読まれたが影響力は限られていた。

王龍溪がどのように読まれたのかを追跡して、日本における陽明学の特色を明らかにし、延いては中国近世の心学思想が日本思想史に残した痕跡を跡づけることにしたい。明治時代以降の近代日本の心学思想の展開史において、王龍溪の心学思想がいかに理解され評価されたのか、についても多大の関心を持っているが、この事は次の課題としたい。

一　中江藤樹

中江藤樹は日本陽明学の開祖と位置づけられるのが通例である。陽明学という視点に基づいて評価するのであれば、陽明学の開祖という位置づけは間違いではない。しかし、中江藤樹自身の思索の営みは所謂陽明学に跼蹐したわけではない。その顕著な一例が医学思想の分野である。各種の藤樹年譜を見ると、医学知識・医術を学びに藤樹門に直参している門人が少なくない。大野了佐はそのなかの一人であった。物覚えが極端に鈍重であったために、中江藤樹が子弟の教育に熱心であったことを示す事例に持ち出されるが、大野了佐は医者志願者の一人であった。中江藤樹自身が医業を兼ねており、門人教育に必要なことを痛感して、医書『医筌』『小醫医針』を著していること、その編纂の経緯については小山國三氏に好論がある。(2) 太乙神信仰や婦女啓蒙の『翁問答』『鑑草』、易学や『孝経』註解等についてはこれまでも論究され、中江藤樹の陽明学理解と関連させて評価されてきた。中江藤樹の心学思想の全体像を把握するときには不可欠なことながら、ひとまずは切り離して、それぞれの分野を把握することが肝要であろう。しかし、今尚お中江藤樹の心学の心性論そのものを解析することが不充分であることは遺憾である。その反省をふまえて、中江藤樹の心学思想の形成に王龍渓の良知心学が大きく関与している事実を明らかにして、中江藤樹の心学の特色を開示したい。

中江藤樹が陽明学に開眼した契機について、各種の藤樹年譜が記しているが、その記述には繁簡がある。岡田氏本『藤樹先生年譜』二十歳条に「専ら朱学を崇で格套を以て受用」と記し、三十歳の条に「先生いまだ格法に泥む」が、三十一歳の条に「此より前専ら四書を読て堅く格法を守る」と変化の徴候を暗示する。決定的な転機を迎えたことを三十三歳の条に次のように記す。

> 冬。『王龍溪語録』を得たり。始これを読むとき、其触発することの多きことを悦ぶ。然れとも其仏語を間雑し、禅学に近ことを恐る。後『陽明全集』を得てこれを読むに至て、龍溪の禅学に近からざることを知る。且仏語を間雑するの世を惘むの深ことを見る。如何となれば、聖人一貫の学、本太虚を以て準則とす。老仏の学、皆一貫の中を離ず。唯精粗大小あるのみ。達人何ぞ其言語を忌んや。且当時仏学を学の徒多し。是を以て其語を間雑して、其外にせざることを示し、皆太虚一貫の道を悟らしめんことを欲するものなり。

この転機を迎える前に、中江藤樹は主に朱子学関連書を読破しているのだが、その「格法」に繋縛されて芯から触発されることはなかった。それが『王龍溪語録』を読むに及んで多大なる裨益を受けて心悦したという。岡田氏本『藤樹先生年譜』の記述が興味深いのは、中江藤樹が朱子学の格法から解放される契機になったのは『王龍渓語録』との出会いであったということである。ところが『王龍渓語録』は仏教語を交えており、禅学に近いのではないか、純儒ではないのではないかと疑問を懐いた。その後に、『陽明全集』を読破して、王龍渓の学問思想が禅学ではないことを確認したという。中江藤樹が所謂陽明学に開眼したのは、『陽明全集』を読む前に、先に『王龍渓語録』を読んだこと契機になったということが、中江藤樹理解の鍵になるわけだが、それでは「後『陽明全集』を得てこれを読む」のは何時か。岡田氏本『藤樹先生年譜』は三十七歳の条に、「是年始て『陽明全集』を求得てこれを読で甚だ触発印証することの多きことを悦ぶ。其学弥進む」と記す。『王龍渓語録』を読んで開眼した中江藤樹は『陽明全集』を読んで、開眼の所得を再確認したということになる。

これとは逆に、先に『陽明全集』、次に『王龍渓語録』という順序であったならば、果たして朱子学の格套に懊悩していた中江藤樹が劇的に転迷開悟できたかどうか。王陽明も「険語」を用いて朱子学の世界に安住していた門人を新世界に導いている。その生き生きとした問答が『伝習録』に見えるが、朱子学の世界に泥んでいるものの眼には「険語」だらけの『王龍渓語録』に先に眼を通したことが、中江藤樹を良知心学の世界に導いたのであろう。

さて、この『王龍渓語録』とは何か。民国期の排印本に『王龍渓語録』八巻がある。『王龍渓全集』巻一～巻八を単行したものである。『王龍渓全集』巻頭の蕭良幹の「王龍渓全集序」は萬暦丁亥の年、つまりは萬暦十五年（一五八七年）に執筆されている。その後、この語録の部分を莫晋が『王龍渓語録』として校刊し、それが日本に輸入されて、それを中江藤樹が披閲したということであろうか。中江藤樹が『王龍渓語録』を読んだ寛永十七年は西暦では一六四〇年。寧波―長崎を幹線とする日明貿易が恒常化した時代だからこそ、中江藤樹が『王龍溪語録』『陽明全集』を閲覧できたのである。

会津本『藤樹先生年譜』は、三十三歳の条に、岡田氏本『藤樹先生年譜』と同じ趣旨の『王龍溪語録』『陽明全集』の読書体験を記しているが、中江藤樹の良知心学開眼の経緯については異伝がある。川田順の『藤樹先生年譜』二十八歳の条に、

按行状。初先生拠宋儒訓解。講究経伝、以為大学者初学入徳之門。尤不可以不致思。因自作之解前後凡三。而未得格致之要。適読『陽明全書』解致知為致良知。乃黙坐澄心、験之人情、考之事理、質之詩書語孟之言、莫一而不吻合。於是豁然開悟。従来之疑始釈矣。

ところが、この条末に「此説与他書所載不同。然亦似有拠。姑記於此以備考」という。「有拠」とは「行状」のことであろうが、『藤樹先生全集』所収の『藤夫子行状聞伝』三十三歳の条に「冬『王龍溪語録』幷に『王陽明全集』を得玉ふて熟読し玉へば、疑ひの処発明是あり。憤り開けて入徳之欄柄手に入り、開悟し玉ふ。」という。岡田氏本・会津本では『王龍溪語録』を読んだ「後」に『陽明全集』を読んだと記していたが、『藤夫子先生行状聞伝』では両書を「幷に」読んだと記す。『藤樹先生全集』の編者である小川紫水は「藤夫子先生行状聞伝」に「三十三歳、『王陽明全集』を読まれたりとは、恐らくは誤」と注記している。妥当な措置である。川田順の『藤樹先生年譜』では『王龍溪語録』には言及せずに、ひとり『陽明全書』閲読をそれも二十八歳条にかけていた。川田順が言う「行状」とは『藤夫子行状聞伝』とは別本のことか。

以上、年譜の記録に基づいて中江藤樹が『王龍溪語録』『王陽明全集』を読んで開悟したことを見てきたが、

中江藤樹が門人知己に与えた書簡を通覧して、中江藤樹の読書体験を確認したい。

実は、中江藤樹自身は読書体験を多くは語らない。『論語』『大学』『中庸』『孟子』の『四書章句集註』、『詩経』『書経』『易経』『孝経』『弟子職』『小学』『史記』『文選』『太極図説』『西銘』『識仁篇』『四書大全』、『四書蒙引』はもちろん精読していた。それ以外となると『犬枕』（巻18、答佃叔）、『内経』（巻18、答中西子）、『迪吉録』（巻18、答中西子）、『三綱行実』『迪吉録』、『礼元剰語』（巻20、与中西氏）、『翰墨全書』（巻20、答中孫右）のみである。

心学に生きる門人が切実な疑問を師の中江藤樹に投げかけた。書簡は門人の質問に答える人生案内が目的であるから、殊更に自らの読書体験をひけらかす場ではない。多読の人ではなかったとは言え、呈示される書籍はあまりにも少ない。確かな案内書以外は害毒を及ぼすが故にか、立論に不可欠な肝腎のものしか紹介されていない。確かにそうなのだが、王陽明の著書は『陽明全集』『大学古本』（巻18、与池田子）が一度だけあげられているものの、王龍溪の著書は一言も言及されていない。著書名を挙げる必要が無かったと言うまでのことなのであろうが、「年譜」の類が、『王龍溪語録』『王陽明全集』を読書した中江藤樹の開悟体験を特筆していることを思い浮かべると、意外の感は否めない。唯一の事例である「与池田子」を紹介して，改めて中江藤樹の王陽明体験を解析することにしたい。

道学の御志、今ほど如何。定（めて）日々にあつく可罷成と奉察候。私事ふかく朱学を信じ、年久（しく）工を用（い）申候へども、入徳の効おぼつかなく御座候て、学術に疑出来、憤ひらけ難きおりふし、天道のめぐみにや、『陽明全集』と中書わたり、買取、熟読仕候へば、拙子疑の如く、発明ども御座候て、憤ひらけ、ちと入徳の把柄手に入申様に覚、一生の大幸、言語道断に候。此一助無御座候はば、此生をむなしく可仕にと有難奉存候。

而上委（くわしく）御物語仕度とのみ存暮候。百年已前に王陽明と申先覚出世、朱学の非を指点し、孔門嫡派の学術を発明され候。『大学古本』を信じ、致知の知を良知と解しめされ候。此発明によつて、開悟の様に覚え申候。就其『大学古本』を主として、今ほど抄を仕かけ申候。もし出来いたし候はば、其元へも下し可申覚悟に候。

『藤樹先生全集』は、この書簡を寛永元年戊子、中江藤樹四十一歳の執筆と註記している。中江藤樹が逝去した年である。年譜の記載とは大いに異なるので、戸惑いを覚えるが、この書簡全体は、家庭事情を述べては、来し方を振り返り、残された課題に取り組む意欲を伝えているので、この四十一歳の時に開悟したことをいうのではあるまい。それにしても王龍渓に全く言及しないことはいぶかしい。『王龍渓語録』は『陽明全集』を読む下準備の役割を果たしたものの、『陽明全集』こそが「朱学」の迷いを転じて「孔門嫡派」に入室できた、文字通りの転迷開悟の契機に成ったからであろうか。

陽明学に開悟した中江藤樹の表白を一連の書簡に看る限り、中江藤樹の心学としての心性論には、王陽明の良知心学が深く浸透している事は疑いない。しかし、王陽明と共に、王龍渓の良知現成論が深く食い込んでいる事実は否定すべくもない。そのことを、中江藤樹の誠意説、及び良知現成論＝当下現在説に絞って解析することにしたい。

まずは誠意説について。誠意説とは『大学』八条目の第三条目についての理解である。朱熹（一一三〇—一二〇

○）は「誠意」の「意」を已発作用と把握する。本性は未発本体の位相では善なのだが、生身の存在である「心」は気質（身体）を基体にして已発作用として機能すると、気質それ自体の制約（個性）とか、心外の刺激誘惑などに誘因されて、本性が常に順調に発現するとは限らない。つまりは悪を結果することになる。悪の顕現を回避するために、朱熹は周到な配慮をする。それが『大学』の八条目の格物・致知の二条目である。物（＝事。現場の他者関係）を視野に入れてそのあるべき在り方を知識として把握する。併せて持敬・居敬の工夫を堅持する。自らが善なる本性を天から賦与されていることを確認して天との緊張関係を持続する工夫である。格物致知と持敬は工夫の両輪と把握された。この準備を周到に遂行して現場で実践する。実践（行）の始めが「誠意」である。格物致知・持敬の準備を整えると、已発作用の位相では完全に本性の善が実現発揮されるはずであるが、その歩留まりは七八割だという。その二三割を補欠する工夫が「慎独」（独りを慎む）であるという。朱熹は『大学』の誠意章の註釈に、逝去する前日までに腐心した。朱熹自身、自らの誠意説解釈に満足していなかったのか。

王陽明は知行合一を主張した。知識（理解すること）と行為（実践すること）とは分けられないという主張である。朱熹は知先行後説である。先ずは理解して、確かな見取り図を確認してから実践に掛かりなさいと。勢い、確かな見取り図を確保するために格物致知に精力を傾ける。その結果、実践することが二の次になる。知先行後説は行為（実践）を確かにするために知識を磨く訳だが、もちろん、重点はあくまでも実践である。朱熹の知行論こそが実践強調論である。

王陽明は『大学』の三綱領（明明徳・親民・止至善）八条目（格物・致知・誠意・正心・修身・斉家・治国・平天下）を渾然一体の立論であるという。人間の存在様態を全体として（ホリステックに）捉える。その存在様態を仮にある視点から関係性を特定して三綱領八条目と説明はするが、存在様態の実態は仮定された関係性に部分化されることはない。それはあくまでも現存在の関係の多様性を配慮した説明上の便宜にすぎない。例えば「誠意」といえば他の七条目は連結している。しかも、なお「誠意が大学の要」と力説するのは、善悪が結果する位相に関わる条目だからである。朱熹の誠意説との違いは歴然としている。さりながら、「誠意」の「意」を已発作用とみる点は王陽明は朱熹と同案である。

すでに善悪が、とりわけ悪が結果する已発作用の位相において「誠にする」工夫をした所で「手遅れではないのか」という疑問を懐いたのが、明代の王一菴（一五〇三―一五八一）と劉念臺（一五七八―一六四五）である。「意」を已発作用ではなくして、「主宰」であると定義し直して、誠意説を主宰を自立する工夫であると主張した。このように解釈して『大学』の「誠意」説の「意」と『論語』の「意必固我」の「意」とを矛盾無く解釈できると主張した。第三の道を提案したことになる。因みに王龍溪は基本的には王陽明の誠意説に同じである。

さて、中江藤樹の誠意説である。朱熹・王陽明の誠意説について、王一菴・劉念臺と同案の疑問を懐き、第三の誠意説を提案する。その際、中江藤樹は王一菴・劉念臺の誠意説を知ることは無かった。中江藤樹は朱熹・王陽明の心性論を深く考えて、その誠意説について、文字通り独自に第三の誠意説を見出した。その誠意説を生んだ心性論の特色は、性善説そのものに対する異義申し立てである。孟子の性善説、荀子の性素朴説・結果悪説、揚雄の善悪混然説、韓愈の性三品説のいずれをも継承しない。表面的には揚雄の善悪混然説に近い。つまりは、人間の本性には本質的に善悪二心を固有すると。旧来、中江藤樹は日本陽明学の開祖と称揚されてきたが、再考する必要がある。

中江藤樹の誠意説がよく現れている書簡「答清水十」（『藤樹先生全集』巻二〇）を紹介する。藤樹四十一歳の時の証言である。

一念入微上に於て意恨を断除するのみ。意念の精義透徹せざるよし。意は心の所倚也。天下の事に於て有適有莫これを意と名づく。『論語』所謂意必固我、皆意にて候。『大学』の意と『論語』の意と二義なし。誠は良知の本体。意必固我を格去りて、良知の誠に帰るを意を誠にすと申候。王子の所謂格物致知即誠意の工夫との給ふも、『大学』の八条目に説下所の文勢も、格致即誠意の工夫、格致の外誠意の工夫無く候。此所明辨肝要に候。

構文が入り組んでいて分かりがたいところがあるが、中江藤樹の解釈の特色は、『大学』の「誠意」の「意」と『論語』の「意必固我」の「意」とを同義とした所に顕著に表れている。朱熹は『論語』の「意必固我」の「意」を私意と解して『大学』の「誠意」の意と分別した。同じく南宋の楊慈湖は『大学』の「誠意」が孔子の正伝であり、『論語』の「意必固我」の「意」は孔子の遺言ではないと切り捨てた。中江藤樹が楊慈湖の誠意説を知ることは無かったに違いない。『論語』の「意必固我」の「意」の意味に『大学』の「誠意」の「意」を解釈することになった。「意」とは断除されるべき「心の所倚」なのである。となると「誠意」とはいかなる工夫か。ここでは「意必固我を格去りて良知の誠に帰るを意を誠にす」と説いている。致良知を「良知を致す」ではなく、「誠である良知に致（いた）る」と解釈したのと関係する。この文面には出ていないが、意＝意必固我は、心に「伏蔵する」（このことを「凡心の惑」という）という人間理解が前提にある。

意欲の魔障重き時は、良知の主翁権を失ふ故に提撕力なく、堕落に及び候。（巻一八、答國領太）

とまでいう。

だから「誠意」とは意を伏蔵のままに閉じ込めて顕現させないということになる。そうして始めて心が本来の誠＝良知を実現するという。つまりは「意必固我＝意＝魔障」が諸悪の根源である。その際に活用されたのが王龍溪が述べた「意は万悪の源」という表現である。王龍溪は四言教を無善無悪で一貫させていたが、現実態を述べるときは「意は万悪の源」と言っていた。しかし、その場合でも意は已発作用の位相のことであった。それを中江藤樹は意は心に本質的に伏蔵することを述べる際に王龍溪の提言を自己の構造の中で活用した。我が意を得た表現であったからである。

もう一つは当下現在説である。門人への返書には「現在当下の心」という表現が頻発する（例、「現在当下之心」巻一八、答中西子。「当下具足の良知」巻一八、答山田権）。良知現成論の萌芽は王陽明に見える。良知現成論を継承したのは王龍溪ばかりではないものの、その立論を明晰にしたのは王龍溪である。その『王龍溪語録』を中江藤樹は熟読したに違いない。岡田氏本『藤樹先生年譜』以外は、中江藤樹が『王龍溪語録』を読んだことを指摘していないが、中江藤樹の書簡を見る限り、熱心に読み込んで、王龍溪の心学の「意＝已発作用」説は拒否しながらも、人間の現存在を「この、今に、実在する」位相で把握する考え方を実践論工夫論の基礎にすえる。その意味では王龍溪の良知現成論の構造は「当下具足」と理解しながらも、現在に良知が現成しているとは理解しなかった。あくまでも良知は当下に具足しているものの、その実現のためには魔障が伏蔵する意を伏蔵のままに押し込めて顕現させない、意を誠にする工夫が不可欠とされたのである。そのことを「良知に至る」と表現した。

中江藤樹は朱熹の『四書章句集註』も王陽明の『陽明全集』も王龍溪の『王龍溪語録』もそこに思索の資源を見出し触発を受けながらも、その論説を鵜呑みにはしなかった。思索の人中江藤樹の本領がよく現れているといえる。

二　藤樹以後の王龍溪の影響

中江藤樹の心学はその門人たちが継承した。代表的な人物としては、熊沢蕃山（一六一九—一六九一）、淵岡山（一六一七—一六八六）、中川謙叔がいる。この中では熊沢蕃山が著名である。中川謙叔は岡山藩に仕え、盤珪永琢（一六二二—一六九三）と論争しているが、専著がないために、その全貌は明らかではない。中江藤樹の心性論に真っ向から取り組んだのが、実は淵岡山とその門流たちである。その中心的な役割を担ったのは、会津喜多方の所謂藤樹学派の人々であった。彼等が残した講会・討論の成果は、先に『中江藤樹心学派全集』として公刊した。(3) 彼等が受用した心性論は、淵岡山が理解した中江藤樹の心性論が中核を占める。当下現在・良知現成・誠意説の三点セットの論理を自らの日常における実践倫理として、如何に受用するか、が課題であった。彼等は門流の間でやりとりしながらも埒が明かない時は、京都に代表者を派遣して、淵岡山・その継承者に問いただしている。王龍溪の立論は中江藤樹・淵岡山の流れの中で独自に活用されていくのであるが、その詳細を紹介するまでに研究成果が実っていないことを遺憾とする。今は、その一端を紹介する。

京都で講学した淵岡山の門人の一人に特異な理解をしめした木村難波（一六三八—一七一六）がいる。木村難波は良知について次のように言う。

良知といふ物は、元明なる事也。我が明にせんとするにはあらず。只戴祈て在ば、邪辟を去る事、自然之工程也。（『難波叟議論覚書』上）。

王陽明・王龍溪の良知心学の世界では、見る事の無かった発言である。しかし、少しく考えてみると、全くの異学ではないことが了解できよう。良知が「元明なる事」とは、生得の良知が本来完全であること、明かであることは、良知心学では大前提である。「明らかにする」作為工夫をして始めて「明らかになる」のではない。本来性としての良知とはそういうものである。しかし、心の現実態は本来の良知のままにはない。それ故に、王門では、良知＝明徳を明らかにする工夫が説かれた。ところが、木村難波は、現実態が持ち合わせる「邪辟を去る」（非本来性）効験を得るためには、「戴祈」（いただきいのる）のみで、それ以外の工夫をすることなしに、「邪辟を去る」効験（このことを「良知に致る」という）は「自然」に得られるという。この木村難波の「戴き祈る」説が、美作の植木是水（生没年不詳）・松本以休（一七一八歿）に伝わり、江戸の二見直養（一六五七―一七三三）はさらに「不知方の良知」を説いた。

この学統に連なる喜多方の門人たちは、「王龍溪全集曰、先師良知之説、孟子不学不慮、乃天所為自然之良知。惟其自然之良知也。不待学慮。愛親敬兄觸機発。神感神応。惟觸機発、神感神応而後為不学不慮。自然良即是愛敬主。是無声、是無臭、天之所為也」と王龍溪の良知論を持ち出して立論を補強している。良知は人為を超えた「神妙」なものであるというのである。王門の「不知而知」の一展開である。良知を「戴き祈る」説を信仰した会津喜多方の心学者たちは、良知は心に在るのではなく、天に在るのではないか、という新たな疑問をいだいた。このような理解こそが王陽明・王龍溪、とりわけ中江藤樹・淵岡山の正統であると自負する喜多方組は木村難波・二見直養をも援用して、当時江戸に滞在した三輪執斎（一六六九―一七四四）に理解を求める書簡を送り、江戸に滞在する二見直養に面会してこの問題を確認してくれと呼びかけた。三輪執斎には、「良知は天に在り」という主張の由来が飲み込めなかったようで、明晰な返答はしていない。川田雄琴（一六八四―一七六〇）も参画させられたようであるが、これに関する証言は『川田雄琴全集』には見出し得ない。この間の事情を『諸子文通贈答録』（『中江藤樹心学派全集』所収）の前半に収録する島景文石と三輪執斎の往復書簡が伝えている。

淵岡山の養子となって京都で岡山学を継承していた淵貞蔵が、安永六年（一七七七年）故郷の会津喜多方に下向し、喜多方の心学者たちと講学した。その講学中、良知の所在をめぐって、改めて議論が沸騰した。その経緯を『諸子文通贈答録』が記録している。

両者の良知論を簡単に整理すると、次のようになる。中野義都（一七二八—一七九八）ら喜多方組は「良知は天に在り」と主張した。淵貞蔵は「心に在り」という理解を示した。淵貞蔵が喜多方に滞在中に議論は執拗に蒸し返されたようであるが、議論は平行線のままに、淵貞蔵が京都に帰ったために物別れに終わった。「良知を胸中に認申候所の弊を救ひ賜ふ事を以論申候処」という危惧が喜多方組に「良知は天・太虚に在り」と主張せしめた所以であった。先に三輪執斎の賛同を得られなかった喜多方組は、伊勢の石河定賢（一七九二年歿）にも賛同を求めて書簡を送っている。石河定賢は喜多方組が危惧を抱いたことには理解をしめしながらも、

良知は天に在りと申よりは、胸中に在りと申候はば、初学者之戒にも相成可申哉。……。直ちに天に在り、太虚に在りと申候ては、後来初学の惑ひを起す端とも成り候はん乎。

と返書を認めている。

旧来、日本における陽明学運動は中江藤樹と熊沢蕃山、三輪執斎とその門流、佐藤一斎・大塩中斎とその門流が、個別的に生起したと考えられてきたが、中江藤樹心学派が明治期まで持続的に継承されていたこと、中江藤樹心学派が三輪執斎と交渉していたことが明らかになった。良知心学の運動熱量が大きかったことを、改めて確

認したい。

三輪執斎が正徳二年（一七一二年）に『標註伝習録』を公刊した。『伝習録』の初めての註釈書であるが、必ずしも丁寧な註釈ではない。下巻に載せる所謂四言教についても王龍溪について殊更に言及する事はしていない。川田雄琴が三輪執斎の講義を記録した『伝習録筆記』も同案である。この『標註伝習録』が読書界で大歓迎されると、三輪執斎の旧師佐藤直方（一六五〇—一七一九）の一門がすぐさま反論書『大家商量集』を編集刊行した。佐藤直方は三輪執斎に旧学（朱子学）に回帰するように説諭した。朱子学に痛切に挫折して、陽明学に救われた三輪執斎はもちろん拒否した。

『標註伝習録』を見ると、三輪執斎は『近思録』『朱子文集』『二程全書』『王文成公全書』『陽明要書』等を広く閲覧していたことが判明する。中江藤樹の没後、楊嘉猷本『伝習録』『王陽明先生文禄鈔』などが和刻されており、読書環境は中江藤樹の時代とはすっかり様変わりした。さりながら三輪執斎は『王龍溪語録』『王龍溪全集』を読んではいなかったようである。

中江藤樹も盤珪永琢も三輪執斎も、始めは朱子学を学び、そこに安心できずに、中江藤樹は王龍溪・王陽明に触発されて独自の心性論を開拓し、盤珪永琢は禅学・不生禅に開眼し、三輪執斎は王陽明の伝道者になった。『標註伝習録』が公刊されて、良知心学・陽明学が時代の寵児になろうとした時に敏感に反応したのが朱子学陣営である。朱子学か陽明学か。それは朱晦菴・陸象山のいずれが聖学か、をめぐるいわゆる朱陸論争がらみでもあった。『大家商量集』はその所産の一つである。佐藤直方一門ながら、後に同輩から冷眼視された雲川弘毅に『心学辨』がある。上巻では朱子学こそが真正の心学であるという宣言をして、陸象山・王陽明・王龍溪の心学を似而非の心学であると痛切にこき下ろした。丁寧にも下巻には陸象山・王陽明・王龍溪の語録を掲載する。

なかでも王龍溪の語録の分量が尤も多く約半分である。如何に似而非の心学であるかを証言させようという訳であるが、むしろ逆に王龍溪心学を宣伝する結果になった。それは逆に言うと、雲川弘毅は朱子心学、禅心学、良知心学の核心を理解していたことをも意味する。上巻の最後に禅僧（盤珪永琢）、王学、弘毅の心学の要諦を歌にして述べていることが象徴する。

禅僧。善もいや、悪もいやなり。いやもいや、事々物々は時のなりあひ。
王学。善もいや、悪もいやなり。いやもいや、事々物々は義とともにしたがふ。
弘毅。善は善、悪は悪なり。悪はいや、事々物々も義とともにしたがふ。

雲川弘毅の歌に因んで、『藤樹先生全集』巻一九「自間瀬氏育女之歌の由にて求予斧正」に示されている中江藤樹の歌を紹介する。

「よしあしと思ふ心を払見よ。本の心によしあしはなし。」に対する中江藤樹の批評は次の通り。独自の誠意説を基礎にした訓戒である。

女中方の歌面白御座候。併無の見におち申候。よしあしの歌、よしあしと思ふ心は意念にて候。其意念は払たるがよく候。其意念を払候而一物の雑なき本心に立かへり候へば、良知の是非あらはれ、善をば善として悪をば悪とし、悦べきを悦び、哀べきを哀む。七情各節にあたる事に候。能々御体認候様に可被仰遣候。

中江藤樹は次の「よしあしと思ふ心を払見よ。本の心によしあしぞある。」はそれなりに評価して、次のようにいう。

此心持能候半や。良知は是非の鑑にて、善悪に暗からぬ物にて候。善無く悪なきは良知の体と中事も御座候得共、初学にてかやうに見候へば、無の見に落て悪織候。

中江藤樹の書簡には、「初学者の通病」という指摘が頻繁に述懐されているが、ここもその一例である。「初学者の通病」を痛感した中江藤樹ならではの訓戒である。

三　江戸中期の王龍溪論

江戸後期の思潮における王龍溪問題を総括するには、基礎調査が不充分なために、実情に即した報告をすることができないことを遺憾とする。今は現時点で気がついていることを述べて、責めをふせぎたい。

一八世紀は伊藤仁斎（一六二七―一七〇五）・東涯（一六七〇―一七三六）の古学派、荻生徂徠（一六六六―一七二八）の古文辞学派が活躍した時代であるという。思想史的にそのように理解されること自体には特に異論はないが、読者人口の大多数は朱子学を学んでいたことを忘れてはいけない。その際だった学派は、山崎闇斎（一六一八―一六八二）一門の崎門学である。その外に崎門に所属しない朱子学自由派が多数存在した。古学派・古文辞学派は良知心学に対しては極めて冷淡であったから、王龍溪が話題になることは稀である。崎門学派は党派心が強く、聖学は朱熹が正解を明らかにしているので、改めて著作する必要を認めない。山崎闇斎は朱熹の遺言を編集してそれを講釈した。その講釈を門人が記録した写本が数多く残されている。直門の弟子は山崎闇斎の講義を基にして更に講釈した。この一門では王龍溪は端から「誤まれる心学」と烙印を押されているから、王龍溪の心学が積極的に読まれることはなかった。

中江藤樹・淵岡山の流れが明治期まで持続する。この流れの人々は中江藤樹・淵岡山の心学思想を生きた人々ではあるが、自らが取り組んだ課題の源流である王龍溪を援用することはあったが、それ以上に王龍溪の心学思想の世界に分け入ることは稀である。

それでは王龍溪は読まれることは無くなったのか。そうではない。石門心学の中に熱心な読者を得ることになる。石田梅岩（一六八五―一七四四）に始まる石門心学は、知識として自分の知見を開拓することが主題ではない。あくまでも「心学を生きる」ことに主眼が置かれる。それ故に心学の原論は簡易である。それは石田梅岩によって既に開発されてあるから、門人の課題は日常の生活世界で実践すること、心学を生きることであった。その日常倫理は平明簡素な徳目で充分である。石門心学の普及書が徳目の羅列に終わることが多いのはそのためである。しかし、石門心学が庶民の間に普及していくと、改めて心学の原論を再確認する心学の哲学者が登場する。その代表が鎌田柳泓である。

鎌田柳泓（一七五四―一八二一）は『心苑餘材』を編集し、陸象山・王陽明・王龍溪・羅近溪の語録を採択して簡単な賛を加えた。その序文で次のように言う。

宋時、周程張朱、専唱心性之学、可謂盛矣。当時有象山陸氏、明時有陽明王氏。其初稍似与朱背馳者、而其卒終帰於一。嗚呼旨哉。然今之宗朱者、概排二氏以為異学而棄之。予怛其如是、於二氏及其徒龍溪王氏、近溪羅氏之言、去偏捨僻、取其純粋正当、不負於朱学之旨者若干條、集為一編、名以心苑餘材、広諸同志。於其治心之学、庶幾亦有一助。

　鎌田柳泓の出発点は『朱学弁』である。短文ながら心学の原点に朱子学を据えながら、所謂異端異学を棄てずに三教一致論に仕立て上げている。この考えを鎌田柳泓は一貫する。それは鎌田柳泓独りのことではない。石門心学の徒に共通する。それが『心苑餘材』にも発揮された。鎌田柳泓は陸象山・王陽明・王龍溪・羅近溪の所論を無条件で承認したのではない。あくまでも朱子学の本旨に背かない限りで、その言説を心学のもう一つの思索資源として承認したのである。『心苑餘材』という書名はそのことを象徴している。

　『心苑餘材』の上巻は陸象山・王陽明・王龍溪の言説、下巻が羅近溪の言説を収録する。恐らく『近溪子明道録』も和刻されてそれ相応に読まれた形跡があり、それを鎌田柳泓は読破して共感することが多かったのであろう。しかし、鎌田柳泓が心学原論として評価したのはじつは王龍溪であった。それが顕著に顕れているのが『中庸首章講義筆記』である。町民の男女に講釈して「心学を生きる」ことを訴えた。ここでは個々の徳目は主題にならない。何故に心学なのか、は既に承認済みである。何故にこの徳目なのかは、今更問題にならない。問題は心学を生きる我々一人一人が自らをどのように把握して生きるのか、である。

　『中庸首章講義筆記』上巻第八条で、王龍溪の言説を活用して、次のように云う。

　昔扁鵲ノ上兄ハ、未ダ病マザルヲ治シ、中兄ハ病将ニ兆サントスルヲ治シ、扁鵲ハ病既ニ成ッテ是ヲ治ストイヘリ。是ヲ中庸ノ修行ニ比スルニ、上兄は未発ノ中ヲ養フ也。中兄ハ其ノ独リヲ慎ム省察ノ工夫也。扁鵲ハ已発ノ処ニ中ヲ求ムル也。然レドモ既ニ遅フシテ事ニ及バズ。

　明ノ王龍溪、存養ノ処ヲ用功於心上ト云ヒ、省察ノ処ヲ用功於念上ト云ヒ、已発ノ処ニ於ヒテスルヲ用功於事上ト云ヒ、又用功於事上者ハ、其功難成トイヘリ。是等ノ義ヲ合シテ、中和ノ功ヲ味ヒ見ルベシ。

鎌田柳泓の講義振りの真面目（しんめんもく）が如実である。朱熹が『中庸章句』で丁寧に説いた未発の中・已発の和のことを、扁鵲兄弟の臨床医学の事例を持ち出して説明する。この講義を聴く人々が生活者であったからである。扁鵲の処方では手遅れであるから、未発ノ中を涵養する上兄の処方が緊要であることを説き聞かせる。未発ノ中を涵養することを力説した朱熹の主意を汲んだ言い振りである。更に王龍渓の論法を借りてたたみかける。心（主体そのもの）を存養する、念（意識の働き）を省察する、具体的な現場で本心が発揮できるように努力する、という王龍渓の立論をあげて、扁鵲の処方が手遅れであるという趣旨を、王龍渓が「其功難成」と述べていることを持ち出して、だめ押しをしている。

鎌田柳泓が朱熹以外の心学の「餘材」を「偏を去り僻を捨てて」活用した典型である。鎌田柳泓は王龍渓の「今、此処に実在する私」という自己認識を説く当下現在説、町民の現在に良知が円満具足することを説く良知現成論を、絶妙な比喩を介在させて、噛み砕いて説き聞かせた。心学の原論が王龍渓を導入することによって生き生きとなったのである。

四　一九世紀・江戸期後半の王龍渓論

王陽明の良知心学が公然と読まれるようになるのは、一九世紀になってからである。

寛政二年（一七九〇年）、所謂「寛政異学の禁」が施行された。朱子学一尊体制を試みたのである。政治的経緯はともあれ、提言者たち、尾藤二洲（一七四七―一八一三）、岡田寒泉（一七四〇―一八一六）、柴野栗山（一七三六―一八〇七）らの朱子学理解が清朝初期の朱子学者である陸隴其（一六三〇―一六九二）とその亜流であることが判明すると、朱熹の原意を喪失した硬直した朱子後学であることに辟易して、かつて朱子後学に懊悩して良知心学に活路を見出した所謂陽明学が脚光を浴びることになる。その代表が佐藤一斎（一七七二—一八五九）と大塩平八郎（一七九三—一八三七）である。

中国の王朝の情報政策に禁書と書禁がある。禁書とは国内向けの禁止。書禁は海外向けの禁止。書禁とは国内の政治情勢を百年間は国外に知らせないための処置である。(4) 明末清初の政権交代期の顛末、異民族満州族の、特に華夷秩序に連結する政治支配に関与する文献は原則的には海外に輸出されなかった。それが一八〇〇年頃になると、一七〇〇年頃に公刊された書籍が日本にどっと輸入されるようになる。それを象徴するのが佐藤一斎の読書範囲の広さである。明末清初、一七世紀の書物を幅広く読破して筆写している。読書の広さを正直にも自慢げに吐露したのは大塩平八郎であった。『洗心洞箚記』の中で、おれは『明儒学案』を読んだぞ、『鄒東廓集』をも読んだぞ、おれが初めてではないかと。この二人に師事した人々、幕末維新期の陽明学者たちは、陽明学を王陽明一人のみで、せいぜい王龍溪を加えて、語ることはしていない。良知心学の流れを汲むものが輩出したこと、彼等の理解が多様であることを理解するようになる。その中における王龍溪理解であった。幕末維新期は、日本における陽明学理解、延いては性善説を根幹とした心性論の理解が尤も豊かに展開した時期であった。

清朝初期の陸隴其は明朝を亡ぼしたのは王学、それも王龍溪の無善無悪説であったと酷評した。陸隴其に同調した清初朱子学者の王学批判書、王学の長所を評価する王学修正論、王学そのものをありのままに信奉する王学擁護論、そのいずれもが日本に紹介された。それらを視野に収めた上での王学論議である。王龍溪一人が単独で評価されることはない。それだけに平衡のとれた論評がなされる。佐藤一斎・大塩平八郎とその門流の王龍溪論の特色である。

その一例を紹介する。土佐藩の奥宮慥斎・暁峯は佐藤一斎に入門して陽明学に親炙した。その著書は今、高知市民図書館に奥宮文庫としてまとめられている。川田雄琴の著書を調査するために赴いたおりに、奥宮慥斎が王龍渓を熱心に読んだ痕跡をしめす抄本が数多くあることを見出して、王龍渓が熱心に読まれたことを肝に銘じた。いかにも佐藤一斎の門人の本領を如実に示すものである。李卓吾に『王龍渓語録抄』八巻がある。その写本が東北大学の狩野文庫にある。巻一・巻七・巻八の三冊が現存。巻一の巻末に「于時天保丙申中秋八月十四日校正加点了。奥宮正由誌。應卯仲夏端午前三日、督児読之。読撫州擬峴臺会晤、乃覚与従前所読稍異。悔堂主人誌。」正由は慥斎の名。海堂は慥斎の別号。上欄に読書感想が記されている。「大人作用只是尋常」「偽士元不好読書。唯喜新奇耳」「真是救世手段」「透徹」「見性語」など此の種の評語が充溢する。熱心に読了したことを物語る。巻七の巻末には「天保丁酉夏六月校正加点了。是日風雨晦冥無聊甚。以此消遣云。私淑慥斎識。」巻八の巻末には「天保丁酉夏六月九日校合批点了。私淑奥宮正由識」。奥宮慥斎の識語である。私淑とは現実には師事しなかったものが文献を介して心服したことを告白する表現。狩野亨吉は奥宮慥斎・暁峯兄弟の蔵書を収集した形跡があるが、その際に収書されたのであろう。王龍渓が識者の間で静かに熱心に読まれていたことを証言する。

五　明治期の王龍渓理解

次に明治期の王龍渓理解の一典型を紹介する。明治期以降の陽明学・心学理解の特色は、結社を組織して機関誌を発行し、社会活動に邁進し、啓蒙活動に執心したことである。そのような時流の中で王龍渓が熱心に読まれた痕跡を紹介したい。

日戸勝郎編纂『王龍溪全書』。明治三十六年。東京三省堂発行。三一五頁。定価壱円弐拾銭。本書は莫晋校刊『王龍溪全集』道光二年刻本全二十巻のうち、巻十二までを排印したものである。巻十三以下の序、雑著、詩、祭文、状誌表伝は含まない。心性論の要諦を発行することになった。日戸勝郎は巻首に収める「王龍溪全書序」（明治三十六年十一月）で、次のように述べている。

姚江の学は伝習すること久し。中江藤樹・大塩後素の如き海内豪傑の士、身を挺して嚮往する者、数十百輩を下らず。皆偉器を成す。洵に是れ千聖の絶学なり。

頃者　清国の同学紹真会、『王龍溪全集』を寄せ来る。予貪り読むこと日夜を連ね、手は巻を捨くを忍びず。微を闡らかにし奥を発き、往々先師未発の言を発す。以為らく是第二の『伝習録』なりと。曾て記す、中江藤樹は其の初め朱学を奉じ、中途に『王龍溪語録』を読みて、翻然として姚江に帰依す。然ども亦偶たま爾するに非ざるなり。今、集中の序跋祭文誌銘の甚しくは適切ならざる者を除き、別に一冊を編み、以て陽明の書と相参観せしめて学人の研究の便に資す。

蓋し王龍溪は吾が宗の大荷葉なり。王陽明の正法眼藏なり。便ち此の人に附属して箇中の人道を為すを陳明する所以なり。（原漢文）

姚江学に関心を示すものが懐いていた王龍溪観が如実に表白されている。日戸勝郎がこれほどまでに王龍溪に惚れ込む、直接の契機になったのは、清国の同学会から『王龍溪全集』を寄贈されたことではあるが、彼が惚れ込む心意気を醸成したのは、陽明学を迎えんとする時流気運であろう。

吉本襄は鉄華書院を立ち上げて機関誌『陽明学』を明治二十九年七月五日に創刊し、明治三十二年五月二〇日に終刊した。総べて八十号である。次いで『修養』を公刊すると予告しているが刊行されなかったようである。吉本襄は勝海舟の『氷川清話』を編纂刊行した人として著明であるが、『陽明学』を公刊して「陽明学」という呼称を普及させた立役者である。日清戦争が勝利に終わった後の風気を慨嘆して、「発刊の辞」で次のごとく言う。

今や、我国は、東邦新興の一大雄国として、其任務を竭さざるべからざる位置に立てり。然れども事物の日に軽便に趨くに随ひ、一国の風気漸く卑下に傾き、文物の愈々進歩するに随ひ、一国の風俗益々浮薄に陥ゐり、機関の次第に完整するに随ひ、一国の士気漸く萎靡するを見る。而かも偉人傑士の起って以て世道人心を風動するものなし。是れ豈社会風教の為めに一大猛省を発せざるべからざる時に非ずや。吾人の陽明学を今日に研究するは、心学修養、人材陶成の為めに外ならずと雖も、天下の人々をして個人本然の任務あるを知らしめ、延て以て一代の風気を革新し、国家に裨補する所あらば、則ち洵に吾人発刊の本懐也。

日清戦争に勝利し大国の仲間入りをしたが、戦後は日増しに風気が卑下になり風俗は浮薄になり士気は萎靡になる有様である。この事態を猛省して陽明学を研究し、心学を修養し人材を育成して、誰もが其の人固有の任務があることを自覚させ、社会の風教を一新し国家に貢献したいと念願してのことであった。明治時代以降の陽明学運動の主役たちに共通する、国家社会に対する責任意識を自覚した人材を育成するためにこそ陽明学は最適の心学であるという理解である。江戸時代の陽明学者たちと雖も、天下国家に対する責任意識が無かったわけではない。しかし、武士の身分を捨てた中江藤樹に象徴されるように、一個人として人間らしく生きることが主題であった。

吉本襄主幹の鉄華書院版『陽明学』は王陽明・中江藤樹などの所謂陽明学者たちの心学紹介、遺著の解説註解が掲載されるが、それと並んで時論公論が少なからず掲載されるのは、そのためである。その中で、我が王龍渓はどのように扱われているか。王龍渓と銭緒山の高弟二人が師説理解を異にしたために、天泉橋のほとりで王陽明に判決を求めた。これを「四句訣」「四言教」「天泉橋問答」などという。これをとりあげた三輪執斎の「四言教講義」（一号～四号、八号）、三島毅「王子四句訣」（三・四号）が最初期から掲載されているが、王陽明＝陽明学という図式が強いためか、王龍渓・銭緒山の独自の理解に焦点を当てて紹介・解説する説き方にはなっていない。高瀬武次郎に「天泉橋上の問答」（六十七号）がある。銭緒山編『伝習続録』黄宗羲編『明儒学案』の記述に基づく。四言教の論争の経過と内容を丁寧に解説し、その後で、この四言教は王陽明の創設ではなく、王龍渓の立論であると主張して、とかく物議を醸した四言教を王陽明から切り離して、王陽明を弁護しようとした黄宗羲の四言教理解を論駁している。妥当な理解である。鉄華書院版『陽明学』に王龍渓の立論が紹介された唯一の登場場面である。池田盧州に「王門諸子伝略」がある。徐横山（九号）、季彭山（十三号・十四号）、欧陽南野（十六号）、鄒東廓（十九号）、聶雙江（二十四号）が取り上げられているが、王龍渓は紹介されていない。その理由は分からない。王龍渓が特出するには機が熟していなかったのか。

吉本襄が鉄華書院版『陽明学』を廃刊した、その七年後の明治三十九年三月二十二日に東敬治は明善学舎を立ち上げ、機関誌『王学雑誌』を創刊した。日露戦争直後のことである。「王学雑誌発刊の趣意」に次のように云う。

我輩は従来心学の力に因て以て忠孝倫理の道を養はんとするには、古今の間、未だ吾が王陽明先生の学を唱導するより好きものは、更にあるべくとも思はざるを以て、今特に王学専修の用に供はる一雑誌を創め、偏へに願くは之を以て広く天下同感の士と気脈を通じ、共に切瑳扶掖の協同力を得んと期し、遂に其の第一号を発行することとはなりぬ。

『王学雑誌』は良知心学の原論の解説及び論著の註解、日本・中国の陽明学者の紹介など誌面は多岐に亘る。その中に『王学諸儒列伝』があり、王龍溪は二巻六号七号八号に紹介されている。都合六頁。王龍溪の簡単な履歴、四言教を紹介し良知心学の講学活動を高く評価し「其師の道をして洋々として天下に充溢するに至らしむ、実に龍溪の功と謂はざるべからず」と絶賛する。この『王学雑誌』は明治四十一年十月三日に最終刊を刊行して廃刊された。東敬治は、明善学舎を陽明学会に組織変更し、機関誌『陽明学』を明治四十一年十一月三日に刊行した。会則、会員組織の充実を図り、陣容を整えて満腔の希望を抱いて再出発することになった。「発刊の辞」に次のように言う。

今や我邦は列強の班に入り、世界の大国民たると同時に、益其根柢を培養し、士気を卓砺し、人格を崇厚にする、必ず之れを心性の修養に待たざる可らざるものある。更に従前に比し、層一層必要なるを感ず。是れ陽明学の鼓吹、実に一日も忽にするべからざる所以なり。

『王学雑誌』刊行の動機と基本的には変わらないものの、飛躍せんとする使命感に満ちあふれている。創刊号六十九頁、執筆陣四十八名、壮観である。東敬治主幹の『陽明学』も心学運動団体の機関誌であるので、時局公論が主流であり、多彩な論客によって賑やかに展開された。ここでは学術論文はあくまでも補助論に過ぎない。

とはいえ、当代日本の風気を矯正して真運を切り開くうえで、有益とみられる哲学資源を発見紹介して、「心学の力」を充塡するよすがとする。勢い、王陽明の立論紹介もさることながら、日本の陽明学者・心学者の哲学資源が活用され、その註解解説が多量に掲載されることになる。中江藤樹、熊沢蕃山、三輪執斎、山田方谷、池田草庵など、既知の陽明学者が登場する。そればかりではない。東敬治主幹『陽明学』の一大特色は、所謂陽明学者の未紹介の遺文を発掘して、日本における陽明学運動が蓄積した哲学資源を飛躍的に豊かにしたことである。それを象徴するのが、会津喜多方に調査して、明治期まで持続された、中江藤樹心学派を紹介したことである。日本の陽明学者を前面に押し立てた運動であったから、王陽明の門流が紹介されることは多くは無い。王龍溪の場合、「四言教」絡みで話題になるものの（例。生田正庵「四言教四無四有の説」）（九十一号、九十二号、九十五号）、取り立ててその哲学が押し出されることはない。主幹東敬治が王龍溪の「冲元会記」（七八・七九号）を取り上げて「講義」している。その冒頭で次のように言う。

> 龍溪先生は陽明王子の高弟子を以て、終身其師の道を唱導するを以て其任と為し、王子没後は、先生が自然其道を主盟たるの観あり。陽明王子の道をして一時に盛んに、後世に伝ふるに至らしめたる先生の功労は、到底吾等後生の賛嘆して、遺忘するを得ぬものである。況して吾邦に於て斯学の開祖ともゆふべき中江藤樹先生の如きも、其始め、龍溪集を読まれたるよりとの事なれば、龍溪先生の語を講究するは、世の陽明学をなすに於て、殊に入用の事なりべし。

至当の言説である。東敬治は「冲元会記」を懇切丁寧に読解していく。その読解力は行き届いている。「悟の説」（八十号）は本文を掲載するだけで、読解はない。東敬治のみならず、他の会員たちも、東敬治に準ずる読解力は持ち合わせていたに違いない。しかし、主役は王陽明・中江藤樹などであったから、王龍溪が独立して取り上げられる機会が少なかった。しかし、王龍溪の本領は東敬治などにはよく理解されていた。

東敬治は会津陽明学の調査が一段落すると、『陽明学』百七号（大正六年十一月一日）に淵岡山の「岡山先生示教録」に評註を掲載し始める。中に都築重長が、

当下良知を欲せば、良知茲に至らざらんや。されども当下の心上、無將迎、無内外、無意必位に難至は如何。

という問について東敬治は次のように評注する。（108号）

当下良知とは現在当下の心を認むるの辞にして、即ち聖凡一貫の根本心を指す。良知を当下と認むるは、昔時王龍溪の恒言する所にして、また吾邦藤樹岡山門下の口訣とせる所なるが如し。

問答は続く。

三沢曰、当下良知を好で、而も良知の発見せざるは、放心の崇り也。岡氏云、藤樹兼て此発明あり。誠に親切なる者也。扨て其放心は何の故に候や。三沢又曰、万欲心髄に染付、興に触て萌すが故也。岡氏又曰、此試み又是也。扨又万欲は何のために萌し候や。此時諸士答事なくして、請問。

（淵岡山曰）万欲悉心のくせなり。……。一切の心くせは意念を信ずるよりおこれり。良知を信ぜば、諸欲何ぞ吾心を動かさんや。古曰万欲意に生ず。敢て意念を信ずるなかれ。此会各有省。

東敬治の評注は次の通りである。

万欲の皆其心のくせより生ずるは、人が意念を本来正確なるものと信じて、良知に力を入れざるによるとせる所が、即ち此処岡山先生の第一要旨である。藤樹先生嘗て云。意は万欲百悪の淵源なりと。又曰、意は心の依る所なりと。今岡山先生の説を藤樹先生に質せば、符節を合すが如く、畢竟師弟相伝衣鉢。

東敬治は、中江藤樹心学派の中心人物であった淵岡山の『岡山先生示教録』（107号―189号）、三伝の弟子二見直養の『二見直養先生芳翰集』（134号―172号）に評注を加えている。その内容理解は啓発に富む。東敬治主幹の『陽明学』は陽明学宣揚の行事報告、会員の論説、隠れたる陽明学者の紹介、著明な陽明学者の主著評解など、多彩であるが、その中で王龍溪が立項されて論説されることは多くは無いが、中江藤樹が王龍溪に啓発されて陽明学に開眼して「藤樹学」を熟成させて行ったこと、その中で淵岡山たち門流が、藤樹心学を継承して講学した。東敬治がその所産を評解するに当たって王龍溪の心学が鍵であることが把握されていたが故に、肝腎の所で登場することになった。

東敬治主幹の『陽明学』は大正十二年九月一日の関東大震災で甚大な被害を蒙り、運営に困難を来たし、主幹の東敬治が丹毒にかかり、昭和三年四月一日発行の196号で終刊となる。終刊宣言はない。明善学舎を陽明学会に組織変更し会員組織を強化して運営してきた。陽明学運動としても、資料発掘の面でも、その果たした功績は大きい。その遺産を未だ充分には生かし切れては居ない。

東敬治の『陽明学』に遅れること二年、明治四十三年七月五日に、石崎東国が大阪陽明学会を組織し機関誌『陽明』を創刊した。洗心洞学会を併設して大塩中斎を「陽明主義」の先駆者と位置づけて、その精神を当代に生きることを主張した。勢い、陽明主義者として王陽明、中江藤樹も持ち出されるが、社会改革の牽引者としては理論的にも実践的にも、大塩中斎こそがその主役である。援軍はルソー・中江兆民である。王陽明の門人では欧陽南野が一度、王龍溪は「天泉証道記」紹介文の中に一度登場するだけである。大正八年一月五日発行の機関誌は、誌銘を『陽明』から『陽明主義』に変更して、表紙下段に「陽明主義宣言」を掲載し、大阪陽明学会を設立した当初の趣旨を、次のように、より一層高らかに宣言した。

陽明主義は東洋近世紀の大哲人王陽明先生は有ゆる人類教の研究と畢生の大努力を以て宇宙人間に闡明宣伝せられたる致良知、知行合一、天地万物一体之仁を宗旨として生れたるものなり。……。人を救ふの教、世を済ふの道、只これ陽明主義あるのみ。茲に陽明主義を宣言す。

石崎東国は巻頭論文に「陽明主義の新使命」を書き、第一次大戦が終了してロシア革命が起こり、国家・民族、資本主義・自由主義をめぐり新たな戦争混乱がわき起こる中、今こそ陽明主義の歴史的役割があると宣言し、更に「解題陽明主義に就いて」では、「陽明主義」は学究的であるよりは実践的であることを基本理念とすることを力説する。

日独戦争・世界戦争に至て思想界の風潮は荒く、刺激は強烈となった。吾等の研究はより深酷にその宣伝は徹底的なるを要する。

陽明学を主題にしても朱子学風な講義録的研究は知識に止まり、これでは「陽明主義」の本領は発揮されない。ましてや実践的研究ではない。その責任は陽明学者も免れない。明言していないが、東敬治主幹の『陽明学』を標的にしていよう。そのような「明治王学者」の旧弊を払拭する気概を宣言した。大阪陽明学会は石崎東国と高瀬武次郎が動輪であった。石崎東国の「陽明主義」路線が強烈になると、高瀬武次郎の「講義録」風陽明学とは波長が合わなくなり、組織運営にも亀裂が生じ、関東大震災、石崎東国の健康問題などが重なり、財政的にも行き詰まって、大正一四年九月二十五日に通巻一四七号を刊行して『陽明主義』は幕を閉じることになった。終刊宣言はない。

大塩中斎は、「自由自在、良知を発するに任せて思想化し時代化した」、それを当時の学者役人は「素人学問」「我儘学問」と酷評したが、それこそが「生きた」学問であり、それを現代に「時代化」したのが「陽明主義」であると、石崎東国はいう。この「陽明主義」は実は『陽明』発刊の当初からの姿勢であった。しかし、『陽明』時代には講義録風陽明学と妥協を重ねるという忍耐をしながら機関誌・講学活動を維持してきたが、堪忍袋の緒が切れたというわけである。王龍溪の心性論が取り立てて論究されなかった所以である。

六　結びに代えて

日本における王龍溪、という場合、誰が最初に読んだか。それは分からない。桂庵和尚が生前の王陽明に会見しているが、この事実は斉藤拙堂の『拙堂文話』に紹介されるまでは知られていなかったのでは無いか。この時期に王龍溪はまだ王陽明に入門していない。

やはり早い時期に王龍溪の心学思想を滋養にした人としては中江藤樹をあげるのが妥当のようである。明末清初・十六世紀末十七世紀初頭は良知心学の反省期に入り、論難書が幅を利かせる。それが所謂朝鮮渡り本、或いは朝鮮版本の形で日本に入ってきた。それを象徴するのが陳清蘭の『学蔀通弁』である。林羅山は敏感に反応した。中江藤樹は陳清蘭『学蔀通弁』には全く言及していない。目睹する機会がなかったのであろう。中江藤樹の心性論には王龍溪の当下現成論が色濃く投影している。勢い、中江藤樹心学派の人々の言説にも、王龍溪の仕掛けが浸透している事は疑問の余地はない。

日本の近世期に心学が受用されたなかで、王門の驍将であった王龍溪が熱心に読まれてきた経緯を垣間見てきたが、非良知心学、非陽明学に立つ儒学者の王龍溪論に論究する暇がなかった。また、江戸期は心学を表に出した俗文学の世界で王龍溪が寵児であったふしがあるが、このことも言及できなかった。今後の課題としたい。

近代における陽明学運動の特色は陽明学を理念とする結社が次々と起こり、機関誌を発行して運動量を競ったことである。なかでも東敬治は中江藤樹心学派の発掘顕彰の中で、王龍溪の本領をよく理解していたことは瞠目に値する。

大学・高等学校・師範学校が創設されて、研究職・教育職にある所謂学者が、民間の結社に参加し、機関誌に論文を投稿する。それは概ね「陽明学」であった。それに反発して「陽明主義」に生きんとした大阪陽明学会の活動は異色を放っているが、ここでは王龍溪は脚光を浴びていない。

日本における王龍溪理解を素描しようとするとき、王龍溪の立論に焦点が当てられるのは、楠本正継・岡田武彦・荒木見悟の登場を待つことになる。

しかし、講壇の研究はあくまでも「陽明学」研究であって、「陽明主義」を生きる事を宗旨としていない。大阪陽明学会とは一線を画しながら、広義の「心学」に生きた人々がいたのか否か。この問題についても今後の課題としたい。

注

（1）拙稿「日本における『伝習録』」、『日本近世の心学思想』所収。研文出版、二〇一三。

（2）「中江藤樹編纂医学書『捷径医筌』の依拠文献」『白山中国学』通巻二〇号、二〇一四。

（3）吉田公平・小山國三編『中江藤樹心学派全集』研文出版、二〇〇七。

（4）宮崎市定「書禁と禁書」、『宮崎市定全集』第十九巻・「東西交渉」所収。岩波書店、一九九二。

附録

王龍溪講学活動に関する現地調査報告

伊香賀　隆
播本　崇史

二〇一一年から二〇一四年にかけて三回にわたり、王畿講学活動地及びその周辺にある宋明儒学関連史跡の実地調査をおこなった。第一回は浙江省（二〇一一・九・八〜九・一四）、第二回は安徽省（二〇一三・九・八〜九・一四）、第三回は江西省（二〇一四・九・九〜九・一五）を中心に現地を訪れ、それぞれ「陽明心学講学活動実地調査」（『白山中国学』一八、二〇一二）、「安徽省王畿講学関係地実地調査報告」（同二〇、二〇一四）、「江西省王畿講学関係地実地調査報告」（同二一、二〇一五）として報告した。調査に参加したメンバーは、吉田公平（東洋大学）・小路口聡（東洋大学）・早坂俊廣（信州大学）・鶴成久章（福岡教育大学）に、本報告書を執筆した伊香賀隆・播本崇史、中国側からは銭明（浙江省社会科学院）・申緒璐（杭州師範大学）（以上、敬称略）、さらには、現地調査には同行されなかったが、全ての調査にわたって呉震教授（復旦大学）から協力を頂いた。また、第一回浙江省調査の際には、復旦大学において吉田公平教授（当時）が講演を行い、浙江省社会科学院では『龍溪會語』の読書会を開催し、寧波では『王畿評伝』『黄宗羲長伝』等の著書もある方祖猷先生と会食する機会を得た。第二回の安徽省調査では、途中から現地にお詳しい呉琳先生（黄山市和諧徽州文化服務中心）に同行して頂き、安徽大学では学術交流会を行った。第三回の江西省調査では、杭州師範大学において、同大学副校長の何俊教授や同国学院副院長の范立舟教授らと交流し、また南昌では彭樹欣教授（江西財経大学）に現地をご案内頂いた。ここに全てお名前を挙げることはできないが、中国の多くの方々に様々な場面で協力を頂いた。中国側の多くの協力を得たことでこれらの現地調査が実現し、たいへん有意義な結果に終わったことに対し、この場をお借りして心より感謝申し上げる次第である。

三回の調査についての全貌は、前掲の三報告書に記してあるが、ここでは、これらの中から王畿の講学活動に関わる記事を取りあげ、一部、修正加筆して以下に紹介する。

《第一回調査（浙江省）二〇一一年九月八日～一四日》

【天真書院址】浙江省杭州市西湖区（二〇一一年九月一〇日）

天真書院の建立は、王守仁（号は陽明、一四七二～一五二九）逝去の翌年である。天真書院址は西湖南方にある玉皇山中腹にあり、すぐ近くには天龍寺という禅寺がある。また、玉皇山の頂上には、福星観という道観もあり、今も数多くの地元の人々で賑わう。玉皇山の観光案内によれば、「山頂の福星観は、道教全真派、江南地区の著名な道場の一つ」ということである。この福星観のある山頂までは山の北側からバスが出ているのに対し、山の南方にある天真書院址や天龍寺までは徒歩で赴くこととなる。

さらに、玉皇山南方の麓には「八卦田遺跡公園」がある。陰陽魚型の林が中央に位置し、その周囲を八角形の田畑が囲んでいる。その山側には小さな湖があり、田畑に潤いを与えている。八卦田は、もともと南宋時代の皇

八卦田遺跡公園
玉皇山中腹から南を望む
奥には銭塘江が流れる

帝が「籍田」の礼を行った地として伝わる。

天真書院址に行くためには、この八卦田脇の整備された石段を登って行く。当地には「玉皇山景区導游図」という案内板があるので道に迷うことはない。

王畿はこの天真書院の創建について、「時、薛中離以行人会葬、恐同門離散、因夫子有天真卜築之期、相與捐貲聚材、搆天真精舎、設夫子像於中堂」（『王畿集』巻二十「刑部陝西司員外郎特詔進階朝列大夫致仕緒山銭君行状」）と述べている。天真書院創建の経緯については、『王文成公全書』巻三十五「年譜附録一」「嘉靖九年庚寅五月」に詳しい。当地には、「天真精舎遺址」と題された以下のような解説があった。

【天真精舎遺址】

嘉靖九年（一五三〇）、王臣・薛侃・銭徳洪などにより王陽明先生を記念して建てられたもので、祭祀や集会・講学の機能も兼ね備えていた。かつて王陽明が門人達と杭州の諸所を巡って講学を行っていた際に、天真山麓に登った。そして、江湖が一つに合わさったこの土地が、将来隠棲したいと心の中で思い描いていた場所とぴたりと一致していることに気付いた……。天真精舎創建時、石刻の碑文があり、そこには、「嘉靖庚寅秋、天真精舎落成。中為祠堂、後為文明閣、為載書室、又為望海亭、左為嘉会堂、左前為游芸所、伝経楼、右為明徳堂、為日新館、余為齋舎。周以石垣、界則東止浄明、西界天龍、北曁天真、南抵亀田路。是挙也、成夫子道意、四方同志、協而成之、勒之於石、俾世守者稽焉」（報告者注：『薛中離先生全書』巻十二「天真精舎勒石」）と記されていた。万暦二年（一五七四）、凝道堂を増建。万暦八年、張居正が天下の書院を破壊したが、天真精舎もその難を免れることはできなかった。万暦十一年（一五八三）、天真精舎は祭祀の機能を復活させた。

（なお、天真書院の石刻については、鶴成久章「陽明学の聖地に残された石刻―「天真精舎勒石」について―」（『汲古』第六二号、平成二四年一二月）を参照）

万暦二年に増建されたという「凝道堂」については、王畿に、王畿に「凝道堂記」（『王畿集』巻十七）がある。天真書院址に隣接する天龍寺は、王守仁らの宿泊先であったと言われている。各地に点在する禅寺は、いわば簡易宿泊所であり、このような禅寺の周辺にて、王守仁は講学活動を行っていたのである。玉皇山の南方、八卦田のさらに先には、雄大な銭塘江が流れている。紹興方面から杭州に向かうには、必ずこの銭塘江を通らねばならなかった。天真書院は、銭塘江と杭州城との中間に位置しており、交通の要衝に位置していたと言える。また、江西・安徽方面に向かう際にも、この銭塘江をさかのぼるのがルートの一つであったようである。

【王守仁墓】浙江省紹興市（二〇一一年九月一一日）

王守仁の墓は、紹興市内から南西一六キロの洪渓にある。蘭亭からさらに三キロほど南下した「花街」地区から、脇道に入って行ったところにある。我々が訪れた時には、入口に山荘のさびれた大きな門があった。ただ、

王守仁墓（階段下から）

「明王陽明先生之墓」（祭壇）

山荘としては既に閉業しているので、この門もいずれ撤去されるであろう。門をくぐると地元の人の住居となっている建物があったが、ここはかつて学校（「陽明中学」「蘭亭中学」）であったとのことである。そしてその先に壮大な王守仁墓があった。王守仁墓は、そもそも嘉靖七年（一五二八）に、王畿と銭徳洪らによって造営されたが、その経緯については「年譜」に以下のように記されている。

十一月、葬先生於洪溪。是月十一日發引、門人會葬者千餘人、麻衣衰屨、扶柩而哭。四方來觀者莫不交涕。洪溪去越城三十里、入蘭亭五里、先生所親擇也。（『王陽明全集』巻三四「年譜三」）

岡田武彦『王陽明紀行―王陽明の遺跡を訪ねて―』（明徳出版社、平成九年）によれば、墓は清の康熙・乾隆、及び民国年間に修理され、その後、文化大革命の際に徹底的に破壊されたが、墓碑の底部はそのまま残され、王守仁の遺骨は今なお納められているという。墓は後に岡田武彦先生を中心に再建され現在に至っている。一行は最上階まで上り、「明王陽明先生之墓」と書かれた円形墓の前に立って礼拝をした。

【王府】浙江省紹興市（二〇一一年九月一一日）

紹興市内にある王府は、南京兵部尚書・王守仁の府第である。その場所は、府山公園の北側、呂府から運河に沿って少し北に歩いた所、上大路・王衙弄と仮山路の間にある。王衙弄の前には、長さ三五メートル、幅二五メートルの碧霞池がある。この碧霞池には、かつて天泉橋という橋がかかっていた。当地は、嘉靖六年（一五二七）九月、かの天泉橋問答が行われた地である。王守仁の高弟である銭徳洪と王畿の両名が、それぞれ「四有説」「四無説」を主張して決着がつかず、その裁可を、これから戦地に赴こうとする王守仁に、この天泉橋で仰いだという。

天泉橋があったとされる碧霞池

この天泉橋がいかなるものであったか、ということについての考察は、銭明「王陽明史跡論考」（渡邊賢訳、『陽明学』第一五号所収、二松學舍大学陽明学研究所、二〇〇三年）に詳しい。これによれば、「紹興の民間には古くから河川のほとりに台楼を設置する習俗が存し、廟会を挙行したり、社戯を演ずるなど」の際には「必ず川辺に戯台や、神座台橋梁を築き、船上の遊山者が見物しやすくした」とあり、宴会等がよく行われていた天泉楼と天泉橋とは、「寄り添うように碧霞池のほとりに建造された建築物なのであろう」、「楼台に沿って河の中心へ伸びる部分は、橋と称しても差し支えない」と解説されている。

現在の碧霞池は、当時に比べれば、周辺の住宅や道路の建設等によってかなり狭くなっているとのこと。今や、昔の面影はなく、小さくなっ

王衙弄の王陽明故居遺址

たという碧霞池も、周辺住民の生活空間に溶け込んでいる。王衙弄は非常に狭い道であるが、少し進むと「王陽明故居遺址」と記された看板がある。その周辺一帯がかつての王府ということになる。さらに歩を進めると「月明園」があり、入口の門には「陽明園」という額が掲げられている。ここはかつての王府後院の天文観察所であったという。この高台にある月明園から、かつての王府一帯を眺望することができる。

なお、天泉橋問答が行われる三年前の中秋節（一五二四年、旧暦八月）、王守仁はやはり天泉橋において門人百余名と観月の宴をもよおしている。その時の様子は、年譜に「八月、宴門人於天泉橋」と記されている。それによれば、中秋の月は昼間のように白く、陽明先生は碧霞池のほとりに席を設けさせ、酒が半ば宴たけなわになると、歌声が次第に起り、ある者は「投壺聚算（壺に矢を投げて点数を競うダーツのような遊び）」をして遊び、ある者は鼓を打ち、ある者は舟を浮かべて遊覧した、と記されている。

【中天閣】浙江省余姚市（二〇一一年九月一二日）

中天閣は、龍泉山（陽明公園内）にある。公園の入口付近は中秋節のためか、出店で賑わっていた。公園は小高く、階段を上っていくと四賢人の碑がある。四賢人とは、王守仁・厳光（字子陵）・朱之瑜（号舜水）・黄宗羲（号梨洲）である。ただこれらの碑も文化大革命で破壊され、現在のものは以前の写真をもとに再建されたものである。四賢人の碑からさらに階段を上ると広場があり、市民の憩いの場となっている。この広場の一角にある階段を上ると、「陽明先生講学処」と書かれた中天閣の入口がある。

「年譜」（『王陽明全集』）には、嘉靖四年（一五二五）九月、王守仁が墓参りのために余姚に帰り、「龍泉寺の中天閣に會し、毎月、朔望、初八、廿三を以て期と為す」ことを定めたと記されている。「朔望、初八、廿三」、すなわち一日・八日・十五日・二十三日の四日である。守仁は正徳十六年（一五二一）、四九歳以降、この中天閣で門人に学を講じたが、聴講する門人は、多い時で三百人を超えたという。守仁の優れた門人たちは、この中天閣で教えを受けたというが、その最初期の門人が銭徳洪と王畿である。この時期の状況について王畿は、銭徳洪の「行状」に以下のように記している。

中天閣

中天閣の内部

> 夫子還姚、君相率諸友范引年、管州、鄭寅、徐珊、呉仁、柴鳳等數十人、闢龍泉中天閣、請夫子升座開講、君首以所學請正。（中略）

追惟夫子還越、惟予與君二人最先及門。戴玉臺巾、服小中衣、雎雎相依、咸指以爲異言異服、共誹訕之。予二人毅然弗顧也。壬午、癸未以来、四方從學者始衆。時、薛中離、鄒東廓、王心齋、歐陽南野、黄洛村、何善山、魏水洲、藥湖諸君咸集館下。（『王畿集』巻二十「刑部陜西司員外郎特詔進階朝列大夫致仕緒山錢君行状」）

王畿のこの記録によれば、銭徳洪は、王守仁が余姚に帰郷すると、范引年などの友人数十人を率いて、中天閣にて教えを請うたという。また、銭徳洪と王畿とが、最初に王守仁に入門したとある。さらに壬午（一五二二）・癸未（一五二三）以降、全国から好学の士が集うようになるが、ここには薛侃（号中離）・鄒守益（号東郭）・王艮（号心齋）・欧陽徳（号南野）・黄弘綱（号洛村）・何廷仁（号善山）・魏良弼（号水洲）など錚々たる門人の名前が挙げられている。

《第二回調査（安徽省）二〇一三年九月八日〜一四日》

【徽州古城・斗山街】安徽省黄山市歙県（二〇一三年九月一〇日）

現在の安徽省黄山市は、かつての「徽州府」にほぼ相当する。「徽州」は、安徽省最南部から江西省北部にまたがり、北方には黄山山脈がそびえる山国であり、かつて徽州府の府城が置かれた歙《しょう》県をはじめ、休寧《きゅうねい》・婺《ぶ》源《げん》・祁門《きもん》・黟《い》・績渓《せきけい》の六県があった。州内最大の河川は新安江で、徽州盆地を流れ、やがて銭塘江と名を変えて浙江省杭州を通過し、東シナ海に注いでいる。

「徽州」は、その古名を「新安」と言った。「新安」といえば、当地が父祖の出身地であった南宋の朱熹が自らを「新安朱熹」（『大学章句』序等）と名乗っていたことが思い起こされる。そのため、「新安」では伝統的に朱子学が尊ばれてきた。また徽州と言えば、「徽商（新安商人）」が有名である。明代の商業界を牛耳っていたのは山西商人と新安商人であったと言われる。徽州では、多くの住民が商人として他の地域に出ていったが、徽商は商業活動をより有利に進めるため、官僚の中に幅広い人脈を築くことを必要とした。そこで、一族郷党の中に優秀な子弟がいれば援助を惜しまず教育を施し、科挙を通じて官界に次々に人材を送り込んだ。こうして、その勢力をさらに拡大していったのである。

明代、王畿はこの徽州の地を何度も訪れている。『王畿集』に見られる「新安六邑の会」（巻七「新安斗山書院会語」等）は、徽州の六県（歙・休寧・婺源・祁門・黟・績渓）の同志が一堂に会して開催した講会であり、その拠点の一つが「斗山書院」（徽州府歙県）であった。徽州では、他にも「婺源同士の会」「休寧の会」「祁門の会」等が開催されており、王畿らが力を入れていた地域であったことがわかる。今回の調査では、かつて「斗山書院」があったとされる徽州古城の「斗山街」を訪れた。

かつて、この徽州古城に、徽州府六県の府城が置かれていた。まず当地を訪れた調査団一行の目の前に現れたのは、古めかしい城壁である。隋末唐初に建てられたという。しかし、それが七世紀から建っていたものだと言われると、確かに古めかしさはあるけれども、千年以上前のものとは思えない。それほど立派なものであった。

徽州古城の入り口は、城壁の西端に位置している。そこには「仁和楼」という名の楼閣が聳えている。この一帯は、現在は「徽園」と呼ば

徽州古城

陽和門

下層は隋末唐初の城壁

れ、徽州古城の中心をなし、周辺に「得月楼」「茶楼」「恵風石坊」をはじめとする古色豊かな建造物が数多く存在している。我々はこの「仁和楼」から城壁に沿って移動し城内に入った。

城内に入ってまず見えてきたのが「陽和門」である。案内板によれば、宋の紹興二十年（一一五〇）の創建で、「鼓楼」「迎合門」とも呼ばれ、楼上には時を知らせる設備がある。

この陽和門の上部は、現在、「徽州儺文化陳列館」となっている。陽和門を通ると、そこに明の万暦十二年（一五八四）に建てられたという八本脚の「大学士坊」（東方凱旋門、許国石坊〔全国重点保護文物一九八八年〕）がある。

「斗山街」に行くには、さらに「中和街」と呼ばれる六百メールほどの商店街を進んでいく。中和街は緩やかな斜面にあり、上っていかねばならない。そこから枝が生えるように、「大北街」「斗山街」などが山肌に沿って延びている。したがって「斗山街」は、「中和街」から入る場合には、やや緩やかな下り坂を下りていくことになる。

斗山街は、全長は約五百メール、明清期に建設が進み、官僚の居住地であり、また徽商（新安商人）の故郷でもあった。当時の有力官僚家である楊一族の住居「楊家大院」や、許一族の広間「許家庁」等が公開されている。

現在の建物は、清代中期に建てられたものであるが、その構造は、中国古代の典型的な役人の住居である。戸口の両脇には、馬に乗る際に使用した「上馬石」があり、門楼にはレンガ彫刻、広間や棟木には精緻な彫刻が施されている。ほとんどの家々に「上馬石」が備えられており、まさに騎乗を許された者たちの住宅街といった雰囲気であった。ちなみに、この一帯は、現在でも実際の住宅として利用されているが、その戸口には、「共産党員戸」や、「五好文明家庭」といったプレートがよく目についた。

斗山街は「斗山」という山にちなんでつけられている。その上方、中和街側に、王畿が訪れた「斗山書院」があった。ただ、ここはあくまでも街である。確かに斜面に位置してはいるが、現在でも店が軒を連ねており、行楽シーズン時の京都清水寺の参道とまではいかなくとも賑やかであった。

斗山街（中央左に上馬石）

道光『歙県志』（巻二之三・營建志・學校・書院附）によれば、ここはかつて明の湛若水が講学を行った地であり、嘉靖十年（一五三一）に知府の馮世雍が修繕して「精舍」とし、万暦年間に「書院」と改められたという。この斗山書院における講会内容については、『王畿集』所収の「斗山会語」（巻二）「新安斗山書院会語」（同巻七）「斗山留別諸同志漫語」（『龍溪会語』巻二）等に見ることができる。ここでは、その講会の様子について「新安斗山書院会語」（同巻七）から少し紹介しておきたい。

新安ではかつて「六邑の大会」が開催され、毎年春秋に一県が盟主となり、他の五県の同志士友はそれに従った。万暦三年（一五七五）の秋、王龍溪先生が華陽から新安にやってきたが、郡主の蕭全吾は出迎えてこう言った、「王龍渓先生は高齢で、車馬に乗ってここまでやって来られるのは、さぞかし大変であったことと思います。郡内の士友は長い間この日を待っておりました」と。そこで斗山書院を灑掃し、同志を法堂に集め、十日ほどして講会は終了した。蕭全吾は言った、「昔の言葉に『一日之れを暴《あたた》め、十日之れを寒《ひや》さば、未だ能く生ずる者有らざるなり』（『孟子』告子上）とあります。我らが師（王畿）は、数年を経て、今回ようやく来て下さいました。どうして「十日の寒」どころでありましょうか。このような状態では、新芽や蘖《ひこばえ》が成長して枝葉が生い茂ることができないように、我々も成長は望めません。」と。こうして学生らに命じて、講会で明らかになったことを記録させて、永く実践に努めさせようとしたのである。

新安舊有六邑大會、毎歳春秋、以一邑為主、五邑同志士友從而就之。乙亥秋、先生由華陽達新安、郡守全吾蕭子出迎、曰、先生高年、得無輿馬之勞乎。郡中士友相望久矣。乃灑掃斗山書院、聚同志大會於法堂、凡十日而解。蕭子曰、古云、一日暴之、十日寒之、未有能生者也。吾師去此數年、今始辱臨、豈徒十日之寒而已乎。若是而求萌蘖之暢茂條達、不可得也」。因命諸生紀會時所發明、以永佩服云。

王畿の講学が新安の人々から切望されていた様子がよく分かる。この斗山書院における講会について、王畿自身は、「新安旧六邑同志の会あり。予、緒山銭子と年を更めて会に莅《のぞ》み、交修の益を致す」（『王畿集』巻二「建初山房会籍申約」）と述べている。つまり、銭徳洪と一年交替でこの地にやってきて、参加者たちと切磋琢磨し合ったのである。なお、この講会は後に参加者が増加して収容し切れなくなったため、福田という地に移されている。

【水西書院・宝勝禅寺】安徽省宣城市涇県（二〇一三年九月一二日）

〔全国重点寺廟、一九八四年〕

水西書院跡地は、涇県の宝勝禅寺敷地内にある。宝勝禅寺の門前には、道路を挟んですぐ川が流れている。王畿を中心とした講学の会「水西の会」は、寧国（現宣城市）涇県の「水西」と呼ばれる地区で行われていた。王畿はこの「水西の会」が開催されるに至った経緯を以下のように述べている。

宝勝禅寺

嘉靖二十八年（一五四九）の夏、私が水西の会に赴いてから十日が過ぎ、別れの挨拶をして帰ろうとする際に、学友たちの交通の遠近を考慮して毎月、小さな会合を開くことを定め、この会を全うさせる計画を立てた。前年の嘉靖二十七年（一五四八）の春、私は江右（江西省）の諸君らと青原にゆく約束をしていて、その途中に涇県に立ち寄った。学友たちは、私がここにやってくることを聞いて、互いに誘い合って集まってくれた。二泊して別れることになったが、みなすっかり角が取れた様子で、やる気に満ち満ちていた。彼らは、しばらくしたら、またもとの状態に戻ってしまうのではないかと心配し、再度この水西の地に会することを計画した。［そして］毎年、春と秋に会期を定め、私（王畿）と銭緒山が、かわるがわるにやってきて、互いに切磋琢磨し合うことを求めてきた。私はその時、喜んでこれに応じた。

嘉靖己酉夏、余既赴水西之會、浹旬、将告歸、復量諸友地理遠近、月訂小會、圖有終也。先是戊申春仲、余因江右諸君子期之青原、道經於涇。諸友聞余至、相與扳聚。信宿而別、渢渢若所興起。諸君懼其久而或變、復相與圖會於水西、歳以春秋為期、蘄余與緒山子迭至、以求相觀之益。余時心許之。（『龍溪會語』巻一「水西會約題詞」）

以上のような経緯で、「水西の会」が開催されるようになり、王畿と銭徳洪が代わる代わる訪れ、周辺地域から多くの門人が学びにやってきた。その数は次第に膨れ上がり、やがて水西書院（水西精舎）が建てられることになる。この水西書院建設の経緯は、『王文成公全書』巻三十五「年譜一の「嘉靖三十三年甲寅」に以下のように記されている。

嘉靖三十三年甲寅（一五五四）、巡按直隷監察御史の閭東と、寧国知府の劉起宗が水西書院を建て、王陽明先生を祀った。水西は、寧国府涇県を流れる大渓（青弋江）の西に位置し、そこには上中下の三寺が有る。初めは諸生たちが会集し、各寺の方丈に寝泊まりしていたが、次第に諸生の数が増えていき、僧舎に収容しきれなくなってしまった。そこで上寺の空地に室を築いて、講堂（講肆）を設けた。しかしそれでもまた足りなくなって、提学御史の黄洪毘と知府の劉起宗が精舎を「上寺の右」に建てること建議した。まだ許可がおりずにいた時、巡按御史の閭東と提学御史の趙鏜が続けてやってきたので、劉起宗は再び建議した。こうして知県の邱時庸がその手続きを進め、自ら指揮して水西精舎を建てた。［その際］地元の人々で道義を愛する者が、競ってやってきて手伝った。また南陵県に、夫に先立たれた陳という姓の女性（曹按の妻）がおり、その子の廷武に田八十畝あまり［から収穫した米］を運ばせて、集まってくる学生らに食糧を提供した。宿舎も食糧も完備され、こうしてこの地は、周囲に知れ渡る一大拠点となった。劉起宗は礼をもって銭徳洪・

王畿を招待し、年を隔てて講会が開催されるに至った。

三十三年甲寅、巡按直隷監察御史閭東、寧國知府劉起宗建水西書院、祀先生。水西在涇縣、大溪之西、有上中下三寺。初與諸生會集、寓於各寺方丈。既而諸生日衆、僧捨不能容、乃築室於上寺之隙地、以備講肆。又不足、提學御史黄洪毗與知府劉起宗創議建精舍於上寺右。未就、巡按御史閭東、提學御史趙鏜繼至。起宗復申議。於是屬知縣邱時庸恢弘其制、督成之。邑之士民好義者、競來相役。南陵縣有寡婦陳氏、曹按妻也、遣其子廷武輸田八十畝有奇、以廩餼來學。於時書院館穀具備、遂成一名區云。起宗禮聘洪畿間年至會。

宝勝禅寺と大観塔

資料によれば、「水西」とは河川（青弋江）の西という意味であり、ここにかつて「上中下の三寺」があった。上寺は「宝勝寺」、中寺は「崇慶寺」、下寺は「西方寺」であったという。そして、寧国知府であった劉起宗の建議により、「上寺の右」、つまり「宝勝寺」の右脇（正面左脇）に「水西精舎」が建てられることになったと記されている。

そこで一行は、宣城市涇県水西東路にある「宝勝禅寺」を訪ねた。入り口の案内板には「隋唐古刹　涇県宝勝禅寺（水西廟）」と記されていた。安徽省文物局の案内によれば、古来よりこの地は仏教が盛んで、北魏永平元年（五〇八）に凌岩寺が建てられたのに始まり、唐宋期に何度も修復されて、「宝勝禅寺」と名を改めたという。唐代には李白や杜牧等もここを訪れて、「天宮水西寺、雲脚照東郭、清湍鳴回溪、緑水繞飛閣」

（李白）という詩を詠んでいる。

道路に面した入口に、大きな石造の門があり、前面には「黄檗道場」、裏面には般若心経が刻まれていた。門をくぐり石段を登っていくと、右手に「本寺開山　黄檗希運禅師墓塔」と刻まれた墓塔があり、「一九八六年二月　重建」と記されていた。この寺は、唐代の高僧、黄檗希運ゆかりの寺ということになる。さらに石段を登っていくと本殿が現れ、さらにその奥に大雄宝殿があった。

寺の隣には、七層の仏塔が聳え立っている。名を「大観塔」といい、白雲泉の近くにある「六万塔」と合わせて「水西双塔」と呼ばれている。安徽省文物局の案内によれば、「大観塔」は北宋の大観二年（一一〇八）の創建で、八面七層、高さは四五メートル、底層直径は一二メートルである。地上から階段も伸びており、非常に狭いが塔の中に入ることも出来る。大観塔脇の白壁に「水西双塔記」と題し、右記のような寺の由来が書かれていた。

恐らくこの塔の近辺に、水西書院があったものと推察される。宝勝禅寺から大観塔へと続くこの一帯も、当時は多くの学生らが集い、王畿や銭徳洪とともに熱い議論が交わされていたことであろう。水西書院は、その後、羅汝芳（字惟徳。号近溪、一五一五～一五八九）が寧国の知府であった時に、「明徳堂」や「思默楼」などが増築されて活況を呈したが、張居正政権下の万暦初年に取り壊されている。

【宛陵精舎】安徽省宣城市城区（二〇一三年九月一二日）

「宛陵」とは宣城の雅名であり、宣城市は、かつて寧国と呼ばれていた。嘉靖四十一年（一五六二）から嘉靖四十四年（一五六五）にかけて、羅汝芳が寧国知府を務め、また嘉靖四十一年から隆慶元年（一五六七）にかけて、耿定向（字在倫、号天台、一五二四～一五九六）が南畿督学を務めたことも重なって、当時の寧国では陽明学派の講学活動が非常に盛んであった。

『寧国府志』（巻十九、学校志、宣城県）によれば、寧国には羅汝芳や耿定向が建てた「志学書院」、知県の姜台が建てた「宛陵精舎」があり、「宛陵精舎」の南には「観復楼」があったと記されている。この「観復楼」における講会の内容は「宛陵観復楼晤語」として『王畿集』（巻三）に収録されている。

中純夫「王畿の講学活動」によれば、王畿が「宛陵の会」に赴く記事は「嘉靖四十三年（一五六四）」に集中しているが、それは決して「単発的な会合ではなく、地域の人士を中心として形成されたある程度持続性のある講学グループの如きもの」（四五八頁）であった。さらに、それは羅汝芳の寧国知府離任後も継続し、万暦初年、張居正による書院禁止政策が断行されるまで、講会は存続していたという。

法治公園　開元塔

宛陵精舎は、城北の「景徳寺」の後ろ、志学書院の西に創建されたといわれている（『中国書院辞典』）。景徳寺は現在、「法治公園」として整備されており、その片隅には「開元塔」という塔があったが、我々が訪れた時は改修中であった。その塔の脇には、最近作られたのであろう「景徳寺塔記」と刻んだ石板があったが、書院跡らしきものを見つけることはできなかった。なお、車道を挟んだ法治公園の向かい側には、「謝朓楼遺址」（全省重点文物保護単位、一九九八年）があったことを記しておく。宛陵精舎の所在地については、今後のさらなる調査が俟たれる。

『王畿集』（巻二「宛陵會語」）に、嘉靖四十三年に開催さ

開元塔のある丘の上から

れた「宛陵の会」の様子が記されているので紹介しておこう。

羅近溪（名汝芳）が宣城（寧国）の知府になると、六邑（寧国府下の宣城県・南陵県・涇県・寧国県・旌徳県・太平県）の人々を教化した。さらには、六邑の優秀な人材を選抜して宛陵に集め、これに宿舎と食糧を提供し、礼楽によって教育したので、六邑の風俗はにわかに活性化した。嘉靖四十三年（一五六四）の春暮、私（王畿）は期日を定めて「宛陵の会」に赴いた。羅汝芳は、六邑の士友長幼千人余りを「至善堂」に集めた。まずはじめに歌童に命じて音楽を演奏し合唱させ大衆の志を奮い立たせた。そして、羅汝芳は席を離れ、大衆を導いて、次のように述べた。「昔、陸象山（九淵）が晦庵（朱熹）を南康に訪ね、白鹿洞書院において講義をし、「義利の辨」（『論語』里仁篇）についてその意を明らかにした。これを聞いて感激し涙を流す者までいた。今回、幸いにも王龍渓先生が、この宛陵の会に来て下さった。大聴衆が宛陵に集結し、その盛大さは白鹿にも決して劣るものではない。王龍渓先生の学問は、古の聖人より脈々と伝えられてきたものである。一言にして多くの士友を教え導いて下さることを願っている。王龍渓先生の話を聞いて、涙を流さない者などいようはずがない」と。

近渓羅侯之守宣也、既施化于六邑之人、復裒六邑之彦聚于宛陵、給之以館餼、陶之以禮樂、六邑之風蹶然震動。甲子春暮、予以常期赴會宛陵、侯大集六邑之士友長幼千余人聚于至善堂中、先命歌童舉樂合歌以興衆志、侯離席率衆、作而言曰、昔象山訪晦庵于南康、開講白鹿、發明義利之辨、聞之至有感悟流涕者。今幸先生辱臨于茲、大眾雲集宛陵之勝、不減于白鹿、先生之學淵源有自、幸蘄一言以詔多士、焉知不有聞而流涕者乎。

この「宛陵の会」で、羅汝芳は、かつて白鹿洞書院で名講義を行った陸九淵（字子静、号象山、一一三九～一一九二）と王畿とを結び付け、陸九淵が聴衆を感激させたように、王畿も皆さんを感激させるような教えを説いてくれるだろう、と述べて王畿を紹介している。これに対し王畿は、謙遜して辞退を申し出るが、羅汝芳に再三促されて、遂に「万物一体の仁」について語り始めるのであった。

国光楼

【南譙書院】安徽省滁州市全椒県（二〇一三年九月一三日）
〔安徽省重点文物保護単位、一九九八年〕

書院名にある「南譙」とは、「滁州」の別名であり、かつて王守仁が南京太僕寺少卿として半年ほど赴任していた地である。「南譙書院」は、滁州全椒県の戚賢（字秀夫、号南玄、一四九二～一五五三）が、嘉靖十三年（一五三四）に講学の拠点として建てたものである。

王畿の「刑科都給事中南玄戚君墓誌銘」（『王畿集』巻二十）によれば、戚賢は、南京太僕寺少卿として滁州に赴任してきた王守仁と対面したが、その時はまだその教えを信じることが出来なかった。その約十年後の嘉靖三年（一五二四）、再び守仁の書を読み、ようやくその価値を心から理解できたという。王畿と戚賢は非常に親しく、互いに信頼し合う仲であった。嘉靖二十年に発生した「九廟（皇帝の宗廟）の火災」の際には、王畿を天子の顧問に推薦したが、宰相（夏言）の妨害にあって実現せず、戚賢は逆に左遷されてしまっている（『龍溪會語』巻四「自訟帖題辞」）。王畿は、この戚賢と「南譙の会」とについて、その「墓誌銘」の中で以下のように記している。

君（戚賢）はかつて、尼寺を改めて「南譙精舎」とし学徒の拠点とした。私（王畿）がやってくれば、いつも県下の士友子弟百数十人を集め、十日ばかり講会を開催した。その要点はというと、本来の心（良知）をハッキリと指し示し、俗世における人間関係や様々な事態に自らが汚染されないよう努めることであった。君（戚賢）の志は遠大である。嘉靖三十一年（一五五二）、私（王畿）は銭緒山と共に再び南譙に赴いた。君はその時すでに病にあったが、無理をおして講会に赴いてきてくれた。人々はとても見てはおられなかったが、君は談笑して少しも以前と変わらない様子であった。

君嘗闢尼庵為南譙精舍、以居學徒。毎予至、必聚邑中士友子弟百十輩、相聚旬日。其要在昭揭本心、不欲以世情凡態自汚染。君意廓如也。壬子冬、予與錢緒山再住南譙、時君已病。猶強起赴會。衆若不能堪、君言笑自若。（『王畿集』巻二十「刑科都給事中南玄戚君墓誌銘」）

講会の様子が目に浮かぶようである。我々一行はこの「南譙書院」が「全椒」にあったという情報（『中国書院辞典』）をもとに滁州市全椒県に向かい、先ず現地の地方志弁公室を訪れた。そしてここで、王畿が「国光楼」という所で講会を行っていたという情報を得た。その国光楼は、「全椒県第三中学」の敷地内にあり、一九九八年に安徽省重点文物保護単位に指定されている。高さ四～五メートルほどの煉瓦積の土台の上に、二階建ての建物があり、土台の部分には「奎光楼」と記されていた。「奎光楼」は、清の嘉慶年間以降の名であり、辛亥革命後、「国光楼」に改名している。屋根の棟部分には、表側に「博学・審問・慎思・明辨・篤行、化達天德」、裏側に「格物・致知・正心・誠意・脩身・齊家・治國・平天下」と記されていた。近くには風流な襄河が流れ、当時から風光明媚な場所であったと思われる。なお、滁州で開催された講会は、「南譙の会」の外に「滁陽の会」「南滁の会」といった名称が『王畿集』に見えるが、これらが同一の講会を指すものなのかはわからない。それぞれが異なる講会だったのであれば、どれが「国光楼」で開催されたのか等の詳細については、今後のさらなる調査が俟たれる。

懐玉書院（朱子殿）

《第三回調査（江西省）二〇一四年九月九日～一五日》

【懐玉書院址】江西省上饒市玉山県（二〇一四年九月一〇日）

懐玉書院は、朱熹の「玉山講義」で有名な江西省玉山県の西北、懐玉山の山上にある。『江西通志』（巻二十二）によれば、唐の大暦年間、金剛峰下に北海寺が創建され、宋代に学士の楊億が精舎（懐玉精舎）を建てたことに始まるという。その後、南宋の乾道淳熙年間、この地で、朱熹や陸九淵・呂祖謙・汪應辰等が講学を行い、官吏や門人等によって拡大整備されて四方から来学者が集うようになり、「懐玉の名、四大書院に相埒《ひと》し」（『江西通志』巻二十二）と言われるほど盛況を呈した。宋末元初には兵火に遇い、僧侶に占拠されるという時期が続いたが、明の嘉靖

朱子殿内に安置される朱熹像

三十三年（一五五四）、提学の王宗沐等がこれを奪還し、白鹿洞書院を真似て整備を進めたことで、再び盛況を呈するようになった。「懐玉書院」と呼ばれるようになったのもこの頃からであったと言われている。

王畿自ら、「余、常に出でて懐玉・青原・白鹿・復古の諸会に赴く」（『王畿集』巻二十「中憲大夫都察院右僉都御史在庵王公墓表」）と述べているように、何度もこの地を訪れて講会を主宰しており、その時の講義内容が「懐玉書院会語」として『王畿集』（巻二）に収められている。『王畿集』には、王畿が懐玉に赴いた年次は記されていないが、『羅洪先集』（巻十六「松原志晤」）に、「壬戌仲冬七日」（嘉靖四十一年、一五六二）、王畿が懐玉を発ち、羅洪先のいる松原を訪問したことが記されている。なお、同じく王門の銭徳洪も、この地に招聘されて講会を主宰しており、後にここで『文成年譜』を編纂している（『明儒学案』巻十四「浙中王門学案四」）。王宗沐等の尽力によって懐玉書院が再び儒学講学の地となった嘉靖三十三年（一五五四）から、張居正の書院廃止令によって廃される万暦九年（一五八一）までの間、懐玉書院は王門講学の一大拠点として盛況を博していたようである。

我々一行はこの懐玉書院址を目指し、マイクロバスで懐玉山を登って行った。車道の周囲には急流や滝、切り立った崖等が見られた。そこに至るまでの路のほとんどが工事中であった。悪路にバスは大きく揺れながら少しずつ登って行ったが、山頂付近まで来ると突如、長い足止めをくらった。道を切り開くために山を爆破していたからである。爆破は、停車地の前方ばかりか、なんと後方でも行われた。我々がそのような場所まで進んでも、さらに作業を続行していたことには驚いたが、清清しい快晴の空のもと、鳥のさえずりとともに、爆破光景と爆音とを間近に感じるところとなった。結局、山頂近くで直射日光が照りつける中、一時間半待たされることとなった。

その後、ようやく通過することができたが、ほどなくして山頂に達すると一気に視界が開け、これまでの道のりからは想像もできない別天地が現れた。田畑が一面に広がる、のどかで美しい農村である。我々が目指す懐玉書院址は、まさにその集落にあった。

三階建ての朱塗りの堂（廟）が山の麓にあり、入口正面には金色で「朱子殿」と書かれている。この建物自体がいつ建てられたのかは定かではないが、塗装改修がなされたのは最近のようで、今なお工事は続いていた。建物に入ると、まず正面の台座に「朱熹」と金色で書かれた陶器製と思しき「朱熹像」が祀られており、その両脇には、道教の神々（仏像か）が並んでいた。堂内には、以前掲げられていたのか、これから掲げようとしているのか、「懐玉書院」と刻まれた石板が置かれていた。このほか、古びた釣鐘や、方志敏（一八九九～一九三五、共産党初期の指導者。ここ懐玉山で捕えられた）の言葉や肖像が刻まれた石板が置かれていた。

【鵝湖書院】江西省上饒市鉛山県鵝湖鎮鵝湖村（二〇一四年九月一一日）

〔全国重点文物保護単位、二〇〇六年〕参観料三〇元

鵝湖書院は、淳熙二年（一一七五）、呂東萊の仲介のもと朱熹と陸九淵とが会談し、議論を戦わせた所謂「鵝湖の会」で有名な書院である。鵝湖書院は、これまで見てきた書院とは異なり、山の中腹にはなく、比較的平坦な

鵝湖書院　礼門

土地にあった。

王畿がこの地で講会を開いたという記録は『王畿集』には確認できないが、儒学史上有名な「鵝湖の会」への想いは非常に強く、講会でしばしば「鵝湖の会」に言及したり、また、周辺地域で開催される講会に趣く際には、わざわざこの地に立ち寄ったりしている（『龍溪會語』巻一「冲玄会紀」等。次項【龍虎山上清宮】引用文を参照）。

歴史を遡ると、唐の大暦年間、馬祖道一の弟子大義禅師がこの地の鵝湖峰（鵝湖山諸峰の最高峰。海抜六九〇メートル）にやってきて峰頂寺（別名：大義道場）を創建したことに始まる。その後、元和二年（八〇七）、憲宗から「慈済」という号を賜わり「鵝湖峰頂慈済禅院」となり、北宋初期に再建されて山下に遷され、人々からは山名に因んで「鵝湖寺」と呼ばれるようになる。南宋の淳祐十年（一二五〇）、理宗から「文宗書院」という名を賜わる。元末に兵火に遇うも、明の景泰四年（一四五三）、江西巡撫の韓雍や広信知府の姚堂によって修築拡大され、翌年、正式に「鵝湖書院」という名になった。鵝湖書院西碑亭にあった石刻碑文「鵝湖書院謁四賢祠感作五首」（嘉靖二十七年）によれば、明代に岳麓書院・嵩陽書院・白鹿洞書院とともに「天下四大書院」の一つと称され、活況を呈したようである。

明末清初期にも兵火で破壊された時期があったが、順治・康熙・同治年間に修築された。現在見られる建物の多くは、この時期に建てられたものである。清末に「鵝湖師範学堂」となり、一九四九年には「鵝湖中学／小

鵝湖書院石碑坊
（背面）「徳往開來」

鵝湖書院石碑坊
「斯文宗主」

学」となる等、紆余曲折を経て一九五七年に省級文物保護単位に指定され、二〇〇六年に上饒市鵝湖書院風景名勝区、全国重点文物保護単位に指定されている。

さて、鵝湖書院は、我々のこの日最初の訪問地であり、午前八時半に到着したが、その時間はまだ我々以外の見学者がいなかった。そのため、静寂に包まれた敷地内をじっくりと見て回ることができた。まず最初に目に飛び込んでくるのが、「鵝湖書院」（清道光年間、鉛山県令李淳の題）と書かれた「礼門」である。ここから中に入ると、右手（北側）に正門（頭門。清康熙五十六年建築）があり、ここをくぐると、前に「斯文宗主」と書かれた石牌坊が見えてくる。これは明の正徳六年（一五一一）に建立されたもので、高さ七・五メートル、幅二・三メートル、四柱三間様式の立派なものである。鵝湖書院は、明の弘治年間（一四八八〜一五〇五）に、山頂に遷されるとすっかり荒廃してしまったが、江西提学副使李夢陽がこれを見て嘆き、旧来の地に戻した。この石牌坊はその時に造られたものである。

この石牌坊をくぐると前に半月形の泮池があり、中央にはかつて「状元」のみが通ることを許されたという「状元橋」がかかっている。この泮池は、明の景泰四年（一四五三）、先述の韓雍や姚堂が修築拡大した際に掘られたもので、宋代の旧跡がこの場所にあったといわれている。さらに奥に進むと、清の康熙五十四年（一七一五）に建てられた「講堂」「御書楼」があり、御書楼には康熙帝の親筆で「居敬窮理」と記された扁額が掛けられている。また、展示室等も整備されており、修復前の昔の写真や、書院の歴史に関する展示を見ることができた。

【龍虎山上清宮】江西省鷹潭市貴渓市龍虎山（二〇一四年九月一一日）

龍虎山の近辺では、赤みを帯びた堆積岩が織りなす独特の地形（中国では「丹霞地貌」と呼ばれる）が多く見られるようになる。龍虎山は、世界自然遺産にも登録されている国家級景勝地（国家５Ａ級旅游景区）であり、中国道教の一大聖地としても有名である。

伝承では、後漢時代、五斗米道（天師道）の創始者である張陵（張道陵）がこの地で修行していた際、青龍と白虎が出現したことから「龍虎山」と名付けられたという（異説有り）。また、三代張魯の第三子である盛がこの地にやってきて定住し、その後代々、天師（張陵の子孫で教団の首領）はこの龍虎山に住むようになったと伝えられている。しかし確かな文献はなく、張陵から連なるこのような系譜は、宋代以降の創作とされている（横手裕『中国道教の展開』〈世界史リブレット九六、山川出版社、二〇〇八年〉参照）。天師の龍虎山移住は早くとも唐代以後との説があり、教団の中心となる「上清宮」は、第四代張盛が建てた伝籙壇を、唐の会昌元年（八四一）に「真仙観」に改めたものと伝えられている。その後、北宋の大中祥符八年（一〇一五）に「上清観」と名を改め、崇寧四年（一一〇五）に現在の場所に移された。さらに、「上清正一宮」（北宋の政和三年、一一一三）、「大上清正一万寿宮」（元の大徳八年、一三〇四）と名を変え、清の康熙二十六年（一六八七）に現在の「上清宮」という名前になっている（『中国道教事典』（平河出版社、一九九四年）参照）。

さて、我々が上清宮を訪れると、そこは「上清宮游覧区」の一部となっており、中を見学するにはわざわざ龍虎山入口まで戻り、游覧区のチケットを購入してこなければならないとのことであった。時間や天候の問題もあり、今回は中の参観をあきらめ、周囲を散策するだけにした。現地の案内によれば、元々ここに初代天師・張陵の「天師草堂」があったとのこと。現在の上清宮は、興毀を繰り返した後、北宋全盛期の建築様式を復元したものであるという。上清宮正面入口には、高さ二一メートルの「福地門」（羅洪先「夏遊記」には「福地樓」とある）が聳え、門から中に入ると、下馬亭・午朝門・鐘鼓楼・東隠院・伏魔殿・鎮妖井等があるという。その周囲は壁に囲まれていたので、裏手に回り、壁越しに建物の側面を確認するにとどまった。

さて王畿の講学活動と上清宮との関係であるが、嘉靖二十七年、上清宮付近の「冲玄精廬（冲玄精舎）」において講会開催の取り決めがなされ、翌年から「上清宮の東館（上清東館）」において「冲玄の会」が開催されている。この講会には、王畿をはじめ銭徳洪・鄒守益・羅洪先等の錚々たるメンバーが参加しているが、その経緯が「冲玄会紀」（『龍溪會語』巻一）に記されている。

龍虎山　丹霞地貌の一端

嘉靖二十七年（一五四八）の夏には、「私は」もう冲元の会に赴いていたが、仲秋に、私が南に帰るのを羅念庵等が送ってくれた途上、一緒に鵞湖の地に立ち寄って、陸象山の［講席］跡に足を運んだ。歳月の移ろいやすいことを嘆いては、［あの鵝湖の会のように、君子が一同に会するような］素晴らしい会は、めったにあるものではないと改めて感嘆した。ちょうどいい機会だったので、龍虎山に入ったところ、冲玄精廬（冲玄精舎）を見つけたので、そこで、毎年の江西・浙江の大会を開催する約束をして、壁（壁）に記して期日を告示した。今年（嘉靖二十八年）の仲秋、再び銭緒山と一緒に、両浙・徽州・宣州の友人たちと連れ立って、期日どおりにやって来た。鄒東廓をはじめ、黄卓峰・王瑶湖・陳明水・洪覚山・徐少初・張咸斎の諸兄も前後して相継いで到着し、あわせて七十余人になった。朝の八時頃から夕方の六時頃まで、上清宮の東館に集まって、互いに、旧説の問題点を拾い上げ、新たに体得したことを協議し合い、先師の遺した言葉を身をもって検証し、異なった意見を一つにまとめた。［かたわらで］聞いている者たちは、欣然と喜び、誰もが大いに啓発された。私のような未熟者でも、一緒に［それを］聞かせてもらって、この会の類い希なることを喜ばしく思った。ああ、朱熹と陸九淵との会談以降、このような風教はめったにないことである。［人々が］恒常的に集まることは難しく、［諸君が］再び仲間から離れればなれになってしまうことを、私はひそかに憂慮している。［そこで］互いに吟味し合った内容や、友人たちとの問答の言葉を、ここに述べ、数条にまとめて、別れに際しての勉励の言葉として記録しておき、あわせて、後日、互いの成果を検証しあう機縁としよう、という意味のことを書き記した。……嘉靖二十八年（一五四九）仲秋日、上清東館に書す。

戊申之夏、既赴冲玄之會、秋仲、念庵諸君送余南還、相與涉鵞湖之境、陟象山之墟。慨流光之易邁、嘆嘉會之難數。乗間入*龍虎山、得冲玄精廬、乃定為毎歳江淛大會之約、書壁示期。今茲仲秋、復偕緒山銭子、攜兩淛徽宣諸友、如期来赴。東郭丈、暨卓峰、瑶湖、明水、覺山、少初、咸齋諸兄、先後繼至、合凢七十餘人。辰酉、群聚於上清東館、相與紬繹舊聞、商訂新得、顯證密語、合異為同。聞者欣欣、咸有所發。顧余不肖、亦與有聞、自慶此會之不偶也。粵、自朱陸之後、僅有此風。聚散不常、復成離索、竊有憂焉。爰述相與紬訂之旨與諸友答問之詞、約為數條、以識贈處、并俟他日相證之義云。……己酉仲秋日書於上清東館

＊底本は「虚」に作るも「虎」に改めた。（訳は「王畿『龍溪王先生會語』訳注 其の一」（『東洋古典学研究』二六集、二〇〇八年十月）を参照）

なお、嘉靖二十七年の記録は羅洪先の「夏遊記」（『羅洪先集』巻三）にも見られ、この集まりが「八月十二日」であったこと、参加者が「龍溪王畿」「貢安國」「王汝舟」「雲泉呉逵」「念庵羅洪先」等であったことが記されている。

右の王畿の記録では、毎年、江西浙江にて大会を開催する約束をし、「冲玄精廬」の壁（壁）に記して期日を告示したとあるが、羅洪先の記録には、「冲玄観を過りて愛山楼に登り」、その愛山楼の壁に題したと記されている。この辺りの描写は羅洪先の記録の方が詳しい。いずれにしても、上清宮周辺に「冲玄精廬（冲玄観）」や「上清東館」があったわけであるが、今回の調査ではその場所を特定する手掛かりは得られなかった。

上清宮福地門

【撫州擬峴台】江西省撫州市臨川区（二〇一四年九月一二日）

撫州擬峴台は臨川の撫河（汝水）畔に位置し、古くより江南の名勝地として知られ、多くの文人墨客が訪れている。漢詩にもよく詠まれ、陸游の「登擬峴台」、王安石の「為裴使君賦擬峴台」等が有名である。王安石はこここ臨川（撫州）の出身であった。

唐宋八大家の一人である曾鞏が記した「擬峴台記」（『江西通志』巻二十三所収）によれば、創建は北宋嘉祐二年（一〇五七）で、時の知撫州・裴材が城の東隅に建てたものであり、この地が峴山（湖北省襄陽市）の山水に酷似していることから「擬峴台」と名付けられたという。北宋の創建後は興廃を繰り返し、何度も重建されたが、清の道光六年以降は修復の記録がなく、近世百年の戦乱によって荒廃し、文化大革命に至って徹底的に破壊された。その後、二〇〇八年に撫州市委員会・市政府が擬峴台の再建を重点項目の一つとし、撫州市旅游局が建設を実施した。

さて、我々が撫州市街に入ると、先ずその擬峴台が視界に飛び込んできた。それは再建されたばかりの宋代風の建築物であり、高さは約五〇メートル、土台の石垣部分には曾鞏の「擬峴台記」が掲げられていた。周辺は非常に広く、公園のようになっており、前には雄大な撫河が流れている。再建されてからは再び撫州のシンボル的存在となり、市民の憩いの広場としても利用されているようである。

擬峴台における王畿の講学活動であるが、嘉靖四十一年（一五六二）十一月に「撫州擬峴台の会」が開催されている。その時の記録が「撫州擬峴台会語」（『王畿集』巻一）である。これは、撫州が陸九淵講学の地であったことに因み、人々から陸九淵思想についての講義を請われたため、『陸象山語録』をもとに、王畿自身の思想を展開した貴重な記録である。ここでは、その冒頭部分を紹介しておきたい。

吉田公平先生と擬峴台

擬峴台を階下から見上げる

嘉靖四十一年（一五六二）十一月、王龍渓先生は洪都（江西省南昌）から撫州に向かわれた。曾元山・傅石井・陳偕所は、南方の諸同志を率いて擬峴台に登り「擬峴台の会」に臨んだ。彼らは書物（『陸象山語録』）を手にとって次のように懇願した、「撫州は我らが陸象山先生が講学を始めた土地で、自ら本心を信じ、『先ず其の大なるものを立つ』（『孟子』告子上）を教えの中心としました。朱陸同異の議論が起こってからは、数百年にわたり日の目を見ることはありませんでしたが、王陽明先生が陸象山先生を顕彰されるに及び、ようやく陸学に日が当たるようになりました。ここに象山先生が遺した言葉は全て揃っています。どうか、象山先生の教えの未だ究められていない意を解き明かし、陸王両学が大きく共有するところを示して、儒学の根本義を明らかにして下さい。〔このようにして〕我々に帰すべき道を教えて下さるなら、これ以上の恵みはございません」と。王龍渓先生はこれを承諾し、そして象山先生の言葉一つ一つに解説を加えられた。

壬戌仲冬、先生自洪都趨撫州、元山曾子石井傅子偕所陳子率南華諸同志扳蒞撫州擬峴臺之會。諸生執簡以請曰、撫為吾象山先生首善之地、自信本心、以先立其大為宗。逮朱陸同異之議起、晦且數百年。及陽明先師為之表章、陸學始顯于世。茲遺言具在、請發師門未竟之語、以示大同而顯宗説。俾吾黨知所歸向、惠孰大焉。先生曰、諾。遂條次其語答之。（『王畿集』巻一「撫州擬峴臺會語」）

【廬山白鹿洞書院】江西省九江市星子県廬山南麓（二〇一四年九月十三日）
〔全国重点文物保護単位一九八八年、江西省文物保護単位一九五九年〕参観料四〇元

白鹿洞書院は、四山環合、小高い山々に嚢かれた地に位置するが、その山系は、廬山の東南、五老峰（海抜一四三六メートル）に連なる。

白鹿洞の淵源は唐の貞元年間（七八五～八〇五）に、李渤が隠棲したことに始まり、その後、南唐の朝廷が「廬山国学」を建て、北宋では岳麓・睢陽・嵩陽と並び四大書院と並び称される。北宋末に戦乱によって完全に荒廃したとされるが、南宋の朱熹が、南康軍の知事だった際に復興する。その後、南宋末においても戦禍に遭うがこのときは存続し、元末において再び破壊されるなど、度々の荒廃と復興とを繰り返してきた。

この「白鹿」という名称については、一般には李勃が白鹿を養って可愛がり、常にこれと一緒だったのを村人が見て、「白鹿先生」と呼称したことに由来するとされる。

書院の奥には、崖に開いた洞穴があり、そこに白鹿の像が安置されている。洞穴と鹿像とについては、嘉靖九年（一五三〇）、南康知府王溱が洞を築き、嘉靖十四年（一五三五）、同じく知府の何岩が石工に命じて石鹿を彫らせたものと伝わる。ただし、万暦四十二年（一六一四）、江西参議葛寅亮が、洞と鹿像とを埋めている。それが一九八二年礼聖殿を修繕した際、地下二メートルの深さから石鹿が発見されると、洞を重新してそこに鹿像を置いたとのことである。

白鹿洞書院　正学之門

白鹿洞と白鹿像

白鹿洞書院は、市街からは程よく離れた場所に位置し、清涼な山麓水の流れる森閑とした山間にあった。周囲の森に雑音が吸い込まれていくかのような印象すら残る静寂な場所であった。比較的広大な敷地に、礼聖殿や、明倫堂、講堂などの講学場所、御書閣という書庫、鹿洞や思賢亭、碑廊等がある。

白鹿洞の名は、『王畿集』においても度々登場する。特に朱熹と陸九淵との間で交わされた『論語』里仁篇「義利の辨」に関する叙述とともに散見される。次に引く王畿「白鹿洞続講義」には、王守仁の後学者たちによる白鹿洞書院への思いを窺わせる一説が記されている。なお該当箇所は「宛陵会語」にも類似の叙述がある（【宛陵精舎】の項を参照）。

〔白鹿洞での議論はあらかた終わり、〕さあ解散となったところで、諸生が質問してきた。「昔、朱晦翁は、陸象山を招いて白鹿洞で講義をさせ、［象山は］君子と小人とを分かつ「義利の弁」を明らかにして、数百年も伝わる美談となりました。今の状況がこれとどう違うと言えましょう。白鹿洞における陸象山の講義に、「喩《さと》る所は習う所に由る。習う所は志す所に由る」とありますが、学ぶ者たちは「進んで取る」（『論語』子路篇）ことに急ぎ過ぎるところがありますので、こうした教えによってその弊害を救おうとしたのでしょう。［ただ陸象山の講義では具体的に］どのような点において、どのような工夫努力をおこなうのかは詳細には説明されてはおりません。そこで王龍溪先生に一言、お話してほしいのです。陸象山のいう「義利の辨」の真意を究め尽くし、この嘉会において教示して頂ければ、この会も古えの会に匹敵するほど立派なものとなりましょう。」と。私（王畿）はたいした才能もないので、どのように説明したらよいのかもわからず、あれこれ論じてみようと思うもののどうすることもできず、已むを得ず、王陽明先生から聞いたことを述べて、諸賢とともにこれについて考えてみたいのである。

臨別、諸生請於予曰、昔晦翁奉延象山、開講白鹿、發明君子小人義利之辨、數百年傳以為美談。今者則何以異此。其言所喩由於所習、所習由於所志、蓋因學者亟於進取、舉是以捄其弊。其於求端用力之方、未之詳及也。敢蘄一言。究竟斯旨、用示嘉會、亦古今並美也。顧予不肖、方期取法未能、敢云上下其論、以抵弗類。無已請述所聞、與諸賢共籌之。（『王畿集』巻二「白鹿洞続講義」）

かつて朱熹（朱晦翁）が示した「白鹿洞書院掲示」は、学問の目標は修己治人であり、功名利禄のためではないことを知らしめたものでもあったが、白鹿洞書院と言えば、「生の現場」での切実な問題が取りあげられ、いつの時代にも通底する普遍的な論義がなされた地として、人々の記憶に留められていたと見ることもできよう。数々の歴史を有しているだけあって、ここには多くの石刻が残されている。「白鹿洞続講義」についても、その石刻を見ることができた。ちなみに、それによれば、「白鹿洞続講義」が記されたのは、嘉靖乙丑夏（一五六五）である。またここには、王守仁「修道説」「中庸古本」「大学古本序」「大学古本」の石刻が存在する。大変貴重なものであるが、多数存在する石板の一つとして展示されている（鶴成久章「王守仁の白鹿洞書院石刻をめぐって：「大学古本序」最終稿の所在」〔『陽明学』二〇、二〇〇八〕参照）。

〔参考資料〕
・李嘯風主編『中国書院辞典』（浙江教育出版社、一九九六年）
・陳谷嘉・鄧洪波編『中国書院史資料（上冊）』（浙江教育出版社、一九九八年）
・中純夫「王畿の講学活動」（『富山大学人文学部紀要』二六号、一九九七年）
〔テキスト〕
・呉震編『王畿集』（陽明後学文献叢書、鳳凰出版、二〇〇七年）
・徐儒宗編『羅洪先集（上下）』（陽明後学文献叢書、鳳凰出版、二〇〇七年）

王守仁の石碑がある碑廊

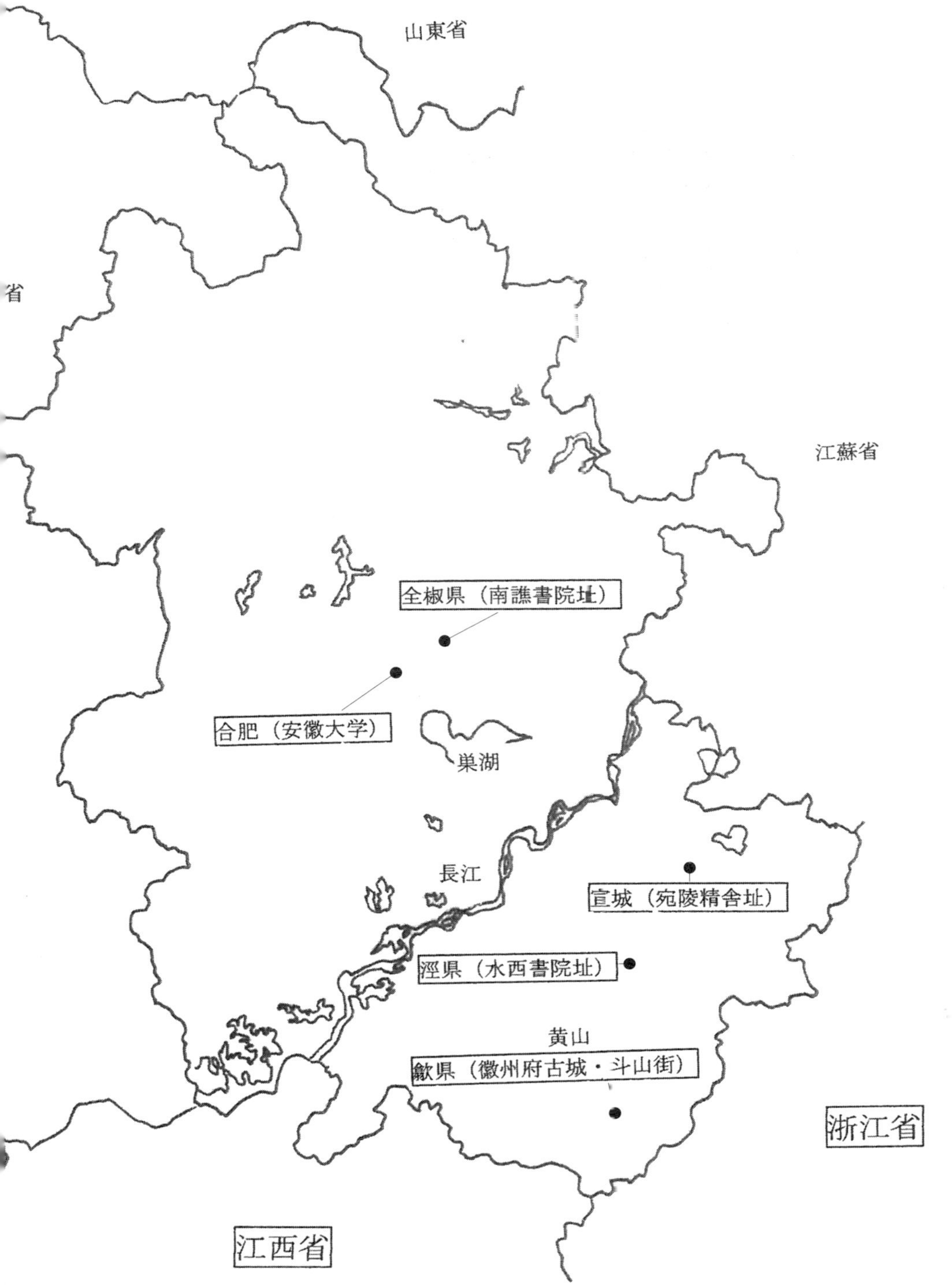
山東省
省
江蘇省
全椒県（南譙書院址）
合肥（安徽大学）
巣湖
長江
宣城（宛陵精舎址）
涇県（水西書院址）
黄山
歙県（徽州府古城・斗山街）
浙江省
江西省

安徽省
湖北省
浙江
九江（白鹿洞書院）
鄱陽湖
三清山
上饒（懐玉山書院址）
湖南省
上饒（鵝湖書院址）
撫州（擬峴台）
貴渓（龍虎山上清宮）
（吉安市）
福建省
（贛州市）
広東省

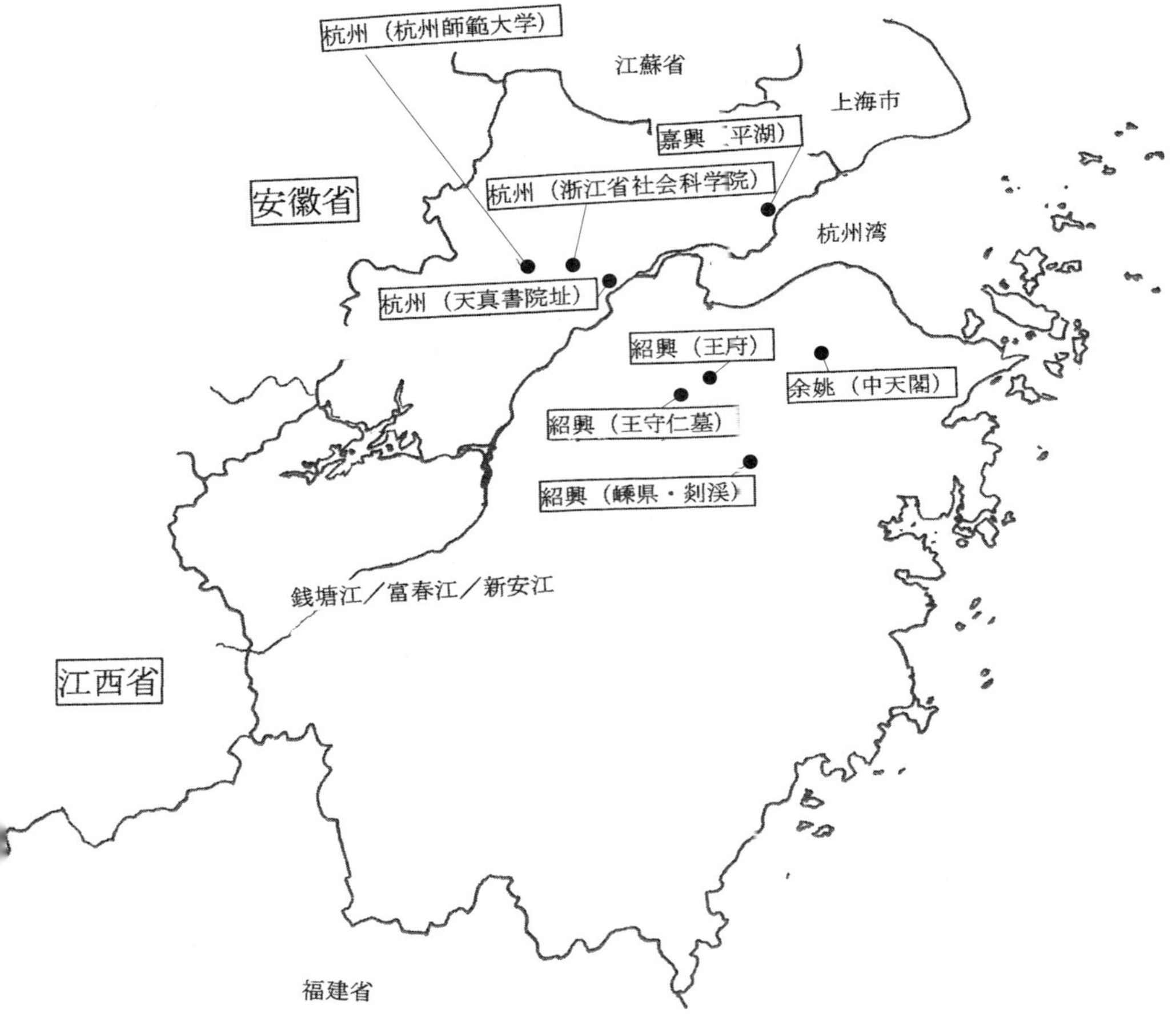

杭州（杭州師範大学）
江蘇省
上海市
嘉興（平湖）
杭州（浙江省社会科学院）
安徽省
杭州湾
杭州（天真書院址）
紹興（王府）
余姚（中天閣）
紹興（王守仁墓）
紹興（嵊県・剡渓）
銭塘江／富春江／新安江
江西省
福建省

『龍渓王先生会語』訳注掲載誌一覧

会読参加者：吉田公平・小路口聡・早坂俊廣・鶴成久章　＊内田健太（其の四〜）・本多道隆（其の十二〜十五）

『龍渓王先生会語』巻一（鶴成）

水西會約題詞・沖元會紀	其の一	『東洋古典學研究』第26集	2008・10	pp.127〜155
斗山留別諸同志漫語・南譙別言・道山亭會語	其の二	『東洋古典學研究』第27集	2009・5	pp.121〜147
別周順之漫語・書滁陽會語兼示水西宛陵諸同志	其の三	『東洋古典學研究』第28集	2009・10	pp.161〜184

『龍渓王先生会語』巻二（小路口）

三山麗澤録	其の四	『白山中国学』　通巻16号	2010・1	pp.65〜170
答呉悟齋掌科書	其の五	『東洋古典學研究』第29集	2010・5	pp.147〜186

『龍渓王先生会語』巻三（早坂）

東遊問答	其の六	『東洋古典學研究』第30集	2010・10	pp.141〜189
憤樂説	其の七	『白山中国学』　通巻17号	2011・1	pp.65〜79
別見臺曾子漫語	其の八	『東洋古典學研究』第31集	2011・5	pp.113〜149

『龍渓王先生会語』巻四（小路口）

自訟帖題辭・火災自訟長語示兒輩	其の九	『東洋古典學研究』第32集	2011・10	pp.153〜181
自訟問答1〜4条	其の十	『白山中国学』　通巻18号	2012・1	pp.1〜21
自訟問答5〜11条・龍溪先生自訟帖後序	其の十一	『東洋古典學研究』第33集	2012・5	pp.101〜129
白雲山房荅問紀畧・答問記畧跋	其の十二	『東洋古典學研究』第34集	2012・10	pp.77〜111

『龍渓王先生会語』巻五（鶴成）

南遊会紀1～9条	其の十三	『白山中国学』通巻19号	2013・1	pp.1～30
南遊会紀10～24条	其の十四	『東洋古典學研究』第35集	2013・5	pp.143～164
南遊会紀25～34条	其の十五	『東洋古典學研究』第36集	2013・10	pp.147～178
南遊会紀35～46条	其の十六	『白山中国学』通巻20号	2014・1	pp.29～60
南遊会紀47～58条	其の十七	『東洋古典學研究』第37集	2014・5	pp.57～90

『龍渓王先生会語』巻六（早坂・内田）

天山答問1～7条	其の十八	『東洋古典學研究』第38集	2014・10	pp.73～92
天山答問8～15条	其の十九	『白山中国学』通巻21号	2015・3	pp.35～65
書同心冊後語1～4条	其の二十	『東洋古典學研究』第40集	2015・10	pp.51～78
書同心冊後語5～12条	其の二十一	『白山中国学』通巻22号	2016・3	pp.29～64

『龍渓王先生会語』序文（鶴成・小路口）

龍溪先生會語序・後序・影印後記	其の二十二	『白山中国学』通巻22号	2016・3	pp.65～87

実地調査報告書（伊香賀隆・播本崇史）

２０１１年「陽明心学講学活動実地調査」　『白山中国学』通巻18号　２０１２　＊浙江省

２０１３年「安徽省王畿講学関係地実地調査報告」　『白山中国学』通巻20号　２０１４

２０１４年「江西省王畿講学関係地実地調査報告」　『白山中国学』通巻21号　２０１５

後記

本書の成り立ちについて一言しておきたい。われわれは二〇〇七年より、王守仁の高弟の一人、王畿（字は汝中、号は龍溪。一四九八～一五八三）が各地で行った講学活動の記録（会語）を集めた『龍溪王先生會語』（以下『龍溪會語』）の全巻の詳細な訳注の作成を目指し、読書会を行ってきた。当初のメンバーは、吉田公平、小路口聡、早坂俊廣、鶴成久章の四名であった。その後、二〇〇九年より、内田健太が、これに加わった。それぞれ、時期は異なるが、あらかじめ吉田先生から『龍溪會語』のコピーを手渡されていた。各自が、それなりに王畿に対する興味や関心を抱き、更には、いくつか論文を書き始めるほど読みこむようになった頃合いを見計らって、吉田先生の呼びかけで、『龍溪會語』を読む会を行うことになった。第三回目は、二〇〇八年の夏の暑い盛りに、早坂氏の勤務先である信州大学で行った。メンバーは、それぞれ福岡、長野、宮城、広島と離れたところに住んでいることから、いざ一堂に会するにしても、先だつものが必要である。次の年に、小路口が代表となり、科研を申請し、運良く採用された。三年で読了する予定であったが、それぞれ、年齢相応に、勤務先での仕事も多忙となり、年に三回か、四回集まるのが精一杯であった。三年間で読了したのは、全体のほぼ半分であった。更に、読書会を継続していくためにも、一年おいて、再度、科研を申請した。またしても運良く採用された。二度も科研費をいただいたおかげで、読書会を継続してゆくことができた。読み進めていくにつれ、王畿の良知心学と講学活動の不可分の関係性にあらためて気付かされた。その講学活動を抜きに良知心学を語ることはできない。国土の半分は踏破したと豪語する王畿の講学活動の記録を読んでゆくにつけ、われわれの、講学が行われた現場への思いはつきず、日本を離れて、中国での実地調査の旅に赴くことになった。二回の科研をまたいで、つごう三度にわたって、王畿が実際に講学を行った現地（浙江省・安徽省・江西省）を訪れる機会を得ることができた。また、現地の研究者たちとも研究交流をおこなうことができた。この実地調査については、同行した、伊香賀隆・播本崇史両氏による、「実地調査報告書」がある。元は、『白山中国学』に三回にわたって掲載されたが、本書では、附録として、王畿の講学ゆかりの場所に限定したダイジェスト版を作成し、それを掲載した。あわせて、参照されたい。

二度目の科研の最終年度、この間の研究成果を世に明らかにするために、『龍溪會語』の全訳の完成を目前に控えた、二〇一五年八月二十三日に、東洋大学で国際シンポジウム「王畿の良知心学と明末の講学活動」を開催した。その際に発表した原稿をもとに、各自、論文を著し、さらに検討会を経て、そこで出た意見を参考に、更に書き直し、論文集として編輯したものが本書である。シンポジウム参加者（執筆者）は、長年、『龍溪會語』の読書会を続けてきたメンバー、すなわち、吉田公平（東洋大学名誉教授）・小路口聡（東洋大学）・早坂俊廣（信州大学）・鶴成久章（福岡教育大学）・内田健太（岐阜聖徳学園大学）・伊香賀隆（佐賀大学）・播本崇史（東洋大学）の七人。そして、中国での実地調査の際に、お世話になった、銭明（浙江省社会科学院）・呉震（復旦大学哲学学院）・申緒璐（杭州師範大学）の三名の、合計十名である。

今にして思えば、すべては、広島大学時代の共通の恩師である吉田公平先生が、当初のメンバー三人に、『龍溪會語』のコピーを手渡した時に始まる。いつのことだったのか、私自身、記憶も定かではないのだが、吉田先生が、さりげなく蒔かれた種は、ほぼ十五年の歳月を経て、ここにこのようなかたちで一つの実を結んだのである。もう一つの果実については、もうしばらく熟成が必要のようだが、遠からず出版する予定でいる。なお、WEB上で、これまで学術雑誌に掲載した訳注を全て公開している。ダウンロードも可能なので、アクセスして、ご自由にご活用下さい。

サイト名：『龍渓会語』を読む――王畿の良知心学と明代中晩期の講学活動――

https://sites.google.com/site/longxiwangxianshenghuiyu/

思い起こせば、ここに到るまで、多くの方々に励まされ、支えられてきた。ここにその主な人々のお名前と思い出を記して、感謝の意を捧げたい。

佐藤仁先生の福岡のご自宅には、何度も皆でお邪魔して、読書会を開かせていただいた。私と早坂さんは、かつて学生時代に、短期間だが、机を並べて、佐藤先生の演習にも参加していた。三〇年以上の歳月を経て、ふたたび恩師の前での演習だったが、相変わらず吾が身の無知と不見識を思い知らされることばかりであった。

佐野公治先生は、明代の王陽明及びその後学達の講学活動の研究に関しては先駆者であり、大家でもある。その業績については、これまでも多大なる恩恵を蒙ってきたが、毎回、お送りした抜き刷りに、丁寧なお返事を頂き、多くの間違いのご指摘と共に、温かい励ましの言葉を頂戴した。数々の非礼をお詫びするとともに、ここに感謝を意を表したい。

荒木見悟先生と福田殖先生には、抜き刷りを送る度に、病の床にありながらも、丁寧な謝意と激励のお葉書を頂戴した。われわれにとって、何よりの励みとなった。

＊

故木下鉄矢先生には、一度、わざわざ大阪から読書会に参加していただいた。一日、ほぼ七時間に及ぶ読書会にはいささか閉口されたようで、二度目の誘いは、やんわりと断られた。先生の、研究者としてテキストに向き合う姿勢はとても厳格で、そもそも訳注を作ること自体の意義について、単なる言葉の意味と出典を羅列することにあるのではなく、そのテキストの作者の思考の発生の現場に立ち会うことができるように、その言語環境・読書環境・思索環境を、可能な限り、読者の前に提供することを目指すべきである、と優しく、そして、力強く諭された。また、先生の著書を通して、われわれに、朱子学・陽明学の哲学概念に関する、多くの新鮮な理解と広い視野を与えられた。テキストを「読む」ことの歓びを、身を以て教えられた。もはや鬼籍に入られ、楽しい学談に興ずることも、直接感謝の言葉を申し上げることもできなくなった。この本を霊前に捧げ、感謝と追悼の意を表したい。

三浦秀一先生には、東洋大学に集中講義に来られた際に、ご無理をいって、私が担当した「三山麗澤録」の訳注稿の検討を行っていただいた。かなり大量の原稿であったが、丁寧に目を通していただき、多くの誤りの指摘と貴重なご意見を頂戴した。

野間文史先生・市來津由彦先生には、『龍溪會語』の訳注の発表の場として、『東洋古典學研究』の誌面を提供して頂いた。連載の予定が、途中、断りも無く、発表の場を『白山中国学』にも広げたことで、野間先生からは問い合わせのメールを頂いた。非礼の振る舞いを優しくたしなめてくださった上、寛容にも、ご理解いただき、その後も掲載を続けさせて頂いた。改めて、野間先生には、お詫びと更なる感謝の意を表したい。その後は、市來先生に引き継がれたが、いつも締め切りギリギリの提出で、ご迷惑をおかけした。

田口一郎先生には、お忙しい中、読書会に駆けつけて下さり、貴重な意見をいただいた。また、こうして大学卒業後も、恩師を囲んで読書会を続けていくことの至福を羨まれ、同時に、我々自身も、あらためてその貴重さを思い知った次第でもある。

本多道隆先生は、中途から研究協力者として加わってもらい、『龍溪會語』に頻出する仏教関係の用語や出典に関して、ご教授いただいた。

その他、ここに挙げた先生方以外にも、いちいちお名前は挙げないが、多くの先生方から、抜き刷りの礼状に、励ましの言葉を添えて頂戴した。ここに記して、謹んで感謝の意を述べたい。その学恩に報いるためにも、今後とも、更に前に向かって、ともに進んでゆきたい。

平成二十八年十月十四日　白山にて

小路口　聡

＊この「後記」執筆後、相継いで、お二方の大先生の訃報に接することとなりました。この論文集をお届けすることができなかったことが残念でなりません。この本を霊前に捧げ、われわれの感謝と追悼の意を表します。謹んで、ご冥福をお祈りします。（平成二十九年四月二十五日）

〔付記〕本書の刊行に際しては、独立行政法人日本学術振興会平成二十九年度科学研究費助成事業（科学研究費補助金）（研究成果公開促進費）課題番号 17HP5001 の交付を受けた。

執筆者紹介（掲載順）

呉　震（復旦大学哲学学院教授）
錢　明（浙江省社会科学院研究員）
申　緒璐（杭州師範大学副教授）
伊香賀 隆（佐賀大学地域学歴史文化研究センター特別研究員）
播本 崇史（東洋大学文学部非常勤講師）
鶴成 久章（福岡教育大学教育学部教授）
小路口 聡（東洋大学文学部教授）
早坂 俊廣（信州大学学術研究院（人文科学系）教授）
内田 健太（岐阜聖徳学園大学教育学部准教授）
吉田 公平（東洋大学名誉教授）

索　引

凡　例

1. 本索引は人名・書名・地名索引である。
2. 配列は、索引項目の頭字を同一字ごとに五十音順とし、同音字についてはさらに画数順とした。そのうえで二文字目以降を五十音順に配列した。
3. 目次に掲出されている人名・書名・地名は当該章節内からは採集しない。また、王畿、王畿集、龍溪會語、王守仁は採集しない。
4. 索引項目は、全て各論文中の表記から採ることを原則として、各執筆者がそれぞれ執筆分を分担して立項した。そのため、索引項目としては、必ずしも統一のとれていないところもある。
5. 人名索引では、原則として、姓・諱の形で立項し、（　　）内に号・通称を列挙した。ただし、邦人（漢学者、漢詩人）については、姓・号の形で立項し、（　　）内に諱、通称を列挙した。
6. 書名索引では、原則として、刊本を採集し、書簡の類は採集しない。
7. 地名索引では、地名のほか、講学・講会等が行われた施設名も立項し、その所在地を（　　）内に記した。
8. 〔　　〕にて、各項目の補足情報を記した。例えば、立項されていない諱、年号、史跡別名、史跡所在地等。

人名索引

た行

わ行

書名索引

地名索引

た行

な行

は行

や行

ら行

語り合う〈良知〉たち
――王龍溪の良知心学と講学活動――
二〇一八年二月一〇日　第一版第一刷印刷
二〇一八年二月二六日　第一版第一刷発行
定価［本体六、五〇〇円＋税］
編　者　小　路　口　　聡
発行者　山　本　　實
発行所　研文出版（山本書店出版部）
〒101-0051
東京都千代田区神田神保町二-七
TEL03（3261）9337
FAX03（3261）6276
印　刷　モリモト印刷
製　本　塙　製　本
ISBN978-4-87636-432-9